# Portugal

Eine Übersichtskarte von Portugal mit den eingezeichneten Reiseregionen finden Sie in der vorderen Umschlagklappe.

Gisela und Werner Tobias

# Portugal

# Wo das Land aufhört und das Meer beginnt

*2003 wurde der Alqueva-Staudamm geschlossen und am Guadiana mit einer Länge von 83 Kilometern und einer Wasserfläche von 25 000 Hektar zum größten künstlichen See Europas aufgestaut.*

*»Aqui … onde a terra se acaba e o mar começa …«*, »Hier … wo das Land aufhört und das Meer beginnt …« Mit diesen Worten beschreibt Luís de Camões, der große portugiesische Dichter des 16. Jahrhunderts, in seinen »Lusiaden« die geographische Lage seiner Heimat. Doch für eine Reise durch das Land braucht man noch genauere Daten.

Portugal teilt sich mit Spanien die Iberische Halbinsel am westlichen Rand Europas. Mit 89 060 Quadratkilometern Fläche ist es jedoch nur gut ein Sechstel so groß wie sein Nachbar. Auch die noch hinzuzurechnenden 2581 Quadratkilometer der Azoren und Madeiras verbessern die Bilanz nicht wesentlich. Diese beiden Inselgruppen weit draußen im Atlantik werden häufig vergessen. Von den 2047 Kilometern Grenze sind 832 Kilometer Küstenlinie. Steilküsten und kilometerlange Sandstrände wechseln sich ab, geradezu prädestiniert für einen Strandurlaub. Die Nord-Süd-Ausdehnung beträgt 560 Kilometer, die Ost-West-Ausdehnung maximal 218 Kilometer.

Die Landesfläche teilen sich gut zehn Millionen **Einwohner**, über drei Millionen weitere Portugiesen wohnen und arbeiten im Ausland. Etwa ein Drittel der Bevölkerung lebt im Großraum Lissabon zwischen Santarém und Setúbal, über eine Million Portugiesen haben ihren Wohnsitz im Großraum Porto. Die östlichen Gebiete und die Gebirgsregionen im Norden sind mit unter 50 Personen pro Quadratkilometer sehr schwach besiedelt. Das Leben spielt sich von alters her stärker in den Küstenregionen ab als im Hinterland, jeder zweite Portugiese lebte nach der Volkszählung im Jahre 2000 im Großraum Lissabon oder Porto. Der Osten war gut befestigtes Grenzland gegenüber Spanien, das im Laufe der Geschichte immer wieder versucht hat, den kleinen Nachbarn zu überrennen.

Portugal bietet auf seiner kleinen Fläche eine reizvolle **landschaftliche Vielfalt**. Die Gebirge steigen im Norden bis auf fast 2000 Meter an, sanfte Hügelketten in der Mitte und weite, wellige Ebenen zum Süden hin wechseln sich ab. Ausgesprochenes Tiefland ist rar und nur in den Küstenregionen und im Ribatejo zu finden. Die Flüsse Tejo, Douro, Guadiana und Minho kommen aus Spanien, Vouga, Mondego und Sado entspringen im Lande. Zahlreiche Seen wurden künstlich durch Stauwerke geschaffen. Sie dienen gleichermaßen der Elektrizitätserzeugung wie der Bewässerung der Felder.

Insgesamt weist Portugal einen mediterranen **Klimacharakter** auf, wobei das im Norden stärker atlantisch geprägte Klima nach Süden zunehmend mediterraner wird. Kennzeichnend sind heiße, trockene Sommer und milde, feuchte Winter. Die mittleren Temperaturen betragen im Sommer zwischen 20 und 25 Grad Celsius, im Winter zwischen 8 und 11 Grad Celsius. Im östlichen Alentejo können jedoch die Sommertemperaturen bis auf 45 Grad Celsius klettern. Die Niederschläge nehmen von Norden nach Süden und von Westen nach Osten ab. Die höchsten Niederschläge (1500 bis 3000 Millimeter jährlich) fallen im nordwestlichen Bergland, nach

*Dorfidylle: Monsanto*

*Zu Festtagen werden die Trachten getragen*

*Noch um 1990 waren es die Kirchen oder Burgen, die schon von weitem den Ortsmittelpunkt markierten. Jetzt ist dieser Mittelpunkt sehr oft von den Neubauvierteln um den Stadtkern verdeckt. Braga, Santarém und Coimbra sind Beispiele dafür.*

Osten sinken sie auf 500 bis 1000 Millimeter in Nordportugal und auf weniger als 400 Millimeter im Süden. Die Sommer sind allgemein sehr warm, die Winter im Süden kurz und milde, während im Norden auf den höheren Gebirgen oft längere Zeit Schnee liegen kann.

Im Küstenbereich dagegen herrschen das ganze Jahr über ausgeglichene Temperaturen. Eine etwa 50 Kilometer breite kalte Meeresströmung, die vom Norden her an der Westküste Portugals entlangzieht, hat mit dem Küstennebel eine unschöne Nebenwirkung. Der manchmal nur 500 bis 1000 Meter breite Nebelstreifen am Strand schafft im Sommer Novemberatmosphäre. Nur mittags gelingt es der Sonne sich durchzusetzen. Daher findet sich hier nur sehr wenig internationaler Tourismus, die Portugiesen bleiben unter sich. Die Algarve kennt dieses Problem nicht, sie ist die Küste mit den meisten Sonnenstunden in Europa.

Die elf historischen **Provinzen** Minho, Douro Litoral, Trás-os-Montes e Alto Douro, Beira Alta, Beira Baixa, Beira Litoral, Estremadura, Ribatejo, Alto Alentejo und Baixo Alentejo und Algarve haben seit einer Gebietsreform keine administrative Bedeutung mehr. Sie sind in 18 Distrikte untergliedert worden. Vier weitere liegen auf den Azoren und Madeira. Da die historischen Provinzen in langer Geschichte gewachsen sind, behielten sie trotz der Gebietsreform in Bewusstsein und Leben der Bevölkerung ihre Bedeutung. Die flächenmäßig größeren wurden bei der Reform unterteilt, oft sind alte und neue Grenzen identisch. Für den Tourismus hat man eigene Regionen mit besonderen Namen geschaffen: Costa Verde und Montanhas im Norden, Costa de Prata in der Mitte, Costa do Estoril, Costa Azul und Planícies in der südlichen Mitte sowie Algarve im Süden.

Die Portugiesen lieben es, in Sprichwörtern zu reden. So beschreibt ein altbekannter Satz die Arbeitsteilung der Städte: »In

Porto arbeitet man, in Coimbra studiert man, in Braga betet man und in Lissabon lebt man.« Wie alle Sprichwörter gilt auch dieses nur mit großen Einschränkungen. Porto war von jeher ein Ort des geschäftigen Gewerbe- und Handelsfleißes sowie ein Ort der Bürger. Bereits im Mittelalter wurde dem Adel verboten, sich hier niederzulassen. Selbst der König musste während seiner Besuche beim Bischof nächtigen, was ein noch heute zu spürendes Selbstbewusstsein gegenüber den Herrschenden schuf.

Das Konkurrenzdenken zwischen Porto und Lissabon ist groß – aber nur aus Portuenser Sicht. »Wenn wir nicht arbeiten würden, so müssten die Lissabonner nackt herumlaufen!« heißt ein geflügeltes Wort. Die Region Porto ist nicht nur Zentrum der Textilindustrie, die mit ihren Produkten ganz Europa beliefert, sondern auch der Möbelindustrie.

*Terrassenfelder im Alvão-Gebirge*

## Das politische System

Portugal ist eine parlamentarische Republik. Das Parlament *(Assembleia da República)* hat eine Kammer mit 230 Abgeordneten. Von April 2002 bis Dezember 2004 regierte eine Koalitionsregierung aus dem liberal-konservativen *Partido Social Demócrata (PSD)* und

dem national-konservativen *Partido Popular (CDS-PP)* unter Ministerpräsident Pedro Santana Lopes (PSD). In der Opposition befanden sich *Partido Socialista (PS), Coligação Democrática Unitária (CDU)* als Listenverbindung von *Partido Comunista Português (PCP)* und Grünen *(Partido Ecologista »Os Verdes«)* und *Bloque de Esquerda* (links unabhängige Partei).

Da die Regierung Lopes große Schwierigkeiten hatte und kaum noch handlungsfähig war, hat der Präsident der Republik im Dezember 2004 das Parlament aufgelöst und Neuwahlen angesetzt. Seit Februar 2005 regiert die Partido Socialista (PS) unter dem Ministerpräsidenten José Sócrates. In der Opposition befinden sich PSD, die CDS-PP, die CDU als Listenverbindung von PCP und Grünen und Bloque de Esquerda.

Staatsoberhaupt war 1996–2006 Staatspräsident Jorge Sampaio (PS). Die verfassungsmäßige Stellung des Staatspräsidenten ist stärker als die des deutschen Bundespräsidenten. Er ist unter anderem Oberbefehlshaber der Streitkräfte (auch in Friedenszeiten) und kann das Parlament auflösen. Nach zwei Legislaturperioden übergab Sampaio am 9. März 2006 das Amt an den im ersten Wahlgang gewählten liberal-konservativen Aníbal Cavaco Silva.

## Verwaltungsstruktur

Portugal ist in 18 Distrikte *(distritos)* eingeteilt. Jedem Distrikt steht ein Gouverneur als politischer Beamter vor.

Die Städte sind als *concelhos* organisiert. Jedes *concelho* (etwa Samtgemeinde) ist in *freguesias* (Gemeinden) gegliedert, diese teilweise in *lugares* (Ortschaften) ohne Verwaltungsbedeutung. Das *concelho* wird von einem Gremium von sieben für vier Jahre direkt gewählten *vereadores* (Dezernenten) regiert. Diese wählen aus ihrer Mitte den *Presidente da Câmara* (vergleichbar mit dem Oberbürgermeister). Die Versammlung der *vereadores* nennt man *câmara* (Rathaus).

Daneben gibt es ein direkt gewähltes Parlament des *concelhos*. Dieses hat keine besonders starke Stellung gegenüber der *câmara*. Es soll sie kontrollieren. Da sich in der Regel die Mehrheitsverhältnisse in der *câmara* und im Parlament ähneln, hat das Parlament keine allzu große Bedeutung.

*Die Portugiesen, sofern das überhaupt verallgemeinert werden kann, sind freundlich, hilfsbereit, arbeitsam. Sprachliche Probleme werden schnell überwunden, man kennt immer jemanden, der Englisch, Französisch oder sogar Deutsch versteht. Die Gastarbeiter kamen ja gerade aus den kleinen, abgelegenen Gegenden.*

**Coimbra** war bis 1256 die erste Hauptstadt des Landes, sie gehörte zum Kernland »Portucale«. 1307 übersiedelte die Universität von Lissabon, wo sie 17 Jahre zuvor gegründet worden war, hierher. Über Jahrhunderte blieb Coimbra das geistige Zentrum Portugals. Daher errichteten auch die Jesuiten 1554 in dieser Stadt ihr erstes Kolleg. Nach 1911 bekam Coimbra Konkurrenz durch die Gründung weiterer Hochschulen in Lissabon und Porto. 1974 kamen neue Universitäten in Braga, Vila Real, Aveiro, Évora, Faro und Funchal hinzu. Aber Coimbra hat im Bewusstsein der Bevölkerung immer noch das beste Renommee.

**Braga** handelte sich im 15. Jahrhundert durch eine rege Kirchenbautätigkeit den Ruf ein, das »Rom Portugals« zu sein. Es war wiederum die Republik, die im Jahr 1911 eine offizielle Trennung von Staat und Kirche manifestierte. Der Erzbischof-Primas hat seinen Sitz in Braga, auch zum äußeren Zeichen dieser Trennung.

Für die Lissabonner ist dies alles nicht von großer Bedeutung, für sie ist Lissabon Portugal, der Rest Provinz. Durch die seit Jahrhunderten zentralistische Organisation des Landes sind alle wichtigen Funktionen hier konzentriert. Nicht nur der staatliche Verwaltungsapparat, auch private Handels- und Dienstleistungsbetriebe haben ihren Sitz in der Stadt. Wegen der guten Infrastruktur zieht sie auch ausländische Unternehmen an.

**Lissabon** ist eine große Baustelle. Ein Nachholbedarf an neuen Wohnungen und die Sanierung alter Bausubstanz sind die Ursachen. Nur die Gegend um den Rossio und die Praça da Figueira sind fertig gestellt. In der Baixa ist viel Leerstand, besonders in den oberen Stockwerken der Gebäude. Die U-Bahn-Erweiterung, eine für die Zukunft geplante dritte Brücke über den Tejo und die Fertigstellung der Ringautobahn um die Stadt sollen helfen, das tägliche Verkehrschaos zu vermindern. Auch im Hinblick auf die Weltausstellung EXPO '98 und die

*Eigene Ernte*

*Ozeanarium auf dem ehemaligen EXPO-Gelände im Parque das Nações*

9

Fußballeuropameisterschaft 2004 wurden in der Stadt umfangreiche Baumaßnahmen unternommen. Es ist geplant, den Flugplatz nach Alcochete auf die andere Seite des Tejos zu verlegen. Trotzdem besticht die Stadt durch ihre außergewöhnliche Lage. Selbstbewusst sagt ein Sprichwort »Quem não viu Lisboa, não viu coisa boa«, »Wer Lissabon nicht gesehen hat, hat nichts Schönes gesehen.«

In **Porto** sieht es ähnlich aus. Neue Metrolinien und Straßenbahntrassen, die Sanierung des alten Stadtkerns, Neubausiedlungen und Einkaufszentren um die Stadt herum lassen Porto zurzeit als riesige Baustelle erscheinen. Den kleineren Städten geht es

centro histórico →

nicht anders. In den letzten 15 Jahren hat sich ihr Bild grundlegend verändert.

Als touristisch geprägtes Land hat man aber dafür gesorgt, dass der Fremde, den mehr das Historische als die Neubauviertel interessiert, den richtigen Weg findet: Braungrundige Schilder mit der Aufschrift »centro histórico« weisen in das historische Stadtzentrum.

Portugals **Wirtschaft** leidet unter der zaghaften Erschließung eigener Energiereserven und unter dem Mangel an Bodenschätzen. Bis 1974 konnte man sie günstig aus den Kolonien beziehen, heute müssen die Rohstoffe teuer importiert werden. Auch fehlt es besonders in den ländlichen Regionen an qualifizierten Fachkräften – die Bildungspolitik lag zu lange Zeit im Argen. 1987 wurde endlich die sechsjährige Schulpflicht in eine achtjährige umgewandelt. Nach einer Statistik der UNESCO lag 1986 die Zahl der Analphabeten bei den über 15-Jährigen bei 20,6 Prozent. Auch die berufliche Aus- und Weiterbildung befindet sich immer noch im Aufbaustadium. Der staatlich festgesetzte Mindestlohn betrug 2008 437 Euro. Die Arbeitslosigkeit lag im März 2008 bei 7,8 Prozent, bei den Jugendlichen bei 15 Prozent, beides erfreulicherweise mit abnehmender Tendenz. Erst mit einem zweiten Job nebenher, wenn die ganze Familie arbeitet und ihr Geld zusammenlegt, ist ein einigermaßen gutes Auskommen möglich.

Auch Portugal kennt das Problem der Asylbewerber und Gastarbeiter. Etwa 300 000 Migranten leben legal in Portugal, dazu kommen schätzungsweise 90 000 illegale Zuwanderer. Waren es früher eher Menschen aus Brasilien und den ehemaligen Kolonien in Afrika, so leben heute schon über 100 000 Gastarbeiter aus Russland, Belorussland, der Ukraine und weiteren osteuropäischen Ländern im Lande. Diese neuen Einwanderer sind oft hervorragend ausgebildet, lernen die Sprache sehr schnell und wollen in absehbarer Zukunft gar nicht in ihre Heimat zurückkehren. Darüber hinaus kommen immer mehr Einwanderer aus dem fernen Osten. Neben den bereits lange existierenden China-Restaurants findet man inzwischen auch in kleineren Städten China-Shops mit traditionellen chinesischen Waren, aber auch Dingen des täglichen Bedarfs. All das wird das zukünftige Portugalbild stark prägen.

Insgesamt gesehen ist Portugal einige Jahre hinter der Entwicklung in Mitteleuropa zurück. Der Alentejo, die Azoren und Madeira bilden die Schlusslichter in der Wirtschaftsstatistik der EU. Das

Regime Salazars hatte Stillstand verordnet. Besonders die Provinz war davon betroffen und hat sich immer noch nicht ganz erholt. Die Disparität zwischen den mittlerweile gut entwickelten städtischen Ballungsgebieten und den landwirtschaftlich geprägten Distrikten in der Mitte und im Osten des Landes verschärft sich. Wer hier aufmerksam durch das Land geht, erkennt an vielen Stellen die eigene Geschichte wieder.

Es gibt noch viele Portugiesen, die meinen, mehr nach Afrika als nach Europa hin orientiert zu sein. Kolonialerfahrungen sind besonders in der älteren Generation vorhanden, die Bande noch nicht abgerissen. Der Blick in Richtung Europa wächst langsam. Immerhin gehört Portugal zur Eurozone. Auch die Ressentiments gegenüber dem spanischen Nachbarn bestehen noch mehr oder weniger stark. Und Spanien liegt zwischen Europa und Portugal. Doch die Spanier haben unter anderem wegen des günstigeren Preisniveaus Portugal als Reiseziel für einen Kurzurlaub entdeckt – die Portugiesen haben sich daran gewöhnt. ❖

*Wo das Land aufhört und das Meer beginnt*

*Felsenküste im äußersten Südwesten Europas*

# Nach Portugal des Weines wegen …
## Von Portwein bis Vinho Verde

Wissen Sie, was das französische »oseille« bedeutet? – Sauerampfer. Danach soll Anfang des 12. Jahrhunderts ein Wein »Osey« benannt worden sein, der aus der Grafschaft Portucale nach England exportiert wurde. Aber ganz so sauer dürfte er nicht gewesen sein, denn man sprach in englischen Berichten von besonders süßen Weinen. Dieser Weinhandel überdauerte die Jahrhunderte; noch heute sind Portwein und Madeira die bevorzugten Sorten der Briten.

Wahrscheinlich brachten die Römer die Reben nach Lusitanien. Besonders das Dourotal schien ihnen dafür geeignet, und so kann Portugal auf eine sehr lange Tradition des Weinanbaus und der Kelterung zurückblicken. Es gibt viele Gründe, nach Portugal zu fahren, der Wein ist sicherlich nicht der unwichtigste.

Zwei staatliche *grémios* (Gesellschaften) wachen über die Qualität, eines in Porto über den Portwein, das andere in Lissabon über alle anderen Weine. Die Kontrolle fängt bereits auf dem Weinberg an. Hier werden auch die Abgrenzungen der Anbaugebiete sowie die Erntemengen überwacht. Marquês de Pombal hatte bereits 1756 die Idee, das Anbaugebiet des Weines in der Region des oberen Douro genau festzulegen. Nur die für den Hausgebrauch der Winzer gekelterten Weine entziehen sich dieser Kontrolle. Zu ihrer Herstellung werden oft traditionelle Verfahren angewendet. Anstatt die Trauben in die Pressen der Kooperativen zu geben, zerstampft man sie noch mit den Füßen. Bis zu 15 Stunden dauert eine solche Prozedur.

Der bekannteste portugiesische Wein ist wohl der **Portwein**, der seinen Namen von der Stadt Porto ableitet, obwohl ihn mit dieser wenig verbindet. Das Anbaugebiet liegt 150 Kilometer entfernt im oberen Dourotal, und die Verarbeitung, Lagerung sowie der Verkauf geschehen in Vila Nova de Gaia auf der anderen Douroseite sowie auf den Weingütern. Nur das Instituto de Vinho do Porto (Portweininstitut), das über Qualität und Mengen wacht, hat seinen Sitz in Porto.

Portwein ist eigentlich eine englische Erfindung, ein Versuch, portugiesischen Wein schmackhafter zu machen: Zu Beginn des 18. Jahrhunderts war es aufgrund kriegsbedingter Maßnahmen verboten, französischen Wein auf die Insel zu

*Tafeltraubenlese im Alentejo*

*Weinanbau im Tal des Douro bei Folgosa* ▷

*Trauben für den Vinho Verde*

importieren. Portwein ist kein natürlicher Wein, er wurde vorwiegend unter englischer Leitung für die heimische Aristokratie und die Mittelklasse im 18. und 19. Jahrhundert entwickelt. Heute ist das englische Monopol gebrochen.

Die Portugiesen entdeckten diesen Wein erst in jüngster Vergangenheit. Dank der über eine Million portugiesischen Gastarbeiter nimmt heute Frankreich den ersten Platz unter den Portwein importierenden Ländern vor England ein.

Das Prinzip der Portweinherstellung ist verhältnismäßig einfach: Wenn die Hälfte der üblichen Gärung erreicht und so noch eine große Menge unvergorenen Zuckers vorhanden ist, setzt der Winzer zu viereinhalb Teilen Wein einen Teil 78-prozentigem neutralen Alkohol hinzu. Die Hefe erstickt in diesem Alkoholkonzentrat. Portwein ist also eine Mischung aus neutralem Alkohol und Wein mit hohem Alkohol- und Zuckergehalt. Inzwischen produziert man auch einen weißen trockenen Port. Der Wein hat nur ein Problem: Er muss abgelagert sein, und er braucht lange, um sich zu beruhigen. Im Fass altert er schneller als in der Flasche.

Ein *Ruby* (rubinrot) ist jung und intensiv in der Farbe, der billigste unter den Sorten. Beim *Vintage Character*, auch als *Premium Ruby* bezeichnet, werden höherwertige Grundweine verwendet als beim *Ruby*. Er wird nach vier- bis fünfjähriger Reifung abgefüllt. Der *Tawny* (gelbbraun) dagegen hat mindestens zehn Jahre im Fass verbracht. Er besitzt die volle Reife und ist für viele Portweinliebhaber der köstlichste und vielseitigste. Seltener ist der *Crusted Port* zu finden. Es ist ein Weinverschnitt aus mehreren jungen Jahrgängen, die ohne Filtration abgefüllt werden. Das besondere ist die Entwicklung eines Depots in der Flasche, sodass man ihn vor dem Servieren auf jeden Fall dekantieren muss.

Der *Late Bottled* (LB) weist zwar eine Jahreszahl auf der Flasche auf, aber diese bezieht sich auf das Jahr der Flaschenabfüllung. Diese Sorten sind Verschnitte. Sie lassen sich keinem bestimmten Jahrgang zuordnen. Die Altersangaben auf den Flaschen, wie 10, 20, 30 oder gar 40 Jahre, beziehen sich auf den Altersdurchschnitt der verschnittenen Weine.

Der *Vintage* gilt als König der Portweine. Er ist ein Jahrgangsportwein und wird nur in solchen Jahren aufgelegt, in denen die

Reben keinen Schaden hatten, das Wetter gut war und die Gärung ordnungsgemäß verlief. Dies geschieht nur drei- bis viermal in einem Jahrzehnt. Sie müssen in sich gut sein und dürfen nicht mit anderen Jahrgängen verbessert werden. So hat jeder seine eigene Geschmacksrichtung. Da der Wein bereits nach zwei Jahren auf Flaschen gezogen wird, enthalten diese immer eine »Tapete«, eine rotbraune Kruste, die sich durch allzu viel Bewegung auflöst.

Es gibt auch Jahrgangsweine, die fünf bis sechs Jahre in den Fässern gereift sind. Sie enthalten dann keine Ablagerungen mehr. Eine geöffnete Flasche sollte an einem Tag geleert werden, die anderen Sorten vertragen ein längeres Stehen. Der *White Port* hat weniger Alkohol als der rote Port. Er reift bis zu achtzehn Monate in Edelstahl- oder Zementtanks. Durch die anschließende Fassalterung erhält er eine goldene Farbe, der Geschmack ist sehr aromatisch. Die Süße-Kategorien des Portweins lauten extra dry, dry, semi dry, sweet und very sweet.

Der individuellste unter den **Weißweinen** heißt **Vinho Verde**, »grüner Wein«. Seinen Namen hat er von der Costa Verde, der grünen Küste im Norden Portugals. Aufgrund der Art der Kelterung moussiert er leicht. Sein Alkoholgehalt liegt bei nur neun Prozent, daher hilft er vorzüglich gegen den Durst. Auch wenn er rot ist, wird er immer noch Vinho Verde genannt. Sein Anbaugebiet liegt

*Nach Portugal des Weines wegen …*

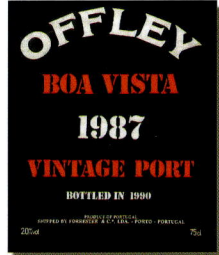

*Informationen zur Route der »Vinhos Verdes« findet man unter www.cvrvv.pt.*

## Eine kleine Hilfe zum Lesen der Weinetiketten

| | | |
|---|---|---|
| *Vinha* | – | Weinberg |
| *Quinta* | – | Weingut, Landgut |
| *Adega* | – | Kellerei |
| *Colheita* | – | Jahrgang, Ernte |
| *Região demarcada* | – | gesetzlich abgegrenztes Gebiet |
| *Denominação de origem* | – | kontrollierte Ursprungsbezeichnung |
| *Engarrafado na origem* | – | Originalabfüllung |
| *Garrafeira particular* | – | Privatkeller |
| *Garrafão* | – | Flasche, besonders Fünf-Liter- Korbflasche |
| *Selo de garantia* | – | Garantiemarke (Banderole) |
| *Selo de origem* | – | Marke des Orginalabfüllers (Banderole) |
| *Vinho Verde* | – | Grüner Wein |
| *Vinho de Mesa* | – | Tischwein |
| *Vinho de Consumo* | – | einfacher Konsumwein |
| *Maduro* | – | alt, ausgereift |

| | | |
|---|---|---|
| *Branco* | – | weiß |
| *Tinto* | – | rot |
| *Rosado* | – | rosé |
| *Clarete* | – | hellrot, dunkelrosé |
| *Extra seco* | – | besonders trocken |
| *Seco* | – | trocken |
| *Meio seco* | – | halbtrocken |
| *Doce* | – | süß |
| *Vinho adamado* | – | Süßwein |
| *Bruto* | – | roh |
| *Espumante* | – | schäumend |
| *Velho* | – | alt |
| *Fino* | – | fein, geschmackvoll |

## Zusätzlich bei Portweinen

| | | |
|---|---|---|
| *Ruby* | – | rubinrot (junger Portwein) |
| *Tawny* | – | gelbbraun (alter, im Faß gereifter Portwein) |
| *Crusted Port* | – | sehr alter Portwein |
| *Late Bottled* | – | spät abgefüllt, nach 10–20 Jahren |
| *Vintage* | – | Jahrgangsportwein |

im Minho. Dort wird die Rebe als Feldeinfassung an Bäumen und schiefernen oder granitenen Pfählen hochgezogen. Gut fährt man immer mit einem Vinho Verde aus der Gegend von Amarante, Ponte de Lima, Ponte da Barca oder Melgaço. Das Weinanbaugebiet des Dão liegt im Einzugsgebiet des gleichnamigen Flusses östlich von Viseu. Der Name ist für einen Fremden kaum auszusprechen: ein sehr weiches »D« und dann nur noch ein gehauchtes Etwas. Dafür sind die Weine umso konkreter. Der weiße **Dão** entspricht dem weißen Burgunder: trocken, ansprechend, reintönig. Er besitzt einen sauberen, klaren Geschmack mit mehr Charakter als der rote. Das Bukett entwickelt sich früh, er sollte zeitig getrunken werden. Zwei bis vier Jahre ist ein günstiges Alter. Der rote Dão ist alkoholreich und hat einen ausgeprägten, manchmal auch rohen Geschmack. Er ist nicht besonders langlebig, sieben bis zehn Jahre sind für einen guten Jahrgang das beste Alter.

Kleine und kleinste abgegrenzte Weinanbaugebiete liegen in der Region von Lissabon: Bucelas, Carcavelos, Colares nördlich und westlich sowie Setúbal südlich der Hauptstadt. Von den drei ersten wird man wegen der geringen Mengen außerhalb der engeren Region nur in sehr gut sortierten Weinregalen eine Flasche finden. Der weiße **Bucelas** ist trocken, der rote **Colares** besitzt ein starkes Aroma. Der 19 Prozent starke **Carcavelos** ist topasfarbig und meist ziemlich süß mit einem eigenartigen Mandelgeschmack. Größere Mengen gibt es vom **Moscatel de Setúbal**, ein Weißwein in tief bernsteingelber Farbe, die mit dem Alter stark dunkelt. Er ist sehr süß, duftet nach Muskat und kann lange lagern.

Neben diesen gesetzlich abgegrenzten Weinanbaugebieten existieren weitere Regionen. Auf den Flaschen darf nicht der Name des betreffenden Gebietes, aber der Ort der Abfüllung angegeben werden. So heißt es dann beispielsweise »Especial, Adega Cooperativa de Valpaços«. Die verbreitetsten »freien« Weine sind der weiße und rote **Lafões** zwischen Lamego und Viseu, die weißen und vorzüglichen roten **Douro-Weine** aus Vila Real und Sabrosa.

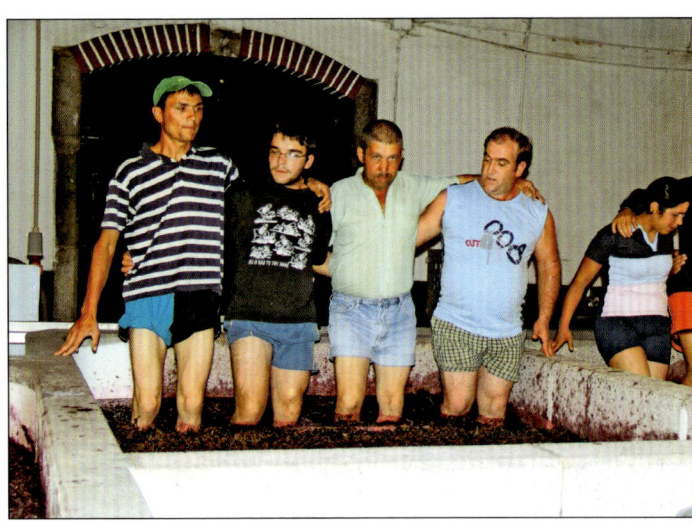

*Für den besten Wein werden die Trauben immer noch mit den Füßen zerstampft*

Weltweit bekannt ist der in Bocksbeutelflaschen vertriebene **Mateus Rosé** aus Vila Real. Er moussiert leicht wie ein Vinho Verde, ist diesem aber nicht zuzurechnen und besitzt längst nicht die Qualität der anderen Weine der Gegend. Südöstlich des Portweingebietes liegt **Pinhel** mit roten und weißen, westlich des Dão-Gebietes **Águeda und Barraida** mit schweren roten und leichten weißen Weinen. In der Region um **Alcobaça** und **Caldas da Rainha** wird weißer Wein gekeltert, im **Ribatejo-Gebiet** ein starker roter und ein säurearmer, alkoholreicher weißer Wein. Die weißen und roten Weine des **Alto Alentejo** um Borba, Vila Viçosa oder Redondo sind stark und kräftig im Geschmack, während an der Algarve im **Lagoagebiet** westlich von Lagos ein heller und alkoholreicher Wein in nur geringen Mengen angebaut wird.

Weiße moussierende Weine gibt es aus **Lamego** im oberen Dourogebiet und **Bairrada** südlich von Coimbra – **Raposeira** aus Lamego ist die beliebteste Marke. Hier sollte man den *bruto* (roh) wählen, *seco* (trocken) und *meio seco* (halbtrocken) sind für den Geschmack des Mitteleuropäers meist zu süß.

Bei einer Beschreibung portugiesischer Weine wird der **Madeira** leicht vergessen. Er stammt von der gleichnamigen Atlantikinsel, die zu Portugal gehört. Die Weingeschichte dieser Insel reicht bis ins 16. Jahrhundert zurück. Damit der Wein den langen, unruhigen Schiffstransport überstand, hat man schon früh eine Methode entwickelt, ihn haltbar zu machen. Beim Gären wird Alkohol zugesetzt. Danach muss er mindestens drei Monate »backen«, das heißt bei knapp 50 °C schwitzen. Nach drei Jahren im Fass wird er auf Flaschen gezogen – je älter, desto besser ist er. Den Madeira-Wein gibt es in vielen Varianten, typisch ist dabei stets ein leicht gebrannter, rauchiger Karamellgeschmack.

Und überall brennt man aus den Traubenresten *bagaceira* oder *aguardente* (wörtlich Zahnwasser), einen meist hochprozentigen Tresterschnaps. Wenn man ihn altern lässt, wird er mild und weich.

---

## Weinrouten

In allen wichtigen Weinanbaugebieten Portugals gibt es inzwischen ausgeschilderte Weinrouten wie Rota dos Vinhos Verdes (Route des Vinho Verde), Rota do Vinho do Porto (Portweinroute), Rota do Vinho do Alentejo (Weinrouten durch den Alentejo). Sie führen zu Weingütern und Kooperativen, die sich diesem System angeschlossen haben. Dort erhält man weitere, oft mehrsprachige Informationen über die entsprechenden Route.

Man kann sich aber auch von den jeweiligen Vereinigungen Material vor der Reise schicken lassen, alle sind auch mehrsprachig (meistens neben Portugiesisch auch in Englisch und Französisch) im Internet vertreten.

Zuständig für den Wein in Portugal ist das **Instituto da Vinha e do Vinho**
Rua Mouzinho da Silveira 5
1250-165 Lissabon

✆ 213 50 67 00, Fax 213 56 12 25, www.ivv.min-agricultura.pt
Die Seite, auf der alle Weinrouten mit Kontaktadressen angegeben
sind:
www.ivv.min-agricultura.pt/cultura/files/rotas.html (leider nur auf
Portugiesisch, aber die Adressen kann man auch ohne Sprachkennt-
nisse verstehen)

**Rota dos Vinhos Verdes** (Weinroute des Vinho Verde)
Rua da Restauração 318, 4050-501 Porto
✆ 226 07 73 00, Fax 226 07 73 20, www.vinhoverde.pt

**Rota do Vinho do Porto** (Weinroute des Portweins)
Largo da Estação, 5050-237 Pêso da Régua
✆ 254 32 47 74, Fax 254 32 17 46, www.rvp.pt

**Rota dos Vinhos do Marco** (Weinroute des Weins in der
Region Marco de Canaveses)
Alameda Dr. Miranda da Rocha, 4630 Marco de Canaveses
✆ 255 53 88 00
www.cm-marco-canaveses.pt/turismo/rota_vinhos.html

**Rota das Vinhas de Císter** (Weinroute der Cister-Region)
Av. 25 de Abril, 186, Apartado 15
3624-909 Moimenta da Beira
✆ 254 58 24 28, Fax 254 58 40 78

**Rota do Vinho da Bairrada** (Weinroute des Bairrada-Weins)
Av. Eng°. Tavares da Silva
3780-203 Anadia
✆ 231 51 01 80, Fax 231 51 01 89, www.cvbairrada.pt

*Portweinlager in Vila
Nova de Gaia*

**Rota do Vinho do Dão** (Weinroute des Weins vom Dão)
Solar do Vinho do Dão
Rua Dr. Aristides de Sousa Mendes - Fontelo
3501-908 Viseu
232 41 00 60, Fax 232 41 00 65, www.cvrdao.pt

**Rota dos Vinhos da Beira Interior** (Weinroute der Weine des Inneren Beira)
Rua Cidade de Safed, Lote 7-1°, 6300-537 Guarda
271 22 41 29, Fax 271 22 31 01, www.cvrbi.pt

**Rota dos Vinhos de Bucelas, Colares e Carcavelos** (Weinroute der Weine im Großraum Lissabon)
Câmara Municipal de Loures
Rua Dr. Manuel de Arriaga 4-2°, 2674-501 Loures
219 82 69 60, Fax 219 82 31 02, www.cm-loures.pt

**Rota da Vinha e do Vinho do Ribatejo** (Weinroute im Ribatejo)
Região de Turismo do Ribatejo
Campo Infante da Câmara - Casa do Campino
2000-014 Santarém
243 33 03 30, Fax 243 33 03 40, www.rotavinhoribatejo.pt

**Rota dos Vinhos da Península de Setúbal - Costa Azul** (Weinroute der Weine der Region Setúbal)
Casa Mãe da Rota dos Vinhos
Largo de S. João, 2950-000 Palmela
212 33 43 98, Fax 212 33 49 90
www.rotavinhospsetubal.com

**Rota da Vinha e do Vinho do Oeste** (Weinroute im Westen)
Estrada Nacional 8, Apartado 69, 2544-909 Bombarral
und Fax 262 60 52 72, www.rotavinhooeste.com

**Rotas dos Vinhos do Alentejo** (Weinrouten des Alentejo)
Praça Joaquim António de Aguiar 20-21
Apartado 2146, 7001-901 Évora
266 74 64 98, Fax 266 74 66 02, www.vinhosdoalentejo.pt

# Portugiesische Ausprägungen in der Kunst

## Manuelismus, Fliesenmalerei, Pflastermosaiken und Fado

*Schöne Beispiele für den Mudéjar-Stil findet man im Paço Real in Sintra.*

*Manuelinisches Portal der Universitätskirche in Coimbra*

Obwohl am Rande Europas gelegen, hat Portugal an allen Kunst- und Architekturströmungen der Jahrhunderte, die im Wesentlichen von Süd- und Mitteleuropa ausgingen, teilgenommen – manchmal mit zeitlichen Verzögerungen, dann jedoch oft in großer Stilreinheit. Portugiesische Namen sind zwar in der internationalen Kunstwelt rar, aber die Werke, die man in diesem Land sehen und bewundern kann, haben oft außerordentliche Bedeutung. Viele ausländische Baumeister und Künstler hinterließen in Portugal ihre Spuren – von der Romanik und Gotik bis hin zu einem ausgeprägten Jugendstil und hypermodernen Geschäftsbauten unserer Tage wie die von Amoreiras in Lissabon. Auch in Portugal wurden im Laufe der Jahrhunderte historische Bauten, insbesondere die Kirchen, dem jeweiligen Zeitgeschmack angepasst, renoviert, restauriert, umgebaut, ergänzt. Zum Teil geschah dies so gründlich, dass von dem ursprünglichen Stil wenig übrig blieb.

Bereits während der maurischen Herrschaft, und besonders nach der Rückeroberung, kam es im **Mudéjar-Stil** zu einer Verquickung abendländischer und islamischer Elemente in der Baukunst und im Kunsthandwerk. Der Stil war besonders in Spanien und Portugal verbreitet und erlebte seine Blütezeit im 14. und 15. Jahrhundert, als maurische Handwerker für christliche Auftraggeber arbeiteten. Seine Grundform ist spätromanisch, mit gotischen und maurischen Elementen gemischt. Im dekorativen Bereich wurde besonders die frühe Fliesenproduktion davon geprägt.

Die Freude der Portugiesen an Formen und Farben haben landesspezifische, eigenständige Kunstformen entstehen lassen. Am auffälligsten ist wohl der **Manuelismus**, ein verspielt dekorativer Baustil zwischen Gotik und Renaissance. Nur etwa 30 Jahre währte seine Blütezeit (1500–30) unter der Regentschaft von König Manuel I. Bezeichnend ist eine überschwängliche, formenreiche Dekorfülle, ergänzt mit südamerikanischen, afrikanischen und asiatischen Schmuckelementen, die die Seefahrer und Entdecker von ihren Reisen mitgebracht hatten. Das durchgängige Thema ist das Meer, ergänzt durch in Europa unbekannte Pflanzen und Tiere (z.B. Mais, Elefanten). Auch Pflanzen des Meeres – Korallen, Muscheln, Tang – sowie die täglichen Dinge der Seefahrerei wie Anker, Netze, Korken, Knoten und die alles zusammenhaltenden, umschlingenden Taue fanden als Formen Verwendung. Dazu kamen die Armillarsphäre (Instrument der Astronomie) und das achtspitzige Kreuz der Christusritter als Lieblingsembleme König Manuels. Der Manuelismus war nicht nur Baukunst, sondern auch ein Ausdruck der Geisteshaltung des beginnenden 16. Jahrhunderts, das als ein glückliches bezeichnet werden kann.

Herausragende Bauwerke dieses Stils sind, als eigenständige Bauten, das Jerónimos-Kloster und die Torre in Belém, als An- oder Umbauten, der Kapitelsaal in der Christusritterburg in Tomar sowie der königliche Kreuzgang und die unvollendeten Kapellen in Batalha.

Der neue Stil muss wie ein Lauffeuer durch das Land gegangen sein. Überall wurden Gebäude, nicht nur Kirchen, sondern auch Paläste, Häuser des Adels und reiche Kaufmannsniederlassungen damit dekoriert, neue Portale, Fenster- und Türumrahmungen geschaffen und Innendekorationen angebracht.

Neben João de Castilho, Nicolas de Chanterène sowie Diogo und Francisco de Arruda war Diogo Boytaca ein hervorragender Architekt des Manuelismus. Er baute, gewissermaßen als Übungsstück, ab 1490 die Jesus-Kirche in Setúbal, erstellte die Pläne für

*Unzählig sind die »pelourinhos«, Schandpfähle, im manuelinischen Stil – dieser steht in Elvas*

*Meisterwerk manuelinischen Baustils: das Südportal des Jerónimos-Klosters*

*So ist es nicht verwunderlich, dass auch die bedeutendste Fliesensammlung der Welt im Museu Nacional do Azulejo (Fliesenmuseum) in Lissabon zu sehen ist, mit mehr als einer Million Azulejos, darunter eine 25 Meter lange Stadtansicht von Lissabon, vor dem Erdbeben von 1755 gemalt.*

das Jerónimos-Kloster in Belém, leitete von 1500 bis 1516 die Arbeiten dort und war gleichzeitig von 1498 bis 1519 Hauptarchitekt bei den Um- und Weiterbauten in Batalha. Er starb im Jahr 1524, seine Arbeiten wurden von João de Castilho fortgeführt.

Lange nachdem die Mauren aus dem Land vertrieben waren, übernahm man von ihnen die im Orient weit verbreitete Sitte, Wände und Mauern mit bunt verzierten *azulejos* (Fliesen) zu verkleiden. Wahrscheinlich haben die Portugiesen die **Fliesenkunst** in Marokko kennen gelernt. Die Iberische Halbinsel, insbesondere aber Portugal, ist das Fliesenland par excellence. »Die Fliesen begründen zum Teil die Physiognomie Portugals«, schrieb 1845 Graf Razcinski aus Lissabon. Zuerst waren es Kirchen, Klöster und Paläste, später auch Bürgerhäuser, Markthallen, Brunnen, Parkanlagen und nach dem Bau der Eisenbahn im frühen 20. Jahrhundert auch die Bahnhöfe, deren Wände mit *silhares* (Fliesenbildern) oder ornamentalen Flächen geschmückt wurden. Ein Brauch, der heute noch praktiziert wird. So ist die Geschichte des Landes auf die Wände geschrieben.

Vorbild für diese Art der Wandverkleidung war wohl der Orient, wo die Fliesen aus dem Mosaik entstanden. Einfarbig gebrannte kleine Tonplatten wurden in Stücke geschnitten und zu oft großflächigen Mustern verlegt. Die Glasur auf der Grundlage von Blei ließ kein verschiedenfarbiges Bemalen zu, die Farben verliefen beim Brennen ineinander. Erst als man auf die Idee kam, die Flächen durch Fettschnüre oder schmale Grate voneinander zu trennen, konnte man sie verschiedenfarbig gestalten. Diese Corda-Seca- oder Arista-Technik drang über die Araber bis nach Sevilla vor, wo sich eine sehr rege Industrie entwickelte. Im 15. und 16. Jahrhundert bezogen die Portugiesen ihre Fliesen vorwiegend von dort, die schönsten aus dieser Zeit sind im königlichen Palast, Paço Real, von Sintra zu bewundern.

Anfang des 16. Jahrhunderts wurde die Technik der Fayencemalerei in der europäischen Keramikkunst üblich. Zinn löste das Blei als Glasurgrundlage ab. In die weiß brennende Zinnglasur als Untergrund konnte man mit Metalloxiden malen, ohne dass die Farben verliefen: Kupferoxid ergab Grün, Kobaltoxid Blau,

*Erinnert an Delfter Malerei: Um 1700 wurden Fliesen aus den Niederlanden eingeführt*

*Portugiesische
Ausprägungen
der Kunst*

*Fliesenbild in der Fayence-
technik aus dem 17. Jahr-
hundert im Fronteira-
Palast in Lissabon*

Eisenoxid Braun bis Schwarz, Chromoxid Rot, Antimon Gelb.
Diese neue Technik brachte einen großen Aufschwung in der
Fayence- und Fliesenproduktion.

Wohl nach italienischem und niederländischem Vorbild begann
man in der Mitte des 17. Jahrhunderts nur noch blau-weiß zu malen, eine Sitte, die die Europäer von den Chinesen übernommen
hatten. Darüber hinaus wurden in einer Zeitspanne von etwa 50
Jahren, um 1700, Fliesen von den Niederlanden eingeführt. Die
größten Fliesenbilder niederländischer Produktion sind in Portugal zu finden, wie beispielsweise in der Kirche Madre de Deus in
Lissabon.

Nach einer Notiz in dem 1620 in Lissabon erschienenen Buch
»Livro das grandezas de Lisboa« (Buch der Herrlichkeiten von Lissabon) von Nicolau de Oliveira beschäftigten sich damals in Liss-
abon 13 Töpfer ausschließlich mit der Fliesenherstellung, dazu
kam eine ungenannte Anzahl weiterer Handwerker, die neben
Fayencen auch Fliesen produzierten. 101 Brennöfen soll es in der
Stadt gegeben haben. Von diesen Stätten der Fliesenproduktion
blieb keine erhalten. Die älteste heute noch arbeitende stammt
aus dem Jahr 1742. In der Fábrica de Faianças e Azulejos
Sant'Ana (Fayence- und Fliesenfabrik Sant'Ana) im Stadtteil
Belém stehen noch zwei der mächtigen, holzbeheizten Brennöfen.
Dort kann man miterleben, wie die Fliesenbilder an großen Staf-
feleien entstehen, wie Fliese für Fliese mit der Hand bemalt wird
(s. S. 59). Die anderen Fliesenfabriken in Lissabon, Caldas da
Rainha, Aveiro oder Vila Nova de Gaia, haben ihre Produktion in
den letzten Jahren modernisiert.

Freude an Formen und Dekor spiegelt sich in besonderer Weise
auch in den **Pflastermosaiken** der Städte wider. Diese Art der
Fußweg- und Platzgestaltung hat ihren Ursprung wahrscheinlich
in Lissabon, als nach dem Erdbeben von 1755 die Stadt neu
errichtet wurde und für den Aufbau der vorhandene Marmor-
bruch verwertet werden sollte. Inzwischen findet man die Pflastermosaiken im ganzen Land. Es heißt zwar, dass der Beruf der

*Museu Casa do Fado
e da Guitarra Portu-
guesa – Haus des
Fados und der portu-
giesischen Gitarre
Largo do Chafariz de
Dentro 1 (Am Fuße der
Alfama)
1100-139 Lisboa
© 218 82 34 70
Fax 218 82 34 78
Di–So 10–18 Uhr
1. Jan., 1. Mai,
25. Dez. geschl.
Ein kleines, sehr infor-
matives Museum über
die Geschichte des
Fados und seine
großen Sänger. Viele
Musikbeispiele, alle
Beschriftungen auch
in Englisch.*

*calceteiros*, der Pflasterkünstler, ein aussterbender Beruf sei, aber man kann manchmal noch sehen, wie die Männer am Boden kauernd den passenden Stein aus den weißen und schwarzen Materialhäufchen heraussuchen, anpassen, zurechthämmern und schließlich in den Sand schlagen.

Als Formvorlagen dienen hölzerne Model, die schon manches Jahrzehnt geholfen haben, den Pflasterteppich auf den Wegen auszubreiten. Der Vielfalt sind keine Grenzen gesetzt: Streng geometrische Muster wechseln sich ab mit Ranken und Blüten, Wellen und Karavellen, Windrosen und Arabesken. Manches Geschäft hat seinen Namen auf dem

*Pflasterkunst in der Rua
Augusta in Lissabon*

Fußweg verewigt. Kinder benutzen die Muster als Spielvorlage, und man kommt in Versuchung, seinen Schritt den Formen anzupassen, hüpfend oder im Zickzack den Wegen zu folgen.

Portugal ist ein Land voller **Musik**. Ein Volksfest, eine Wallfahrt, eine Familienfeier ohne Musik ist kaum vorstellbar. Bis in die kleinsten Dörfer findet man die *banda musical* (Musikkapelle) und den *rancho folclórico* (Folkloregruppe). Portugiesen sind jederzeit bereit, in einen Gesang einzustimmen. Nur der hohe schrille Ton der Frauenstimmen klingt fremd in den Ohren eines Mitteleuropäers.

Die bekannteste portugiesische Volksmusik, längst als Kunstform anerkannt, ist der **Fado** (wörtlich Verhängnis, Schicksal). Unergründlich wie er selbst ist seine Herkunft. Die Seeleute, Nachfahren der Entdecker, sollen ihn Anfang des 19. Jahrhunderts mitgebracht haben, ursprünglich als eine Art Schicksalsgesang aus dem Leben der Seeleute. Er ähnelt in dieser Hinsicht korsischen oder bretonischen Fischer- und Matrosenweisen.

Fado braucht Intimität, große Säle sind für ihn nicht geeignet, denn Fado hört man nicht, man muss ihn erleben. Die *fadistas* (Fadosänger) bieten den Gästen keine frivolen Liedchen, es sind dunkle, schwermütige Weisen, die nicht aufheitern, sondern nachdenklich stimmen oder bedrücken. Untrennbar verbunden mit ihm ist die nicht zu übersetzende *saudade*. Am besten kann man diese portugiesische Stimmung noch mit Sehnsucht, Trauer, Wehmut und gleichzeitig auch mit glücklichem Wiedersehen, Willkommenheißen, Jauchzen umschreiben.

Der Fado war ursprünglich nur in Lissabon und Coimbra zu Hause, in der Hauptstadt volkstümlich und in der Universitätsstadt intellektuell ausgerichtet. Während der Diktatur Salazars

*Wenn der Fado
erklingt, erlischt jede
Unterhaltung, eine
teilnahmsvolle
Gespanntheit legt sich
über den Raum. Der
Zuhörer identifiziert
sich mit dem Lied,
bewegt die Lippen
dazu und der Refrain
wird befreiend mitge-
sungen.*

fanden Proteste gegen die Unfreiheit und das soziale Elend ihren Ausdruck in dieser Musik. Daher wurde der Fado zeitweilig sogar verboten. Seit der Revolution von 1974 erlebt er eine Renaissance. Die berühmteste Sängerin dieser Zeit war Amalia Rodrigues, die nur noch auf Schallplatten zu hören ist. Nach ihrem Tod gab es sehr erfolgreiche Bestrebungen, dem Fado eine moderne Note zu geben. Die Gruppe Madre de Deus und aktuell Misia sowie Mariza zum Beispiel haben den Gesang modernisiert und begonnen, mit dem Fado neue musikalische Wege zu gehen. Sie geben auch viel beachtete Konzerte in Deutschland und ihre CDs sind auch bei uns in den Geschäften zu finden.

In Lissabon singen Frauen und Männer den Fado gleichermaßen, in der Regel als Solo-, seltener als Wechselgesang. Der Fado von Coimbra wird nur von Männern gesungen, von zwei bis vier Sängern gleichzeitig und im Wechselgesang. Dort ist es nicht üblich, Beifall zu spenden. Die Sänger werden von mindestens zwei Gitarrenspielern *(guitarristas)* begleitet. Einer der Gitarristen spielt die zwölfsaitige *guitarra* (Melodiegitarre), der andere die *violão* (Rhythmusgitarre). Traditionelles Fadoviertel in Lissabon ist das Bairro Alto. Doch das, was dort in den speziellen Fadolokalen für die Fremden geboten wird, ist künstlich, hat wenig mit der Ursprünglichkeit und Intimität des Gesanges gemein. Wer jedoch nachts mit offenen Ohren durch die alten Stadtviertel geht, lernt vielleicht den spontaneren, ursprünglicheren Fado kennen – der richtige wird erst nach Mitternacht gesungen. Thema ist, was den Menschen bewegt, auch der Fado selbst:

Süßer Fado, du klagst so traurig
wie das Meer in der Nacht,
doch wer dich singt,
muss immer weinen.

Ich weiß nicht, wer den Fado machte,
aber eines weiß ich wohl:
Diese Trauer gab, wer liebte,
und niemals diese Liebe fand.

Nichts ist größer als der Himmel,
der so gleich ist wie das All.
Er findet Platz in deinen Augen
wie du in meinen Armen.

Dein Weinen ist wie Morgenröte,
und du sagst, du leidest schwer.
Aber trauriger als dein Klagen
ist mein Lachen zu jeder Stund.

In des Kreuzes Armen starb
unser Herr Jesus,
und ich sterbe fern von deinen Armen,
weil mein Kreuz du bist. ☼

Fado in der Taverna São Jorge in Porto

25

# Chronik Portugals
## Der europäische Staat mit den ältesten Grenzen

Sich in Portugal nicht mit der Geschichte zu beschäftigen hieße, an dem Land vorbeizugehen. Die Portugiesen leben in einer großen historischen Tradition. Bedeutende Bauwerke verdanken ihre Entstehung wichtigen Stunden in der Geschichte des Landes: die Klöster von Alcobaça und Batalha, die Christusritterburg in Tomar oder das Jerónimos-Kloster in Belém. Namen von Plätzen und Straßen sowie unzählige Denkmäler verweisen auf die Vergangenheit. Hinter Feiertagen stehen bedeutende Ereignisse, selbst wenn sie über 350 Jahre zurückliegen, wie zum Beispiel der 1. Dezember als Nationalfeiertag, der an die Befreiung des Landes von spanischer Herrschaft im Jahre 1640 erinnert.

### Die Vorgeschichte bis 700 v. Chr.

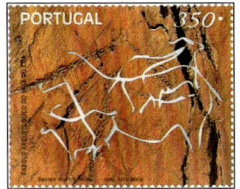

Die Frage nach der Urbevölkerung konnte bisher nicht sicher geklärt werden. Die ältesten Zeugnisse menschlicher Anwesenheit, Felsritzungen bei Vila Nova de Foz Côa, stammen aus dem Paläolithikum vor etwa 10 000–25 000 Jahren. Dolmen an verschiedenen Orten im Gebiet des Gebirges Gerês und im Raum Évora belegen eine Besiedlung vor etwa 3000 v. Chr., 1000 Jahre jünger ist ein Dolmen bei Barrosa an der Algarve. Nach dieser Zeit kamen wahrscheinlich Iberer aus Nordafrika und weitere 1000 Jahre später machten Phönizier Station auf dem Weg nach Irland, England und in die Bretagne. Sie bauten ihren Stützpunkt an der Mündung des Tejo und sind die Gründer Lissabons. Ihren Handelsplatz nannten sie *Alis Ubbo* – liebliche Bucht. Aus diesem Namen entwickelte sich über das lusitanische *Olisipo*, das westgotische *Olisbona (Ulixippona)* und das maurische *Al-Ashbouna (Al-Lisbuna)* schließlich das portugiesische *Lisboa*.

### Die Kelten 700 v. Chr.–179 v. Chr.
Ab 700 v. Chr. dringen keltische Stämme auf die Iberische Halbinsel vor und siedeln sich besonders im Norden an. Die Kelten verschmelzen mit der einheimischen Bevölkerung zu den Keltiberern.

Den südlichen Teil des heutigen Portugals bewohnen etwa 30 Stämme der Lusitanier, nach denen das Gebiet Lusitanien benannt wird, ein Name, den man immer noch benutzt. Die Hauptstadt ihres Reiches war Merida im heutigen Spanien. Etwa zur gleichen Zeit kommen die Griechen als Konkurrenten der Phönizier auf dem Seeweg an die Küste und gründen mehrere eigene Handelsniederlassungen. Sie entdecken für sich die Mündung des Douro und gründen am felsigen Prallhang ihren Handelsplatz *Portus* – Hafen. Die andere Seite des Flusses nennen sie *Cale* (griech. *calos* = schön).

Die nachfolgenden Karthager beschränken sich nicht auf den Handel, sie wollen auch über das Land regieren. Erst der Zweite Punische Krieg (218–201 v. Chr.) vertreibt sie, dafür stehen die Römer vor der Tür. Nach dem erbittert geführten Keltiberischen Krieg (197–179 v. Chr.) wird Lusitanien Teil der römischen Provinz *Hispania ulterior*.

### Die Römer 178 v. Chr.–410 n. Chr.

Doch vorerst kehrt keine Ruhe ein. Immer wieder lehnen sich die Lusitanier unter ihrem Führer Viriathus gegen Rom auf. Es kommt sogar auf iberischem Gebiet zu einem römischen Bürgerkrieg zwischen den Feldherren Sertorius und Sulla. Die Lusitanier unterstützen Sertorius, der aber unterliegt. Erst Caesar schafft es, die Provinz für Rom zu besiegen. In der Pax Romana wird die Halbinsel befriedet, *Hispania ulterior* in die Provinzen *Baetica* (Andalusien) und *Lusitania* aufgeteilt. Damit beginnt die Romanisierung auf allen Gebieten. Latein wird die Hauptsprache, aus der sich im Laufe der Jahrhunderte die Landessprachen entwickeln. Die Christianisierung beginnt um 300.

Gaius Iulius Caesar
(100–44 v. Chr.), Herrscher des römischen Reiches

### Die Völkerwanderung bricht über Lusitania herein
### Sueben, Vandalen, Alanen und Westgoten 410–711

In diese Zeit verhältnismäßiger Ruhe bricht die Völkerwanderung wie ein Paukenschlag über das Land herein. Im Nordwesten fallen die Sueben und Vandalen ein. Sie errichten das Königreich Portucale mit Braga als Hauptstadt. Im Süden setzen sich die Alanen fest. Es folgen die Westgoten, sie vertreiben ihre Vorgänger und erklären das von ihnen besetzte Gebiet zum westgotischen Königreich mit der Hauptstadt Toledo. 300 Jahre dauert ihre Herrschaft, bis es bei einer Auseinandersetzung um die Thronfolge zum Bürgerkrieg kommt.

Der rechtmäßige Thronfolger Achila ruft in größter Not die befreundeten Mauren aus Nordafrika zu Hilfe, die seinen Widersacher Roderich so vernichtend schlagen, dass das westgotische Reich aufhört zu bestehen. Einmal ins Land gerufen, dringen die Mauren weiter vor und besetzen bis auf einige wenige Gebiete in Asturien die Iberische Halbinsel. 713 erreichen sie Lissabon.

Conimbriga: römisches Mosaik aus dem 2. Jahrhundert vor Christus

### Die islamische Invasion: Die Mauren 711–1094

Bereits 713 formiert sich von Norden aus der Widerstand gegen die Mauren. 300 unruhige Jahre stehen den Iberern bevor. Zuerst wird der für die Christen wichtige Pilgerweg nach Santiago de Compostela zurückerobert. 789 gelingt es König Alfonso II. von Kastilien und León sogar, bis nach Lissabon vorzustoßen. Einfallende Normannen besiegen ihn und die Mauren gleichermaßen und ziehen, Verwüstungen hinter sich lassend, bis nach Galicien. Zwischen 869 und 910 werden die Städte Porto, Braga, Lamego und Coimbra erobert. Die beiden letzteren fallen zurück an die Araber und werden 1065 zusammen mit Viseu endgültig befreit.

Der Kampf gegen die Mauren ist ein kaum überschaubarer Kleinkrieg auf vielen Schauplätzen mit wechselnden Verbündeten. Erst unter Alfonso VI. von Kastilien und León beginnt die eigentliche *reconquista* (die Rückeroberung) Portugals. Söldner und Ritter aus ganz Europa stehen ihm zur Seite. So kommen auch die Burgunderherzöge Heinrich und Raimond in das Land. Sie erhalten als

Dank für ihre Hilfe bei der Schlacht von Badajoz Alfonsos Töchter Teresa und Urraca zu ihren Ehefrauen.

Als Mitgift bekommt Raimond die Grafschaft Galicien und Heinrich die Grafschaft Portucale als Lehen. Heinrich wählt Guimarães zu seiner Residenz, wo er 1114 stirbt. Seine Frau Teresa regiert für den noch minderjährigen Sohn Henrique. Als sie mit einem galicischen Ritter anbändelt, stellt sich der Adel mit Henrique gegen sie. Bei der Schlacht von Mamede wird sie geschlagen, gefangen genommen und verbannt. Henrique übernimmt die Herrschaft und besiegt die Mauren schließlich 1139 bei Viseu entscheidend. Seine Soldaten rufen ihn zum König aus, das Jahr 1143 wird das offizielle Geburtsjahr Portugals.

### Ein Staat entsteht: Die Zeit der Reconquista 1094–1249

Henrique muss einen Zweifrontenkrieg führen: Im Süden kämpft er gegen die Mauren, im Norden gegen seinen Schwiegervater und Lehnsherrn Alfonso von Kastilien. Nach einer verlorenen Schlacht erkennt Alfonso den Königstitel Afonso I. Henriques an. Aber erst nach langwierigen Verhandlungen wird Portugal im Vertrag von Zamora 1179 auch vom Papst als eigenes Königreich akzeptiert.

In kleinen Schritten kämpft sich Afonso I. Henriques nach Süden vor. 1147 erobert er Santarém und noch im selben Jahr Lissabon. 1158 folgen Alcácer do Sal, 1166 Évora, Serpa und Beja. Die Templer lassen sich auf Einladung des Königs in Portugal nieder und beginnen mit dem Bau der Christusritterburg in Tomar. Zur gleichen Zeit errichten die Zisterzienser in Alcobaça ein Kloster und kultivieren das ihnen überlassene Land. 1185 stirbt Portugals erster König; seine Nachfolger Sancho I., Afonso II. und Sancho II. haben ein unruhiges Land zu regieren. Ständig gibt es Kämpfe mit den Mauren, zudem stecken Adel, Klerus und Bürgerstand ihre Positionen unter- und gegeneinander ab. Erst 1249 gelingt es Afonso III., die Mauren in der Provinz Algarve entscheidend zu schlagen und damit endgültig aus dem Land zu treiben. Für Portugal ist die Reconquista abgeschlossen. Es erreicht damit als erstes europäisches Land seine territoriale Ausdehnung, die bis heute unverändert Bestand hat.

### Die Festigung des portugiesischen Reiches 1249–1383

Da Lissabon nun vor den Mauren sicher ist, wird es 1256 anstelle Coimbras Hauptstadt. 1279 übernimmt Dinis I. die Regentschaft. Als erster König Portugals braucht er keine Feinde von außen zu befürchten und beginnt mit dem Aufbau des Landes. Er fördert Wirtschaft, Kultur und Wissenschaft. 1290 wird in Lissabon die erste Universität gegründet. Wegen seiner Bemühungen um die Landwirtschaft erhält Dinis den Beinamen »der Landwirt«.

Neue Städte werden gegründet, und die Orte mit Stadtrecht dürfen als äußeres Zeichen einen *pelourinho* (Schandpfahl) aufstellen. 1289 schließt Dinis ein Konkordat mit der Kirche, um die Streitigkeiten mit dem Klerus beizulegen. Ein 1308 mit England geschlossener Handelsvertrag begründet die bis heute engen Beziehungen beider Länder. Zur Sicherung der Grenzen werden die Festungen ausgebaut. Dinis Sohn folgt als Afonso IV., und er führt mit viel Energie die Arbeiten fort. Schwierigkeiten bekommt dieser mit seinem Sohn Pedro, der nach dem Tod seiner ersten Frau das kastilische Hoffräulein Inês de Castro ehelichen will. Doch Afonso IV. fürchtet durch die Verbindung eine Zunahme des Einflusses durch den kastilischen Hof und lässt Inês 1355 ermorden. Während des darüber entstehenden Bürgerkrieges stirbt er. Pedros Nachfolger Fernando I. ist ein schwacher König. Nach dessen Tod 1383 gelüstet es seinen Schwager Juan von Kastilien nach dem portugiesischen Thron. In höchster Not raufen sich die Portugiesen zusammen, und mit englischer Hilfe gelingt es ihnen, am 15. August 1385 die Spanier in der Schlacht von Aljubarrota vernichtend zu schlagen. Als Dank dafür wird das Kloster Batalha gebaut. Der uneheliche Bruder des letzten Königs, Großmeister des Aviz-Ordens, wird von der *Cortes* (Ständevertretung) als João I. zum Regenten ausgerufen. Die Dynastie Aviz löst damit das Haus Burgund ab.

### Der Aufstieg zur Großmacht und die Zeit der Entdeckungen 1383–1580

Unter der 50-jährigen Regentschaft Joãos beginnt eine große Zeit für Portugal. Des äußeren und inneren Friedens sicher, beginnt er mit der Expansion in Afrika und fördert die Entdeckungsreisen. Die Eroberung Ceutas (1415) sowie die Inbesitznahme Madeiras und der Insel Porto Santo fünf Jahre später sind der Beginn der portugiesischen Ausdehnung, die bis etwa 1530 dauert. Joãos Sohn, Heinrich der Seefahrer, der selbst nur einmal zur See gefahren ist, gründet 1418 in Sagres ein Seefahrerzentrum. Von hier gehen wichtige Impulse für die Entdeckungsfahrten aus. Er holt aus ganz Europa Fachleute zusammen und nutzt ihr Wissen für die Planung und Ausrüstung der Reisen zu unbekannten Zielen.

Portugal wird zur wichtigsten Seefahrernation und steht auf dem Höhepunkt seines Glanzes. Um Streitigkeiten vorzubeugen, wird auf Drängen des Papstes 1494 in Tordesillas ein Vertrag mit Spanien geschlossen, nach dem die entdeckten Gebiete zwischen dem

*Links: Nuno Álvares Pereira, Sieger von Aljubarrota, 1385*

*Rechts: Vasco da Gama entdeckt 1498 den Seeweg nach Indien*

45. Grad westlicher und dem 135. Grad östlicher Länge zum portugiesischen Einflussbereich gehören.

Die Schätze Indiens und Amerikas vergolden die Kirchen und Paläste. Portugals Kunst und Literatur erhalten wichtige Impulse. Luís de Camões, der die Indienfahrt Vasco da Gamas mitmacht, verherrlicht in seinen »Lusiaden« die Geschichte und Größe des Reiches. Die Kolonisation zehrt jedoch an den Kräften des kleinen Landes. Der gewonnene Reichtum wird nicht zur wirtschaftlichen Entwicklung des Landes eingesetzt. Die Bevölkerungszahl sinkt im Mutterland durch die Entdeckungsfahrten und die Besiedlungen der Kolonien fast um die Hälfte.

Der Nachfolger João III. kann den einsetzenden Verfall nicht aufhalten. Die 1536 eingeführte Inquisition trägt ihren Teil dazu bei. Juden und maurische Handwerker werden des Landes verwiesen, liberale Kräfte unterdrückt. Die Jesuiten unter der Führung des Spaniers Ignatius von Loyola beherrschen die geistige und nationale Erziehung. 1554 gründen sie ihr erstes Kolleg in Coimbra, vier Jahre später ein weiteres in Évora. 1557 gelingt es den Portugiesen, in Macao die erste europäische Niederlassung in China zu etablieren. Im gleichen Jahr stirbt der König ohne Thronfolger. Sein Enkel Sebastião übernimmt die Krone. Er will gegen den Rat des Papstes die Tradition der Kreuzzüge wieder einführen und überschätzt dabei sich und sein Land. 1578 segelt er mit dem letzten Aufgebot portugiesischer Soldaten nach Marokko und wird bei Alcazar-Quebir vernichtend geschlagen. Er selbst fällt, und nur eine Hand voll seiner Mannen kehrt in die Heimat zurück. Da Sebastião I. ohne Nachkommen bleibt, übernimmt sein Onkel, der alte und ehelose Kardinal-König Henrique II. die Krone. Mit seinem Tode bereits zwei Jahre später erlischt die Aviz-Dynastie, der Weg für die spanische Krone, Portugal zu übernehmen, ist frei.

*Denkmal der Entdeckungen in Belém: Heinrich der Seefahrer plante die Fahrt in die unbekannte Welt*

### Unter spanischer Herrschaft 1580–1640

Am 15. April 1580 wird Philipp II. von Spanien als portugiesischer König Filipe I. in Tomar gekrönt. Er ist bemüht, die Sympathien der Portugiesen zu gewinnen. Unter den diktatorischen Nachfolgern Philipp III. und Philipp IV. kommt es zu brutaler Unterdrückung und Ausbeutung. Portugal muss sich am Kampf gegen Holland und England beteiligen. Mit dem Untergang der Armada Philipps II. 1588 im spanischen Krieg gegen England verliert auch Portugal seine Flotte. Zudem erobern die Holländer einen Teil des Kolonialbesitzes. Am 1. Dezember 1640 gelingt der erfolgreiche Aufstand unter der Führung des Herzogs von Bragança. Zwei Wochen später wird João IV. als erster Regent aus dem Hause Bragança in der Kathedrale Sé zu Lissabon gekrönt. Den 1. Dezember begeht man noch heute als Nationalfeiertag, auch der Obelisk auf der Praça dos Restauradores (Platz der Erneuerer) in Lissabon erinnert daran.

*Heinrich der Seefahrer*

**Unter dem Einfluss Englands bis zum Sturz der Monarchie
1640–1910**

Erst 1668 erkennt Spanien in einem Friedensvertrag die Selbstständigkeit seines Nachbarn an. Ein Freundschafts- und Handelsvertrag mit England (1656) unterstützt den Unabhängigkeitskampf gegen Spanien, bringt Portugal jedoch in eine wirtschaftliche und damit auch politische Abhängigkeit zu England. England
darf Textilien nach Portugal einführen, umgekehrt wird der Wein
von Zöllen entlastet. Die heimische Wollproduktion geht wegen der
billigen englischen Importe zu Grunde. Der einseitige Handel wird
später noch ausgeweitet, die finanzielle Abhängigkeit noch größer.
Bis zur Selbstständigkeit Brasiliens 1822 bezahlt Portugal mit dem
dort gewonnenen Gold, für die Entwicklung des eigenen Landes
bleibt kaum etwas übrig.

Pedro II. (1683–1706) sowie sein Nachfolger João V. (1706–1750)
regieren als absolutistische Könige. Die *Cortes*, die 1143 Afonso I.
Henriques in Lamego zum ersten König Portugals ausgerufen hatte, tagt 1698 zum vorläufig letzten Mal. Während der anschließenden Regierungszeit (bis 1777) des schwächlichen José I. hält der
autoritäre Ministerpräsident Marquês de Pombal alle Fäden in der
Hand. Er führt zahlreiche Reformen im Geiste des Merkantilismus
und der Aufklärung durch, fördert die Manufakturen und den Handel und reorganisiert das Staatswesen. Während seiner Regierungszeit verwüstet am 1. November 1755 ein gewaltiges Erdbeben große Teile Lissabons und des Landes. Über 30 000 Tote soll es
gegeben haben. Pombal lässt die zerstörte Hauptstadt wieder aufbauen, so auch die heutige Unterstadt, Baixa. Als erstes Land ver-
bietet Portugal 1759 die allzu einflussreich gewordenen Jesuiten
und verstaatlicht deren Besitz. Ein neuer Invasionsversuch Spaniens wird in einem siebenjährigen Krieg erfolgreich abgewehrt.
Nach dem Tod Josés I. muss Pombal abdanken, viele Reformen werden rückgängig gemacht, der Klerus gewinnt erneut an Einfluss
und die Inquisition erreicht einen weiteren Höhepunkt. Portugals
Wirtschaft kann die bescheidenen Fortschritte nicht halten.

31

1793 verbündet sich Prinzregent João VI. mit England und Spanien gegen die junge Französische Republik. Doch Spanien schert bald aus diesem Bündnis aus, versucht 1801 wieder in Portugal einzudringen und lässt nach diesem vergeblichen Bemühen sogar napoleonische Truppen über sein Gebiet nach Portugal ziehen. Der portugiesische Hof flieht 1807 nach Brasilien. Drei französische Invasionsschübe müssen die Portugiesen über sich ergehen lassen, bis es 1811 einem englisch-portugiesischen Heer unter der Führung von Arthur Wellesley, dem späteren Duke of Wellington, gelingt, die Franzosen endgültig aus dem Land zu vertreiben.

Da der König noch in Brasilien weilt, regiert für ihn der englische General William Carr Beresford. Portugal wird faktisch eine englische Kolonie. 1820 kommt es in Porto zu einer liberalen Revolution, in deren Folge eine verfassunggebende Versammlung eine liberale Verfassung erarbeitet und beschließt. König João VI. erkennt die Verfassung 1821 bei seiner Rückkehr aus Brasilien an. Sein Sohn Pedro bleibt in Brasilien. Um die Unruhen aus dem Mutterland dort nicht aufkommen zu lassen, erklärt er am 7. September 1822 Brasilien für unabhängig und sich selbst zum Kaiser Pedro I. von Brasilien. Als sein Vater 1826 stirbt, verzichtet er zu Gunsten des brasilianischen auf den portugiesischen Thron.

Nachfolgerin Pedros wird seine Tochter Maria II. da Glória, verheiratet mit dem deutschen Ferdinand von Sachsen-Coburg-Gotha. Sie regiert mit der Verfassung ihres Vaters, in der ein Ständewahlrecht festgeschrieben ist. Die andauernden Unruhen und Militärputsche hören erst auf, als 1851 eine neue Verfassungsänderung das Wahlrecht ausweitet. In den folgenden Jahren relativer Ruhe wird das Land modernisiert, 1875 die

Portugiesische Sozialistische Partei, im Jahr darauf die Republikanische Partei sowie die Partei der Progressisten gegründet. Doch die wirtschaftliche Abhängigkeit von England besteht weiter. Die Briten verhindern zusammen mit Deutschland 1890 durch politischen Druck die Ausweitung portugiesischen Kolonialbesitzes in Afrika, um sich nicht in ihrem Interessengebiet am Sambesi stören zu lassen.

*Historische Stadtansicht von Lissabon von 1640*

OLISIPPO. LISABONA.

Von den 1880er Jahren an befindet sich Portugal am Rande eines Staatsbankrotts, der 1892 auch offiziell verkündet wird. 1901 muss König Carlos I. Vertreter Englands, Frankreichs und Deutschlands in die Verwaltung des Staatshaushaltes aufnehmen. Aufstände in der Armee beschleunigen den Verfall der Monarchie. 1908 wird Carlos I. mit dem Thronfolger auf der Praça do Comércio in Lissabon ermordet. Sein zweiter Sohn Manuel kann den Thron nur noch zwei Jahre halten. Am 5. Oktober 1910 wird die Republik ausgerufen, der König flieht nach England.

### Von der Republik in die Diktatur 1910–1926

Auch die Republik kann die politische Unruhe im Land trotz weit reichender Reformen nicht beheben. Pressefreiheit und Streikrecht werden eingeführt, der Fortfall aller Adelstitel sowie die Trennung von Kirche und Staat werden verfügt. Eine republikanische Verfassung tritt in Kraft. Um dem Bildungsnotstand zu begegnen – drei Viertel der Bevölkerung sind Analphabeten –, werden 1911 in Lissabon und Porto Universitäten gegründet. Für die dringend notwendige Landreform besitzt keine der Regierungen die erforderliche Kraft. Ein Generalstreik 1912, insgesamt 15 Militärputsche und eine Reihe von Arbeiteraufständen und Streiks lassen die junge Republik nicht zur Ruhe kommen. 1917 etabliert sich für kurze Zeit eine Militärdiktatur. Die 44 verschiedenen Regierungen können ihre Macht durchschnittlich nur gut vier Monate halten. 1921 wird die Kommunistische Partei gegründet. Das Land gerät wieder in eine existenzbedrohende Finanzkrise. 1926 ist General Gomez da Costa mit einem Militärputsch erfolgreich. Er setzt die Verfassung außer Kraft und löst das Parlament auf.

### Der autoritäre Standesstaat unter Salazar 1926–1974

Die Gläubiger Portugals stellen für die Behebung der Krise harte Bedingungen. Um die Finanzkrise zu bewältigen, beruft der General 1928 den Professor für Nationalökonomie António de Oliveira Salazar zum Finanzminister mit weit reichenden Vollmachten. Der wird dadurch zum eigentlichen Regierungschef. Durch eine rigorose Haushaltspolitik gelingt es ihm, die Staatsfinanzen ohne ausländische Hilfe zu ordnen. Doch er greift weiter zur Macht, wird Mitbegründer der später allein regierenden União Nacional (Partei der Nationalen Vereinigung) und übernimmt am 5. Juli 1932 offiziell das Amt des Ministerpräsidenten.

*Die Gegensätze zwischen Stadt und Land, zwischen Küstenregion und Landesinnerem, zwischen technischem Fortschritt und traditionellen Produktionsweisen, zwischen Arm und Reich sind immer noch verhältnismäßig groß. Eine Zukunftsaufgabe ist es, dies zu ändern!*

Mit einer neuen Verfassung wird der *Estado Novo*, der Neue Staat, begründet, das Parlament durch eine ständische Abgeordnetenkammer ersetzt, die freien Gewerkschaften in staatlich kontrollierte Syndikate überführt. Eine gut organisierte Geheimpolizei geht gnadenlos gegen die Opposition vor. Das Land wird nach außen hin soweit wie möglich abgeschottet.

Außenpolitisch gelingt es Salazar, Portugal aus dem Zweiten Weltkrieg herauszuhalten. Er pflegt gute Beziehungen sowohl nach England wie nach Deutschland und Italien. Nur die Flüchtlingsströme der Verfolgten aus Mitteleuropa durchqueren das Land auf dem Weg nach Amerika.

1949 tritt Portugal der NATO bei. Der wirtschaftliche Aufbau des Landes stagniert. Man lebt aus den Kolonien. Selbst landwirt-

schaftliche Produkte müssen eingeführt werden. In den 1950er Jahren nimmt die Auswanderungswelle nach Brasilien stark zu, ab 1961 geht der Strom der Emigranten vor allem nach Frankreich und in die Bundesrepublik Deutschland. 1970 erreicht der Emigrationsfluss mit 170 000 Auswanderern seinen absoluten Höhepunkt; 120 000 von ihnen reisen illegal aus. Manche Gebiete werden bis zu 40 Prozent entvölkert. Am Ende der Diktatur sind immer noch 40 Prozent der Bevölkerung Analphabeten.

Ab 1961 brodelt es in den Kolonien, zuerst in Angola, dann besetzen indische Truppen die noch unter portugiesischer Herrschaft stehenden Städte Goa, Diu und Daman. In Guinea und Mosambik nimmt Salazar den Kampf mit den Unabhängigkeitsbewegungen auf. Diese aussichtslosen Kriege verschlingen knapp die Hälfte des Staatshaushaltes. Als Salazar sich im September 1968, unheilbar erkrankt, aus seinem Amt zurückziehen muss, übernimmt Marcelo Caetano die Macht. Seine zagen Versuche, das Leben ein wenig zu liberalisieren, scheitern in den eigenen Reihen. Die Opposition formiert sich zunehmend, auch aus der Emigration heraus. 1972 wird die Portugiesische Sozialistische Partei in der Bundesrepublik Deutschland gegründet. Die Armee ist der nutzlosen Kriege in Übersee überdrüssig. Bei einem unblutigen Militärputsch am 25. April 1974 (Nelkenrevolution) übernimmt die »Bewegung der

*Geschichtsträchtig: Vor dem Denkmal der Entdeckungen in Lissabon kann man die Wege der großen portugiesischen Entdecker nachverfolgen*

Streitkräfte« *(Movimento das Forças Armadas)* unter General António Ribeiro de Spínola die Macht.

**Von der »Revolution der Nelken« (1974) bis zur Gegenwart**

Das von einem Radiosender ausgestrahlte Lied »Grândola, Vila Morena«, unter der Diktatur verboten, wird zum Zeichen des Aufstandes am frühen 25. April 1974. Die Bevölkerung strömt auf die Straßen, verbrüdert sich mit der Armee und schenkt den Soldaten rote Nelken – bis heute das Symbol für die neue Freiheit. Die Regierung gibt widerstandslos auf. Als Erstes löst Spínola die Geheimpolizei *(Pide)* auf und gibt die politischen Gefangenen frei. Am 1. Mai kommen Mário Soares und Álvaro Cunhal, Führer der Sozialistischen und der Kommunistischen Partei, aus dem Exil. Eine Übergangsregierung wird aus Ministern aller Parteien und von unabhängigen Fachleuten gebildet. In den unausbleiblichen Richtungsdiskussionen über den zukünftigen Weg setzen sich die Befürworter eines sozialistischen Kurses gegenüber einem marktwirtschaftlichen Weg durch.

1975 erschüttern zwei Putschversuche die junge Revolution: Am 11. März versucht Spínola, der Ende September 1974 von General Francisco Costa da Gomes im Amt abgelöst wird, als Führer rechtsgerichteter Kreise, die Macht zu übernehmen. Ende November verfolgen linksgerichtete Fallschirmjäger das gleiche Ziel. Beide scheitern. Aus den Wahlen zur verfassunggebenden Versammlung am Jahrestag der Revolution gehen die Sozialisten mit 38 Prozent der Stimmen als Sieger hervor, das ist jedoch zu wenig, um stabile Verhältnisse zu schaffen. Ein Jahr später, bei den ersten Parlamentswahlen auf der Grundlage der neuen Verfassung, verfehlen sie die absolute Mehrheit.

1977 stellt Portugal zusammen mit Spanien den Antrag auf Aufnahme in die Europäische Gemeinschaft. Nach achtjähriger Verhandlung wird am 12. Juni 1985 die Beitrittsurkunde im historischen Kreuzgang des Jerónimos-Klosters in Belém unterschrieben, der 1. Januar 1986 als Termin fixiert. In einer Übergangszeit bis 1992 soll sich das Land auf die europäischen Verhältnisse einstellen können. Aber inzwischen hat sich die Mitgliedschaft in der EU bezahlt gemacht. Die Infrastruktur, insbesondere das Straßennetz, ist erheblich ausgebaut worden. Neben den Autobahnen sind es die Schnellstraßen, die inzwischen fast alle größeren Städte miteinander verbinden. Seit 1987 gilt eine neunjährige Schulpflicht.

Zwischen 1976 und 1987 lösten sich zehn verschiedene Regierungen mit wechselnden Mehrheiten ab. Bei den Wahlen im Juli 1987 ist es Aníbal Cavaco Silva mit der konservativen PSD, der Partido Social Democrático (Sozialdemokratische Partei, die Sozialdemokraten deutscher Prägung sind dort die Sozialisten) gelungen, die absolute Mehrheit zu gewinnen und damit eine gewisse Stabilität in den politischen Alltag zu bringen.

Staatspräsident wird 1986 der Sozialist Mário Soares, der nach einer Wiederwahl bis 1996 amtiert. Im ersten Halbjahr 1992 hat Portugal den Vorsitz in der EU inne, was sehr zu seinem europäischen Selbstbewusstsein beiträgt. Bei den Wahlen 1995 verlieren die Konservativen ihre Mehrheit. Bis 2002 regieren die Sozialisten unter António Guterres, dann werden sie wieder von den Konser-

vativen unter José Manuel Durão Barroso abgelöst. 2004 geht Barroso als Präsident der EU-Kommission nach Brüssel, sein Nachfolger wird der Bürgermeister von Lissabon, Pedro Santana Lopes.

1998, 500 Jahre nach Vasco da Gamas erster Fahrt nach Indien, fand mit der EXPO '98 die letzte Weltausstellung des 20. Jahrhunderts in Lissabon statt. Das Gelände der EXPO ist heute ein attraktiver, lebendiger Stadtteil mit moderner Wohnarchitektur, Büros, dem Einkaufszentrum Vasco da Gama, dem sehr sehenswerten Meerwasseraquarium, den Ausstellungshallen, Cafés, Restaurants, Diskotheken und Sportanlagen.

## 2005
Bei vorgezogenen Wahlen im Februar erhalten die Sozialisten die absolute Mehrheit. José Sócrates löst Pedro Santana als Ministerpräsident ab.

## 2006
Bei den Präsidentenwahlen am 22. Januar geht der liberal-konservative ehemalige Ministerpräsident Aníbal Cavaco Silva im ersten Wahlgang als Sieger hervor.

## 2007
Am 13. Dezember unterzeichnen Staats- und Regierungschefs den Vertrag von Lissabon, der der Europäischen Union eine einheitliche Struktur und Rechtspersönlichkeit geben und den abgelehnten Vertrag über eine Verfassung für Europa (VVE) ersetzen soll.

## 2008
Der Bau eines neuen Flughafens für Lissabon auf der Südseite des Tejo wird beschlossen.

## 2009
Die Sozialistische Partei (PS) gewinnt die Parlamentswahlen am 27. September, allerdings nur mit 35,5 Prozent der Stimmen. José Sócrates bleibt Ministerpräsident, die konservativ orientierte Sozialdemokratische Partei (PSD) erhält 29,1 Prozent.

*Fliesen am Miradouro Santa Luzia: Ansicht von Lissabon um 1910*

Die schönsten Reiseregionen
Portugals

# »Lissabon ist Portugal – der Rest Provinz«

## Eine der am schönsten gelegenen Städte der Welt

*»Wer Lissabon nicht gesehen hat, der hat nichts Schönes gesehen.«*

Nach fast eintausend Kilometern Wasserlauf bildet der Tejo kurz vor seiner Mündung in den Atlantik einen großen See, an dessen nördlichem Ufer die Phönizier auf ihrem Weg rund um Europa vor dreitausend Jahren eine Handelsniederlassung gründeten und sie *Alis Ubbo*, die schöne Bucht nannten. Die Handelsniederlassung hat sich zu einer Weltstadt

*Ausblick auf die Alfama*

*Das Märchenschloss Ferdinands von Sachsen-Coburg-Gotha: Palácio Nacional da Pena in Sintra, Baubeginn war 1839* ◁

entwickelt, die schöne Bucht ist geblieben. Im Zeitalter der portugiesischen Entdeckungen war Lissabon der wirtschaftliche Mittelpunkt der Welt, wovon heute noch viele träumen. Einen Krieg hat die Stadt seit der Rückeroberung von den Mauren 1147 nicht mehr erlebt; nur ein verheerendes Erdbeben zu Allerheiligen im Jahre 1755 hat sie zum großen Teil zerstört. Aber sie wurde wieder aufgebaut, im Zentrum rechtwinklig mit der Ausrichtung zum Wasser. Mit der Modernisierung der öffentlichen Verkehrsmittel zum Ausgang des 19. Jahrhunderts hat sie begonnen sich auszudehnen, behutsam, aber stetig. In der Stadt und in ihrem näheren Einflussbereich leben und arbeiten etwa 2,5 Millionen Menschen.

Als Hauptstadt eines zentralistisch ausgerichteten Portugals bildet Lissabon das politische Zentrum des Landes, eine wichtige wirtschaftliche und kulturelle Stellung teilt sich Lissabon mit Porto, das religiöse Zentrum des überwiegend katholischen Landes ist Braga.

*Einen Stadtplan von Lissabon finden Sie auf S. 42/43.*

*Bevölkerungsentwicklung der Stadt Lissabon:*

| | |
|---|---|
| *1423* | *60 000* |
| *1580* | *100 000* |
| *1820* | *200 000* |
| *1900* | *351 000* |
| *1991* | *663 000* |
| *2001* | *559 000* |
| *2004* | *549 766* |

*2008 hat die Stadt Lissabon 489 562 Einwohner in 53 Gemeinden (freguesias) auf 85 Quadratkilometern.*

*Lissabon liegt auf sieben Hügeln: São Jorge, São Roque, Chagas, Sant' Ana, Santa Catarina, Santo André und São Vicente.*

41

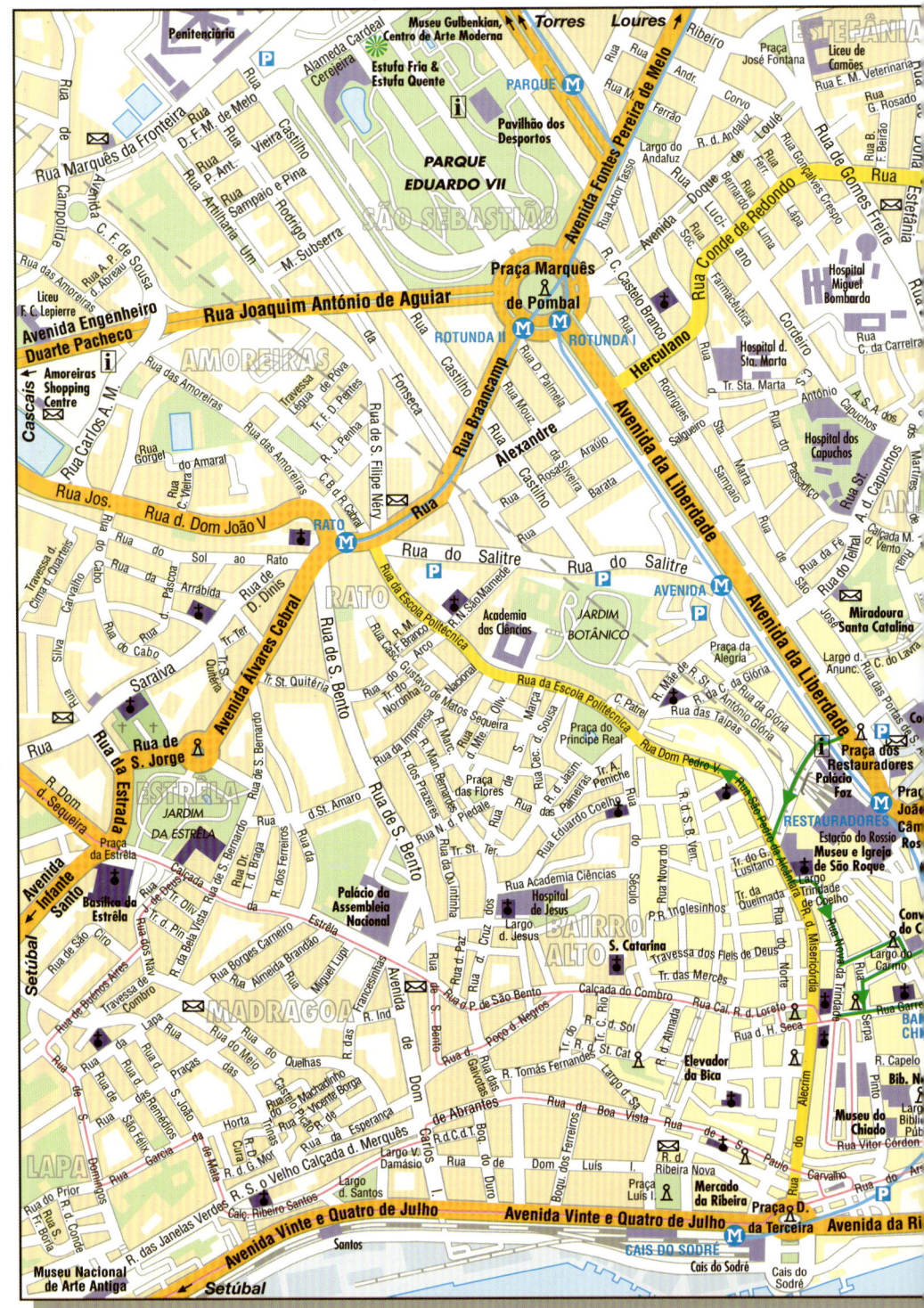

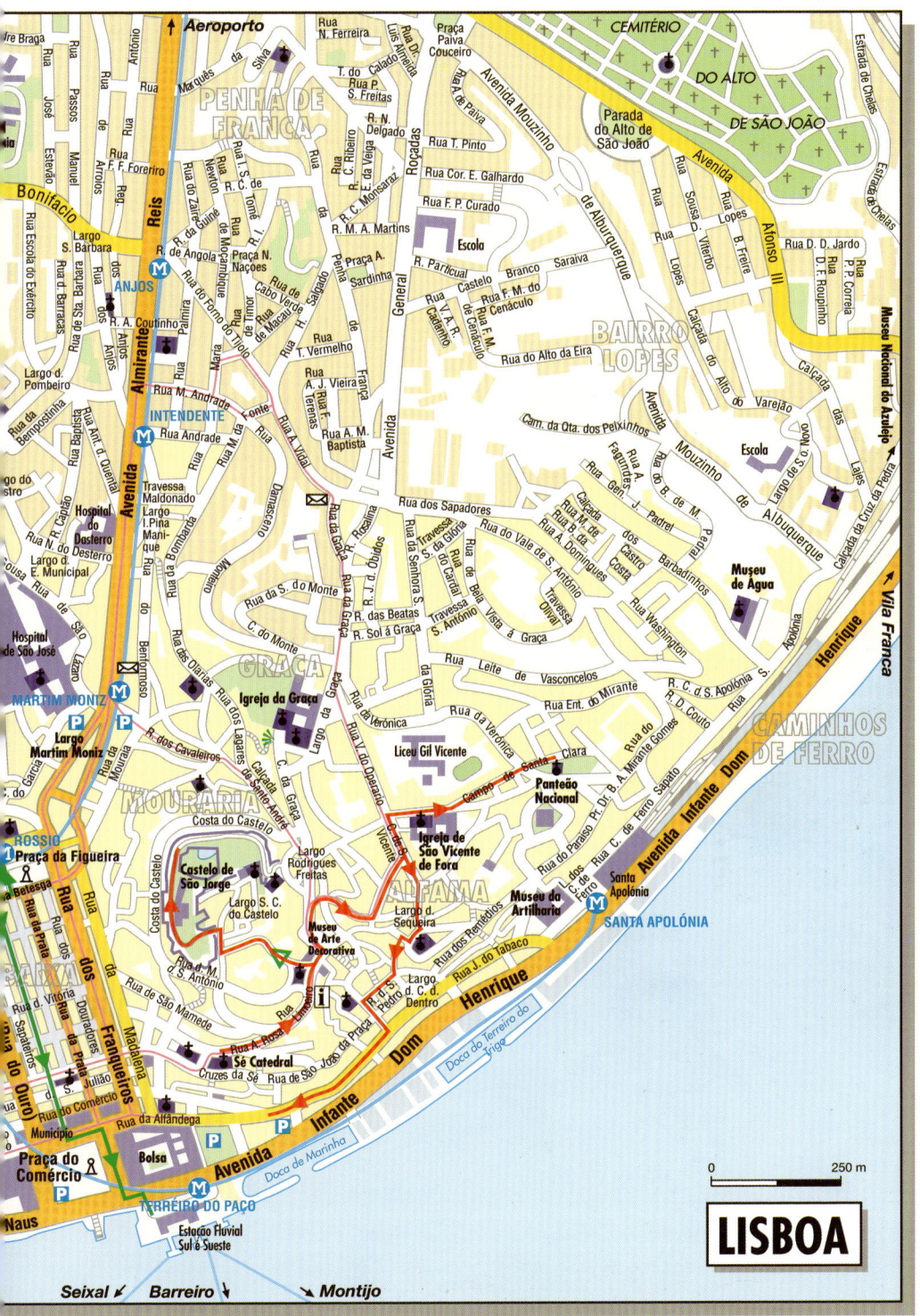

LISBOA

0    250 m

*Hinter der kleinen Markthalle und auf der gegenüberliegenden Seite links haben Antiquitätenhändler und Trödler die ganze Woche ihre Geschäfte geöffnet.*

*Verlaufen kann man sich in Lissabon nicht, hinunter führen die Gassen immer Richtung Fluss.*

*Festungsgleich: die Kathedrale Sé*

In Lissabon gibt es viel zu entdecken. Zwei Tage reichen für ein erstes Beschnuppern der Stadt und eine Woche lässt auch noch keine Langeweile aufkommen. Drei Touren sollen helfen, sich in der Stadt zu orientieren und dabei die wichtigsten Sehenswürdigkeiten zu besuchen. Und danach kann man je nach Interesse und Zeit die Stadt auf eigene Faust weiter kennen lernen: die Museen, den Park der Nationen auf dem Gelände der EXPO '98, die vielfältigen Einkaufsmöglichkeiten, das besondere Nachtleben. Eine Fahrt mit der Straßenbahnlinie 28, ein ruhiger Bummel durch die Straßen und Erholungspausen in einem der vielen Cafés sollten nicht fehlen.

## Das Zentrum mit der Alfama, der Baixa und dem Bairro Alto

»Sé Catedral, por favor«, »Zur Kathedrale, bitte«, so könnte man den Taxifahrer anweisen, den Ausgangspunkt für die Erkundung Lissabons anzufahren. Die **Sé** (Kurzform von *sedes patriachalis* – Sitz eines Bischofs) ist eines der Zentren in der **Alfama**. Dieser Stadtteil wurde von dem verheerenden Erdbeben 1755 weniger erschüttert als die Baixa und stellt daher das *velha Lisboa* (das alte Lissabon) dar. Mit seinem unentwirrbaren Knäuel aus Gässchen, Windungen und Treppen erinnert es an einen orientalischen Basar.

Der Kathedrale mit den aus großen Quadern gefügten Mauern sieht man noch den Festungsbau an. Die Sé wurde gleich nach der Rückeroberung der Stadt 1147 als Zeichen des Sieges der Christen über die Muselmanen auf den Ruinen einer Moschee erbaut. Im Innern der dreischiffigen romanischen Kirche steht beim Eingang links in der Nische das Becken, über dem der heilige Antonius getauft worden sein soll. Auf dem Fliesenbild aus dem 17. Jahrhundert predigt er den Fischen. Obwohl er von den Italienern als Antonio von Padua vereinnahmt wird, ist seine portugiesische Herkunft nicht zu leugnen. 1195 wurde er in Lissabon geboren. Sein Todestag am 13. Juni (1231 in Padua) wird in vielen Städten, besonders aber in der Alfama, als Dia de Santo António gefeiert.

Auf dem Weg zum Elevador Santa Justa trifft man am Largo Rafael Bordalo Pinheiro wieder auf zwei bemerkenswerte Fliesenfassaden: zuerst auf eine moderne aus den letzten Jahren und auf eine aus dem späten 18. Jahrhundert. Die Figuren sind so raffiniert gemalt, dass sie plastisch vor der Fassade zu stehen scheinen.
Neuerdings wird von Touristen auf dem Burgberg 3 € Eintritt verlangt, außer von über 65-Jährigen.

Die barocke Weihnachtskrippe *(presépio)* aus Terrakotta, wohl die bekannteste in Portugal und auch ein Abbild des damaligen Lebens, wurde um 1766 von dem Maler und Bildhauer Machado de Castro geformt. Das Erdbeben hatte auch die Kirche nicht ganz unverschont gelassen. Der Vierungsturm zerschlug bei seinem Einsturz den gotischen Chor, Teile des Kreuzganges wurden zerstört. Dort stammen noch das schmiedeeiserne Gitter sowie die Säulen und Bögen der oberen Galerie aus romanischer Zeit.

Die Straßenbahnschienen führen hinauf in die gute Stube der Altstadt, auf den **Miradouro Santa Luzia** *(miradouro – goldener Blick)*. Die niedrigen Mauern mit den eingearbeiteten Bänken sind ornamental verfliest. Zwei große Fliesenbilder zeigen die Einnahme Lissabons im Jahre 1147 sowie eine Szene aus der Zeit der Inquisition. Der Blick über die Altstadt reicht weit über das »Strohmeer« *(mar da palha)* bis zu den Kränen der Werften in Cacilhas auf der anderen Seite des Tejo.

Zum **Castelo de São Jorge** folgt man den kleinen Schildern. Von hier oben aus wurde Lissabon besiedelt. Bis zum Bau des neuen Palastes an der heutigen Praça do Comércio durch Manuel I. war das Kastell der zentrale Punkt der Stadt. 1511 siedelte der Hofstaat ans Ufer des Tejo um. Das Erdbeben zerstörte die alten Mauern. Vor 60 Jahren wurden die Reste zuletzt restauriert. Von der Terrasse bietet sich ein unvergesslicher Blick über den Fluss und die Stadt, und von hier oben kann man erkennen, dass der untere Teil der Baixa noch zu Beginn der römischen Besatzung eine Bucht des Tejo mit einem kleinen Zufluss war. Von der heutigen Avenida da Liberdade und der Avenida Almirante Reis kamen je ein Fluss hinunter, die am Rossio zusammenflossen und dann über die Rua Augusta in den Tejo mündeten. So ist es kein Wunder, dass auf diesem wankenden Untergrund kein Gebäude das Erdbeben von 1755 überstehen konnte. Die Römer betrieben hier am Ufer Fischpökelfabriken. Diese kann man heute im **Núcleo Arqueológico da Rua dos Correeiros** in der Rua dos Correeiros 21 besichtigen.

Der Weg vom Kastell führt zurück zum **Miradouro Santa Luzia**. Von links kommt eine Straßenbahnlinie, man folgt ihr am Denkmal des Stadtpatrons São Vicente vorbei in Richtung Kirche São Vicente de Fora. Gegenüber dem Denkmal befindet sich das Kunstgewerbe-Museum **Museu de Artes Decorativas** in einem Palast aus dem 17. Jahrhundert und einige Schritte weiter die **Casa da Moeda** (Münze).

Nur am Namen ist noch zu erkennen, dass die **Igreja de São Vicente de Fora** außerhalb der Stadtmauern gebaut wurde. »De fora« bedeutet »außerhalb«, denn im Baujahr 1147 reichten die Mauern der Stadt nicht so weit. Unter der Herrschaft des Spaniers Philipp II. wurde ab 1590 an gleicher Stelle der he-

*Blick über die Beira auf das Strohmeer*

*Der Trödelmarkt »A Feira
da Ladra«, Markt der
Diebin*

runtergekommene Bau durch einen neuen im Stil der Spätrenaissance ersetzt. Den Hauptaltar schuf Machado de Castro, dessen Werk man schon in der Kathedrale Sé bewundern konnte.

São Vicente war die erste geistliche Heimat der deutschstämmigen Christen in Lissabon. Auf dem Gottesacker lagen zudem die Kreuzfahrer begraben, die bei der Reconquista der Stadt ihr Leben gelassen hatten. Der Bekannteste von ihnen war Heinrich aus Bonn, »einer Stadt vier Meilen hinter Köln«. Sein Grab befindet sich neben dem Altar des Santo António in der gleichnamigen Kapelle. Auf der Gedenktafel steht: »Ossos do cavaleiro Henrique alemão ...«, »Die Gebeine des Ritters Heinrich des Deutschen, der mithalf, diese Stadt den Mauren zu entreißen, und fiel. Aus seinem Grab wuchs eine Palme, deren Frucht vielen Kranken zum Heile wurde und die in diesem Kloster aufbewahrt wird.« 1966 hat man die Tafel entfernt und einen Sarg dahinter gefunden. Mit deutscher Hilfe wurde die Kapelle restauriert.

Die alte **Klosteranlage** mit zwei Kreuzgängen erreicht man durch den Eingang am Fuß der Außentreppen. In der Sakristei zwischen den Kreuzgängen setzen sich die Marmormosaiken fort. Hier werden die Schätze der Kirche aufbewahrt. Die Wände der Kreuzgänge sind mit 81 Fliesenbildern aus dem 18. Jahrhundert geschmückt, die Szenen aus den Fabeln La Fontaines und aus dem täglichen Leben der damaligen Zeit zeigen. In der alten Eingangshalle am rechten Kreuzgang sind auf besonders schön gemalten Fliesenbildern die Rückeroberung Santaréms und Lissabons durch Afonso Henriques, Szenen aus dem Leben König Sebastiãos und Philipp II. mit seinen Baumeistern beim Studium der Pläne für diese Kirche dargestellt.

Auf der hinteren Seite des Kreuzgangs ließ 1853, zwei Jahre nach dem Tod von Königin Maria II., ihr Gemahl Ferdinand von Sachsen-Coburg das ehemalige Refektorium zum **Panteão Real** umbauen. Bis auf die Gebeine Marias I. sind alle Herrscher des Hauses Bragança hier versammelt.

Jeden Dienstag und Samstag findet von 7 bis 18 Uhr auf dem Campo de Santa Clara hinter der Igreja São Vicente de Fora bis zum Pantheon Igreja-Panteão

*Ein Kenotaph soll an den großen National-dichter Luís de Camões erinnern. Sein Ruhm kam für ihn zu spät. Er starb verarmt an der Pest und wurde irgendwo in einem Massengrab beerdigt.*

de Santa Engrácia die **Feira da Ladra**, der Markt der Diebin, statt. Böse Zungen behaupten, dass man dort die Dinge zurückerwerben kann, die einem spurlos abhanden gekommen sind.

Der Weg führt zurück an den Straßenbahnschienen nach unten, über die Calçada de São Vicente und die Rua das Escolas Gerais zur **Igreja São Estêvão**. Von der Terrasse der Kirche hat man einen schönen Blick über die Dächer und die kleinen Gärten hinter den hohen Mauern. Von hier sieht man auch den Turm der Igreja São Miguel, es ist gar nicht so schwer, den Weg dorthin zu finden. Und von dort geht es weiter abwärts.

In der **Rua de São Pedro** geben sich Gemüse-, Obst- und Fischverkäufer ein Stelldichein. Am Ende dieser Gasse öffnet sich der mit Häusern aus dem 17. Jahrhundert umschlossene Platz **Largo de São Rafael**. In einem der Häuser ist der Rest der maurischen **Torre de Alfama** integriert.

Zum Bild der Alfama gehört die Wäsche auf den Leinen, die im Wind trocknet. Das Leben spielt sich hier noch in den kleinen Straßen und Gassen ab, die vom Autoverkehr größtenteils verschont blieben. Auf den Plätzen werden Obst, Gemüse und frischer Fisch angeboten. Frauen tragen ihre Einkäufe auf dem Kopf balancierend nach Hause. Die Hühner und Enten sind an Bindfäden gefesselt, damit sie nicht flüchten. Fett können sie hier ohnehin nicht ansetzen. Der Fremde wird durch die gehäkelten Gardinen beobachtet, er bringt Abwechslung für die alten Leute am Fenster.

Am Fuße der Alfama, am Largo do Terreiro do Trigo, wo früher mit Weizen gehandelt wurde, wendet man sich nach rechts Richtung Praça do Comércio. Der **Chafariz d'el Rey** aus dem 13. Jahrhundert am Cais do Santarém ist wohl der älteste intakte Brunnen Lissabons. Die marmorne Brunnenanlage wurde zwischen 1747 und 1755 restauriert. Ein Stück weiter steht in der Rua dos Bacalhoeiros (Kabeljaufänger) die **Casa dos Bicos** mit ihrer seltsamen Front aus quadratischen Spitzquadern *(bicos)*. Nach dem Erdbeben waren von diesem Haus der Familie Afonso de Albuquerque, des Vizekönigs von Indien, nur die unteren beiden Stockwerke stehen geblieben. Nach der Vorlage auf einem Fliesenbild wurde das Haus aus dem 16. Jahrhundert jüngst restauriert.

Der nachmittägliche Rundgang sollte an der **Praça dos Restauradores** beginnen. Der Platz bildet das untere Ende der 1,5 Kilometer langen Avenida da Liberdade, der Prachtstraße Lissabons. In seiner Mitte erinnert der 30 Meter hohe Obelisk als **Monumento dos Restauradores de Portugal** (Denkmal der Erneuerer Portugals) an den Aufstand von 1640 gegen die spanische Herrschaft. Die Hauptpost, verschiedene Banken, Restaurants und Geschäfte säumen den Platz. Ein Überqueren ist nur an den Ampeln zu empfehlen.

Man muss nicht bis nach San Francisco reisen, um einmal mit einer Kabelbahn *(elevador)* zu fahren; in Lissabon bieten sich gleich drei verschiedene Strecken an. Sie stammen noch aus dem letzten Jahrhundert und sind damit älter als die Straßenbahn. Neben dem neoklassizistischen, altrosa leuchtenden Palácio Foz von 1777, einer der vornehmsten Residenzen des vorletzten Jahrhunderts, führt einer der *elevadores*, der **Elevador da Glória**, hinauf in die Oberstadt, ins Bairro Alto. Zwei Bahnen ziehen sich gegenseitig im Wechsel die Calçada da Glória hoch.

Rechts neben der oberen Station gibt es an einem klei-

*Eine Mülltonne reicht als Spieltisch*

nen Park einen weiteren Aussichtspunkt, den **Miradouro de São Pedro de Alcântara**. Von hier aus liegt der Burgberg im Blick und aus dem Dächermeer schauen die Türme der Sé Catedral hervor.

Folgt man den Straßenbahnschienen ein Stück in Richtung Fluss, stößt man auf den kleinen **Largo Trindade Coelho**. Hier steht einer der vielen verschnörkelten Kioske. Als man die ersten abreißen wollte, besann man sich schnell dieser Kleinode und stellte sie unter Denkmalschutz. Davor wurde den unzähligen Losverkäufern ein Denkmal gesetzt. Sie sind eine nicht wegzudenkende Institution in dieser Stadt.

Fast unscheinbar wirkt die **Igreja São Roque**, Lissabons Prunkstück unter den Kirchen. 1566 begonnen, hat das Gebäude bis auf die Fassade das Erdbeben fast unbeschadet überstanden. Das Innere ist ungewöhnlich: Es ist einschiffig und mit einer flachen Holzdecke von überdimensionaler Breite versehen. Die perspektivische Deckenmalerei ruft beim Betrachter den Eindruck hervor, unter einem Gewölbe zu stehen. Die Wände sind mit *azulejos* bedeckt. Die dritte Kapelle rechts ist mit Renaissancefliesen ausgeschmückt, signiert und datiert mit »Frco De Matos 1584«.

Am kostbarsten ist die **Capela São João Baptista** vorn links. Die königliche Kapelle wurde in Rom gefertigt, vom Papst gesegnet, auseinander genommen, verpackt und 1748 nach Lissabon verschifft. Sechs Jahre lang hat man verschiedenfarbigen Marmor, Alabaster, Achat, Lapislazuli, Gold und Silber dafür verarbeitet. Der Preis soll horrend gewesen sein.

Beim Überqueren des Platzes muss man aufpassen, nicht auf eine der unzähligen Tauben zu treten. Sie sind so zahm, dass sie sich erst im allerletzten Moment bequemen, den Weg freizumachen. Links an der Rua Nova da Trindade kann man leicht an dem unauffälligen Eingang der **Cervejaria da Trindade** (Bierhalle zur Dreifaltigkeit) vorbeigehen. Auch wenn es für ein Bier vielleicht noch etwas zu früh ist, sollte man hineinschauen. An der bemerkenswerten Theke gibt es neben einer *cerveja de barril* (Bier vom Fass) auch eine *bica* (Lissabonner Bezeichnung für einen kleinen Espresso) oder ein *água mineral*. 1834 wurde hier auf den Erdbebentrümmern eines Klosters der Dreifaltigen Brüder (Convento dos Frades Trinos) aus dem Jahr 1283 eine Brauerei gegründet und zwei Jahre später in den Mauern des Refektoriums die Schänke eingerichtet. Die schönen Fliesenbilder stammen aus jener Zeit, einige sogar noch aus dem Kloster.

Im **Convento do Carmo**, besser gesagt in dem, was das Erdbeben von dem Karmeliterbau stehen ließ, ist das Archäologische Museum der Stadt untergebracht.

*Für den Mitteleuropäer ungewohnt diszipliniert stehen die Lissabonner in wohl geordneten Schlangen an den Bushaltestellen und am Taxistand – ein unverkennbar englischer Einfluss.*

*Der Rossio mit den Ruinen der Carmo-Kirche*

*In Lissabon sind große Höhenunterschiede zu überwinden: der Fahrstuhl Santa Justa*

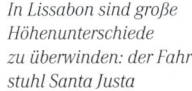

Direkt nebenan gelangt man zur oberen Plattform des **Elevador Santa Justa**. Von Raúl Mesnier du Ponsard konstruiert, wird der Fahrstuhl auch als der »Eiffelturm Lissabons« bezeichnet. Für die Lissabonner ist dieser kunstvolle Eisenturm im Jugendstil ein bequemer Aufzug von der Baixa, der Unterstadt, ins Bairro Alto, dem oberen Stadtviertel. Von seiner Plattform reicht der Blick bis zur Alfama. Es wäre jetzt sicherlich bequem, den Aufzug für die Fahrt nach unten zu benutzen. Man könnte eine Menge Weg sparen. Aber man würde auch viel Sehenswertes verpassen.

Der Weg führt zurück über den Largo do Carmo durch die schmalen Straßen zum unteren Teil der Rua Nova da Trindade. Dann öffnet sich das Ensemble der Praça Luís de Camões und des Largo do Chiado, geteilt durch die geschäftige Rua do Alecrim und flankiert von den Kirchen Igreja do Loreto und Igreja Encarnação. Durch die Häuserschluchten geht der Blick bis zum Tejo hinunter.

In der **Rua Garrett** befindet man sich im Zentrum der gehobenen Geschäfte mit den verschiedensten Angeboten: Textilien, Porzellan, Silber, Geschenkartikel etc. Nicht nur die Auslagen, sondern auch die Geschäfte selbst mit ihrer Architektur und Einrichtung sind einen

Besuch wert. Vor dem traditionsreichen **Café A Brasileira** sitzt lebensgroß und in Bronze gegossen Fernando Pessoa (1888–1935), einer der größten und meist zitierten Dichter des Landes.

Der **Rossio** ist die gute Stube der Stadt. Eigentlich heißt der Platz Praça Dom Pedro IV., nach dem Herrn auf der hohen Säule in seiner Mitte, aber diesen Namen wird man so gut wie nie hören. Bis zum 18. Jahrhundert diente der Platz noch als Stierkampfarena, die Römer hatten hier ihr Hypodrom. Blumenverkäufer und die unendlich vielen Tauben beleben den Innenplatz. Man sollte einmal ganz um ihn herumlaufen, vorbei an den verschiedenartigen Geschäften, den Schuhputzern, den Restaurants und Cafés, wo man selten einen freien Platz findet.

Beim Überqueren der Straße zum Theater lugt der mit zwei ineinander verschränkten Hufeisen manuelinisch dekorierte Bahnhof, **Estação de Rossio**, um die Ecke. Dem Gebäude ist sein Zweck von außen nicht anzusehen. Die Züge nach Sintra werden hier in einem Tunnel unter dem Bairro Alto bis in das Herz der Stadt geführt. (Derzeit wird der Bahnhof jedoch restauriert, voraussichtlich bis Ende 2006.)

Neben dem Rossio, nur durch eine Häuserzeile getrennt, liegt die **Praça da Figueira**. Auf ihr geht es ein wenig ruhiger zu. Unter dem Platz hat man eine Tiefgarage gebaut.

Von den beiden Plätzen erstreckt sich die **Baixa** oder das Lisboa Pombalina (Lissabon des Marquês de Pombal) bis zum Tejo. Die Unterstadt wurde bei dem

*Kabelbahn Elevador dos Bicos zum Bairro Alto*

*Pariser Chic im Chiado*

*Fernando Pessoa: Portugals vielschichtigste Dichterpersönlichkeit*

Erdbeben von 1755 total zerstört und vom Marquês de Pombal nach wohl durchdachtem Plan wieder aufgebaut. Die parallel und rechtwinklig zueinander verlaufenden Straßen tragen die Namen der Gewerbe, die dort angesiedelt waren und teilweise auch heute noch dort zu finden sind: Rua Áurea oder Rua do Ouro (Goldstraße, beide Namen werden benutzt), Rua da Prata (Silberstraße), Rua dos Fanqueiros (Straße der Tuchhändler), Rua dos Douradores (Straße der Goldschmiede), Rua dos Sapateiros (Straße der Schuhmacher) oder Rua do Comércio (Straße des Handels).

In diesem geschäftigen Viertel Lissabons findet man Textil- und Lederwarengeschäfte, Modehäuser, Juweliere, kleine Lebensmittelhändler, Cafés, Restaurants und Banken, besonders bekannt ist die zentrale Rua Augusta. An ihrem südlichen Ende führt sie durch den Triumphbogen **Arco Monumental** auf die

*Portugiesische Kaffeehauskultur: Café A Brasileira*

**Praça do Comércio**, wo bis 1755 das königliche Schloss stand. Der Herr in der Mitte hoch zu Ross ist Dom José I., König zur Zeit des Wiederaufbaus der Baixa. Seine Nachfahren, König Carlos sowie dessen ältester Sohn, fielen hier am 1. Februar 1908 einem Attentat zum Opfer, das Ende der Monarchie wurde damit eingeläutet. Heute residieren in den pombalinischen Bauten Ministerien und Verwaltungen.

Eine Fahrt über das »Strohmeer«, die weite Bucht des Tejo, wird gern als die billigste Seereise Lissabons bezeichnet und wird mit einem beeindruckenden Blick auf die weißen Fassaden der Stadt belohnt. Vom Terreiro do Paço legt die Fähre flussaufwärts nach Barreiro auf das andere Ufer des Tejo ab. Die Fähren nach Cacilhas, Seixal und Montijo starten 500 Meter weiter flussabwärts vom Cais do Sodré.

*Sonnenuntergang unter der Tejobrücke*

*Rua Augusta als Bühne der Kleinkunst*

*Hinter dieser neomanuelinischen Fassade verbirgt sich der Bahnhof Estação Central am Rossio*

# Einst Ausgangspunkt der Weltentdeckungen:
Belém

Ein Ausflug nach Belém und zur Fábrica Sant'Ana lässt sich am besten mit dem Auto unternehmen. Nach Belém kann man jedoch auch mit der Straßenbahn fahren. Mit dem Auto folgt man von der Praça do Comércio flussabwärts der Uferstraße Richtung Belém. Den Hafen und die Eisenbahn zur Linken, führt die Straße auf die Brücke des 25. April zu. Die Fahrzeuge dort oben wirken so klein wie bei einer Spielzeugeisenbahn.

Das erste Ziel ist die **Fábrica Sant'Ana**. Es ist sicherlich recht ungewöhnlich, im Urlaub eine Fabrik zu besichtigen, aber die *fábrica* selbst ist auch etwas Besonderes – eine historische Arbeitsstätte und einmalig in diesem Land. Sie wurde 1742 gegründet und stellt noch in traditioneller Form Fayencen und Fliesen her. Schon der Hof entführt in die Welt der *azulejos*, seine Mauern dienen als Muster-

*In der Fábrica Sant'Ana
wird die Tradition der
Fliesenmalerei gepflegt*

bücher: Straßenschilder, *silhares* (Fliesenbilder), ornamentale Fliesen, und die heilige Anna über der Tür begrüßt den Besucher persönlich. Im Innern setzt sich das Musterbuch fort. Im Ausstellungsraum am Eingangstor kann man die schönen Stücke erwerben. Nach dem Besuch in der Fabrik wird man sicherlich die portugiesische Fliesenkunst mit offenen Augen betrachten.

Im Herzen Beléms liegt der **Palácio de Belém** (1700), einst Residenz verschiedener Monarchen, seit 1910 Sitz des Präsidenten der Republik. Auf dem Platz davor, der Praça Afonso de Albuquerque, steht ein Denkmal für den zweiten Vizekönig von Indien.

In der ehemals königlichen Reitschule des Palácio de Belém, im **Museu Nacional dos Coches**, ist wohl die weltweit größte und bedeutendste Sammlung von Kutschen und Staatskarossen untergebracht. Neben den prächtigen Edelkarossen sind auch Alltagsfahrzeuge und bestickte Sättel zu bewundern.

Belém, übersetzt Bethlehem, ist neben der Alfama das älteste Stadtviertel Lissabons. Seine Blütezeit hatte es im 15. und 16. Jahrhundert im Zeitalter der

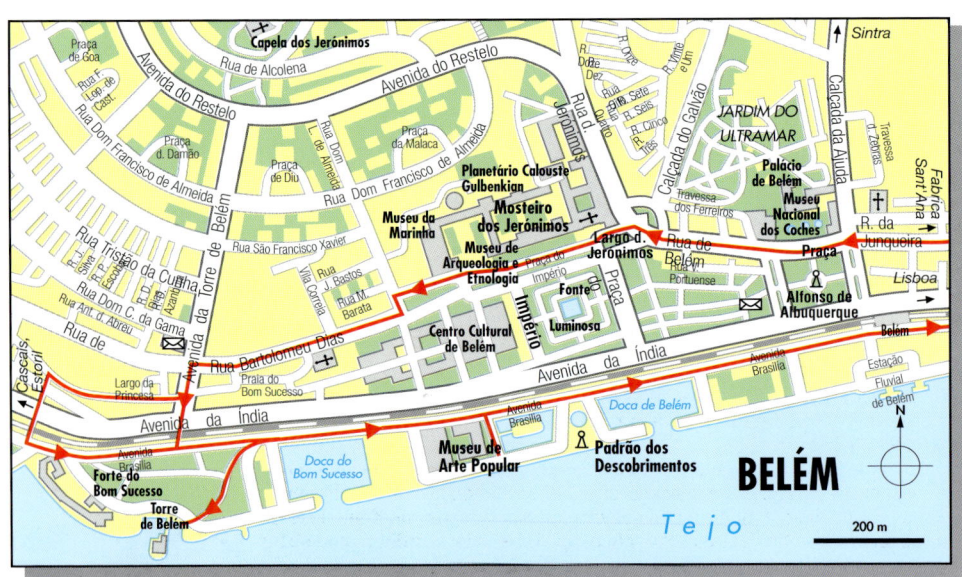

*Das Wahrzeichen Portugals: die Torre de Belém*

Entdeckungen. Beléms Hafen Restelo war Ausgangspunkt vieler Entdeckungsreisen, auch Vasco da Gama brach am 8. Juli 1497 von hier nach Indien auf. Im September 1499 empfing ihn König Manuel I. mit großem Pomp in Belém. Durch diese Entdeckungsfahrt war Portugal zur führenden Weltmacht aufgerückt. Als Zeichen der Größe des Landes und zum Ruhme dieser überragenden Tat legte der König am 21. April 1500 eigenhändig den Grundstein für das **Convento dos Jerónimos de Belém**. Der erste Baumeister war Boytaca, der auch die Pläne dazu fertigte und als der führende Architekt dieses portugiesisch geprägten Baustils gilt. Die gesamte Anlage besteht aus der Igreja Santa Maria de Belém, dem Kreuzgang mit Kapitelsaal, Sakristei und Refektorium sowie dem 185 Meter langen Dormitorium.

An der schlichten Front zur Straße ragt das Südportal der Kirche heraus. Im Teilungspfeiler zwischen den Türen steht Heinrich der Seefahrer, über ihm, frei auf einem Sockel vor dem Fenster, Maria. 24 weitere, fast lebensgroße Figuren von Bischöfen, Heiligen oder Propheten sind über das Portal verteilt. Es gilt allgemein als das Meisterwerk des manuelinischen Stils.

Die dreischiffige Hallenkirche überrascht durch ihre Dimensionen. Bei einer Länge von 90 Metern und einer Breite von 27 Metern beträgt die lichte Höhe eindrucksvolle 25 Meter. Nur die Vierungspfeiler und die sechs achteckigen schlanken Pfeiler, kaum einen Meter im Durchmesser, tragen das prächtige Netzgewölbe. Diese statisch sichere Konstruktion hat das Erdbeben von 1755 schadlos überstanden.

Große Männer und Frauen aus Portugals Blütezeit haben hier ihre letzte Ruhestätte gefunden. Im Renaissancechor stehen die von Elefanten getragenen Sarkophage König Manuels I. und seiner Frau Maria sowie von König João III. und seiner Gemahlin Catarina. In der Südkapelle befindet sich der Kenotaph für

*Torre de Belém aus unge-* ▷
*wöhnlicher Perspektive*

*Historisches Astrolabium im Museu da Marinha in Belém*

den letzten König aus dem Hause Aviz, Sebastião, der 1578 bei Alcazar-Quebir gefallen ist. Unter der Empore für den Mönchschor am Westportal ruht Vasco da Gama. Ein besonderes Juwel manuelinischer Baukunst ist der zweistöckige, quadratische Kreuzgang. An ihn schließen sich der Kapitelsaal und das Refektorium an. Im Kreuzgang findet man das Grab von Fernando Pessoa (1888–1935), dem überragenden Dichter und Schriftsteller der Neuzeit. Im langen Dormitorium befinden sich heute das nationale Museum für Archäologie und Völkerkunde und weiter hinten das Marinemuseum. Das **Museu da Marinha** wurde 1876 von König Luís I. gegründet, fand aber erst 1962 seinen heutigen Platz. Ganz in der Nähe hisste Vasco da Gama die Segel zu seiner Indienreise. Das Museum präsentiert eine einzigartige Sammlung technischer und historischer Dokumente aus der Zeit der Eroberungen und der Jahrhunderte danach.

Zur Bauzeit lag der Convento dos Jerónimos noch am Ufer des Tejo und die Torre de Belém stand auf einer Insel. Doch inzwischen hat sich das Flussufer

*Jerónimos-Kloster in Belém*

bis an den Turm herangeschoben. Eine Parkanlage, die stark befahrene Avenida da India sowie die Eisenbahnlinie haben sich zwischen die beiden historischen Baudenkmäler gezwängt. Dort steht nun auch der moderne Großbau des **Centro Cultural de Belém**. Das Kulturzentrum ist Veranstaltungsort für Kongresse, Ausstellungen, Konzerte und andere kulturelle Ereignisse.

Lissabons Werbeobjekt Nummer eins, die Torre de São Vicente, ist besser bekannt unter dem Namen **Torre de Belém**. Sie wurde ab 1516 im Auftrag König Manuels I. von Francisco de Arruda als Festung zur Verteidigung des Hafens Restelo gebaut. Sie gilt als bestes profanes Beispiel manuelinischen Stils, bei dem man leicht vergessen kann, dass ihr Zweck ursprünglich ein militärischer war und sie ebenso als Kerker diente. Spätgotische und von der Frührenaissance bestimmte Stilelemente sind mit arabischen und indischen Dekorformen, wie den Hauben der Ecktürme, verwoben.

*Detail des Torre de Belém*

Der direkte Weg am Ufer flussaufwärts ist durch das Hafenbecken Doca de Bom Sucesso verbaut. Über die Avenida da Brasília erreicht man das **Museu de Arte Popular**. Dieser Repräsentationsbau aus der Salazar-Zeit macht keinen besonders einladenden Eindruck. Auch das ein wenig kühle Innere ist nicht unbedingt für ein Museum dieser Art geeignet. Lässt man jedoch die äußeren Umstände beiseite, so erzählen die ausgestellten Objekte viel vom ländlichen Leben Portugals.

Der **Padrão dos Descobrimentos** (Denkmal der Entdeckungen) steht nur einen Steinwurf vom Museum entfernt. Er stellt den Bug einer Karavelle dar, auf dem, von Heinrich dem Seefahrer angeführt, die portugiesischen Entdecker und Eroberer in überlebensgroßer Gestalt hintereinander aufgereiht gen Westen blicken. Das Monument wurde 1960 zum Gedenken an den 500. Todestag des großen Seefahrers geschaffen. Sein protziger Baustil ist nicht unumstritten. Von seiner oberen Plattform in 52 Meter Höhe hat man einen herrlichen Blick auf Fluss und Stadt. Nur von dort oben ist die große marmorne Weltkarte auf dem Terreiro de Boa Esperança (Platz der Guten Hoffnung) direkt vor dem Denkmal in ihrer ganzen Dimension zu überschauen.

An diesen Rundgang lassen sich eigene Unternehmungen anschließen: Ein Spaziergang unter fremdartigen Bäumen im **Jardim Tropical**, dem tropischen Garten, ein Ausstellungsbesuch im Centro Cultural de Belém, eine Bootsfahrt auf dem Tejo, eine gemütliche Fahrt mit der Straßenbahnlinie Nr. 28 und/oder ein Bummel durch die Geschäfte – Lissabon hält für jeden etwas bereit.

*Netzgewölbe im Jerónimos-Kloster*

ⓘ **Turismo**
– Palácio Foz
Praça dos Restaura-
dores
1250 Lisboa
✆ 213 46 33 14
Mo-Sa 9-20, So 10-18
Uhr
– Praça do Comércio
Welcome Center
Loja 1-R/C
1250 Lisboa
✆ 210 31 28 10
www.cm-lisboa.pt/
turismo
Informationen auf Por-
tugiesisch, Englisch
und Französisch.

**Preise der Lisboa
Card:**
*24 Std. 16 €
48 Std. 27 €
72 Std. 33,50 €
Kinder zahlen etwa die
Hälfte*

*Skulptur im Kreuzgang des
Jerónimos-Klosters*

**Service & Tipps:**

ⓘ Der monatlich aktualisierte
Veranstaltungskalender
🎭 **Agenda Cultural de Lisboa**
🎵 informiert über das Kulturge-
schehen in Lissabon. Er liegt
kostenlos in den meisten Hotels
und in der Touristeninformation aus.
Der Kalender kann auch im Internet
aufgerufen werden: www.agendalx.pt
(leider nur auf Portugiesisch)

ⓘ Die Stadt Lissabon bietet
eine Besichtigungskarte für Lis-
🏛 sabon an, die **Lisboa Card**. Sie
ermöglicht die freie Benutzung
der städtischen Verkehrsmittel und
den freien Eintritt in alle Nationalmu-
seen. In privaten Einrichtungen erhält man Ermäßigungen. Es gibt sie
für 24, 48 und 72 Std., Kinder zahlen
etwa die Hälfte. Erhältlich ist die Karte im Departamento de Turismo, Rua
Jardim do Regedor, 51, im Jerónimos-
Kloster sowie im Kutschenmuseum.

🏛 **Museu Nacional de Arte
Antiga**
Rua das Janelas Verdes 9
Lisboa
✆ 213 91 28 00
Mi-So 10-18, Di 14-18 Uhr,
Mo geschl.
Das bedeutendste Museum für bil-
dende Künste in Portugal. Neben der
Gemäldegalerie Abteilungen für
Goldschmiedekunst, Glas, Keramik
und Tapisserien.

🏛 **Museu Nacional do Azulejo**
Rua da Madre de Deus 4, Lisboa
✆ 218 10 03 40
Mi-So 10-18, Di 14-18 Uhr,
Mo geschl.
Größtes Fliesenmuseum der Welt im
Convento da Madre de Deus mit *azu-
lejos* vom 15. Jh. bis zur Gegenwart.
Ein Prunkstück ist die 35 m lange
Ansicht Lissabons aus der Zeit vor
dem Erdbeben von 1755. In der ange-
schlossenen Kirche Madre de Deus
zieren die größten Fliesenbilder nie-
derländischer Herkunft die Wände.

🏛 **Museu do Chiado**
Rua Serpa Pinto 4, Lisboa
✆ 213 43 21 48
Di-So 10-18 Uhr, Mo geschl.

Sammlung portugiesischer Malerei,
Bildhauerei und Zeichnungen von
1859-1950.

🏛 **Museu Calouste Gulbenkian**
Av. de Berna 45 A, Lisboa
✆ 217 82 30 00
Di-So 10-17.45 Uhr, Mo/Fei geschl.
Umfangreiche, qualitativ hochwer-
tige Gemälde- und kunstgewerbliche
Sammlung des Ölmagnaten Calouste
Gulbenkian (1869-1955) mit Schwer-
punkt auf europäischer und orientali-
scher Kunst.

🏛 **Centro de Arte Moderna**
Rua Dr. Nicolau Bettencourt
Lisboa
✆ 217 82 34 74
Di-So 10-18 Uhr, Mo/Fei geschl.
Das ebenfalls zur Gulbenkian-Stif-
tung gehörige Museum zeigt moderne
portugiesische Kunst.

👁 **Núcleo Arqueológico da Rua
dos Correeiros**
Rua dos Correeiros 21, Lisboa
Anmeldung in der Rua dos Correei-
ros 9 oder ✆ 213 21 17 00
Do 15-17, Sa 10-13 und 15-17 Uhr
Römische Ausgrabungen in der
Baixa.

🏛 **Museu Nacional dos Coches**
Praça Afonso de Albuquerque
Lisboa
✆ 213 61 08 50
Di-So 10-18 Uhr, Mo/Fei geschl.
Große und bedeutende Sammlung
von Kutschen und Staatskarossen,
u.a. die Kutsche Phillips II. (16. Jh.)
und Joãos V. (18. Jh.).

👁 **Mosteiro dos Jerónimos**
Praça do Império, Lisboa
✆ 213 62 00 34
Di-So Mai-Sept. 10-18, Okt.-April 10-
17 Uhr, Mo/Fei geschl.
Das Kloster gilt als herausragendstes
Bauwerk des manuelinischen Stils.
Kreuzgang, Kapitelsaal, Refektorium
und Mönchschor sind nur zu
Museumszeiten zugänglich.

🏛 **Museu da Marinha**
Praça do Império, Lisboa
✆ 213 62 00 19
Di-So 10-17 Uhr, im Sommer bis
18 Uhr

Bedeutende Sammlungen nautischer Geräte im Zusammenhang mit den Entdeckungsfahrten im 15. und 16. Jh.

 **Centro Cultural de Belém**
Praça do Império, Lisboa
1992 wurde das Kongress- und Ausstellungszentrum fertig gestellt. Hier finden u.a. klassische und moderne Konzerte statt. Die empfehlenswerte Cafeteria besitzt eine schön angelegte Terrasse mit Blick über den Fluss.

 **Torre de Belém**
Lisboa
Di–So Okt.–April 10–17, Mai–Sept. 10–18.30 Uhr, Mo/Fei geschl.
Manuelinischer Wachturm des alten Hafens in Belém.

**Museu de Arte Popular**
Av. Brasília, Lisboa
☎ 213 01 12 82
wird z. Zt. renoviert.
Volkskundliche Sammlung mit traditionellem Handwerk aus allen Teilen Portugals.

 **Oceanário de Lisboa**
Parque das Nações, Südende des Doca dos Olivais
Metro: Oriente
☎ 218 91 70 02/06, www.oceanario.pt
Tägl. April–Okt. 10–19, sonst 10–18 Uhr, Eintritt 11/5,50 €, unter 4 Jahren frei, vielfältige Ermäßigungen
Der Ocean's Pavilion der EXPO '98 wurde nach der Ausstellung als Ozeanarium, das die Verbindung Lissabons mit dem Ozean dokumentiert, für die Öffentlichkeit zugänglich gemacht. Das dazugehörende Aquarium ist durch eine Brücke mit dem Land verbunden.

**Museu Nacional de Etnologia**
Av. Ilha da Madeira, Lisboa
☎ 213 04 11 60
Di 14–18, Mi–So 10–18 Uhr
Sonderausstellungen mit volkskundlicher und anthropologischer Thematik. Große Sammlung schwarz gebrannter Keramik und traditioneller Musikinstrumente.

 **Palácio dos Marques de Fronteira**
Largo de S. Domingos de Benfica 1

Lisboa
☎ 217 78 45 99
Juni–Sept. 10.30, 11, 12, Okt.–Mai 11, 12 Uhr nur mit Führung, So geschl.
Palast aus dem 17. Jh. mit originalen Möbeln aus der Zeit, beachtenswerte Fliesenbilder, Parkanlage mit Fliesenbildern.

 **Fábrica de Faianças e Azulejos Sant'Ana**
Calçada da Boa Hora 96
Lisboa Ajuda
☎ 213 63 82 92
www.fabrica-santanna.com
Fayence- und Fliesenfabrik Sant'Ana. Besichtigung nach telefonischer Anfrage.

**Festas dos Santos Populares**
Von Mitte bis Ende Juni finden die Feste der Volksheiligen statt. Sie beginnen am 12./13. mit dem Fest des hl. Antonius (Santo António), gehen weiter am 23./24. mit dem Fest des hl. Johannes (São João) und haben ihren Höhe- und Schlusspunkt am 28./29. Juni mit dem Fest Peter und Paul (Apóstolo São Pedro).

**Stierkampf:** Lissabons Stierkampfarena liegt an der Praça de Touros, im Stadtteil Campo Pequeno. Die Saison reicht von Ostern bis Okt., Stierkämpfe finden Do und So jeweils um 22 Uhr statt.
Der portugiesische Stierkampf ist nicht so blutig wie in Spanien. Die Stierkämpfer treten in Kostümen aus dem 17. Jh. auf. Im ersten Gang kämpft ein *cavaleiro* (Reiter) vom Pferd gegen den Stier. Er platziert *farpas* (Pfeile) zwischen die Schultern des Tieres. Im zweiten Gang wirft sich der Anführer der *forcados* (wörtlich Stiertreiber) zwischen die Hörner des Stieres und versucht, ihn niederzuringen. Dabei helfen ihm weitere *forcados*, das Tier an Beinen, Körper und Schwanz zum Halten zu bringen. Zum Schluss begleiten glockenbehängte Ochsen den Besiegten aus der Arena. Etwa sechs Stiere kommen an einem Abend zum Einsatz.

Die Rangliste der **Souvenirs** führt die traditionelle Keramik (schwarze, rote, bunte) an. Beliebt sind auch Holzschnitzereien, bunte

*Das Programmheft »What's on in Lisbon« gibt in englischer Sprache Auskunft über die aktuellen kulturellen Aktivitäten (Musik, Theater etc.) in der Stadt (erhältlich u.a. bei der Touristeninformation).*

*Blick vom Fahrstuhl Santa Justa auf die Beixa*

*Am 29. Juni ist in Lissabon Feiertag. Zwei Wochen lang werden bis zu diesem Tag in ganz Lissabon die Feste der Volksheiligen gefeiert. Für Fremde scheinen sie mehr Karneval als religiöse Feste zu sein. Die Übergänge sind sicherlich fließend.*

*Colombo Shopping-Center – das größte Einkaufszentrum der Iberischen Halbinsel*

**Da die Preise noch günstig sind (bis auf technische Geräte wie z.B. Foto- und Filmkameras und Zubehör), lohnt sich ein ausgedehnter Einkaufsbummel. Lissabon bietet eine reiche Auswahl an modischer Kleidung, Lederwaren, Schuhen und Schmuck.**

**Die empfohlenen Restaurants sind nach Preiskategorien gestaffelt, die jeweils für ein Hauptgericht gelten:**

**€ – bis 10 Euro**
**€€ – 10 bis 17 Euro**
**€€€ – 17 bis 22 Euro**
**€€€€ – über 22 Euro**

*Café Pasteis de Belém*

Wolldecken aus dem Alentejo sowie Portwein.

Die Einkaufsstraßen der Innenstadt (Textilien, Schuhe, Schmuck, Leder, Schallplatten, Bücher, Geschenkartikel) liegen im Chiado (Praça Luís de Camões, Largo do Chiado, Rua Garrett, Rua do Carmo) und in der Baixa (Rossio, Rua Augusta, Rua Santa Justa und Nebenstraßen).

### Amoreiras Shopping-Center de Lisboa

Av. Engenheiro Duarte Pacheco, Lisboa
Ca. 1 km von der Praça Marquês de Pombal Richtung Sul Ponte/Sintra, Parkhaus
Tägl. 12–23 Uhr, 24. Dez. geschl.
Über 350 Geschäfte bieten alles – vom Gebrauchsgegenstand bis zum Luxusartikel. Im Gebäude gibt es Kinos, Kunstgalerien, Snackbars, Restaurants, ein Ärztezentrum, Fitnesscenter, Banken, Post, einen Supermarkt sowie eine Touristeninformation.

### Vasco da Gama Shopping-Center

Expo-Gelände, Metrostation Oriente
Lisboa
Tägl. 10–24 Uhr
Die Eingangshalle der EXPO '98 wurde zum Einkaufszentrum umgestaltet. Ein Bummel durch das Zentrum mit seiner interessanten Architektur kann gut mit dem Besuch des EXPO-Geländes verbunden werden.

### Colombo Shopping-Center

Av. Lusiada, Metrostation
Colégio Militar
1500-222 Lisboa
Tägl. 9–24 Uhr
Mit 408 000 m² bebauter Fläche ist Colombo das größte Einkaufszentrum der Iberischen Halbinsel. Mit einem großen Vergnügungspark für Kinder.

### Fábrica Cerámica Viúva Lamego

Largo do Intendente 25
1100-285 Lisboa
℡ 218 85 24 08
www.viuvalamego.com
Handbemalte Keramikfliesen.

### Fábrica de Faianças e Azulejos Sant' Ana

Rua do Alecrim 95
1200 Lisboa
℡ 213 42 25 37
Verkaufsladen in der Stadt.

### Marisqueira Cais do Sodré

Rua da Cintura 22, Armazém A
1200-109 Lisboa
℡ 213 43 20 02
Gepflegtes Restaurant mit sehr guter Küche in einem alten Lagerhaus am Tejo. €€€–€€€€

### Bachus
Largo da Trindade 9
1200-466 Lisboa
✆ 213 42 28 28, www.bachus.com.pt
So/Mo geschl.
Sehr gepflegtes Haus mit bacchantischem Ambiente. Dem Namen entsprechend gibt es eine ausgezeichnete Auswahl an Weinen. €€€€

### Faz Figura
Rua do Paraíso, 15 B (oberhalb des Bahnhofs Apolónia)
1100-396 Lisboa
✆ 218 86 89 81, So geschl.
Restaurant mit Flair am Fuß der Alfama, von der Terrasse weiter Blick über das »Strohmeer«. €€€–€€€€

### Mestre André
Calçadinha Santo Estevão 4–6 (nahe dem Chafariz de Dentro)
1100-503 Lisboa
✆ 218 87 14 87, So geschl.
Kleines Restaurant in der Alfama mit Hausmannskost und Musik von den Kapverden. Große Portionen. €€

### Solar dos Presuntos
Rua das Portas de Santo Antão 150, 1150-269 Lisboa
✆ 213 42 42 53, Fax 213 46 84 68
www.solardospresuntos.com
So geschl.
Das »Haus der Schinken« als Fischrestaurant. €€€–€€€€

### Pap'Açorda
Rua da Atalaia 57–59
1200-037 Lisboa
✆ 213 46 48 11
Sehr beliebtes Restaurant im Bairro Alto, Tischvorbestellung wird empfohlen. €€

### Casa do Alentejo
Rua das Portas de Santo Antão 58 (Nähe Nationaltheater)
1150-268 Lisboa
✆ 213 46 92 31
www.casadoalentejo.pt
Sehenswertes Haus, ehemals Club der Alentejaner in Lissabon. Serviert wird die Küche des Alentejo. €€€

### Cervejaria da Trindade
Rua Nova da Trindade 20 C
1200-303 Lisboa, ✆ 213 42 35 06
Brauereilokal mit historischem Hintergrund. Erbaut in den Ruinen des Refektoriums vom Convento dos Frades Trinos aus dem Jahre 1283. Mit sehenswerten Fliesenbildern aus dem 18. Jh. Die Qualität schwankt leider ein wenig. Selbst wenn man dort nicht essen will, sollte man einen Blick hineinwerfen. €€€

### Bota Alta
Travessa da Queimada 37
1200-364 Lisboa
✆ 213 42 79 59
Sehr beliebtes Lokal, man sollte sich vorher telefonisch anmelden. €€€

### Hardrock Cafe
Av. da Liberdade 2 (an der Praça dos Restauradores)
1250-144 Lisboa
✆ 213 24 52 80, www.hardrock.com
Tägl. geöffnet
Ein Treffpunkt der Jugend und der Junggebliebenen. €€

Für ein spezielles **Fischabendessen** eine weitere Empfehlung: Mit der Fähre kann man auf die andere Seite des Tejo nach **Cacilhas** übersetzen. Dort gibt es gute Fisch-

*Für Lissabon weisen die Gelben Seiten des Telefonbuchs 1842 Restaurants aus. Viele davon sind gut bis sehr gut. Der äußere Eindruck sagt nicht immer etwas über die Qualität aus. Die Empfehlungen hier können nur einen kleinen Anhaltspunkt dafür geben, wo das Essen in der Regel von gleich bleibender Qualität ist und wo man hingehen kann, wenn kein anderes Restaurant so schnell zu finden ist.*

*Hummer steht auf jeder Speisekarte einer Marisqueira*

*Vorschlag für die Nacht: Auf der Uferpromenade entlangflanieren und überall mal hineinschauen. Allerdings erst ab 1 oder 2 Uhr morgens, vorher sind die Tanzflächen gähnend leer. Die Docas sind am besten mit dem Taxi zu erreichen.*

*Discos und Restaurants in Alcantara*

restaurants, die auch die Lissabonner gerne aufsuchen.

Die Fährstation liegt flussaufwärts in der Nähe des Bahnhofs Cais do Sodré (Vorortbahnhof nach Cascais). Die Boote fahren in regelmäßigen Abständen, Fahrtzeit ca. 15 Min.

### Restaurante Ponto Final
Cais do Ginjal, 72
2800-284 Cacilhas/Almada
℡ 212 76 07 43
Sehr schönes, gutes Restaurant direkt am Ufer des Tejo mit einem weiten Blick auf Lissabon. €€

### Restaurante Cabrinha
Beco do Bom Sucesso
2800-267 Cacilhas/Almada
℡ 212 76 47 32, Fax 212 72 22 49
Größeres Restaurant mit hauptsächlich portugiesischen Gästen (am Wochenende oft sehr laut) und sehr guter Auswahl an Meeresfrüchten. Mo geschl. €€

Neben dem traditionellen Vergnügungsviertel **Bairro Alto** und den Discos entlang der **Av. 24 de Julho** ist in den letzten Jahren in den ehemaligen Lagerhallen unterhalb der Brücke des 24. Juli neben einem neuen Jachthafen eine neue Vergnügungsmeile mit vielen Cafés, Restaurants und Diskotheken entstanden.

Die **Docas** sind im Augenblick der absolute Szenetreff, auch wenn die Preise hier spürbar höher liegen als

im Bairro Alto. Tagsüber bieten viele der Bars Restaurantbetrieb an. Man hat einen sehr schönen Blick über den Jachthafen auf den Tejo, aber der Lärm von der Brücke ist nicht unbeträchtlich.

### Docas, Avenida 24 de Julho, Cais do Sodré:

### Alcântara-Mar
Rua da Cozinha Económica 11/5
Doca de Alcântara, Lisboa
Mi–So 23.30–6 Uhr
Mittwochs Rock der 1960er Jahre, an den anderen Tagen Techno, House etc. Eine der In-Discos Lissabons.

### Indochina
Rua da Cintura do Porto de Lisboa, Armazém H, Lisboa
Di–Sa 23.30–6 Uhr
Neue Mega-Disco im Hafen mit Bar und Restaurant, Dekoration passend zum Namen in fern-östlichem Stil.

### Kapital
Av. 24 de Julho 68, Lisboa
Do–Sa 23–6 Uhr
Kommerzielle Musik, mehrere Tanzflächen, Dachterrasse.

### King's & Queen's
Rua Cintura do Porto de Lisboa, Armazém H/ Naves A-B, Lisboa
Mo–Sa 22–6 Uhr
In den alten Lagerhallen am Hafen trifft sich ein buntes Gemisch aus Gays, Lesben und Heteros in oft sehr eigenwilliger Aufmachung.

### Kremlin
Escadinhas da Praia 5, Lisboa
Fr/Sa 24–8 Uhr
Techno und Acid. Eine der ausgeflipptesten Discos der Stadt.

### Disco Buddha Bar
Gare Maritima de Alcântara
1350-049 Lisboa
℡ 213 95 05 55, www.buddha.com.pt
Di–Sa 22–6 Uhr
Großdisco im ehemaligen Lagerhaus am Tejo.

### Speakeasy
Rocha Conde d'Óbidos, Armazém 115, 1350-352 Lisboa
℡ 213 95 73 08

♫ www.speakeasy-bar.com
Tägl. außer So ab 18, Events ab 23.30 Uhr
Restaurant und Bar in gepflegtem Ambiente; jeden Abend Livemusik, häufig Jazz.

♫ **Jamaica**
Rua Nova do Carvalho 6
1200-292 Lisboa
✆ 213 42 18 59, Di–Sa 23–6 Uhr
In der Nähe des Cais do Sodré. Musik aus den 1980er Jahren und von Jamaika.

**Bairro Alto:**

♫ **Frágil**
Rua da Atalaia 126/8
1200-043 Lisboa
Di–Sa 22.30–3.30 Uhr
House, Rap und Soul, der Rest hängt vom DJ ab. Seit Jahren gilt die Disco als *der* Szenetreffpunkt im Bairro Alto.

♪ **Hot Clube de Portugal**
Praça da Alegria 39
1250-004 Lisboa
✆ 213 46 73 69, www.hcp.pt
Di–Sa 22–2 Uhr
Das Jazz-Lokal in Lissabon. Di und Mi Jamsessions; Do, Fr, Sa Konzerte.

♫ **Pavilhão Chines**
Rua D. Pedro V 8
1250-093 Lisboa
✆ 213 42 47 29
Mo–Sa 18–2 Uhr
Musik- und Billardclub, Abendkneipe der besseren Klasse.

♫ **Ritz Club**
Rua da Glória 57, Lisboa
✗ Mo–Sa 22.30–3.30 Uhr
In dem ehemaligen Nachtclub sind jetzt ein Restaurant und ein Tanzsaal untergebracht. Livemusik von afrikanischen Gruppen.

♫ **Trumps**
Rua da Imprensa Nacional 104 B
1250-127 Lisboa
✆ 213 97 10 59, www.trumps.pt
Fr/Sa 24–6, Dez. So 24–4 Uhr
Szene-Disco für Gays; Fr Travestie-Show.

♫ Fragt man einen Lissabonner nach einem **Fadolokal**, wird er

sagen, dass es im Augenblick kein gutes gibt. Die größeren Fadolokale befinden sich im Bairro Alto. Eine Empfehlung fällt hier schwer, da die Sänger in der Regel jedes halbe Jahr wechseln. Zumeist sind es Speiselokale, in denen ein gewisser Mindestverzehr erwartet wird. Dann kostet es keinen besonderen Eintritt. Ein richtiger Fado wird erst nach Mitternacht gesungen. Bis 23 Uhr können Sie, besonders in der Woche, der einzige Gast sein, falls keine geführte Touristengruppe einfällt.

♫ **Sr. Vinho**
Rua do Maio à Lapa 18
✗ 1200-723 Lisboa
✆ 213 97 74 56
www.restsrvinho.pt
So. geschl.
Sehr bekanntes Fadorestaurant, Tischreservierung empfohlen. Mindestverzehr.

♫ **Adega Machado**
Rua do Norte 91
✗ 1200-284 Lisboa
✆ 213 22 46 40, Mo geschl.
Größeres Lokal im Bairro Alto, Besuch von vielen Gruppen.

♫ **Parreirinha de Alfama**
Beco de Espírito Santo 1
✗ 1100-222 Lisboa
✆ 218 86 82 09
Kleineres Fadolokal in der Alfama, wenig Touristen, gute Sänger.

♫ **Velho Patéo de Sant' Ana**
Rua Dr. Almeida Amaral 6
✗ 1000-138 Lisboa
✆ 213 14 10 63/4
www.velhopateodesantana.com
Ein Fadorestaurant, in das auch die Lissabonner gehen und wo man mitsingen kann. Authentische Umgebung. Das Podium der Sänger ist gleich neben dem Herd. Überdurchschnittliches Restaurant.

♫ **Casino de Estoril**
2765 Estoril
Y ✆ 214 66 77 00
Fax 214 68 79 65
✗ www.casino-estoril.pt
Show-Beginn ist um 23 Uhr
Show-Bühne, Bingo, Slot-Machines, Restaurant, Bar. ✤

*Gitarren für den Fado*

*Große Showbühnen wie in anderen Weltstädten fehlen in Lissabon. Wer dennoch nicht darauf verzichten möchte, muss ins Casino nach Estoril fahren.*

# Die Estremadura und das Tal des Tejo

Die Estremadura ist die zentrale Küstenlandschaft Portugals. Sie umschließt das gesamte Mündungsbecken des Tejo bis zur östlich gelegenen Landschaft Ribatejo bei Santarém. Nach Norden erstreckt sie sich über die Serra de Sintra, die Serra de Montejunto und die Serras de Aire und Candeeiros bis nahe der Stadt Leiria. Im Süden reicht sie bis zur Serra da Arrábida und an die Mündung des Rio Sado bei der Hafen- und Industriestadt Setúbal. Das Cabo da Roca ist der westlichste Punkt der Estremadura und gleichzeitig der westlichste Kontinentaleuropas. Der Name Estremadura wurde von dem lateinischen »extremitas« abgeleitet, was so viel bedeutet wie »äußerste Grenze«. Während der Zeit der Reconquista bildete die Landschaft die südliche Grenzregion zu den maurisch beherrschten Gebieten.

Das Klima der Estremadura ist durch ihre Lage am Atlantik bestimmt. Die Winter sind sehr mild, die Sommer aufgrund der südlichen Lage heiß. Da meist ein kühler Wind vom Atlantik her ins Landesinnere weht, gibt es nur wenige Tage mit extremen Temperaturen. Die Jahresmitteltemperatur von Lissabon beträgt 16,8 Grad Celsius. Eine regional begrenzte Ausnahme bildet das küstennahe Sintra-Gebirge, in dem sich häufig Wolken fangen und abregnen. Auch in niederschlagslosen Zeiten scheidet sich dort die feuchte Atlantikluft in Höhenlagen als Tau ab und sorgt somit für eine außergewöhnlich grüne Landschaft. Die Wassertemperaturen liegen mit 18 bis 19 Grad Celsius um ein bis zwei Grad über denen der nördlichen Küstenzone.

Trotz der Magnetfunktion Lissabons und der durch sie ausgelösten Industrialisierung und Urbanisierung des Umlands ist die Provinz Estremadura ein überwiegend ländlicher Raum geblieben. Bereits um die Mitte des 12. Jahrhunderts bemühten sich die Zisterziensermönche von Alcobaça, ihre großen Ländereien urbar zu machen. Sie legten Sümpfe trocken, vergrößerten die Anbauflächen und begannen mit dem Obstanbau. In Alcobaça und Caldas da Rainha wird die in Portugal sehr beliebte Quittenmarmelade *marmelada* in Großbetrieben hergestellt.

In der gesamten Region werden vorwiegend die klassisch mediterranen Kulturpflanzen Oliven, Wein, Weizen sowie Mais angebaut. Fast 20 Prozent der portugiesischen Maisanbauflächen und zehn Prozent der Gesamtproduktion von Olivenöl stammen von hier. Die landwirtschaftliche Erzeugung hat unter dem Einfluss der Bedürfnisse der Hauptstadt in den letzten Jahrzehnten eine rasante Entwicklung genommen.

Eine ganz besondere Rolle besitzt der Weinbau in der Estremadura. Dieser Raum erzeugt in den verschiedensten, oft eng begrenzten Gebieten und auf sehr unterschiedlichen Gesteinen bekannte Mar-

*Die Provinz Estremadura umfasst eine Fläche von ca. 11 400 Quadratkilometern auf denen zirka drei Millionen Menschen leben. Davon sind jedoch etwa 560 000 in der Stadt Lissabon und 2 350 000 im weiteren Einzugsgebiet ansässig.*

kenweine. Über 40 Prozent der portugiesischen Weinproduktion kommen von hier, das Weingut Fonseca bei Vila Fresca de Azeitão ist das größte in Portugal.

Die Sorten von Alcobaça, Torres Vedras, Dois Portos, Bombarral und Alenquer wachsen auf dem oberen Malm. Auf den Dünensanden von

65

*5000 Einwohner*

Colares bei Sintra wird ein in Lissabon sehr beliebter roter Tischwein erzeugt. Die Kreidekalke und -mergel von Bucelas liefern einen ähnlich stark gefragten Rotwein, und das gleiche Gestein bringt an der Küste westlich von Lissabon den Muskateller von Carcavelos hervor.

Die Industrie der Region konzentriert sich auf Lissabon und den engeren Raum um die Stadt. Während in der Stadt besonders Dienstleistungsunternehmen ansässig sind, findet man im Umland die Grundstoff- und Investitionsgüterindustrie. Südlich des Tejo arbeiten Zement- und Hüttenwerke, Unternehmen der Düngemittelchemie und Werften. Wichtig für die Entwicklung dieser Region zum »Auto-Mekka« sind auch die Großinvestitionen der Autoindustrie bei Palmela ab 1995 mit dem Bau von Auto-Europa durch VW und Ford sowie die kleineren Investitionen von General Motors und Toyota. Gebaut werden hier vorrangig Großraumlimousinen.

Das Umland von Lissabon ist das historische Herz des Landes. Daher hat die Estremadura viele touristische Höhepunkte zu bieten. Neben Lissabon selbst sind es Orte wie Setúbal, Queluz, Sintra, Mafra, Óbidos, Nazaré, Alcobaça, Batalha, Fátima, Santarém, Tomar, um nur die wichtigsten zu nennen.

## ❶ Alcobaça

**Alcobaça** ist ein kleiner Ort, der sich um die ehemalige Zisterzienserabtei angesiedelt hat. Neben dem Tourismus bieten Keramikfabriken und Landwirtschaft Arbeitsplätze für die Bevölkerung. Bekannt sind die auf weißem Grund bunt bemalten Teller, Schüsseln, Kannen, Vasen etc. Die Motive stammen aus dem 16., 17. und 18. Jahrhundert, was jeweils am Boden der Keramiken angegeben wird.

Das überragende Bauwerk und Zeugnis großer Geschichte ist die Zisterzienserabtei **Real Abadia de Santa Maria de Alcobaça**. Ihre Gründung verdankt sie einem Versprechen des ersten Königs Afonso I. Henriques. Afonso Henriques war zwar von der *Cortes* zum König gewählt worden, doch bedurfte es einer Bestätigung durch den Papst. Für die langwierigen Verhandlungen fand er Unterstützung bei Bernard von Clairvaux, dem Gründer des Zisterzienserordens. Im Vertrag von Zamora wurde 1143 das Königreich Portugal bestätigt. Dieses reichte jedoch nur bis etwa südlich von Leiria. So versprach der König vor der Schlacht von Santarém gegen die Mauren im Jahre 1147, den Zisterziensern das eroberte Land zu schenken. Bereits im Jahr darauf legte er selbst im Tal der beiden Flüsschen Alcoa und Baça den Grundstein für eine kleine Kirche, um die das Kloster in den nächsten 86 Jahren entstand. 1222 war das Werk im Wesentlichen vollendet, und streng nach der Regel des Ordens lebten hier etwa 300 Mönche. Neben der Kultivierung des Landes, von der die heutige Landwirtschaft noch profitiert, richteten sie die erste Schule Portugals ein, aus der die Anregung zur Gründung der Universität in Coimbra hervorgegangen war.

1755 machte das Erdbeben auch vor Alcobaça nicht halt, die napoleonischen Truppen unter ihrem Kommandanten Junot hinterließen ebenfalls ihre Spuren. Nach der allgemeinen Säkularisierung von 1834 wurden die Gebäude zu den verschiedensten weltlichen Zwecken genutzt, bis der Staat sie 1930 unter Denkmalschutz stellte.

Die Abtei ist ein Zeugnis bester Zisterzienserarchitektur und erstes Bauwerk Portugals in reinem gotischem Stil. Die barocke Fassade der Kirche wurde erst 1725 vorgesetzt. Sie steht in einem starken Gegensatz zur Strenge und Schlichtheit des Innenraums. Mit 106 Metern Länge, 20 Metern Höhe und 17 Metern Breite ist das Gotteshaus Portugals größter Kirchenbau. 30 Pfeiler tragen die Dachkonstruktion. Besonders beeindruckend ist die Schlichtheit ohne

*Dormitorium im Kloster von Alcobaça*

die sonst üblichen Seitenkapellen, Galerien oder Umläufe. Im Querschiff dominieren die beiden überaus kunstvoll gearbeiteten Sarkophage König Pedros I. rechts und Inês de Castros links.

An das Kirchenschiff schließt sich der Kreuzgang des Schweigens an, umgeben vom Kapitelsaal mit einer Galerie von Bischöfen, dem Königssaal, dem Refektorium, der Küche und dem Vorratsraum. Im Innenhof steht das Brunnenhaus dem Speisesaal gegenüber. Das Dormitorium befindet sich im Obergeschoss. Berühmt ist die 18 Meter hohe Küche mit ihrem mächtigen Kamin, unter dem zwei Ochsen gleichzeitig gebraten werden konnten. Die schlichte Fliesenverkleidung stammt aus dem Jahre 1752. Fließendes Wasser lieferte das Flüsschen Alcoa, das durch die Küche geleitet wurde. Die ältere Küche befand sich auf der anderen Seite des Refektoriums. Über 1000 Mahlzeiten bereiteten die Mönche täglich zu. Eindrucksvoll ist der große Vorratsraum nebenan, der eine ausgezeichnete Akustik besitzt.

Das Gewölbe des Refektoriums aus der frühen Klosterzeit auf der anderen Seite der Küche wird von acht Säulen getragen. Von der Kanzel zitierte der Vorleser während der Mahlzeiten aus der Bibel. Im quadratischen Königssaal sind auf Fliesenbildern (1760–75) Szenen aus der Geschichte des Klosters dargestellt, so zum Beispiel die Zeremonie der Klostergründung durch König Afonso I. Henriques. Eine Galerie der portugiesischen Könige wurde von den Mönchen aus Ton gefertigt.

*Die tragische Liebesgeschichte von Pedro und Inês: Der Vater Pedros, König Afonso IV., ließ die Geliebte seines Sohnes ermorden, weil er durch die Verbindung politische Komplikationen mit Kastilien befürchtete. Nachdem Pedro König war, ernannte er in einer schauerlichen Zeremonie zu Santarém Inês posthum zur Königin. Die Sarkophage stehen sich Fuß an Fuß gegenüber, damit sich die Liebenden bei der Auferstehung als Erstes anblicken können.*

## Service & Tipps:

**Museu do Mosteiro de Alcobaça**
2460-018 Alcobaça
✆ 262 50 51 20
Sommer 9–19, Winter 9–17 Uhr,
Fei geschl.
Zisterzienserkloster aus dem 12. Jh.
Weltkulturerbe der UNESCO.

**Museu Nacional do Vinho**
Rua de Leiria
2460-059 Alcobaça
✆/Fax 262 58 22 22
www.ivv.min-agricultura.pt
Mo–Fr 9–12.30 und 14–17.30 Uhr
Museum in einer ehemaligen Kooperative, große Flaschen- und Etikettensammlung. Kübel aus dem Alentejo.

Ende August wird der Markt des hl. Bernhard, die **Feira de São Bernardo**, veranstaltet. Der traditionelle Agrar- und Kunsthandwerkermarkt findet auf dem Gelände des Klosters statt.

**Restaurante Frei Bernardo**
Rua Dom Pedro V. 17–19
2460-029 Alcobaça
✆/Fax 262 58 22 27
Traditionsreiches Familienrestaurant.
€–€€

**Restaurante Celeiro dos Frades**
Arco de Cister, 2460-071 Alcobaça
✆ 262 58 22 81, Do geschl.
Der Keller der Pater im historischen Gebäude. €€

*55 300 Einwohner in 19 Freguesias auf 408 Quadratkilometern*

**ⓘ Turismo**
Gegenüber dem Kloster
Praça 25 de Abril
2460-041 Alcobaça
✆ 262 58 23 77
www.rt-leiriafatima.pt

*7500 Einwohner*

*Das große Erdbeben von 1755 und die französischen Besatzungstruppen 1810 richteten starke Zerstörungen an.*

*Draußen, auf dem Vorplatz des Klosters, steht das Reiterstandbild von Nuno Alvares Pereira, dem Sieger der Schlacht von Aljubarotta.*

(i) **Turismo**
Praça Mouzinho
de Albuquerque
2440 Batalha
℡ 244 76 51 80

*Dominikanerkloster von Batalha*

## ❷ Batalha

**Batalha** ist auch heute noch ein kleiner Ort, der durch den Bau des Klosters entstanden ist. Portugal wurde wieder einmal von Spanien angegriffen, aber mit Hilfe einer intelligenten Strategie und einer Elite britischer Bogenschützen konnte am 15. August 1385 der Feind in der Ebene von Aljubarotta entscheidend geschlagen werden. Portugal war gerettet, und damit begann eine 200 Jahre andauernde Hochblüte des Landes. Zwei Jahre später wurde der Grundstein des **Klosters Santa Maria da Vitória**, heute nur noch bekannt unter dem Namen *Batalha* (Schlacht), gelegt. Sechs Könige haben bis 1557 daran gebaut, und dennoch ist der Komplex nicht vollendet worden. Der kleine Ort entstand im 17. und 18. Jahrhundert um das Kloster herum, dort, wo die Handwerker ihre Behausungen hatten.

Im Zuge der Säkularisation von 1834 wurde auch hier das Kloster aufgelöst und 1840 zum Nationaldenkmal erklärt. Im ehemaligen Kapitelsaal zieht täglich eine Ehrenwache vor dem Grab des Unbekannten Soldaten des Ersten Weltkriegs auf.

Man betritt das knapp 80 Meter lange und 32,5 Meter hohe Kirchenschiff durch das mit 90 Figuren geschmückte Westportal. Der Grundriss ähnelt einem Schlüssel: Den Bart bildet rechts die *Capela do Fundador* (Gründerkapelle), den Ring am anderen Ende die *Capelas Imperfeitas* (Unvollendete Kapellen). João I. hatte die Kirche auch als Mausoleum des Hauses Aviz bestimmt. In der Gründerkapelle sind die Gräber zu sehen: In der Mitte, von acht Löwen getragen, steht der Doppelsarkophag Joãos I. und seiner englischen Gemahlin Philippa von Lancaster. In den Außennischen sind die Nachkommen des Hauses Aviz bestattet. Der bekannteste von ihnen, Heinrich der Seefahrer (1394–1460), liegt unter einem gotischen Baldachin mit dem eingemeißelten Wahlspruch »Talent de bien faire« (Anlagen zu gutem Handeln – Tu Gutes!).

Auf beiden Seiten neben dem Altar befinden sich je zwei Kapellen (von links nach rechts vom Betrachter aus gesehen): Barbarakapelle, Kapelle der Rosenkranzmadonna, Kapelle der weinenden Jungfrau und Michaelskapelle. Einen Durchgang zu den Unvollendeten Kapellen hinter dem Altarraum gibt es nicht, man erreicht sie nur von außen.

Der erste Kreuzgang, der *Claustro Real* (Königlicher Kreuzgang), zeigt vollendeten Manuelismus. Ursprünglich gotisch schlicht, ließ Manuel I. (1495–1521) die Architektur durch manuelinische Stilelemente in ihrer ausgeprägtesten Form ergänzen. Alle typischen Elemente wie gedrehte Taue, Seilknoten, Muscheln, Korallen, Armillarsphären, Christusritterkreuz, Bambusbüschel und Lotosblüten sind verarbeitet worden: ein Meisterwerk der Steinmetzkunst. Im Brunnenpavillon *(pavilhão)* ist arabischer Einfluss unverkennbar.

Im Osten dient der Kapitelsaal heute als nationales Ehrenmal. Die Konstruktion des Gewölbes – es überspannt eine Fläche von 19 mal 19 Metern ohne Stützpfeiler – war zu ihrer Zeit außerordentlich gewagt. Zum Schluss durften nur noch zum Tode Verurteilte daran bauen, weil niemand wusste, ob diese Konstruktion halten würde. Zum Beweis der Sicherheit verbrachte der Baumeister drei Nächte dort.

Auf der gegenüberliegenden Seite im Westen dient der Speisesaal der Mönche (Refektorium) heute als Militärmuseum und Verkaufsraum für Andenken. Ein Verbindungsgang daneben führt in den zweiten, kleineren Kreuzgang *(Claustro de Dom Afonso V.)* aus dem 15. Jahrhundert. Er ist original erhalten und wirkt mit seinen gotischen Doppelfenstern und der schlichten Galerie mittelalterlich dunkel.

Der Ausgang in der südöstlichen Ecke führt aus dem Kloster heraus und zu den Unvollendeten Kapellen. Sie wurden im Auftrag von Joãos Sohn Duarte begonnen und sollten für ihn und seine Nachkommen das Mausoleum werden. Ein Vorraum stellt die Verbindung zwischen der Apsis der Kirche und den acht Kapellen her. Letzte Ruhestätte fanden dort nur König Duarte und seine Gemahlin Leonor von Aragon sowie ihr früh verstorbener Erstgeborener João. Weil Manuel I. alle Handwerker für den Bau des Jerónimos-Klosters in Belém abgezogen hatte, fehlt die Kuppel. Über einen Plan zu ihrer Vollendung gibt es nur Vermutungen.

*Manuelinisches Portal in der unvollendeten Kapelle des Klosters von Batalha*

## ❸ Cabo da Roca

Am **Cabo da Roca**, dem westlichsten Punkt des europäischen Festlandssockels, weht immer ein scharfer Wind. Hohe Bambushecken bieten Schutz für die Felder und Gärten. Es ist schon ein besonderes Gefühl, im Rücken den ganzen Kontinent Europa zu wissen und vor sich das scheinbar unendliche Meer. Luís de Camões, der große portugiesische Dichter des 16. Jahrhunderts, hat es in seinen »Luisaden« mit den Worten ausgedrückt: »Aqui ... onde a terra se acaba e o mar começa ...«, »Hier ... wo das Land aufhört und das Meer beginnt ...« 140 Meter über der ständigen Brandung lässt sich die Frage der Portugiesen von damals nachvollziehen, was wohl jenseits des Meeres liegen würde. Unweit vom Cabo da Roca brachen sie einst zu ihren großen Entdeckungsfahrten auf.

Im Fremdenverkehrsbüro kann man sich auf einer kunstvoll gestalteten Urkunde den Besuch des Cabo da Roca bestätigen lassen.

*Die geographischen Koordinaten von Cabo da Roca: 38° 47' nördlicher Breite und 9° 30' westlicher Länge*

*Am Cabo da Roca*

## 4 Caldas da Rainha

Der Ortsname Caldas de Rainha verrät schon die Bedeutung der Siedlung: die **Thermen der Königin**. Königin Leonor sah auf einer Durchreise, wie die Bewohner in dem warmen schwefelhaltigen Quellwasser badeten. Nachdem sie sich von der guten Wirkung überzeugt hatte, gründete sie 1484 ein Badehospital, das bis heute noch seine Dienste bei Rheumaerkrankungen anbietet.

Das zweite Standbein der Bewohner ist eine besondere Keramikproduktion. Teller, Schüsseln und Tassen in Form von Kohlblättern, Teller und Schalen, auf denen Obst, Krebse, Fische bereits plastisch appliziert sind, Zwiebeln oder Knoblauchzehen als Salzstreuer, Figuren, die mit dem Kopf nicken, Mönche mit einer Schnur an der Kutte – ziehen Sie ruhig einmal daran; Becher, aus denen dem Betrachter ein Penis entgegensieht. Einen besonderen Namen hat sich **Bordalo Pinheiro** gemacht, ein Karikaturist um die Jahrhundertwende, der in eine Keramikfabrik, die jetzt seinen Namen trägt, eingeheiratet hat. Die Fabrik am oberen Ende des Kurparks zeigt in einem besonderen Raum museale Stücke und hat natürlich auch einen Verkaufsraum für die aktuelle Produktion. Denken Sie an Ihren Geldbeutel!

*Markt in Caldas da Rainha*

**14 500 Einwohner**

**ⓘ Turismo**
Rua Engº Duarte-Pacheco
2500-110 Caldas da Rainha
✆ 262 83 97 00
Fax 262 83 97 26

**Service & Tipps:**

**🏛 Fábrica de Faianças Bordalo Pinheiro**
Rua Rafael Bordalo Pinheiro
2500-264 Caldas da Rainha
Fabrik ✆ 262 83 93 80
Museum ✆ 26 23 43 53
www.fabordalopinheiro.pt
Mo–Fr 10.30–12 und 14.30–17 Uhr

Fabrikverkauf und Museum. Verkauf von typischen Keramikprodukten von Caldas da Rainha. Ein weiterer Laden in der Rua de Camões.

**🏛 Museu da Cerâmica**
Rua Dr. Ilidio Amado
2504-910 Caldas da Rainha
✆ 262 84 02 80, tägl. außer Mo 10–12.30 und 14–17 Uhr

**Cascais hat 33 300, Estoril 23 800 Einwohner**

## 5 Cascais und Estoril

Cascais, das Fischerdorf, und Estoril, der mondäne Badeort – das war einmal. Die Grenzen zwischen den Orten sind heute nicht mehr auszumachen, so sehr sind sie an- und ineinander gewachsen. Es wird in Cascais zwar noch Fisch angelandet und jeden Tag ab 17 Uhr in der **Auktionshalle** am Hafen vermarktet. Beide Orte dienen heute jedoch mehr der Erholung der Lissabonner und wer es sich leisten kann, wohnt auch dort. Sehr viele Restaurants bieten ihren Dienst an, die Zeitungen aus ganz Europa sind ein Indiz dafür, dass sich hier auch internationales Publikum erholt. Bekannt sind das **Casino von Estoril** mit den abendlichen Shows und dem Spielbetrieb sowie die Autodrome in Richtung Sintra, auf der auch Formel-1-Rennen ausgetragen wurden.

**Genau 28 Minuten braucht der Vorortzug vom Cais do Sodré in Lissabon nach Cascais.**

Estoril war einst der Rückzugsplatz der abgesetzten Könige und Adligen, die hier ihren Lebensabend verbrachten. Dieser Glanz ist heute verblasst. Nur die noblen Villen aus den dreißiger Jahren des letzten Jahrhunderts zeugen noch davon.

*Erholungsort der Lissabonner: Cascais*

## ⑥ Fátima

*10 300 Einwohner*

**Fátima** ist einer der jüngsten und bedeutendsten Wallfahrtsorte der katholischen Glaubensgemeinschaft. Der moderne Wallfahrtsort entstand, nachdem 1917 drei Hirtenkinder eine Erscheinung der Muttergottes hatten. Am 13. Mai 1928 wurde der Grundstein für die neubarocke Kathedrale gelegt. Der Vorplatz ist doppelt so groß wie der Petersplatz in Rom. Zu den Hauptwallfahrten im Mai und Oktober reisen mehrere hunderttausend Menschen an.

Fátima bietet dem kunsthistorisch Interessierten kaum etwas. Außerhalb der Wallfahrten ist es ein sehr ruhiger Ort.

*Prozessionstag in Fátima*

### Service & Tipps:

🎭 Zwischen Mitte Mai und Mitte Okt. finden in Fátima jeweils am 12./13. eines Monats **Wall - fahrten** statt. Die erste wird am 13./14. Mai zur Erinnerung an die erste Erscheinung der Jungfrau am 13. Mai 1917 und die letzte am 12./13. Okt. zur Erinnerung an die letzte Erscheinung am 13. Okt. 1917 begangen.

ⓘ **Turismo**
Av. José Alves
Correia da Silva
2495 Fátima
✆ 249 53 11 39

## ⑦ Mafra

*11 300 Einwohner*

König João V. (1705–1750) muss wohl ein wenig größenwahnsinnig gewesen sein, als er mit dem **Kloster-Schloss Mafra** einen überdimensionalen Bau mitten in die Landschaft setzte. Er sollte größer sein als der Escorial bei Madrid. 13 Jahre lang arbeiteten 50 000 Menschen unter dem deutschen Architekten Johann Friedrich Ludwig und seinem Sohn Peter, die sich später Ludovice nannten und weitere Bauten in Portugal schufen, an dem Prestigeobjekt. 1381 Arbeiter kamen dabei ums Leben. Nur die teuersten Materialien aus Brasilien, Italien und Frankreich wurden verwendet, Bildhauer aus Italien schufen die Statuen in Carrara-Marmor. Die Kuppel wurde dem Petersdom zu Rom nachempfunden.

*Der portugiesische Schriftsteller und Nobelpreisträger José Saramago hat in seinem Roman »Das Memorial« die Baugeschichte des Schlosses sehr anschaulich beschrieben.*

Frei zugänglich sind nur die Basilika im Zentrum der 200 Meter breiten Front sowie die Flure der städtischen Verwaltung. Eine kleine Anzahl der anderen 900 Räume kann nur im Rahmen einer Führung besucht werden. Dazu zählen das Refektorium, die Küche, einige Mönchszellen, das Hospital mit der Apotheke, der Kapitelsaal, zwei Kreuzgänge und als Höhepunkt die Bibliothek mit ihren knapp 40 000 Büchern und Handschriften, darunter eine bebilderte Erstausgabe der »Lusiaden« von Camões sowie eine dreisprachige Bibel.

Hinter dem Schloss fällt eine große Mauer auf. Dahinter verbarg sich die *tapada*, das Jagdrevier des Königs. Die Mauer erreicht eine stattliche Länge von 20 Kilometern.

**ⓘ Turismo**
Palácio Nacional
de Mafra – Torreão Sul
Terreiro D. João V
2640-492 Mafra
✆ 261 81 71 70
Fax 261 81 71 79
www.cm-mafra.pt

**Service & Tipps:**

**ⓞ Kloster-Schloss Mafra**
Terreiro D. João V
2640-492 Mafra

✆ 261 81 75 50
Fax 261 81 19 47
Tägl. außer Di 10–17 Uhr
Gewaltige Klosteranlage, die unter
König João V. (1705–1750) entstand.

---

*10 000 Einwohner*

## ❽ Nazaré

Das ehemalige Fischerdorf hat sich in dem letzten Jahrzehnt zum Tourismuszentrum entwickelt. Die ehemaligen bunt bemalten Fischerboote am Strand sind von den Badekabinen verdrängt, nur Fisch wird noch an einer kleinen Stelle getrocknet. Ein neuer Fischereihafen entstand südlich des Badestrandes. Der kleine Ort hat seinen alten Charakter noch weitgehend erhalten, nur das Angebot an Restaurants und Herbergen wurde beträchtlich ausgeweitet.

Die Badebucht wird von einem vorspringenden Felskliff vor den Atlantikwinden geschützt. Auf dem Felsen liegt die Oberstadt **Sítio**, von der Unterstadt mit einer Kabelbahn zu erreichen. Der Ort wird von der **Wallfahrtskirche Nossa Senhora de Nazaré** aus dem 12. Jahrhundert bestimmt, die im 17. Jahrhundert vollständig renoviert wurde. Vasco da Gama landete hier nach seiner Entdeckung des Seewegs nach Indien, um der Nossa Senhora de Nazaré für ihre Hilfe zu danken. Die Fliesen auf den Seitenwänden des kurzen Querschiffs wurden in den Niederlanden bestellt und von Willem van der Kloet 1709 gemalt. Auf der linken Seite ist die Josephs-Geschichte dargestellt, auf der rechten die Geschichte Davids. Auf den schmalen Wänden finden sich »Jonas wird ins Meer geworfen« und »Jonas und der Wal«.

**ⓘ Turismo**
Av. da República
2450 Nazaré
✆ 262 56 11 94
www.cm-nazare.pt

*Nazaré: aus dem ehemaligen Fischerdorf ist ein Touristenzentrum geworden*

## ⑨ Óbidos

**Óbidos**, noch ganz von der Stadtmauer umgeben, wird auch als das Rothenburg Portugals bezeichnet. Das Auto lässt man lieber vor dem Stadttor stehen, die Straßen sind eng und haben nur Parkplätze für die Bewohner. 13 Meter hoch ist die ursprünglich maurische Mauer mit dem Grundriss eines spitzwinkligen Dreiecks. Man kann auf ihrer Krone ganz um die Stadt herumlaufen. Sorgfältig konserviert und gepflegt hat der Ort nur sich selbst zu bieten: die Gassen, die schmucken weißen Häuser mit blau oder gelb abgesetzten Tür- und Fensterumrahmungen sowie Hausecken, Blumen in den Fenstern, ein fliesenverziertes Stadttor, der *pelourinho* aus dem 15. Jahrhundert, die **Igreja Santa Maria** von 1737. Das hölzerne, bemalte Tonnengewölbe und der Fliesenschmuck der dreischiffigen Kirche stammen aus der Bauzeit. Das ehemalige Schloss hat das Erdbeben von 1755 nicht überstanden, an seiner Stelle hat man eine Pousada errichtet.

Vor den Toren der Stadt Richtung Caldas da Rainha steht die sechseckige Barockkirche **Nossa Senhora da Pedra** aus dem 18. Jahrhundert. Ein Steinkreuz aus frühchristlicher Zeit schmückt den Altar.

**REGION 2
Estremadura und das Tal des Tejo**

*3068 Einwohner*

ⓘ **Turismo**
Porta da Vila
2510-089 Óbidos
✆ 262 95 92 31
Fax 262 95 55 01
www.cm-obidos.pt

*Eine Spezialität von Óbidos ist der Ginja, ein Sauerkirschlikör, der immer mit einer Sauerkirsche im Glas serviert wird.*

## ⑩ Queluz

Queluz im Westen Lissabons hat sich im letzten Jahrzehnt zu einer Schlafstadt vor den Toren Lissabons entwickelt. Einziger touristischer Anziehungspunkt ist das weitläufige **Schloss von Queluz** mit seiner gelbrosa Front. Der dreiflüglige Rokokobau ist für portugiesische Verhältnisse noch jung, er entstand erst 1747–49 als Sommersitz des Königshauses Bragança. Sehenswert ist der Thronsaal mit reichen Holzschnitzereien, in dem noch immer Empfänge und Bälle stattfinden. Hervorzuheben sind auch die chinesischen Holzpaneele im Saal der Botschafter, die Garderobe der Königin mit Kristallspiegeln und gelbgrundigen Fliesenornamenten, die Bilder Don Quijotes im Zimmer des Königs und die venezianischen Lüster im Musiksaal. In der Schlossküche mit ihrem mächtigen Kamin hat sich das sehr gute Restaurant **Cozinha Velha** etabliert.

Einen Gang durch den kunstvoll angelegten Park sollte man nicht versäumen. Heute kann man sich kaum vorstellen, wie trist ein frisch angelegter Garten ohne die Pflanzen aussah. So sorgten zunächst allein die bunten *azulejos* der Mauern und Beeteinfassungen für Farbe. Im unteren Teil des Parks durchquert das Bächlein Ribeira de Jamor das Gelände, aufgestaut und mit Fliesenwänden kunstvoll eingefasst, bot es bei Bootsfahrten Zerstreuung und Abwechslung im höfischen Leben.

*27 900 Einwohner*

*Das portugiesische Versailles: der Palácio Nacional in Queluz*

*Service & Tipps:*

**Palácio Nacional de Queluz**
2745-191 Queluz
214 34 38 60, tägl. außer Di
Palast 9.30–17, Gärten 10–17 Uhr

Eintritt € 5/2,50
Schönes Rokoko-Schloss, ehemals
Sommersitz der Könige, 1747 begonnen, 1760 weiter ausgebaut, reich
dekorierte Innenräume und sehenswerte Gärten.

*64 100 Einwohner in
28 »freguesias« (Ge-
meinden) auf 561 Qua-
dratkilometern*

## ⑪ Santarém

**Santarém** besaß durch seine günstige Lage am Tejo schon immer
eine große Bedeutung: Für die Römer war *Julianum Scalabitanum*
einer der wichtigsten Handelsplätze und die Hauptstadt eines der drei Verwal-
tungsbezirke in Lusitanien. Die Mauren befestigten es während ihrer 400-jähri-
gen Herrschaft durch ein Kastell hoch über dem Tejo; und nach der Reconquista im Jahre 1147 wählten mehrere portugiesische Könige Santarém zeitweise
zu ihrer Residenz. Wo einst das Kastell stand, auf den *Portas do Sol* (Türen der
Sonne), kann man jetzt in einer Parkanlage spazieren gehen und das breite
Flusstal überschauen.

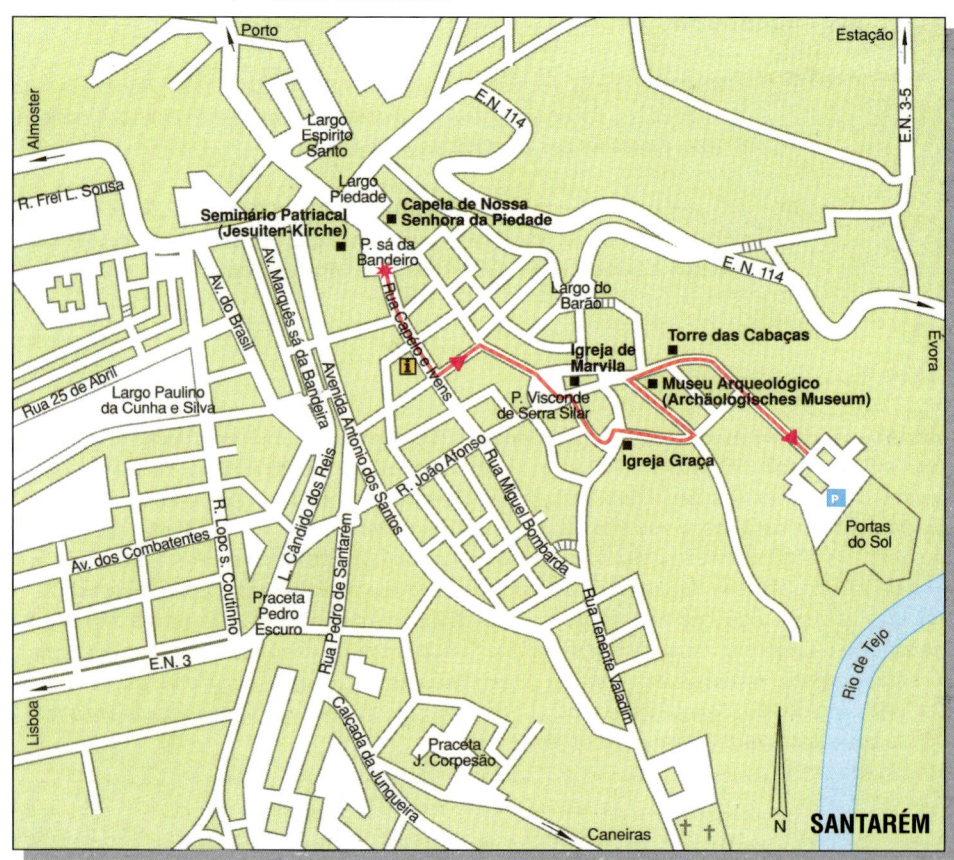

Der historische Mittelpunkt der Stadt liegt zwischen der jesuitischen Seminarkirche an der Praça Sá da Bandeira und der Igreja de Marvila an der Praça Visconde de Serra Pilar. Die engen Straßen sind zum großen Teil den Fußgängern vorbehalten. Auffallend viele Häuser tragen Fliesen an ihren Außenmauern. Selbst die Straßenschilder hat man diesem Stil angepasst: oben links das Stadtwappen und dann der Straßenname, das Ganze mit Ornamenten umrahmt.

Aufgrund ihrer früheren Bedeutung gibt es viele Kirchen in dieser Stadt. Mit ihrer Prachtfassade fällt der **Seminário Patriacal** (Seminarkirche der Jesuiten), 1676 von Baltasar Álvares erbaut, an der Praça Sá da Bandeira besonders in das Blickfeld des Besuchers. Das Innere prägen die bemalte Decke, der teilweise aus Marmor bestehende Altar sowie die Fliesenbilder.

Durch die geschäftige Rua Capelo e Ivens, nach dem Büro des Turismo links, die Rua Azevedo hinunter und rechts über die Rua Serpa Pinto, gelangt man zur Igreja de Marvila mit ihrem manuelinischen Portal. Die Innenwände sind mit Fliesen aus dem 17. Jahrhundert verziert. Nicht weit entfernt steht die **Igreja da Graça** (Gnadenkirche), die zu einem am Ende des 14. Jahrhunderts gegründeten Augustinerkloster gehörte. Das Portal wird als »Übungsstück« für die Kirche in Batalha angesehen, beide vermutlich von Afonso Domingo geplant. Die bedeutende Santarémer Familie Menezes und Pedro Álvares Cabral, der Entdecker Brasiliens, fanden hier ihre letzte Ruhestätte.

Nur ein paar Meter um die Ecke bewachen zwei steinerne Elefanten aus Indien das **Archäologische Museum** (Museu Arqueológico de São João do Alporão) in der ältesten Kirche der Stadt, der **Igreja São João do Alporão**, einem frühgotischen, einschiffigen Bau mit sehenswertem Sterngewölbe im Chor. Das Museum selbst macht einen ungeordneten Eindruck. Besonderes Ausstellungsstück ist ein Zahn des Dom Duarte de Menezes, der in der Schlacht von Alcazar-Quebir in Marokko im Jahre 1458 gefallen ist. Die Moslems sollen seinen Leichnam zerstückelt haben, der Zahn war das Einzige, was von ihm in die Heimat zurückkehrte. Sein Kenotaph ist wohl das prachtvollste Stück in der Sammlung.

Schräg gegenüber dem Museum steht die quadratische **Torre das Cabaças** (Kürbis-Turm), ein umgebautes Überbleibsel aus der Maurenzeit. Der Name wurde von den kürbisförmigen Resonanzkörpern um die Turmglocke abgeleitet.

*Die Capela de Nossa Senhora da Piedade in Santarém baute König Afonso VI. 1663 als Dank für seinen Sieg über die Spanier. Der Platz dazwischen erlebte 1357 ein schreckliches Schauspiel: König Pedro I. ließ hier die Mörder seiner Geliebten Ines de Castro grausam hinrichten (s. S. 29).*

*Kunstvolle Straßenschilder in Santarém*

*Ribatejo-Landschaft bei
Santarém*

 **Turismo**
Rua Capelo e
Ivens 63 (Haupt-
Fußgängerstraße)
2000 Santarém
✆ 243 30 44 37
Fax 243 30 44 01
www.rtribatejo.org

*Service & Tipps:*

**Museu Municipal/
Archäologisches Museum**
Igreja de S. João de Alporão
Largo Eng° Zeferino Sarmento
2000 Santarém
✆ 243 30 44 62, Fax 243 30 44 02
Mi–So 9–12.30 und 14.00–17.30 Uhr
Das Stadtmuseum befindet sich in
einer Kirche aus dem 12. Jh., einem
Bau im romanischen und frühgoti-
schen Stil. Archäologische Funde,
besonders aus der Römerzeit.

 2. Sonntag im April: **Feira da
Milagre** (Fest der Wunder). Ein
Volksfest mit Markt und Stierkampf.
Anfang Juni: **Feira Nacional da
Agricultura** (Nationale Landwirt-
schaftsausstellung) mit Stierkämpfen.
Ende Okt./Anfang Nov.: **Festival
Nacional de Gastronomia de San-
tarém** (Nationales Gastronomiefesti-
val mit Kunsthandwerk und Folklore).

 **Restaurante Tejo
Hotel Corinthia**
Av. Madre Andaluz
2000-210 Santarém, ✆ 243 30 95 00
Gutes Speiserestaurant mit interna-
tionaler Küche. €€

**Taberna do Quinzena**
Rua Pedro de Santarém 93–95
2000-223 Santarém, ✆ 243 32 28 04
www.quinzena.com, So geschl.
Rustikal mit regionaler Küche.
Restaurante »típico«. €€

**Chafaria da Torre**
Praceta João Caetano Brás 8
2000 Santarém
✆ 243 37 26 49, So geschl.
Regionale und internationale Küche
in gepflegtem Ambiente. €€

---

*21 000 Einwohner*

## ⑫ Sesimbra

Das ursprüngliche Fischerdorf am Hang der westliche Serra da
Arrábida hat sich ganz zu einem Erholungsort gewandelt. Viele
Lissabonner, die es sich leisten können, haben hier eine Wochenendwoh-
nung. Im Sommer ist der kleine Ort, der kaum Ausdehnungsmöglichkeiten
hat, überlaufen. Ein längerer Sandstrand bietet sich zum Sonnen, Schnor-
cheln und Baden an. Oberhalb des Ortes liegen die Ruinen einer Maurenburg, von der man einen guten Überblick hat.
    Zwölf Kilometer weiter westlich befindet sich das 137 Meter hohe **Cabo
Espichel**, ein beliebter Ausflugsort, der oft vom Seenebel eingehüllt wird.

# ⓭ Setúbal

**REGION 2
Estremadura und
das Tal des Tejo**

120 100 Einwohner in
8 Freguesias auf 172
Quadratkilometern

Setúbal, die viertgrößte Stadt des Landes an der Mündung des Rio Sado, ist eigentlich mehr eine Hafen- und Industriestadt. Aufgrund besonders hoher Arbeitslosigkeit gibt es erhebliche soziale Probleme. Da Setúbal touristisch keine allzu große Bedeutung hat, bietet es dem Fremden einen ungeschminkten Einblick in das tägliche Leben dieses Landes. Auch lohnt ein Besuch, da besonders das historische Zentrum mit einigen wichtigen Bauten der portugiesischen Architekturgeschichte und der alte Hafen einen großen Reiz ausüben.

Der erste Weg sollte zum Castelo führen, um von dort oben einen Überblick über die Stadt, den Hafen und die Mündung des Rio Sado zu bekommen. Das **Castelo de São Filipe** stammt vom Ende des 16. Jahrhunderts. Es wurde von dem italienischen Militärbaumeister Filippo Terzi geplant und unter der spanischen Regentschaft Philipps II. zum Schutz der Flussmündung und der Stadt gebaut. Innerhalb des Gebäudekomplexes führt am Ende des Aufgangs links eine Tür in eine kleine Kapelle, deren Wände mit blau-weißen Fliesenbildern verkleidet sind. Sie wurden 1736 von Policarpo de Oliveiro Bernardes gemalt, einem der bedeutendsten Fliesenmaler seiner Zeit. Er hat sie, was durchaus nicht üblich war, signiert und datiert. Bemerkenswert sind die Feinheit der Malerei sowie die perspektivische Darstellung im Gewölbe.

Setúbal war bereits als *Cartebriga* (auch *Cetobriga*) ein bedeutender Ort der römischen Besatzungsmacht. Nach der Rückeroberung des Platzes von den Mauren gründete Portugals erster König Afonso I. Henriques 1149 die portugiesische Hafenstadt Setúbal mit einem Bischofssitz.

Das große Erdbeben von 1755 hat Setúbal stark zerstört. Daher gibt es kaum ältere Bauten in der Stadt. Eine wichtige Ausnahme bildet die **Igreja de Jesus**, die Boytaca, der Erbauer des Jerónimos-Klosters, 1490/91 errichtete. Die Kirche gilt als erstes Bauwerk im gotisch-manuelinischen Stil. Auffallend sind die

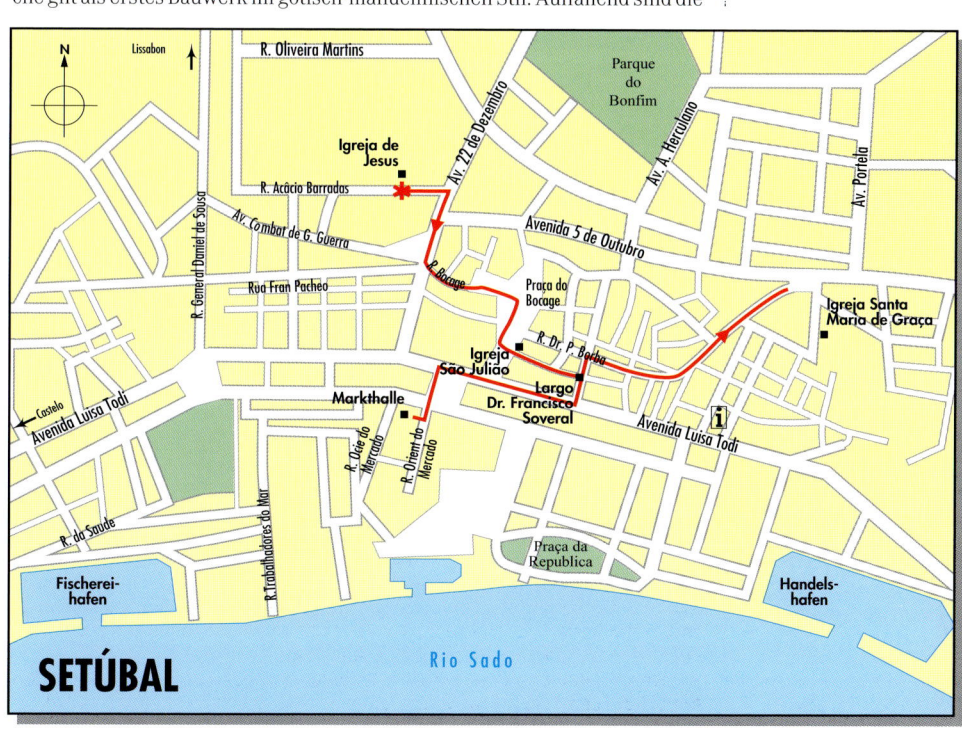

*Chor in der Jesus-Kirche in Setúbal*

*Bereits seit dem Mittelalter wurde in Setúbal mit Salz gehandelt. In den Sumpfgebieten östlich der Stadt gewinnt man heute noch Salz aus dem Meer.*

sechs Pfeiler der dreischiffigen Kirche. Jeder einzelne von ihnen scheint aus drei dicken Tauen gewunden zu sein, rechts und links jeweils in entgegengesetzter Drehung. Auch die Fenster weisen Stilelemente des Manuelismus auf. Die schlichten Fliesen im Altarraum zeugen von arabischem Einfluss. Die barocken, weiß-blauen *azulejos* an den Seitenwänden sind später eingesetzt.

Ein sehenswertes manuelinisches Portal weist auch die **Igreja de São Julião** an der Praça do Bocage auf. Es hat das Erdbeben fast unversehrt überstanden. Das Standbild davor zeigt den Dichter und Satiriker Manuel Bocage (1765–1805), einen der bedeutenden Söhne der Stadt.

Hinter der Kirche in östlicher Richtung liegt die an vielen Stellen renovierte Altstadt mit ihren verwinkelten, schmalen Gassen und anheimelnden, schattigen kleinen Plätzen. Sie laden zu einem geruhsamen Bummel und Verweilen ein, das vielfältige Angebot der Geschäfte kann die Zeit vergessen lassen.

Die breite **Avenida Luisa Todi**, benannt nach einer großen Sängerin, trennt den Hafenteil mit den *armazéns* (Lagerhäusern) vom Stadtzentrum. An der zum Fluss gewandten Seite der Avenida steht die rosa **Markthalle**, die das kulinarische Angebot der Stadt offeriert. Die großen Fliesenbilder an der Rückseite der Halle stammen vom Anfang dieses Jahrhunderts.

***Service & Tipps:***

 **Castelo de São Filipe**
Setúbal
Burganlage aus dem 16. Jh. mit der Fliesenkapelle von Policarpo. Schöner Aussichtspunkt. Heute Sitz einer Pousada.

 **Turismo**
–Av. Frei Gaspar 10
2900 Setúbal
✆ 265 53 91 20
–Praça do Quebedo
(Posto da C.M.)
2900 Setúbal
✆ 265 53 42 22
www.mun-setubal.pt

**Igreja de Jesus**
Av. 22 de Dezembro
2900 Setúbal
Die Kirche ist leider unregelmäßig geöffnet. Schlüssel auch nebenan in der Stadtverwaltung zu erfragen.

Erstes Meisterwerk der Manuelinik mit Fliesen im maurischen Stil.

**Adega dos Frades**
Rua Major Afonso Pala 19
2900-199 Setúbal
✆ 265 23 14 25
Am nördlichen Rand der Fußgängerzone, portugiesische Küche. €–€€

**Restaurante A Toca do Rafael**
Rua Trabalhadores Mar 27
2900-650 Setúbal, ✆ 265 22 83 24
Regionale Küche mit Schwerpunkt auf Fisch. €–€€

## ⑭ Sintra

Gut 30 Kilometer von Lissabon entfernt liegt die Stadt Sintra. Mit mildem und feuchtem Mikroklima ist Sintra umgeben von der Serra de Sintra, einem subtropischen Wald, dessen rund 3000 Pflanzenarten wie exotische Palmen, Baumriesen und ungezählte Farne, hier wie in einem Gewächshaus gedeihen. In diese idyllische, wild wuchernde Natur mit bester Hanglage zogen sich das Königshaus, Adel und Bourgeoisie zurück und hinterließen eine stattliche Zahl Schlösser, Paläste, Villen und Gärten.

Der englische Schriftsteller Lord Byron nannte Sintra den Garten Eden. So mussten schon 900 Jahre zuvor die Mauren empfunden haben, als sie in diesem milden Klima nicht nur eine Burg auf halber Höhe zur Spitze der Cruz Alta, sondern auch gleich noch einen Palast im Tal bauten. 1147 wurden sie von König Afonso I. Henriques aus ihrem Paradies vertrieben. Auf den Resten des Palastes entstand 350 Jahre später der königliche Sommersitz **Palácio Nacional de Sintra**, auch Paço Real genannt. Manuel I. wurde hier geboren.

Da mehrere Könige daran bauen ließen, ist im Schloss eine Vielfalt von Stilen und Epochen erkennbar. Einzigartig sind die maurischen Fliesen aus Spanien oder Nordafrika, ein Zeugnis arabischer Kultur in Europa. Drei Säle verdienen besondere Beachtung: Decke und Wände der *Sala das Pegas*, des Saals der Elstern, ließ König João I. mit 136 Elstern verzieren. Sie symbolisieren das elsternhafte Geschwätz der Damen am Hofe. Jede von ihnen trägt den Spruch »por bem« (in allen Ehren) im Schnabel: eine Rechtfertigung des Königs für ein angebliches Techtelmechtel mit einer dieser Damen. Der größte Saal wird wegen seiner eindrucksvollen Deckenmalerei als *Sala dos Cisnes,* Saal der Schwäne, bezeichnet. Er soll eine Anspielung auf die Romansammlung »Schwanenritter« König Joãos sein, einen Moderoman seiner Zeit. Im Wappensaal, *Sala dos Brasões,* sind 72 portugiesische Adelsfamilien mit ihren heraldischen Zeichen verewigt. Die blau-weißen Fliesen stammen aus portugiesischer Produktion des 18. Jahrhunderts. Zum ältesten Teil gehört die Kapelle, mit ihrer geometrischen Dekoration ganz dem arabischen Stil angepasst. Die vielen Innenhöfe, Nebengemächer und Treppenaufgänge entführen den Besucher in eine andere Zeit.

Eine weitere Sehenswürdigkeit ist die **Quinta da Regaleira**. Die Geschichte dieses Herrenhauses geht auf das Jahr 1679 zurück. Nach verschiedenen

## REGION 2
## Estremadura und das Tal des Tejo

*15 400 Einwohner*

*Von Lissabon aus ist man mit dem Vorortzug ab der Bahnstation am Rossio in 30 Minuten in Sintra.*

*Die konischen Schornsteine sind das Wahrzeichen des Nationalpalastes von Sintra*

Besitzern kaufte um 1900 der »enorm reiche« Jurist António Augusto de Carvalho Monteiro das Anwesen und ließ es von dem Architekten Luigi Manini, der auch das Schloss im Wald von Buçaco gebaut hat, im Geiste der Zeit im neomanuelinischen Stil umbauen und erweitern. Es entstand in fast zehnjähriger Bauzeit ein fabulöses Ensemble von Stilen und Bauten mit Gärten, Brunnen, Türmen, Statuen, geheimnisvollen Grotten. Die ganze Anlage ist ein Fest der Formen, eingebettet in die kunstvoll angelegten Gärten. Seit 1997 gehört die Quinta der Stadt Sintra, die hier den Sitz ihrer Kulturstiftung untergebracht hat.

Auf halber Höhe zum Pena-Palast stehen noch die Ruinen der **Maurenburg**. Man kann gegen Eintritt zwischen den Ruinen spazieren und den einmaligen Blick auf die Stadt genießen.

Der **Palácio Nacional da Pena** steht auf 500 Meter Höhe. Allein der Blick bis zum Atlantik und über die Mündung des Tejo lohnt die Auffahrt. Auf den Ruinen des Sommersitzes der Mönche des Jerónimos-Ordens ließ sich der Prinzgemahl Marias II. da Glória ein Märchenschloss errichten. Ferdinand von Sachsen-Coburg-Gotha beauftragte mit Baron Wilhelm von Eschwege aus Werratal einen deutschen Architekten, der 1839 mit den Bauarbeiten begann. Alle portugiesischen und deutschen Stile sollten darin vereint werden – über das Ergebnis lässt sich jedoch streiten.

Das untere, maurisch anmutende Tor, beste portugiesische Gotik, ist ein Teil des ehemaligen Klosters. Der überdeckte Gang zum Hof vermittelt das romantische Gefühl, auf dem Weg zu Dornröschen zu sein. Auch die Räume erwecken den Eindruck, als ob die Prinzessin sie nur für einen Ausritt verlassen habe: das Nähzeug auf dem Tisch, die frischen Blumen, die gedeckten Tische … alles ist vollgestellt mit einem liebenswerten Sammelsurium des vorigen Jahrhunderts.

Eine kaum erwähnte Besonderheit sind die bunten Glasfenster im großen Salon, die der Architekt aus Deutschland mitgebracht hat. Figuren, Sprüche und Jahresangaben aus der zweiten Hälfte des 18. Jahrhunderts sind zu entziffern. Zu dieser Zeit war es in Norddeutschland üblich, dem Nachbarn beim Bezug seines neuen Hauses eine kleine bemalte Fensterscheibe zu schenken, damals eine große Kostbarkeit. Der stolze Hausbesitzer ließ sich nicht lumpen und gab ein Fest, bei dem gewöhnlich reichlich Bier floss. So erhielten diese Scheiben im Laufe der Zeit den seltsamen Namen »Fensterbierscheiben«.

Die Nachfahren des auf der mittleren Scheibe im mittleren Fenster verewigten »Peifer« (so in den Kirchenbüchern bezeichnet) »Peter-Christoffer Rieckmann und Johann-Georg, Sohn zu Handorf 1764« leben heute als Gastwirte in diesem Dorf. Peter-Christoffer war der letzte Musikant in der Familie, sein Sohn heiratete 1806 die Tochter des Dorfwirts.

Auf dem großen Balkon mit der einzigartigen Aussicht auf die Tejomündung steht eine Rarität: In eine Sonnenuhr integriert, rief jeden Mittag genau um 12 Uhr ein von einem Brennglas ausgelöster Böllerschuss die Gesellschaft zu Tische. Baugeschichtliche Fremdkörper, aber kunsthistorisch besonders wert-

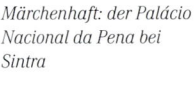

*Märchenhaft: der Palácio Nacional da Pena bei Sintra*

voll, sind der kleine Kreuzgang mit den unterschiedlichen Fliesen arabischen Ursprungs und die Kapelle aus der Zeit des Klosters.

Zwei fast bizarre Sehenswürdigkeiten liegen außerhalb der Stadt. Der **Palast von Monserrate**, eingebettet in einen am Hang liegenden Park mit Türmen, Wasserfällen und hunderten von Pflanzen aus aller Welt, die der englische Erbauer Cook zusammengetragen hat. Der in pseudo-maurischem Stil erbaute Palast wird nachts angestrahlt und wirkt wie aus dem Disney-Land entsprungen.

Mitten im Wald, neun Kilometer von Sintra entfernt, liegt mit dem **Convento dos Capuchos** das Kloster der Mönche der Alcântariner (einer Abspaltung der Franziskaner). Es wurde 1560 auf Grund eines Gelöbnisses gegründet. Der ursprüngliche Name war **Convento da Santa Cruz**. Die Zellen sind zum Teil aus Granitfelsen geschlagen, alles sehr klein, mit Türen, durch die man nur gebückt kriechen konnte. Alle Ecken und Kanten mit Kork verkleidet. Die Fensterhöhlen waren offen. Bis zu vierzehn Mönche konnten hier leben. Welch ein Gegensatz zu den Palästen der Region.

*Detail im Pena-Palast*

### Service & Tipps:

**Palácio Nacional de Sintra**
Largo Rainha D. Amélia
2710 Sintra, ✆ 219 10 68 40
Tägl. außer Mi 10–17.30 Uhr
Sommerresidenz der Könige aus dem 14. Jh., auch Paço Real genannt. Die konischen Küchenschornsteine stammen aus dem 18. Jh.

**Palácio Nacional da Pena**
2710 Sintra
✆ 219 10 53 40
Tägl. 10–17.30, im Sommer bis 19 Uhr
Bedeutendstes Beispiel romantischer Baukunst in Portugal. Der märchenhaft anmutende Palast ist komplett eingerichtet.

**Parque e Palácio de Monserrate**
Rua Barbosa do Bocage, 2710 Sintra
✆ 219 23 73 00 (Führungen), Park 9.30–20, Palast 10–13, 14–18.30 Uhr
Ehemalige Sommerresidenz einer englischen Familie aus der zweiten Hälfte des 19. Jahrhunderts. Verspielter, romantischer Garten mit Ruine und Wasserfall sowie hunderten von Pflanzen aus der ganzen Welt. Der Palast im pseudo-maurischen wird noch renoviert, Teile sind aber schon zu besichtigen. Vier Kilometer außerhalb des historischen Stadtzentrums, gut ausgeschildert. Auf dem Gelände befindet sich eine Cafeteria.

**Convento dos Capuchos**
Parque de Monserrate
2710 Sintra
✆ 219 23 73 00, Mai–Sept. 9.45–

20, Sept.–April 10–18 Uhr
Der ehemalige Convent der Alcântariner Mönche liegt neun Kilometer außerhalb der Stadt versteckt im Wald, heute gut ausgeschildert. Es wurde 1560 gegründet. Die Räume sind zum Teil in den Fels gehauen, mit Kork verkleidet. Sie geben ein Abbild des kargen Lebens der Mönche. Vor dem Gelände befindet sich ein Café.

**Quinta da Regaleira**
Rua Barbosa du Bocage
2710-567 Sintra, ✆ 219 10 66 50
Feb./März und Okt. 10–18.30, April–Sept. 10–20, Nov.–Jan. 10–17.30 Uhr
Weiträumige Palastanlage im neomanuelinischen Stil mit verschiedenen Bauten und Gärten, Brunnen, Türmen, Statuen, geheimnisvollen Grotten. Bei einem Besuch sollte man für die Besichtung der Grotten unbedingt eine Taschenlampe mitnehmen. Neben dem Herrenhaus befindet sich ein Restaurant mit Café, das auch nach Besuchsschluss geöffnet ist.

Zwei Restaurants außerhalb des Trubels um den Palast in der Nähe des neo-manuelinischen Rathauses:

**Casa dos Frangos**
Rua Dr. Alfredo Costa 38
2710-523 Sintra, ✆ 219 23 04 67
Gute, einfache Küche, nicht nur *frangos* (Hähnchen). Familiär. €–€€

**Restaurante Apeadeiro**
Av. Dr. Miguel Bombarda 3
2710-590 Sintra, ✆ 219 23 18 04
Gute Küche, aufmerksame Bedienung. €€

**Turismo**
Centro Histórico,
Praça da República
2710-616 Sintra
✆ 219 23 11 57 und
219 24 17 00
www.cm-sintra.pt

## REGION 2
## Estremadura und
## das Tal des Tejo

*43 000 Einwohner in
16 Freguesias auf 350
Quadratkilometern*

## ⑮ Tomar

**Tomar** am Rio Nabão war schon römisches Siedlungsgebiet, später ließen sich hier die Mauren nieder. Heute ist es eine landwirtschaftlich, von Mandel- und Olivenplantagen geprägte Stadt mit bescheidener Textil- und Papierindustrie. Überragt wird der Ort von der mächtigen **Ordensburg der Christusritter**, dem Castelo de Tomar, das seit 1983 auf der UNESCO-Welterbeliste steht. Um die Bedeutung der Burg zu verstehen, ist ein kleiner Exkurs in die Geschichte nötig.

Die Vorgänger der Christusritter waren portugiesische Templer. Der Templerorden selbst wurde um 1119 von den Waffengefährten Gottfrieds von Bouillon in Jerusalem zum Schutze der Jerusalempilger gegründet. Sie unterstützten auch König Afonso I. Henriques 1147 in Santarém und 1160 in Tomar bei der Vertreibung der Mauren. Um diese erfolgreichen Krieger an sein Land zu binden, überließ der König den Tempelrittern das Maurenkastell von Tomar. Am 1. März 1160, noch im Jahr der Rückeroberung der Stadt, begannen sie mit dem Bau eines neuen Kastells an anderer Stelle, da ihnen die Maurenburg an einem strategisch ungünstigen Platz zu liegen schien. Aus dieser Zeit stammen die Festung mit dem Turm sowie der älteste Teil des Kirchenkomplexes, die sechzehneckige Rotunde.

1312 wurde der Templerorden von Papst Clemens V. auf Betreiben des französischen Königs verboten, seine Besitztümer wurden eingezogen. König Dinis befolgte das Verbot nur mit halbem Herzen. Er wusste um die Verdienste der Templer für sein Land und gründete sechs Jahre später den Nachfolgeorden »Ordem de Cavalaria de Nosso Senhor Jesu Cristo« (Christusritterorden). Satzungsgemäße Aufgabe war die Hilfe bei der Rückeroberung der noch von den Mauren besetzten Gebiete. Wichtige Männer haben die Erziehung des Ordens genossen und sind aus diesem hervorgegangen: Die bedeutendsten Ordensgroßmeister waren Heinrich der Seefahrer und König Manuel I. 1523 wandel-

*Im Jahr 1160 wurde auch die Igreja Santa Maria dos Olivais gebaut, in der Nähe des heutigen Marktes in der Stadt gelegen. Sie gilt als Mutterkirche aller portugiesischen Templerkirchen.*

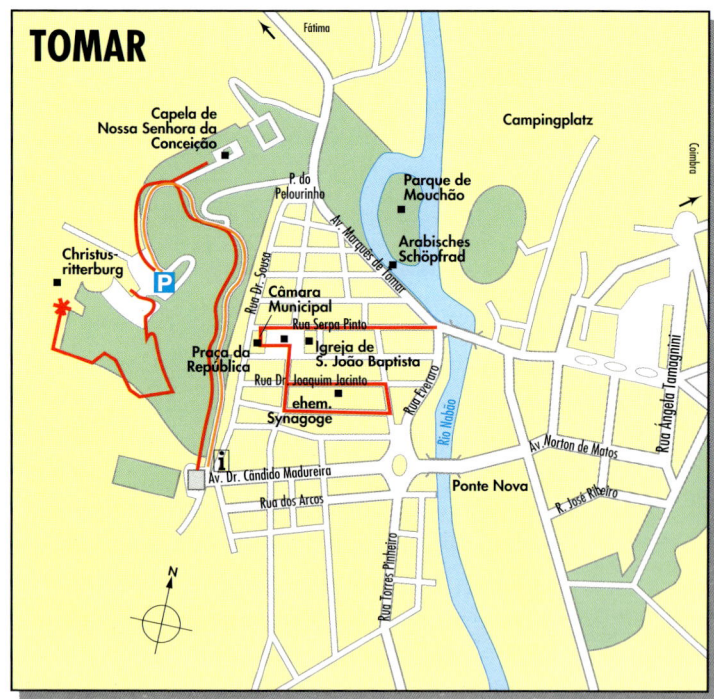

te João III. den Ritter- in einen Mönchsorden um, der im Zuge der Säkularisierung von 1834 seinen Besitz verlor und mit dem Ende der Monarchie 1910 aufgelöst wurde. Damit erlosch endgültig eine für die portugiesische Geschichte wesentliche Institution, denn von hier waren entscheidende Impulse für die Blüte des Landes und die Entdeckung der Welt ausgegangen.

Fast 500 Jahre wurde an der Anlage gebaut, die daher kein einheitliches Bild bietet und die verschiedenen Baustile und Geistesrichtungen von der Romanik bis zum Barock in sich vereint. Nach Gualdim Pais, der den ältesten Teil schuf, ließen Heinrich der Seefahrer, König Manuel I., João III. und Filipe I. an der Anlage bauen. Neben der Templerkirche, dem Kapitelsaal, dem Hochchor und der Sakristei gibt es sieben sehr verschiedene Kreuzgänge, von denen vier besichtigt werden können.

Man betritt den **Convento de Cristo** an der Schnittstelle der Templerkirche aus dem 12. Jahrhundert und der Christusritterkirche, deren Kapitelsaal und Hochchor aus dem 16. Jahrhundert stammen. Die Templerkirche ist der auffälligste Gebäudeteil. Unter der sechzehneckigen frühgotischen Rotunde als Außenschale steht die achteckige byzantinische *Chalora dos Templários* (Hochaltar der Templer, fünf Meter im Durchmesser), die angeblich der Grabeskirche zu Jerusalem nachgebaut sein soll. Blickt man von der Chalora zurück in den Kapitelsaal und

*Hoch über Tomar thront die Christusritterburg*

den Hochchor, kann man ermessen, wie gut der Architekt Diogo de Arruda den Auftrag Manuels I. gelöst hat, Alt und Neu zu verbinden. Zwischen den beiden Bauten liegt ein Zeitraum von etwa 250 Jahren.

Von der Rotunde führt ein schmaler Gang direkt zum *Claustro do Cemitério*, dem Friedhofskreuzgang. Unter den nummerierten Platten des Bodens liegen die Ordensritter begraben. Beachtenswert sind die Fliesen aus dem 15. Jahrhundert sowie die kleine mit weiß-blauen Fayencefliesen verkleidete Kapelle in der Ecke. Die Brunnen, wie jener im Mittelteil, dienen noch heute zum Bewässern der Pflanzen. Weiter nach Osten schließt sich der zweistöckige *Claustro da Lavagem*, der Kreuzgang der Waschungen, an. Beide Kreuzgänge wurden im 15. Jahrhundert unter Heinrich dem Seefahrer gebaut.

Der Weg führt den Besucher zurück an der Sakristei vorbei und durch den Kapitelsaal in den *Claustro dos Filipes*, der Mitte des 16. Jahrhunderts im Stil der Spätrenaissance entstand. Hier wurde am 15. April 1580 der spanische König

Philipp II. zum portugiesischen König Filipe I. gekrönt. Dies war ein schwarzer Tag in der Geschichte Portugals, denn er bedeutete gleichzeitig das endgültige Ende der Blütezeit und der vorübergehenden Selbstständigkeit des Landes.

Vom *Claustro de Santa Barbara*, den man vom unteren Stock des Claustro dos Filipes erreicht, hat man den Blick auf die berühmte, im manuelinischen Stil gehaltene Westfront des Hochchores mit dem die Fassade beherrschenden Fenster: ein Meisterwerk des Manuelismus, in dem alle für ihn typischen Elemente vertreten sind.

Nach den Besichtigungen sollte man noch durch die Gassen bummeln. Die **Rua Serpa Pinto** mit ihren vielen Geschäften führt vom Fluss bis zum Rathaus.

Auf der **Praça da República** steht das Standbild Gualdim Pais, des ersten Templergroßmeisters und Gründers der modernen Stadt. Ihm gegenüber erhebt sich die spätgotische **Igreja de São João Baptista**, 1490 begonnen, mit einem manuelinischen Portal. Die Glocken sind ganz unüblich in den Schalllöchern aufgehängt. Zwischen der Rua Infantaria 15 und der Rua dos Moinhos befand sich im 14. und 15. Jahrhundert ein Judenghetto.

*Vorbereitung zur Prozession der Festa dos Tabuleiros in Tomar* ▷

*Die 16-eckige Rotunde der Templerkirche*

*Eine ungewöhnliche Ansicht: Christusritterburg in Tomar*

84

Unter Heinrich dem Seefahrer konnte 1460 eine Synagoge gebaut werden, die aber nur 37 Jahre ihrer Bestimmung diente – 1497 wies König Manuel I. die Juden außer Landes. Heute beherbergt sie ein kleines Luso-Hebräisches Museum.

Der **Parque de Mouchão** liegt zwischen dem Fluss Nabão und dem Hotel dos Templários. Am Eingang blieb ein arabisches Wasserrad mit tönernen Schöpfkrügen erhalten. In der Gegend gab es ehemals zahlreiche solcher Schöpfräder.

## Service & Tipps:

**Castelo dos Templários**
Tomar, ✆ 249 31 34 81
Juni–Sept. 9–18.30, Okt.–Mai 9–17.30 Uhr, Fei geschl.
Bedeutende Burg der Christusritter.

Im Juli in den Jahren mit gerader Jahreszahl wird die **Festa dos Tabuleiros** (wörtlich Fest der Platten) veranstaltet, eine Prozession, bei der die weiblichen Teilnehmer festlich geschmückte, bis zu 1,50 m hohe Kronen auf dem Kopf tragen.

Ende Juli findet die **Feira de Artesanato de Tomar** statt, eine Ausstellung des traditionellen portugiesischen Kunsthandwerks. Die **Feira de**

**Santa Iria** Mitte/Ende Okt. ist eine landwirtschaftliche Ausstellung zu Ehren der hl. Iria, einer lokalen Märtyrerin aus dem 7. Jh.

**Restaurante A Bela Vista**
Rua Marquês Pombal 68 (neben der Brücke)
2300-510 Tomar
✆ 249 31 28 70
Gepflegtes Restaurant mit schöner, überdachter Außenterrasse zum Fluss. €€

**Restaurante Beira Rio**
Rua Alexandre Herculano 1/3
2300-554 Tomar, ✆ 249 31 28 06
Kleines, einfacheres Speiselokal.
€–€€

**Turismo**
Av. Dr. Cândido Madureira
2300 Tomar
✆ 249 32 98 23

*Auf der Rückfahrt in die Stadt führt eine kleine Stichstraße zur Capela de Nossa Senhora da Conceição aus der Zeit König Joãos III. (1521–57). Diese dreischiffige Kirche im Stil der Frührenaissance erinnert an italienische Gotteshäuser. Sie ist ein Kleinod unter den Kirchen Portugals.*

# ⓖ Vila Fresca de Azeitão

Während im Norden Lissabons die Schlösser der Könige liegen, befinden sich im Süden einige Herrenhäuser des alten Adels. Fast ein Dutzend gibt es davon alleine in Vila Fresca de Azeitão. Ein besonderes Beispiel dafür ist die **Quinta da Bacalhoa**, deren Eingang versteckt hinter einem kleinen Galeriewald liegt und deren Garten besichtigt werden kann.

Das Landgut, in der zweiten Hälfte des 15. Jahrhunderts erbaut, war ursprünglich das Haus von Dona Brites, der Mutter König Manuels I. Danach erwarb es der Sohn von Afonso de Albuquerque, Eroberer von Goa, Malakka und Aden sowie Vizekönig von Indien. Nach dessen Tod im Dezember 1515 in Goa stand sein Sohn unter dem besonderen Schutz des Königs, sodass deshalb wohl der Besitzwechsel zustande kam. Noch zweimal wechselte das Anwesen seinen Herrn, heute gehört es einem Amerikaner.

Einige Außenwände des Hauses, die Mauer zur Straße sowie die Badehäuser innen sind mit Fliesen verziert. Die Fayencemalerei hinter der Bank an der Mauer entstammt der griechischen Mythologie: Europa, Schwester des Kadmos, wird durch Zeus in Stiergestalt entführt. Auf den Sockelfliesen der Beeteinfassungen tummeln sich Engel und Teufel zwischen kunstvollen Vasen und vielfältigen Ornamenten. Im Badehaus sind zwei weitere Bilder erhalten: eine alttestamentarische Darstellung aus dem 13. Kapitel (in den Apokryphen) des Buches Daniel »Susanna im Bade«. Die andere Darstellung zeigt das Wappen des Königshauses Bragança, das auch Besitzer dieser Quinta war.

In der Loggia des Haupthauses befinden sich Fliesenbilder mit allegorischen Darstellungen großer Flüsse: Euphrates (Euphrat), Wilo (Nil), Tanubio (Donau), Douro und Momdeguo (Mondego). Die Fliesenbestände insgesamt zählen zu den ältesten und wertvollsten des Landes. Doch leider ist ihr Erhaltungszustand sehr schlecht, eine Restauration wäre dringend nötig.

Ebenso bemerkenswert sind die kunstvollen Gärten zwischen Palast und Wasserbecken. Hier kann man sich leicht in die große Zeit Portugals zurückversetzen und in Gedanken mit den ehemaligen Bewohnern lustwandeln.

## Service & Tipps:

**Quinta da Bacalhoa**
An der Straße nach Setúbal, gegenüber dem Busdepot
2925 Vila Fresca de Azeitão
Besichtigung 3. Sa im Monat 9–17 Uhr
oder nach Voranmeldung bei Ana Matos
☎ 212 18 00 11 und 938 58 84 68
Landgut aus dem späten 15. Jh. mit alten, wertvollen Fliesenbeständen sowie einer kunstvollen Gartenanlage. ✵

**REGION 2
Estremadura und das Tal des Tejo**

*8500 Einwohner*

*Vieles stammt noch aus dem 15. Jahrhundert, auch das große Schwimmbad am äußersten Rand des Gartens, von dem bei klarem Wetter der Blick bis nach Lissabon reicht. Die große Palme außerhalb des Grundstückes soll zur Bauzeit der Quinta gepflanzt worden und somit etwa 500 Jahre alt sein.*

*Allegorische Darstellung des Rio Mondego auf der Terrasse der Quinta de Bacalhoa*

◁ *Manuelinisches Portal der Kirche São João Baptista in Tomar*

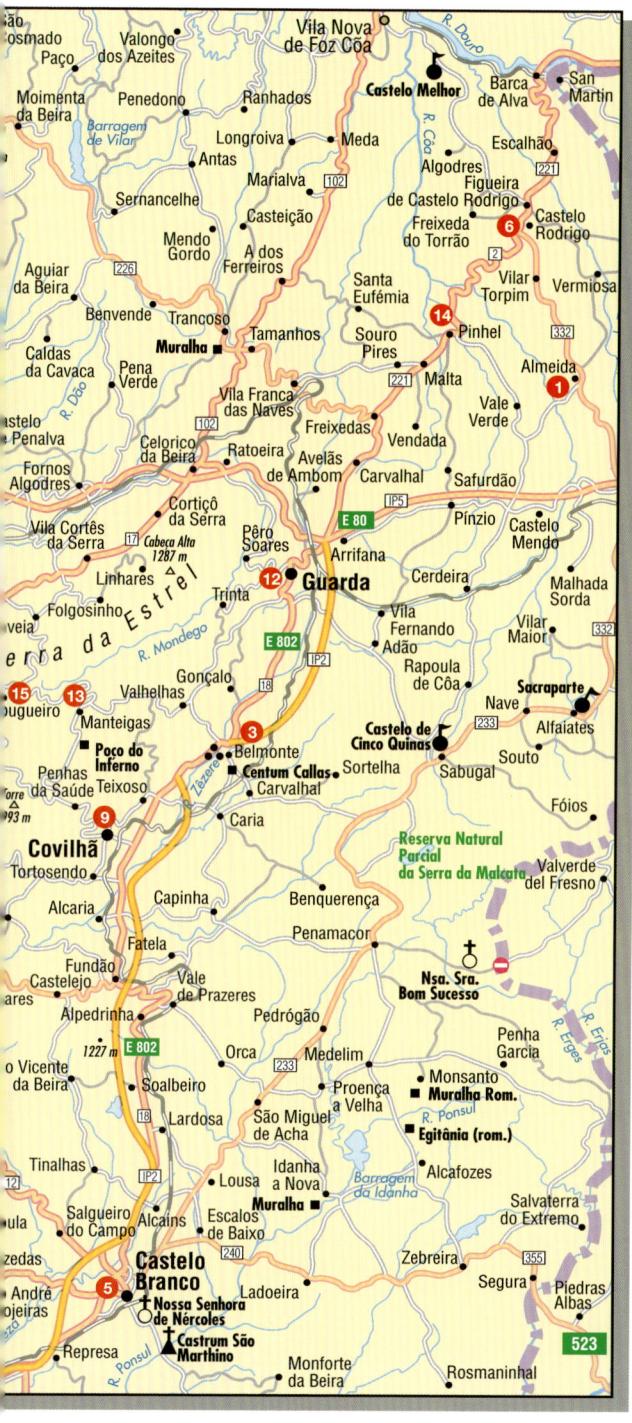

...são
...osmado
Valongo
dos Azeites
Paço

Moimenta
da Beira
Penedono
Ranhados

Vila Nova
de Foz Côa

R. Douro

Castelo Melhor
Barca
de Alva
San
Martin

Longroiva
Meda
Escalhão

*Barragem
de Vilar*
Antas
Algodres
221

Marialva
102
Figueira
de Castelo Rodrigo

Sernancelhe
Casteição
Freixeda
do Torrão
6
Castelo
Rodrigo

Mendo
Gordo
A dos
Ferreiros
2

Aguiar
da Beira
226
Santa
Eufémia
Vilar
Torpim
Vermiosa

Benvende
Trancoso
Tamanhos
14
Pinhel
332

Caldas
da Cavaca
Muralha
Souro
Pires
Almeida

Pena
Verde
221
Malta
1

...stelo
Penalva
Vila Franca
das Naves
Vale
Verde

Celorico
da Beira
102
Freixedas
Vendada

Fornos
Algodres
Ratoeira
Avelãs
de Ambom
Carvalhal
Safurdão

Cortiço
da Serra
IP5
Pínzio
Castelo
Mendo

Vila Cortês
da Serra
17 *Cabeça Alta
1287 m*
Pêro
Soares
E 80
Arrifana

Linhares
Trinta
12
Guarda
Cerdeira
Malhada
Sorda

Folgosinho
*R. Mondego*
E 802
IP2
Vila
Fernando
Adão
Vilar
Maior
332

...veia
Gonçalo
18
Rapoula
de Côa
Sacraparte

15
13
...ugueiro
Valhelhas
Nave
233
Alfaiates

Manteigas
3
Belmonte
Castelo de
Cinco Quinas
Souto

**Poço do
Inferno**
Centum Callas
Sortelha
Sabugal

Penhas
da Saúde
Teixoso
Carvalhal

...orre
...93 m
9
Caria
Fóios

**Covilhã**

Tortosendo
*Reserva Natural
Parcial
da Serra da Malcata*
Valverde
del Fresno

Alcaria
Capinha
Benquerença

Fatela
Penamacor

Fundão
Castelejo
Vale
de Prazeres
Nsa. Sra.
Bom Sucesso

Alpedrinha
Pedrógão
Penha
Garcia

*1227 m* E 802
Orca
Medelim
Monsanto

...o Vicente
da Beira
Soalbeiro
233
Proença
a Velha
**Muralha Rom.**

18
Lardosa
São Miguel
de Acha
**Egitânia (rom.)**

Tinalhas
IP2
Idanha
a Nova
Alcafozes

12
Lousa
**Muralha**
*Barragem
da Idanha*
Salvaterra
do Extremo

...ula
Salgueiro
do Campo
Alcains
Escalos
de Baixo

...zedas
240
Zebreira
355

**Castelo
Branco**
5
Ladoeira
Segura
Piedras
Albas

Nossa Senhora
de Nércoles

...André
...ojeiras
**Castrum São
Marthino**
523

Represa
Monforte
da Beira
Rosmaninhal

*Serra da Estrela*

*R. Dão*

*R. Zêzere*

*R. Ponsul*

*R. Erges*

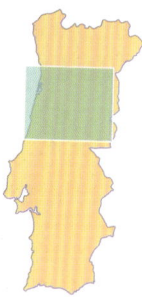

# Die drei Beiras

Die Beira Litoral (Küstenbeira), die Beira Alta (die hohe Beira) und die Beira Baixa (die niedrige Beira) bilden die nördliche Mitte Portugals, auch als *Centro* benannt. Die Region wird im Westen durch den Atlantischen Ozean begrenzt und im Osten durch die Grenze zu Spanien. Im Norden bildet der Fluss Douro die natürliche Grenze und im Süden wird die Region durch den Fluss Tejo vom Alentejo getrennt.

Das Landschaftsbild ist recht unterschiedlich: Die Beira Litoral wird durch einen flachen, fruchtbaren Küstenstreifen mit kilometerlangen Sandstränden charakterisiert, nach Osten steigt das Land steil an, um schon in der Serra da Lousã 545 Meter und der Serra do Caramulo 1075 Meter Höhe zu erreichen. Die dünn besiedelte Beira Alta erreicht in der Serra da Estrêla mit der Torre 1993 Meter und damit den höchsten Punkt des portugiesischen Festlands. Nach Spanien erstreckt sich die Beira Baixa als eine um die 500 Meter hohe Hochebene. Guarda, nur 37 Kilometer von Spanien entfernt, ist mit fast 1100 Metern die höchstgelegene Stadt Portugals.

Das wirtschaftliche und kulturelle Leben konzentriert sich auf die Küstenbeira mit den Städten Coimbra, Aveiro und Figueira da Foz. Im fruchtbaren Tal des Rio Mondego wachsen Gemüse, Reis und Obst. Aveiro ist der wichtigste Hochseefischereihafen Portugals. Die weltbekannte Porzellanfabrik Vista Alegre produziert in der Nähe von Aveiro; in Marinha Grande im Süden der Region befindet sich eine bedeutende Glasindustrie. Südlich von Coimbra haben große Tonvorkommen eine Keramikindustrie entstehen lassen. Durch die Schafzucht im Estrêla-Gebirge hat sich in Seia, Manteigas und Covilhã eine Wolle verarbeitende Industrie entwickelt, die heute nur noch von geringer Bedeutung ist. Zudem wird ein Großteil der Wolle aus Neuseeland und Australien bezogen.

Südlich von Viseu zwischen dem Caramulo- und dem Estrêla-Gebirge am Rio Dão wird in 400 bis 700 Metern Höhe der sehr gute Dão-Wein angebaut. Die Schiefer- und Granitböden sowie die ausgezeichneten klimatischen Bedingen mit trockenem heißen Sommer, einem langen kühlen Herbst sowie einem niederschlagsreichen Winter sind die Grundlage für die hohe Qualität. Die Weißweine sind von gelblicher Farbe und aromatischem Geschmack, die Rotweine von kräftiger Note und tiefroter Farbe. In erster Linie werden hier Rotweine produziert.

Der Fremdenverkehr gibt der Küstenregion den Vorzug: Coimbra, Viseu, Figueira da Foz und Aveiro sind die Favoriten. Direkt an der Küste gibt es jedoch gerade in den Sommermonaten den manchmal nur 500 Meter breiten Küstennebel, der den Strand in eine Novemberstimmung versetzt. Daher ist dort wenig internationaler Badetourismus anzutreffen.

Die wenigen Verkehrsverbindungen über die Estrêla – es gibt nur zwei schlecht ausgebaute, kurvenreiche Straßenverbindungen von West nach Ost – verhindern größere Touristenströme. Zudem gibt

*Eine Karte der drei Beiras finden Sie auf S. 88/89.*

*Aus den Gewächshäusern westlich von Coimbra kommen schon im März die ersten Erdbeeren in Europa.*

*Bis heute wird bei Aveiro Salz gewonnen*

es wenige Baudenkmäler, aber Wanderer und Naturliebhaber sollten diese Landschaft nicht auslassen. Die neue Schnellstraßen- und Autobahnverbindung von Guarda über Covilhã und Castelo Branco Richtung Süden bindet die östliche Beira besser an den Süden und den Großraum Lissabon an. Zudem ist sie neben der IP 5 über Viseu die Straßenanbindung an Europa, wie die Portugiesen dies nennen.

## Historische Dörfer der Inneren Beira

Die Innere Beira liegt auch für Portugal abseits des Geschehens. Dadurch konnten sich dort Dörfer halten, in denen die Zeit stehen geblieben zu sein scheint. Die Jugend ist aus Mangel an Arbeitsplätzen abgewandert, die ältere Generation hat ihren Lebensstil beibehalten, aus Tradition oder auch aus Mangel an wirtschaftlichen Möglichkeiten. Hier findet man noch den beladenen Esel, uraltes Kopfsteinpflaster, alte Häuser aus Granit, den offenen Kamin als Herdstelle. Viele der Dörfer sind nur schwer zu erreichen, öffentliche Verkehrsmittel gibt es nicht überall. Aber an den Durchgangsstraßen stehen braungrundige Schilder **»Aldeia histórico«**, die den Weg dorthin weisen. Der Staat unterstützt den Erhalt der Siedlungen. Viele von ihnen hatten vor Jahrhunderten große Bedeutung, als Festungen oder Verkehrsknotenpunkte. Zu diesen Dörfern gehören Castelo Rodrigo (s. S. 99), Almeida (s. S. 92), Marialva, Castelo Mendo, Sortela, Linhares, Trancoso, Castelo Novo, Monsanto oder Piódão.

Informationen im Internet über historische Dörfer: www.cartadolazer.inatel.pt.

*1500 Einwohner*

*Man kann zwar mit dem Auto nach Almeida hineinfahren, aber wenn man dort nicht übernachten will, sollte man das Auto vor der Stadtmauer stehen lassen.*

*In der Rezeption der Pousada hängt eine große Luftaufnahme von Almeida. Sie dient als guter Überblick über die Stadt.*

*Sticken und Häkeln sind beliebte Beschäftigungen der älteren Frauen*

**ⓘ Turismo**
Praça da Liberdade
6350-130 Almeida
✆ 271 57 00 20

*73 600 Einwohner in 14 Freguesias auf 200 Quadratkilometern*

# ❶ Almeida

Almeida hat ein viele ältere Geschichte, als es heute den Anschein hat. Der Name stammt noch aus maurischer Herrschaft. Die Araber bauten ein einfaches Kastell, zwischen 1156 und 1190 wechselten sich die Kastilianer und Portugiesen als Herrscher ab. 1296 erhielt Almeida die Stadtrechte von D. Dinis. Aber erst Anfang des 19. Jahrhunderts rückte der Ort in den Mittelpunkt des Geschehens. Als 1807 die napoleonischen Truppen mit Billigung Spaniens über die Iberische Halbinsel gen Portugal zogen, wurde in aller Eile das Dorf zur Festung im vaubanschen Stil ausgebaut – wie ein elfzackiger Stern sieht sie von oben aus. Im August 1810 belagerte der französische General Massena die Stadt. Durch eine ungewollte Explosion öffneten sich die Stadttore, die Franzosen konnten fast unbehelligt einziehen. Ein Grund, warum die Festung noch vollständig existiert. Die Stadt ist bewohnt, eine neue Siedlung ist außerhalb der Stadtmauern entstanden, und macht so den Eindruck eines lebendigen Museums.

Zu besichtigen sind die Kasematten mit etwa zwanzig Räumen und das ehemalige Waffendepot, heute ein Reitstall.

*Service & Tipps:*

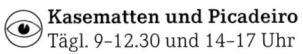 **Kasematten und Picadeiro**
Tägl. 9–12.30 und 14–17 Uhr

Kasematten innerhalb der Befestigung und Unterstand der Pferde.

# ❷ Aveiro

Die Region von Aveiro müsste man eigentlich aus der Luft betrachten. Von Ovar im Norden bis über Vagueira hinaus im Süden erstreckt sich ein etwa 45 Kilometer langes und bis elf Kilometer breites verzweigtes Lagunensystem der Ria de Aveiro parallel zur Küste.

**Aveiro** war als römische Stadt Talabriga noch Hafenstadt direkt am Meer. Doch geologische Hebungen der Iberischen Halbinsel und zusätzlich starke Meeresströmungen sowie Sedimentablagerungen des Rio Vouga haben einen Wall zum offenen Meer entstehen lassen. Es blieb nur die schmale

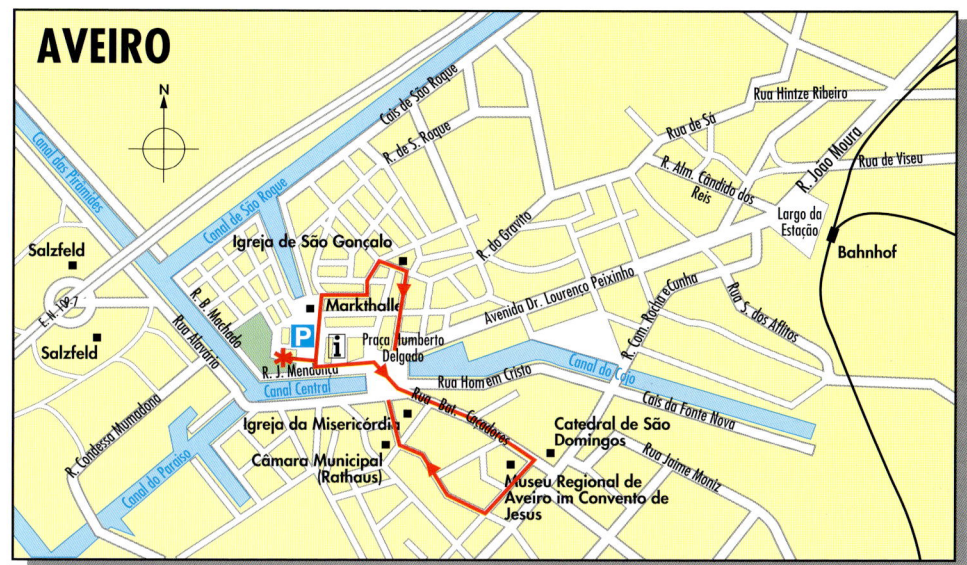

AVEIRO

Öffnung der Flussmündung als Verbindung zum Meer. Im Jahr 1575 verschloss eine verheerende Sturmflut diesen letzten Durchlass und schnitt die Stadt endgültig vom Meer ab. Selbst aus Holland herbeigerufene Experten konnten nicht helfen. Zwei Drittel der Bevölkerung wanderten ab. Erst 1808 schlug eine erneute, mächtige Sturmflut eine Bresche in die Dünen, die man sofort befestigte. So können heute wieder größere Schiffe den Hafen anlaufen.

Bis zum Verschluss des Hafens war Aveiro eine blühende See- und Handelsstadt. Ihre Schiffe fuhren zum Kabeljaufang bis nach Neufundland. Wichtigstes Exportgut war Salz, das auch heute noch in den flachen Becken gewonnen wird. Besonders bekannt sind die Tangfischer der Ria, die mit ihren bunt bemalten Booten das Meeresgrün ernten und als Dünger für die Felder verkaufen. Der Kunstdünger lässt jedoch diesen Berufszweig allmählich aussterben.

Bei der Einfahrt macht Aveiro einen ländlichen Eindruck. Erst an der Avenida ändert sich das Bild. Sie verbindet den Bahnhof mit dem zentralen Verkehrsknotenpunkt Praça Humberto Delgado auf einer Brücke über dem Canal Central. Der ältere Teil der Stadt liegt jenseits des Wassers. Doch bevor man sich der Geschichte und Baukunst zuwendet, sollte man diesseits den allmorgendlichen Fisch- und Gemüsemarkt besuchen. Die aus gusseisernen Teilen konstruierte **Markthalle** (1904) mit ihren marmornen Verkaufsständen steht am Ende eines Armes des Canal de São Roque und präsentiert ein buntes Angebot. Der Wind trägt die frische Meeresluft bis in das Viertel. Ganz in der Nähe steht die achteckige **Barockkapelle São Gonçalo** aus dem 15. Jahrhundert mit einem reich verzierten Portal.

*Der Canal Grande von Aveiro*

In der Häuserzeile am Kanal, in der **Rua J. Mendonça**, haben sich die Architekten im Jugendstil ausgelassen. Bis hin zu den Fliesen ist alles wohl aufeinander abgestimmt. Besonders die blassrosa Fassade ist ein Meisterwerk ihrer Zeit. Ein paar Meter weiter um den Straßenknick fordert ein Eingang im Jugendstil zum Foto heraus. Seine geschwungenen Bögen könnten direkt einem Schmuckentwurf entnommen sein.

Einstiger Mittelpunkt waren die **Catedral de São Domingos** und das Jesus-Kloster. Die 1464 geweihte Kathedrale erhielt erst Anfang des 18. Jahrhunderts ihre Barockfassade. Außen fast unverändert belassen, wurde sie in jüngster Zeit im Innern unter Einbeziehung alter Elemente vollkommen modernisiert.

Im benachbarten **Convento de Jesus** ist das **Museu Regional** untergebracht. Hier lebte einst als Nonne Joana, Tochter von König Afonso V. Sie zog das Klosterleben einer vom Vater gewünschten, politisch Gewinn bringenden Ehe vor. Ihre überstrenge Lebensart ließ sie jung sterben. Die Bewohner von Aveiro verehren sie als ihre Schutzpatronin. Besonders besuchenswert sind die Klosterkirche mit einem Tonnengewölbe und der Kapitelsaal, beide reichlich mit vergoldetem Schnitzwerk ausgestattet. Auf dem Weg zurück zum Kanal kommt man am Rathaus und an der **Igreja da Misericórdia** aus dem 16. Jahrhundert vorbei. Die Fliesen an der Barockfassade stammen aus dem letzten Jahrhundert und wurden in Aveiro gefertigt.

Vor der Abfahrt aus Aveiro sollte man noch einen kurzen Abstecher Richtung **Barra/Costa Nova** unternehmen. Gleich nach dem Ort verläuft die Straße auf einem Damm zwischen den Salzpfannen. Über ein Kanalsystem wird das Meerwasser in die flachen Becken gelassen und verdunstet dort. Das Salz bleibt als dicke Kruste darin zurück und wird im Spätsommer zu großen Hügeln aufgeschaufelt, die wie weiße Pyramiden in der Landschaft stehen.

Um von Aveiro Richtung Norden an die Küste zu gelangen, muss man einen großen Bogen um die Lagunenlandschaft schlagen. Dank einer neuen Brücke über die Ria vor Quintas do Norte kann man nach Estarreja das Gebiet Richtung Westen durchqueren. Immer seltener kann man Tangfischer mit ihren hochgezogenen Booten bei der Arbeit beobachten; der Tang wird nur in den Wintermonaten geerntet. Am Ende der Ria sind bereits die Häuser von Ovar zu sehen.

*Das Wegekreuz Cruzeiro de Santo Domingo aus dem 15. Jahrhundert auf dem Vorplatz der Kathedrale soll zu den schönsten des Landes zählen.*

*Fischerhäuser in Costa Nova*

## Service & Tipps:

**Museu de Aveiro**
Im Convento de Jesus
Av. de Santa Joana Princesa
3810-329 Aveiro
✆ 234 42 32 97, tägl. außer Mo 10–13
und 14–17.30 Uhr
Das Stadtmuseum befindet sich im
ehemaligen Dominikanerkloster aus
dem 15. Jh., Goldschmiedearbeiten,
Fliesen, Stiche, Paramente sind zu
besichtigen.

**Museu Histórico da Vista Alegre**
Fábrica de Porcelana de Vista Alegre
3830-292 Ílhavo
✆ 234 32 06 00, www.vistaalegre.pt
Di–Fr 9–18, Sa/So 9–12.30 und 14–
17 Uhr
Sehr sehenswertes Fabrikmuseum,
Porzellan und Glas aus über 100 Jahren.

Ende März–Ende April wird die
Industrie- und Handelsmesse
**Feira de Março** veranstaltet.

Mitte Juli–Mitte Aug. finden während
der **Festa da Ria** verschiedene traditionelle und kulturelle Einzelveran-
staltungen statt. Besonderer Höhepunkt ist das Bootsrennen mit den
alten Fischerbooten. Die Hand- und
Kunsthandwerkermesse **Feira de
Artesanato** wird parallel zur Festa da
Ria veranstaltet.

**Restaurante Mercantel**
Rua António Sao Lé 16
3800-105 Aveiro
✆ 23 42 80 57, Mo geschl.
Typisches Restaurant auf der linken
Kanalseite hinter der Markthalle.
Offene Küche, d. h. man kann dem
Koch zuschauen. Sehr gefragt, daher
sollte man nicht zu spät hingehen.
€–€€

**Restaurante Salpoente**
Rua Canal São Roque 83
3800 Aveiro
✆ 234 38 26 74, www.salpoente.com
Restaurant der besseren Klasse in
einem alten Salzlagerschuppen.
€€–€€€

*Tangfischer auf der Ria de
Aveiro*

**Turismo**
Rua João Men-
donça 8
3800-200 Aveiro
✆ 234 42 36 80,
234 42 07 60
Fax 234 42 83 26

**3200 Einwohner**

*Belmonte war ein bedeutender Zufluchtsort von Juden während ihrer Vertreibung aus Spanien.*

*Centum Cellas, die Ruinen einer römischen Villa*

### ❸ Belmonte

Das 610 Meter hoch liegende Bergstädtchen am südöstlichen Ausläufer der Serra da Estrêla ist der Geburtsort Pedro Álvares Cabrals (geb. 1467), der 1500 Brasilien entdeckt hat. In der **Santiago-Kappelle** neben dem Kastell wird eine gotische Marienstatue »Nossa Senhora da Esperança« aufbewahrt, die Cabral auf seiner Entdeckungsfahrt mitgenommen haben soll. Einige Fresken und das Grab der Mutter Cabrals befinden sich im Chor der Kapelle. Den Schlüssel zur Kapelle erhält man im Büro des Turismo.

Überragt wird der Ort von der Ruine eines Kastells aus dem 13. Jahrhundert. Auffallend sind das manuelinische Zwillingsfenster und über dem Eingangsportal das Wappen Cabrals.

Unterhalb des Ortes, unweit der Schnellstraße, stehen die Ruinen von **Centum Cellas**, einer römischen Villa. Das Bauwerk gehört zu den am besten erhaltenen römischen Denkmälern in Portugal. Das zwölf Meter hohe

Turmgebäude war ursprünglich in einen Gebäudekomplex eingebunden, der freigelegt worden ist. Auffällig die Symmetrie, die bei den Fenster- und Türöffnungen eingehalten wurde.

Die Bauweise mit Granitquadern war in *Hispania* ungewöhnlich und erinnert an entsprechende Bauweisen in Nordafrika und Syrien. Nach anfänglich anderen Deutungen ist man sich sicher, dass es sich um den Belvedere (Aussichtspunkt) einer Villa handelt. Der Bau stammt aus dem frühen 1. Jahrhundert. Am Ende des 3. Jahrhunderts ist er einem Brand zum Opfer gefallen. Das Gelände der Ausgrabungen ist zwar eingezäunt, aber das Tor nicht abgeschlossen.

### Service & Tipps:

**✕ Restaurante Combinado**
Rua Pedro Álvares Cabral
6250-088 Belmonte, ✆ 275 91 18 41
Regionale Küche. €€

**✕ Restaurante A Grelha**
Rua da Rosas 184
6250-045 Belmonte
✆ 275 91 31 94
Regionale Küche.
€

*In Belmonte gibt es noch einige alte Häuser, darunter ein Haus mit einer Ziege als Wappen, das als Wohnsitz der Familie von Pedro Álvares Cabral gilt (der Name bedeutet Ziege).*

**ⓘ Turismo**
Largo do Brasil –
Castelo de Belmonte
6250 Belmonte
✆ 275 91 14 88

# ❹ Caramulo

*390 Einwohner*

Das Caramulo-Gebirge erreicht an seiner höchsten Stelle 1 075 Meter. Es ist nur dünn besiedelt, weite Teile im Südwesten sind gar unbewohnt. Etwa 50 Kilometer parallel zur Küste verlaufend ist es gleichzeitig eine Wetterscheide zwischen dem Küstenstreifen und dem Landesinneren. Das Klima hier ist sehr mild und ausgeglichen. Besonders die zweite Hälfte der windungsreichen Straße hinauf ins Gebirge gehört zu den eindrucksvollsten Strecken. Nach Osten wird der Blick durch das Estrêla-Gebirge begrenzt.

Auf 800 Meter Höhe liegt der Kurort **Caramulo**, bekannt wegen seiner heilenden Quellen und seines **Automobilmuseums**. Das Museum der Fundação Abel de Lacerda, im Stil der Salazar-Zeit erbaut, zeigt in einem Nebengebäude alte Autos und Motorräder. Ab 1900 ist hier alles vertreten, was Rang und Namen hatte und hat. Im ersten Stock des Hauptgebäudes sind Werke von Picasso, Dalí, Léger, Chagall, Dufy, de Vlaminck und zeitgenössischen portugiesischen Malern ausgestellt. Portugiesische Fayencen und Keramik aus dem 17. Jahrhundert, Möbel im indisch-portugiesischen Stil, chinesisches Porzellan und flämische Gobelins des 16. Jahrhunderts vervollständigen die Sammlung.

### Service & Tipps:

**🏛 Museu do Caramulo**
Fundação Abel de Lacerda
Rua Jean Lurçat 42
3475-031 Caramulo
✆ 232 86 12 70
www.museu-caramulo.net
Tägl. 10–13 und 14–18 Uhr
Das in den 1950er Jahren gegründete

Museum zeigt Automobile ab 1900, Keramik ab dem 16. Jh., Möbel im indisch-portugiesischen Stil und zeitgenössische Kunst des 20. Jh.

**✕** Im Ort Caramulo kann man nur in den großen Hotels zu Mittag essen. Mehrere Cafés und Snackbars für den kleinen Hunger gibt es bei der Weiterfahrt in Alcofra.

**ⓘ Turismo**
Av. Jerónimo de
Lacerda 750
3475 Caramulo
✆ 232 86 14 37

**❺ Castelo Branco**

55 000 Einwohner in 25 Freguesias auf 1440 Quadratkilometern

**Castelo Branco**, die weiße Burg, Hauptstadt der ehemaligen Provinz Beira Baixa und des heute gleichnamigen Distrikts, bietet mit ihrer zum Teil erhaltenen turmbewehrten Stadtmauer aus dem 14. Jahrhundert, den stattlichen Bürgerhäusern und den schmalen Gassen ein eindrucksvolles Bild. Als grenznahe Stadt zu Spanien hatte der Ort immer eine militärstrategische Bedeutung. Von der Templerburg sind nur noch einige wenige Ruinen erhalten. Die Stadt wurde mehrmals angegriffen und überfallen, zuletzt 1807 von napoleonischen Truppen, die erheblichen Schaden anrichteten.

Im Mittelpunkt des touristischen Interesses steht der im 18. Jahrhundert angelegte **Jardim Episcopal**, der ehemalige bischöfliche Garten in der Rua Frei Bartolomeu da Costa. Der in Terrassen angelegte Park ist ein Zeugnis barocker Verspieltheit und Überschwänglichkeit. Zwischen Hecken, Blumenbeeten und Springbrunnen stehen zahlreiche steinerne Skulpturen von Aposteln, Heiligen, Evangelisten, Kirchenvätern, allegorische Figuren der Jahreszeiten, Tierkreiszeichen, Elemente. Besonders auffallend sind die hintergründig und ironisch gestalteten Skulpturen der portugiesischen Könige, jede mit einem Namensschild gekennzeichnet. Die drei Könige während der spanischen Besetzung zwischen 1580 und 1640 sind ironischerweise kleiner dargestellt.

Wirtschaftliche Produkte von Castelo Branco sind qualitativ hochwertige Olivenöle, Ziegenkäse und Textilien, hier insbesondere die nach traditionellen Mustern bestickten Wolldecken, die »colchas«.

Der gegenüberliegende, ursprünglich gotische, 1726 barock umgestaltete Bischofspalast beherbergt heute das **Museu de Francisco Tavares Proença Júnior**. Es zeigt archäologische Funde aus der Region, Münzen, Gobelins und Möbel, Waffen und portugiesische Malerei. Vor dem Museum steht der *pelourinho* der Stadt.

Die Praça Luís de Camões war früher als Praça Velha das Zentrum der Stadt. Anfang des 17. Jahrhunderts wurde hier das Rathaus, der **Paços do Concelho**, gebaut. Der herrschaftliche Bau mit der äußeren Treppenanlage mit Arkaden beherbergt aktuell die städtische Bibliothek. Der Platz wird abgeschlossen von dem aus dem 13. Jahrhundert stammenden und kürzlich renovierten **Arco do Bispo**, dem Tor des Bischofs.

Von der alten Burg über der Stadt in 472 Metern Höhe hat man einen sehr schönen Ausblick auf die Stadt und die Hochebene der Beira Baixa. Über Treppen und schmale Gassen müssen von der Stadt bis zur Burg 22 Höhenmeter überwunden werden.

**ⓘ Turismo**
Praça do Município
6000 Castelo Branco
✆ 272 33 03 39
Fax 272 33 03 50
www.cm-castelobranco.pt

*Service & Tipps:*

**🏛 Museu Francisco Tavares Proença Júnior**
Largo Dr. José Lopes Dias 462
6000-462 Castelo Branco
✆ 272 34 42 77
Di–So 10–12.30 und 14–17.30 Uhr
Das Museum befindet sich im ehemaligen Bischofspalast. Eine Abteilung ist der Geschichte des Bistums gewidmet, eine andere zeigt die traditionelle Seidenfärberei und Leinenweberei. Dem Museum ist eine Schulwerkstatt angegliedert. Man darf den Schülern über die Schulter sehen.

 **Jardim Episcopal**
Rua Frei Bartolomeu da Costa
Castelo Branco, tägl. 9–17.30 Uhr
Ehemaliger bischöflicher Garten.

**✗ Restaurante Praça Velha**
Praça Luís de Camões 17
6000-116 Castelo Branco
✆ 272 32 86 40
Größeres Lokal mit regionaler Küche.
€€

**✗ Restaurante A Floresta**
Rua Ruiva Godinho 9
6000-275 Castelo Branco
✆ 272 34 23 30
Wegen seiner Nachspeisen bekanntes, gemütliches Haus mit regionaler Küche. €–€€

**✗ Património Bar**
Praça Luís de Camões
6000-116 Castelo Branco
✆ 272 32 10 85
Das In-Café in der Stadt mit Nachtbar in einer alten Stadtvilla. €–€€

## ⑥ Castelo Rodrigo

Der mittelalterliche, von einer Stadtmauer umgebene Ort liegt hoch auf einer Bergspitze über der mit Obstkulturen bepflanzten Hochebene Serra de Morafo. Die Festung hatte immer eine wichtige Funktion im Kampf gegen Spanien. An den vielen Inschriften an den Häusern ist zu erkennen, dass der Ort vielen Juden auch als Zufluchtsstätte während der Verfolgung ab dem 17. Jahrhundert diente. Im Juli 1664 hielt der Ort den Angriffen des Duque de Ossuna stand, der mit eintausend Fußsoldaten und 650 Kavalleristen die Festung belagerte.

Sehenswert sind die Stadtmauer, die Ruinen des Palastes von Cristóvão de Moura, die Zisternen mit einem eisernen Tor, der Pelourinho aus dem 17. Jahrhundert, ein historischer Brunnen sowie die Pfarrkirche Igreja Matriz aus dem 18. Jahrhundert mit mehreren barocken Altären mit vergoldeten Holzschnitzereien *(talha)*. Beachtenswert sind auch die manuelinischen Fensterumrandungen an einigen Häusern.

Läge der Ort nicht so abseits, wäre er ein stark besuchtes Touristenziel. Die Nähe zu Vila Nova de Foz Côa (39 Kilometer) und seinem Archäologischen Park hat ihm einigen Aufschwung gebracht.

### Service & Tipps:

**⊗ A Cerca**
Av. Dr. Francisco Sá Carneiro
6440-102 Figueira de Castelo Rodrigo
✆ 271 31 26 30
Regionale Küche. €

**⊗ O Túnel**
Av. Heróis de Castelo Rodrigo
6440-113 Figueira de Castelo Rodrigo
✆ 271 31 24 75
Regionale Küche. €–€€

**REGION 3**
**Die drei Beiras**

*470 Einwohner*

ⓘ **Turismo**
Casa da Cultura –
Largo Serpa Pinto
6440-118 Figueira de
Castelo Rodrigo
✆ 271 31 91 90

*Von dem außerhalb von Castelo Rodrigo liegenden Aussichtspunkt Miradouro da Serra da Morafa mit einer Jesusstatue aus der Mitte des 20. Jahrhunderts genießt man einen wunderbaren Blick in die Landschaft.*

## ⑦ Coimbra

**Coimbra** hat nicht nur die älteste (seit 1308) und traditionsreichste Universität Portugals, diese war auch über Jahrhunderte die einzige im Lande. Heute muss man Glück haben, um einem der 17 000 Studenten in dem traditionellen halblangen schwarzen Umhang, *capa preta*, zu begegnen. »Ich mag diesen Umhang nicht besonders«, sagte ein Student, »denn darunter hat man in der wechselvollen Geschichte auch Messer und andere Waffen getragen.«

Das Straßenbild wird von jungen Leuten bestimmt, viele Nationen und Hautfarben sind hier vertreten. Im Zentrum der Geschäftsstraßen, auf der eindrucksvollen **Praça do Comércio**, stehen sie zusammen, diskutieren oder singen zur Gitarre, das Töpfchen für die Cent ist immer dabei.

Hier sollte man den Rundgang beginnen. An der gotischen Igreja de São Tiago führt eine Treppe zur **Rua Visconde da Luz**, einer der Hauptgeschäftsstraßen. Ein wenig nach rechts beginnt am **Arco de Almedina** der Einstieg in die Altstadt. Dieser Bogen gehört zur mittelalterlichen Befestigungsmauer aus arabischer Zeit. Sehr steil nach oben, durch Gassen und über die als *quebracostas* (Rippenbrecher) bezeichneten Treppen, führt der Weg zur **Sé Velha**, der alten Kathedrale. Afonso I. Henriques ließ sie ab 1177 als Wehrkirche erbauen. Mit ihren glatten Außenmauern und zinnenbekrönt wirkt sie so trutzig wie eine Burg.

Es ist ein Glücksfall, dass das Gotteshaus während seiner langen Geschichte kaum eine Veränderung erfuhr. Die Mauern mit den Corda-Seca-Fliesen aus dem 15. Jahrhundert erwecken den Eindruck, mit Mosaiken bekleidet zu sein. Diese ornamentalen maurischen Flächen aus *azulejos* sind eines der besten

*142 400 Einwohner in 31 Freguesias auf 319 Quadratkilometern*

*In allen Orten findet man üppige Obststände auf den Märkten*

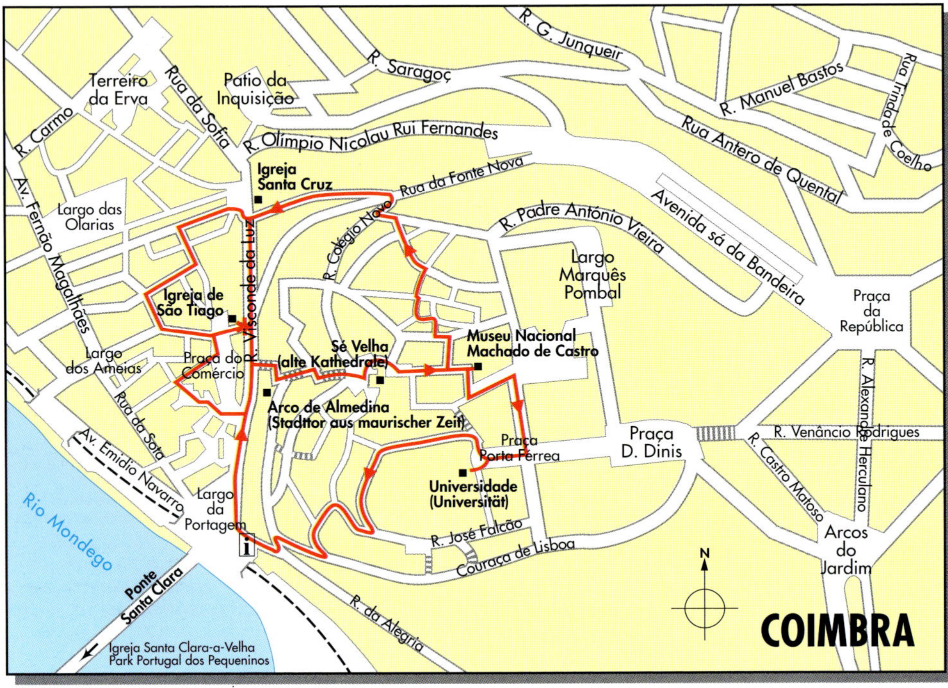

**Map — COIMBRA**

Rio Mondego
Ponte Santa Clara
Igreja Santa Clara-a-Velha
Park Portugal dos Pequeninos

Av. Emídio Navarro
Av. Fernão Magalhães
R. Carmo
Terreiro da Erva
Rua da Sofia
Patio da Inquisição
Largo das Olarias
Largo dos Ameias
Rua da Sota
Largo da Portagem
Praça do Comércio
**Igreja de São Tiago**
**Igreja Santa Cruz**
Travessa da Luz
R. Colégio Novo
Rua da Fonte Nova
R. Olímpio Nicolau Rui Fernandes
R. Saragoç
R. G. Junqueir
R. Manuel Bastos
Rua Antero de Quental
Rua Trindade Coelho
R. Padre António Vieira
Avenida sá da Bandeira
Largo Marquês Pombal
**Museu Nacional Machado de Castro**
**Sé Velha (alte Kathedrale)**
**Arco de Almedina (Stadttor aus maurischer Zeit)**
Praça Porta Férrea
**Universidade (Universität)**
R. José Falcão
Couraça de Lisboa
R. da Alegria
Praça D. Dinis
R. Venâncio Rodrigues
R. Castro Matoso
R. Alexandre Herculano
Praça da República
Arcos do Jardim

---

*Von einer umlaufen-
den Galerie an der
Außenseite des Mu-
seumsgebäudes hat
man einen guten
Rundblick über die
Stadt und weit ins
Land
hinein. Sie ist ein
beliebter Ort zum
Fotografieren.*

Beispiele, wie Fliesen aus dem Mosaik entstanden sind. Die
Fliesen im linken Querschiff mit den gestalteten Quadern –
die Stirnseite schwarz, rechts blau und links weiß – bringen
eine sehr wirkungsvolle Struktur in die Fläche. Das Halb-
dunkel verstärkt den Eindruck. Der frühgotisch schlichte
Kreuzgang ist etwas jünger als die Kirche selbst.

Noch ein wenig höher als die Kathedrale liegt das ehemalige bischöfliche Palais, heute das **Museu Nacional Machado de Castro**. Es ist nach einem Maler, Architekten und Krip-
penbauer des 18. Jahrhunderts benannt. Ein Besuch lohnt
allein wegen der unterirdischen römischen Galerien. Der
interessantere Teil des Museums befindet sich im linken Flü-
gel: Das Obergeschoss beherbergt Skulpturen, Fayencen,
Glas, Goldschmiedearbeiten und das Zimmer Rainha-Santa
mit einem seltenen Silberreliquiar. Im Parterre sind Steinmetzarbeiten zu bewundern und im Keller das schachbrett-
artig angelegte Arsenal aus der Zeit, als Coimbra noch *Aeminium* hieß. Von den oberen Galerien ist der Blick auf die Sé
Velha, in die Gassen und auf die Dächer besonders eindrucksvoll.

Bis zur **Universität** ist es nur ein Katzensprung. Die mäch-
tigen Gebäude an der Praça vor dem alten Eingang erstaunen:
Klotzig und protzig passen sie nicht so recht zum Stil der
Stadt. Sie stammen aus der Zeit des Diktators Salazar. Durch
die *Porta Férrea*, das Eiserne Tor, gelangt man ins Zentrum der
Universität. Hier residierte einst João III., dessen mächtiges
Standbild das große Geviert beherrscht. Rechts führt eine
Treppe zur Sala dos Capelos, dem reich dekorierten Festsaal
mit Bildern aller Könige Portugals. Hier finden noch die wich-

tigen Prüfungen statt. Die anderen Gebäude am Innenhof beherbergen die Verwaltung, das Observatorium, die Rechtsfakultät, eine Kapelle im manuelinischen Stil mit dem **Uhrenturm** sowie die berühmte **Bibliothek Joanina** (um 1720) im Stil der Wiener Hofbibliothek. In ihren Regalen lagern über 120 000 Manuskripte und Handschriften.

Zum Abstieg in die Stadt kann man zwei Wege wählen: entweder gleich links an der Universität durch die schmalen Gassen in Richtung Mondegobrücke oder durch die Gassen nördlich des Museums und der Sé Velha. Auf jeden Fall sollte man die **Klosterkirche Santa Cruz** nicht versäumen. Vorher tut eine Erfrischung im gleichnamigen Café nebenan gut. Spezialität sind hier die *manjares brancos*, Pastetchen von Santa Clara.

Im 12. Jahrhundert von Augustinern gegründet, wurde das Kloster unter Manuel I. im 16. Jahrhundert von Grund auf erneuert. Nicht nur die Kirche selbst mit ihren vielen manuelinischen Ausschmückungen, sondern auch die durch die Sakristei zu erreichenden Gänge sowie der Kreuzgang *do Silencio*, der Ruhe, sind äußerst beeindruckend. Nationale Bedeutung erhält die Kirche durch die Gräber der ersten beiden Könige, Afonso I. Henriques und Sancho I., im Chor.

Gleich auf der gegenüberliegenden Seite der Mondegobrücke liegt die **Igreja Santa Clara-a-Velha**. Die Kirche ist so ungünstig am Fluss erbaut worden, dass sich im Laufe der Jahrhunderte durch Überschwemmungen eine fünf Meter dicke Schlammschicht in ihr abgelagert hat. Im 12. Jahrhundert gegründet, musste sie im Jahr 1677 aufgegeben werden. Man kann hineingehen und auf schwankenden Stegen über dem Wasser wandern. Hier stand das erste Grab der Inês de Castro, bevor sie von Pedro I. nach Alcobaça überführt wurde (s. S. 67).

Gleich nebenan liegt **Portugal dos Pequeninos**, das »Portugal für Kleine«, ein Miniaturpark mit Bauten aus Portugal und den ehemaligen Kolonien. Für Kinder sicherlich ein großes Erlebnis.

*Bibliothek der Universität von Coimbra*

*Der Altstadthügel von Coimbra*

*Praça do Comércio in Coimbra*

### Service & Tipps:

 **Universität**
Praça Porta Férrea, Coimbra
Nov.–Ostern Mo–Sa 9–17, Sommer
8.30–19 Uhr
Es können die Bibliothek (Biblioteca
Joanina), die Kapelle und der Festsaal
mit dem Außenbalkon (von dort sehr
schöner Blick über die Stadt) gegen
Eintritt besichtigt werden.

 **Museu Nacional Machado de Castro**
Largo Dr. José Rodrigues
3000 Coimbra
℗ 239 82 37 27, Di–So 9.30–17.30 Uhr
Sakrale Kunst. Das Haus ist über
römischen Katakomben gebaut, die
auch besichtigt werden können.

 **Portugal dos Pequeninos**
Av. João das Regras
3000 Coimbra
Di–So 9–12.30 und 14–17 Uhr
Miniaturenpark.

 In der ersten Maihälfte findet
das Studentenfest **Queima das**
Fitas mit viel Fado und Folklore statt.
In Jahren mit gerader Zahl feiert man
in Coimbra in der ersten Julihälfte ein
**Volksfest** zu Ehren der Stadtpatronin
Königin Isabel.

 **Restaurante Praça Velha**
Praça do Comércio 69–71
3000-116 Coimbra
℗ 23 93 83 67 04
Gutes Speiselokal mit Snackbar und
Tischen vor dem Haus. €–€€

 **Zé Manuel dos Ossos**
Beco do Forno 10/2°
3000-192 Coimbra
℗ 239 82 37 90
Uriges Lokal. Spezialität sind gekoch-
te Schweine-, Lamm- und Kalbskno-
chen. €–€€

 **Café Santa Cruz**
Praça 8 de Maio (neben dem
Kloster Santa Cruz)
3000-300 Coimbra
℗ 239 83 36 17
Sehenswertes Haus im Stil des Klos-
ters. Spezialität: *manjares brancos*
(Pastetchen von Santa Clara). €

**Turismo**
Largo da Portagem
3000-337 Coimbra
℗ 239 48 81 20
Fax 239 48 81 29
–Largo D. Dinis
℗ 239 83 25 91
Fax 239 70 24 96

## ⑧ Conimbriga

Eine nennenswerte Bedeutung hatte diese Siedlung an der Legionsstraße von Bracara Augusta (Braga) und Portus Cale (Porto) nach Felicitas Julia (Lissabon) nicht, es gibt nur wenige schriftliche Hinweise. Jahrhunderte unter Schutt und Erde begraben, ist sie heute jedoch ein einzigartiges Zeugnis römischen Schaffens auf der Iberischen Halbinsel.

Ursprünglich eine keltische Gründung, wurde die Siedlung von den Römern nach der Eroberung im 2. Jahrhundert v. Chr. weiter ausgebaut. Etwa 600 Jahre lang lebten die Bewohner verhältnismäßig friedlich, bis im Jahre 468 Vandalen und Sueben die Siedlung überrannten und damit den Untergang einleiteten. Die Stadt wurde zunächst weiter bewohnt und von den Westgoten sogar zum Bischofssitz gemacht. Aber schließlich zogen im 9./10. Jahrhundert die letzten Bewohner in das benachbarte *Aeminium* und

*Die Römischen Ruinen von Conimbriga*

nahmen außer ihrem beweglichen Besitz auch den Namen mit. Damit war der Grundstein für die wachsende Bedeutung Coimbras gelegt.

Die Ausgrabungsstätte **Conimbriga** erstreckt sich erst über ein Drittel der Gesamtfläche. Zahlreiche Mosaiken, Ruinen von Wohnhäusern, Läden und Bädern, die Mauer mit zwei Stadttoren sowie das Aquädukt sind bisher zugänglich. In einer Ruine funktioniert sogar noch das Wasserspiel. Die Stadtmauer verläuft mitten durch die Siedlung. Man nimmt an, dass sie bereits im 3. Jahrhundert in aller Eile als Schutz gegen herumziehende Barbaren errichtet wurde. Statuen, Säulen, Bruchstücke von Tempeln und Häusern sind in ihr verbaut.

Die Ausgrabungsstücke sowie ein Modell der Siedlung hat man im **Museu Monográfico** sehr anschaulich präsentiert.

*Service & Tipps:*

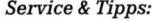 **Ausgrabungsgelände und Museu Monográfico**
Conimbriga
3150-220 Condeixa-a-Nova
✆ 239 94 11 77

Museum tägl. außer Mo
Okt.–Mai 10–18
Juni–Sept. 9–20 Uhr
Ausgrabungen: tägl. Okt.–Mai 10–18,
Juni–Sept. 9–20 Uhr
Ausgrabung einer römischen Siedlung mit Museum.

ⓘ **Turismo**
Im Museu Monográfico de Conimbriga
3150 Condeixa-a-Nova
✆ 239 94 47 64
Fax 239 94 14 74

---

## ⑨ Covilhã

**Covilhã** liegt am östlichen Hang der Serra da Estrêla und ist Ausgangpunkt für Fahrten in das Gebirge. Daher hat der Ort eine gewisse Bedeutung für den Bergtourismus, er ist vor allem ein gut besuchter Wintersportplatz. Bekannt ist Covilhã als Zentrum der portugiesischen Textilindustrie mit Schwerpunkt der Wollverarbeitung.

Der Ort selbst bietet mit seinen gewundenen und steilen Gassen ein stimmungsvolles Bild. Verkehrsknotenpunkt ist der Rathausplatz. Oberhalb dieser Praça do Município steht die **Kirche Santa Maria** aus dem 15. Jahrhundert mit Fliesenverkleidungen an der Fassade. Die Bilder erzählen aus dem Leben der Maria. Im Inneren gibt es barocke Altäre mit vergoldetem Holzschnitzwerk. Aus romanischer Zeit, als die Stadt noch *Silia Erminina* hieß, stammt die Kapelle São Martinho.

*53 500 Einwohner in 31 Freguesias auf 556 Quadratkilometern*

*Die Straße ins Gebirge hat bis zu 15 Prozent Steigung/Gefälle und ist sehr kurvenreich!*

ⓘ **Turismo**
Av. Frei Heitor Pinto, 6200-113 Covilhã
✆ 275 31 95 60
Fax 275 31 95 69
www.rt-serradaestrela.pt

63 100 Einwohner in
18 Freguesias auf 379
Quadratkilometern

*Gegenüber dem Rat-
haus weist der Zeiger
einer überdimensiona-
len Sonnenuhr in den
Himmel. Zahlen und
Tierkreiszeichen erge-
ben ein marmornes
Mosaik im Kai, ein
Symbol für die Seefah-
rerstadt.*

*Gute Übersicht: Eckhaus
in Figueira da Foz*

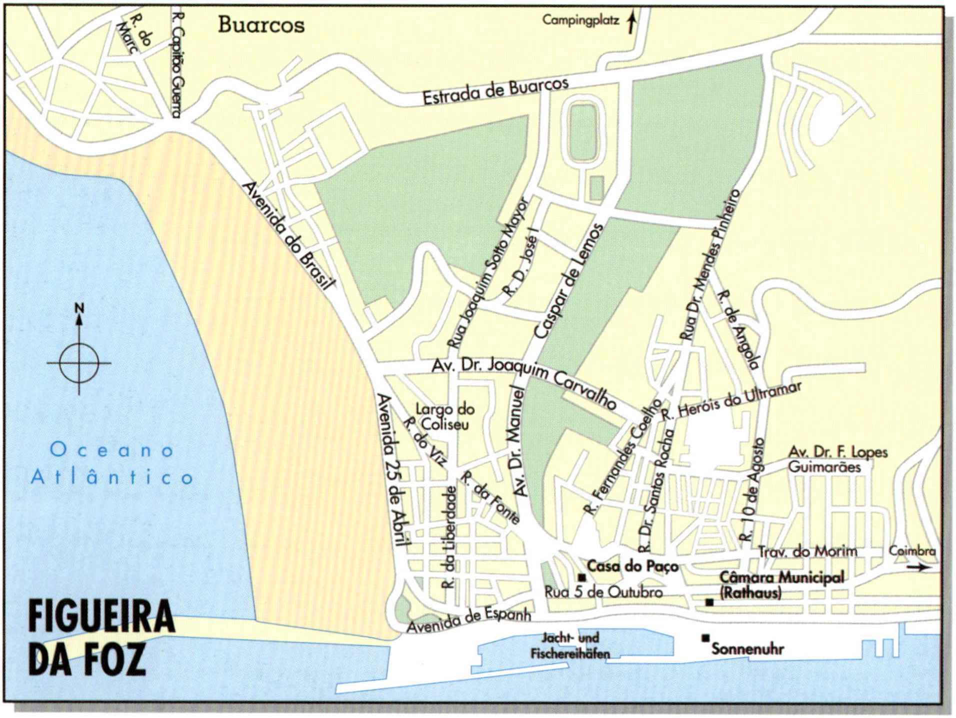

## ❿ Figueira da Foz

**Figueira da Foz do Mondego**, Feigenbaum an der Mündung des
Mondego, ist mehr als Sommerfrische, denn als Hafen bekannt. Sein
schöner breiter Strand wird vor den Nordwinden von der Serra da Boa-Viagem
geschützt, die einen bergigen und bewaldeten Hintergrund für die Siedlung

bildet. Überquellend
von Badegästen mit
der ersten Julihitze,
findet Figueira erst
Ende September sei-
ne Ruhe wieder. Es
zieht sich dann in sei-
ne ureigenen Viertel
zurück, um eine fried-
liche Provinzstadt zu
werden, sauber und
arbeitsam, unterhal-
ten von den Indus-
trien am Hafen, den
Werften, den Salinen,
dem Fischfang und
dem Trocknen von
Kabeljau zu Stock-
fisch *(bacalhau)*.

Bekanntestes Bau-
werk ist sicherlich
die **Casa do Paço**, die

im Leben der Stadt eine wechselnde Rolle spielte. Nach 1690 errichtet, diente sie als Herrenhaus, Casino, Gymnasium, Museum, Festsaal sowie Sitz verschiedener Gesellschaften. Seit einiger Zeit beherbergt sie das Grémio do Comércio, die Industrie- und Handelskammer. Der Bau selbst wirkt bescheiden, sein größter Schatz sind die 6647 Fliesen aus niederländischer Produktion vom Anfang des 18. Jahrhunderts. Vor einigen Jahren wollte ein Amerikaner das Haus billig kaufen, nur um in den Besitz der Fliesen zu gelangen. Eine Welle der Empörung lief durch das Land und seitdem ist die Casa do Paço ein geschütztes Kulturdenkmal. 4024 Fliesen zeigen Landschaftsbilder, 1931 stellen Reiter dar und 692 sind mit biblischen Szenen verziert.

Ein wenig flussaufwärts entstand neben dem alten Fischereihafen der neue Jachthafen Doca de Recreio. Welcher nord- oder mitteleuropäische Segler hat die Fahrt über die Biskaya gewagt?

Für den Rückweg sollte man die Straßen der Altstadt wählen: von der quirligen **Praça 8 de Maio** mit kleinen Straßencafés, vorbei am *pelourinho* auf der **Praça Velha**, quer durch den städtischen Garten und über die **Rua Cândido dos Reis** beim Casino zur Strandpromenade.

Die Stadt besteht zwar seit 800 Jahren, doch dominieren die modernen Bauten, die Häuser hinter den Hoteltürmen stammen zumeist aus dem 19. Jahrhundert. Am Ende der Bucht liegt das alte Dorf **Buarcos**, eine Stadtmauer schützte es vor Angriffen von See. Es blieb noch viel von seiner Ursprünglichkeit erhalten. In der Fischerkirche São Pedro ist ein Schiffsmodell als Votivgabe aufgestellt.

*Reis-Landschaft bei Montemor-o-Velho*

*Einladung zum Sonnenbad*

105

*Service & Tipps:*

👁 **Casa do Paço**
Eingang vom Largo Prof. Vitor Guerra
Rua 5 de Outubro
3080 Figueira da Foz
Mo–Fr 9–12.30 und 14–17 Uhr
Bekanntestes Gebäude aus dem 17. Jh. Das einstige Herrenhaus beherbergt 6647 Fliesen aus niederländischer Produktion aus dem 18 Jh.

🎭 Am 23./24. Juni feiert man die **Festas de São João**, ein Volksfest mit Folklore.
Von Juli–Sept. findet jeweils So nachmittags der **Stierkampf** statt, im Juli/Aug. das **Musikfestival**.
Die Wallfahrt **Romaria de Nossa Senhora da Encarnação** wird am 8. Sept. in Buarcos begangen.

🍴 **Restaurante Teimoso**
Av. Dom João II. 70 (hinter Buarcos, ca. 4 km vom Zentrum)
3080-378 Figueira da Foz
✆ 233 40 27 20
Gute Küche, viele einheimische Gäste. Es werden einige Zimmer mit Balkon vermietet.
€€

ℹ **Turismo**
Av. 25 de Abril
Figueiera da Foz
✆ 233 40 28 20
Fax 233 40 28 28

🍴 **Restaurant und Snackbar Tubarão**
Av. 25 de Abril 7
3080-086 Figueira da Foz
✆ 233 42 34 45
Großes Restaurant direkt an der Strandpromenade gelegen, mit herrlichem Blick aufs Meer. €€

🍴 **Restaurante Caçarola Dois**
Rua Bernardo Lopes 85/87
3080-395 Figueira da Foz
✆ 233 42 69 30
Durchschnittsrestaurant gegenüber dem Casino. €€

🍴 **Dory Negro**
Largo Caras Direitas 16
3080-254 Figueira da Foz
✆ 233 42 13 33
Di geschl.
Das Restaurant liegt in Strandnähe in Buarcos, spezialisiert auf Fisch.
€-€€

🎰 **Casino da Figueira**
Rua Dr. Calado Figueira 1
3080 Figueira da Foz
✆ 233 40 84 00
Tägl. 15–3 Uhr
Bingo, Baccara, Roulette etc. und Nachtclub; Fr/Sa internationale Show und Tanz.

ℹ **Turismo**
Av. Infante D. Henrique
3880 Furadouro (Óvar)
✆ 256 28 57 10
Geöffnet 1. Juli–31. Aug.

# ⑪ Furadouro

**Furadouro** ist ein kleiner, aufstrebender Badeort. Die niedrigen Häuser mit den Balkonen in den rechtwinklig geführten Straßen wirken wie die Kulisse für einen Westernfilm. Strandkörbe und -zelte stehen als Farbtupfer auf dem gelben Sand. Die Brandung ist gewaltig, und an ein normales Schwimmen ist kaum zu denken. Man sollte sich daher nur im bewachten Teil ins Wasser wagen.

Außerhalb der Badezone liegen noch einige der traditionellen Fischerboote. Auf glatten Baumstämmen werden sie von Ochsengespannen auf den Strand gezogen. Beim Aus- und Zusammenlegen der Netze muss die ganze Familie helfen. Es gehört viel Mut dazu, sich mit diesen relativ kleinen Kähnen mit den überlangen Riemen auf das unruhige Meer zu wagen. Die Namen der Boote wie »David Jesus« oder »Nossa Senhora do Soccoro« weisen auf eine tiefe Gläubigkeit der Fischer hin.

## ⑫ Guarda

Bevor die Schnellstraße IP 5 von Viseu Richtung Spanien gebaut war, quälte sich der gesamte Durchgangsverkehr durch das Stadtzentrum von **Guarda**. Diese Zeiten sind vorbei und in die Stadt ist eine gewisse Ruhe eingekehrt. Guarda, was Wächter bedeutet, ist mit 1057 Metern die höchstgelegene Stadt Portu-

gals. Sie steht auf einem Felsplateau, das nach Norden hin abfällt. Ihre vorportugiesische Geschichte ist wechselhaft, die Römer, die Mauren und Kastilianer haben um sie gekämpft. Erst die Könige Sancho und Dinis I. bauten die Stadt im 12. und 13. Jahrhundert als nahezu uneinnehmbare Festung auf. Durch die vornehmliche Verwendung von Granit als Baustoff macht die Stadt einen düsteren Eindruck. Erst bei näherem Hinsehen fallen die schön verzierten Bürgerhäuser in der Altstadt auf.

Das Jahr 1390 ist als Baubeginn der **Kathedrale** gesichert, dann hat man weit über einhundert Jahre an ihr gebaut, sie verändert und geschmückt. Viele Baustile überlagern sich, ohne den Gesamteindruck zu zerstören. Anfang des 16. Jahrhunderts veränderte Boytaca, der »Erfinder« des manuelinischen Stils, das als Festungskirche gebaute Gotteshaus gründlich im Geist der Zeit. Die ursprüngliche Strenge wurde durch gedrehte Säulen, manuelinischen

**REGION 3**
**Die drei Beiras**

*44 100 Einwohner in 56 Freguesias auf 712 Quadratkilometern*

*D. Sancho I. vor der Kathedrale*

*Die Praça Luís de Camões mit dem historischen Rathaus und der Kathedrale Sé ist der Mittelpunkt des Centro histórico.*

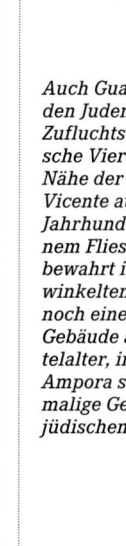

*Auch Guarda diente den Juden als Zufluchtsort. Das jüdische Viertel in der Nähe der Kirche São Vicente aus dem 18. Jahrhundert mit schönem Fliesenschmuck bewahrt in den verwinkelten Gassen noch eine Reihe Gebäude aus dem Mittelalter, in der Rua de Ampora steht das ehemalige Gericht der jüdischen Gemeinde.*

*Solche steinernen Wappen gibt es viele in Guarda*

107

Liniendekor, Tauwindungen um den *Arco Triunfal*, einen Lilienfries statt der Zinnen und Bogenschwünge aufgelockert. Anleihen beim Kloster von Batalha sind deutlich zu erkennen. Vom Inneren der Kathedrale gelangt man über eine schmale Wendeltreppe auf das Dach des Kirchenschiffes, von wo aus sich ein weiter Blick über die Stadt und bis zur Serra da Estrêla bietet.

Rund um den Platz vor der Sé liegen die Bürger- und Adelshäuser aus dem 17. und 18. Jahrhundert mit Balkonen, schmiedeisernen Gittern und teilweise auch Wappen der Besitzer. Man sollte auch einen Blick in die vom Platz abgehenden Gassen werfen.

Südwestlich der Kathedrale steht als Rest der ehemaligen Burg noch die **Torre de Menagem**, der Burgfried. Auch sie kann man besteigen, wegen des Blickes lohnt es sich. Nicht weit davon entfernt ist ein kleines Stück der Stadtmauer mit dem gotischen Turm **Torre dos Ferreiras** (Turm der Schmiede) als Verteidigungsturm eines Stadttores zu entdecken.

Der ehemalige Bischofspalast dient auch hier, wie in vielen anderen Städten, als Stadtmuseum – **Museu da Guarda**. Es bietet Einblicke in die Geschichte der Region, Ethnologie, Waffen und sakrale Kunst. Wegen der Qualität der Ausstellungstücke lohnt sich ein Besuch.

ⓘ **Turismo**
Praça Luís de
Camões
6300-725 Guarda
✆ 271 20 55 30

*Service & Tipps:*

🏛 **Museu da Guarda – Stadtmuseum**
Rua General Alves Roçadas 30
6300-663 Guarda, ✆ 271 21 34 60
Tägl. außer Mo 10–12.30 und 14–17.30 Uhr
Das Museum befindet sich im ehemaligen bischöflichen Seminar aus dem 17. Jh. Archäologie, Malerei, Bildhauerei, Waffen- und Heimatkunde.

🍴 **Restaurante O Ferrinho**
Rua Francisco de Passos 21
6300-558 Guarda
✆ 271 21 19 90
Sehr zentral gelegen, regionale Küche. €–€€

🍴 **Restaurante A Floresta**
Rua Francisco de Passos 40
6300-558 Guarda
✆ 271 21 23 14
Familiäres Restaurant neben der Kathedrale mit regionaler Küche. €

---

*3900 Einwohner in*
*3 Freguesias auf 122*
*Quadratkilometern*

ⓘ **Turismo**
Rua Dr. Esteves
de Carvalho 2
6260-144 Manteigas
✆ 275 98 11 29

*In der Pousada bei Manteigas kann man gut essen (z. B. Kaninchen nach Art der Estrêla).*

🔴**⓭ Manteigas**

**Manteigas** liegt von steilen Felswänden umgeben in einem Talkessel. Am westlichen Rabenfelsen beträgt der Steilabfall fast 800 Meter. Im Ort gibt es einige Häuser aus dem 17. Jahrhundert. Ein bescheidener Fremdenverkehr ist besonders an den Wochenenden zu verspüren. In einer Fabrik wird Wolle zu Jacken, Tüchern und Umhängen verarbeitet.

Der Badeort **Caldas de Manteigas** mit seinen schwefelhaltigen Quellen hat nur lokale Bedeutung. Er ist ein idealer Ausgangspunkt für Ausflüge in das Gebirge. Die Pousada kann man bereits vom Ort ausmachen; es gibt eine kürzere und eine längere Straße den Weg hinauf. Es empfiehlt sich den längeren Weg zu wählen, er ist schon steil genug. 13 Kilometer Windungen zum größten Teil durch Wald verlangen die Aufmerksamkeit des Fahrers. Der Blick von dort oben ist gewaltig.

An der Straße zur Torre hoch durch das glaziale Tal zeigt am Ende des Ortes ein Wegweiser nach links zum **Poço do Inferno**, dem Höllenbrunnen. In einer in 1066 Meter Höhe liegenden Felsschlucht stürzt der Rio Liandros in die Tiefe. Man sollte nicht zu sehr enttäuscht sein, denn der Name ist gewaltiger als der Wasserfall. Aber der Weg dorthin ist recht reizvoll und bietet schöne Ausblicke auf das untere Tal.

## ⑭ Pinhel

Pinhel ist ein befestigter Ort an der Coão-Verteidigungslinie gegen die Spanier und (Anfang des 19. Jahrhunderts) gegen die Franzosen.
Die Stadt ist heute noch von einer Mauer mit sechs wuchtigen Toren umgeben. Die zweitürmige Burg, jetzt eine Ruine, hat König Dinis I. im frühen 14. Jahrhundert erbauen lassen. Gleichzeitig erstand die **Kirche Santa Maria do Castelo** mit einem Bilderzyklus zum Leben Mariens aus dem 17. Jahrhundert. Sehenswert sind auch der **Pelourinho**, dessen Oberteil die Form einer Laterne hat, und die alten Häuser an der Praça da República. Außerhalb der Stadtmauer im Norden befinden sich die Ruinen der romanischen **Trindade-Kirche**.

*Service & Tipps:*

✖ **Restaurante O Petisco**
Rua Cândido dos Reis 27
6400-334 Pinhel, ✆ 271 41 27 90
Regionale Küche, Wein aus der Region. €–€€

✖ **Restaurante O Lusitano**
Rua Direita 30
6400-356 Pinhel
✆ 271 41 31 22
Sa geschl.
Regionale Küche mit Wein aus der Region. €–€€

## ⑮ Sabugueiro

**Seia** ist der Einstiegsort von Westen in das Estrêla-Gebirge. Ab hier steigt die Straße steil an, in 1150 Meter Höhe führt sie vorbei an **Sabugueiro**, dem höchsten Dorf Portugals. Hier werden Schaffelle und Produkte daraus sowie der Gebirgskäse angeboten. Drei Ziegen- und vier Schafherden werden vom Ort aus betreut. Die Frauen der Schäfer stellen noch selbst den Käse her. Zudem ist Seia Ausgangsort für den Wintersport.

## ⑯ São Pedro do Sul

Am Zusammenfluss des Rio Vouga mit dem Flüsschen Rio Sul liegt der Badeort **São Pedro do Sul**. Seine 68 Grad Celsius heißen, schwefelhaltigen Quellen verschaffen bei Rheuma, Hautproblemen und Erkrankungen der Atemwege Linderung. Schon die Römer schätzten diesen Ort, Reste ihrer Kuranlagen sind noch zu sehen. São Pedro ist wohl auch Portugals ältester Badeort, der erste König Afonso Henriques kurierte hier seinen Beinbruch aus, den er sich in der Schlacht bei Badajoz 1196 zugezogen hatte. Das damalige Badehaus, heute nur noch eine Ruine, ist 1195 erstmals urkundlich erwähnt. Um das heiße Wasser auch botanisch zu nutzen, wird in einem kleinen Gewächshaus die Aufzucht tropischer Pflanzen betrieben.

---

**REGION 3
Die drei Beiras**

*3500 Einwohner*

ⓘ **Turismo**
Rua Silva Gouveia
6400-455 Pinhel
✆ 271 41 00 04
www.cm-pinhel.pt

*570 Einwohner*

ⓘ **Turismo**
Largo Nossa Senhora de Fátima
6270-151 Sabugueiro (Seia)
✆ 238 31 53 36

*Hirten in der Serra da Estrêla*

*4000 Einwohner*

ⓘ **Turismo**
Largo dos Correios
3660 São Pedro do Sul
✆ 232 71 13 20

*Moleos: Verkaufsstand*
*schwarzer Keramik*

## ⑰ Tondela/Molelos

*2600 Einwohner in*
*Molelos*

ⓘ **Turismo**
Avª. Humberto
Delgado
3460 Tondela
✆ 232 81 01 10

**Tondela** an der Schnellstraße IP 3 von Viseu nach Coimbra ist eine kleine Stadt mit Sitz der Verwaltung der Gesamtgemeinde gleichen Namens. Richtung Caramulo liegt **Molelos**, ein weiterer Ort der schwarz gebrannten Keramik, in Portugal genauso bekannt wie Bisalhães bei Vila Real (s. S. 164 ff.). Die Formen in Molelos sind verspielter als in Bisalhães. Man fertigt nur kleinere Stücke, und die Oberfläche ist auffallend glatt und glänzend. Dies rührt von der guten Tonqualität sowie einer intensiven Oberflächenbearbeitung vor dem Brand her. Gebrannt wird hier in gemauerten Öfen. An der Dorfstraße liegt rechts ein Laden, der die Ware von Gilberto, einem der jüngeren Töpfer verkauft. Seine Werkstatt und die der anderen Töpfer findet man eine Straße weiter: »Rapouseira – Louça preta«. Auf einer Informationssäule sind alle Töpfer, mit dem Namen und der Lage der Werkstatt verzeichnet.

*Gilberto bei der Arbeit*

# ⑱ Torre

Um den höchsten Punkt des **Torre** von der Regionalstraße 254 von Seia nach Covilhã zu erreichen, wählt man die kurze, ausgeschilderte Stichstraße. Auf dem Weg von Seia hoch fährt man am Stausee **Lagoa Comprida**, dem größten von vielen kleinen Stauseen im Gebirgsmassiv, vorbei. Er ist 2,5 Kilometer lang und nur 130 Meter breit und hat eine mächtige Staumauer. Sein Wasser dient zur Erzeugung von Elektrizität.

Die **Serra da Estrêla** gehört als höchste Erhebung des Landes wie auch die anderen Gebirge zur tektonischen Großeinheit der »iberischen Masse«. Diese wurde im Laufe der Variskischen Gebirgsbildungszeit verfaltet und auf ihre heutige Höhe angehoben – etwa gleichzeitig mit dem Rheinischen Schiefergebirge oder dem Harz. Mächtige Granit- und Doritformationen durchdringen sie.

Der höchste Punkt im Gebirge ist keine Spitze, wie man sich sonst einen Berg vorstellt, sondern ein Hochplateau mit einem Turm, dessen obere Spitze 2000 Meter erreicht. Im Winter schneit es in der Serra, doch bleibt der Schnee meist nicht lange liegen. So ist das Gebirge nur bedingt zum Wintersport geeignet. Es gibt dennoch einige Skilifte.

Die Serra da Estrêla ist das ganze Jahr über ein beliebtes Wandergebiet. Besonders an Wochenenden und Feiertagen strömen Ausflügler in Bussen und Pkws hierher. Dann haben auch die vielen fliegenden Händler an der Rundstraße um die eckige Torre (Turm), die dem Berg seinen Namen gab, viel zu tun. Die nicht mehr benutzten Radaranlagen dienten unter anderem der Sicherung des Flugverkehrs. Auch ein Restaurant bietet seine Dienste an.

Eine geographische Besonderheit ist der Lauf des Rio Zêzere. Er entspringt im nördlichen Massiv des Torre und fließt zunächst Richtung Norden durch das glaziale Tal, *Vale glaciário do Zêzere*, bis nach Manteigas, ändert dort seine Richtung nach Osten, schwenkt dann nach fast 25 Kilometern wieder um, um dann fast parallel an Covilhã vorbei gen Süden zu fließen. Zwischen Tomar und Abrantes mündet er dann in den Rio Tejo.

Das Tal hinunter nach Manteigas scheint einem geologischen Musterbuch entsprungen: Halbrund ausgewaschen, zeigt es heute noch sehr schön die Spuren des einstigen Gletschers aus der Eiszeit. Die teilweise noch bewohnten, weit verstreut liegenden Häuser aus Granitquadern gefügt und mit Binsen gedeckt, sind kaum auszumachen. Sie passen sich in Farbe und Material sehr gut der Landschaft an. In Schlangenlinien führt die schmale Straße an der östlichen Talwand entlang. Man sollte nicht auf der schmalen Straße halten. Es gibt mehrere Parkplätze, von denen man die Aussichten ins Land genießen kann.

*Zwischen November und März kann es auf den Straßen im Estrêla-Gebirge zu Beeinträchtigungen des Verkehrs durch Schnee und Nebel kommen.*

*Über der Baumgrenze im Massiv des Torre*

96 800 Einwohner in
24 Freguesias auf 507
Quadratkilometern

*Kurz vor der Kathe-*
*drale tritt der nackte*
*Felsen zutage, auf dem*
*das mächtige Bauwerk*
*ohne Fundament*
*errichtet wurde.*

**⑲ Viseu**

Viseu hat zwei Mittelpunkte: den **Rossio** als Zentrum des modernen geschäftigen Lebens und die **Praça da Sé** mit der mächtigen
Kathedrale als Ursprungszelle der Siedlung. Der Rundgang kann am Rossio
beginnen. Durch die Schatten spendenden Linden und die mit Fliesenbildern
geschmückte Abschlusswand im Norden wirkt der Platz beinahe wie ein Hof.
Das kleine gemusterte Pflaster lockert die große Fläche auf. Die Fontäne des
Springbrunnens glitzert in der Sonne und verleiht der Umgebung eine heite-
re Note. Den Hintergrund dazu bildet die **Igreja de São Francisco** mit ihrer
verspielten Barockfassade und der runden Treppe. Sie weist im Innern reichen
Fliesen- und Talha-Schmuck auf. Für einen kurzen Blick in das Gotteshaus sollte man sich Zeit nehmen.

Um die Altstadt von ihrer besten Seite zu erleben, kann man vom Rossio
über die Fußgängerzone der **Rua Formosa** und dann links über die **Rua
Direita** gehen. Hier sind die Fassaden barocker Bürgerhäuser und kunstvolle
schmiedeeiserne Gitter zu bewundern. Wer noch einen Blick in die Sé oder das
Museum werfen will, darf sich von den vielen Geschäften nicht zu sehr aufhalten lassen. Kathedrale und Museum schließen um 17 Uhr, die Geschäfte
erst zwei Stunden später. Es wird also genügend Zeit für einen anschließenden Einkaufsbummel bleiben.

Die Praça überrascht nach den engen Gassen durch ihre Dimensionen. Und
ein neuer Kontrast tut sich auf: Den aus mächtigen behauenen Quadern gefügten Bauten von Kirche, Museum und Kapitelhaus mit der Wandelhalle der
Domherren, steht die wei-
ße, freundliche Barock-
front der **Igreja da Misericórdia** gegenüber. In
der Mitte ragt fast einsam
der Schandpfahl *(pelou-
rinho)* auf.

Die **Kathedrale** ist ein
Bauwerk aus dem 13. Jahr-
hundert, im Grundstil ro -
manisch, ab 1513 umge-
baut und restauriert. Ein
wenig fremd wirken die
manuelinischen Elemente
an den romanischen Ge-
wölben. Nicht immer ist
das Ergänzen und Restau-
rieren gelungen. Das go-
tisch-romanische Tor im
jüngeren Kreuzgang über-
zeugt durch seine klare,
schlichte Formgebung.
Die schlecht restaurierten
Fliesen auf der Gegenseite
wirken eher fremd und
störend.

Der ehemalige Bi-
schofspalast Três Esca-
lões (Drei Stiegen) behei-
matet seit 1916 das **Mu-
seu Grão Vasco**. Beim
Besuch dieses wohl wich-
tigsten Provinzmuseums
Portugals sollte die Auf-

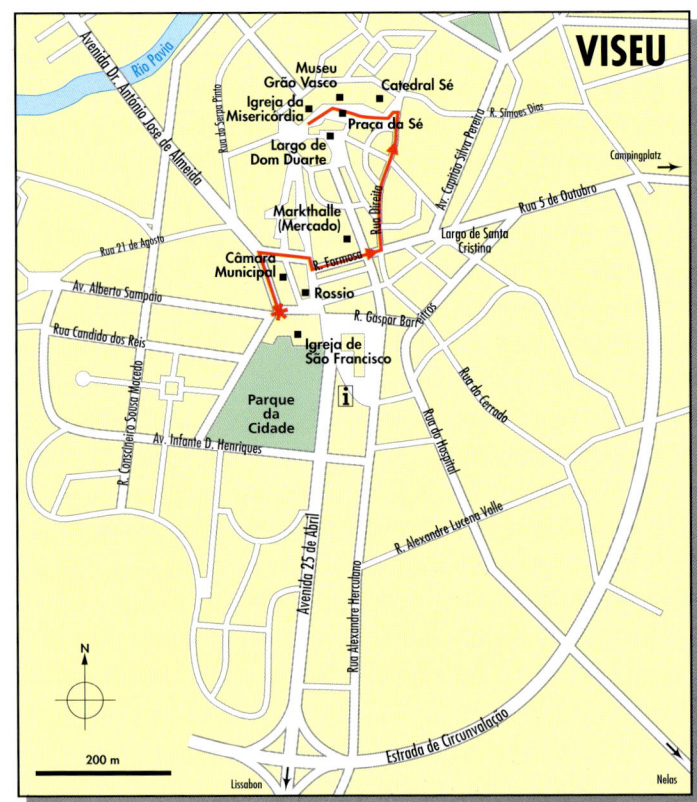

merksamkeit nicht nur den ausgestellten Stücken, sondern auch dem Renaissancegebäude selbst gelten. Grão Vasco (gestorben 1480) gehört zu den bedeutendsten Malern Portugals. Mit der »Schule von Viseu« machte er seine Heimatstadt zu einem Kunstzentrum des Landes. In der »Anbetung der Könige« hat er den Kaspar als brasilianischen Indianer mit Brustpanzer, Federschmuck und Speer gemalt, die erste Darstellung eines Brasilianers in Europa. Er ist so genau abgebildet, dass die Ethnologen den Volksstamm bestimmen konnten. Die Vorlage dazu muss er vom Entdecker Brasiliens, Pedro Cabral, erhalten haben, mit dem er befreundet war. Neben den Bildern aus der »Schule von Viseu« sind Möbel, Fayencen, Gold- und Silberschmiedearbeiten sowie Skulpturen ausgestellt. Nach diesen Eindrücken wirkt ein Besuch der Igreja da Misericórdia eher enttäuschend: Das spannungslose neoklassische Innere korrespondiert kaum mit dem Äußeren.

Viseu wird die *Antiga noblissima Cidade* genannt. Gleich um die Ecke, unterhalb des Kapitelsaals am **Largo de Dom Duarte**, bestätigt sich diese Bezeichnung. Hier zeigt sich die Stadt in ihrer Schönheit: auf der einen Seite die hohe Mauer mit der Galerie, auf der anderen das Haus von Almeida e Silva mit einem Bilderfries. Die Wandbilder und schmiedeeisernen Balkone der hohen Häuser zeugen vom einstigen Reichtum der Stadt. Auch die auf Fliesen gemalten Straßenschilder verdienen Aufmerksamkeit.

*Kathedrale und Museum Grão Vasco in Viseu*

Nun sollte man sich ein wenig durch die Gassen treiben lassen, die Schaufenster studieren und den Blick nach oben auf die schönen Fassaden nicht vergessen. Eine wahre Fundgrube sind die Haushaltswarengeschäfte in der Nähe des Marktes. Wie wäre es mit einer handgeflochtenen Korbflasche für losen Wein? Auf der Reise wird sich sicherlich noch eine Gelegenheit ergeben, in einer Kooperative etwas zu erstehen.

---

### Service & Tipps:

**Museu Grão Vasco**
Praça da Sé im Paço dos Três Escalões
3500-195 Viseu
☎ 232 42 20 49
Di 14–18, Mi–So 10–18 Uhr
Die Werke des bedeutenden portugiesischen Malers sind in einem schönen Renaissance-Gebäude des 16. Jh. zu sehen.

Am 24. Juni werden in Vila de Moinhos und Viseu die **Cavalhadas de Vila de Moinhos** veranstaltet. Das Reiterfest geht auf das Jahr 1653 zurück.

Ende Aug.-Ende Sept. findet in Viseu die **Feira de São Mateus**, die Kunsthandwerks- und Industriemesse, statt.

**Restaurante O Cortiço**
Rua Augusto Hilário 45 (Nebenstraße der Rua Direita)
3500-089 Viseu
☎ 232 42 38 53
Rustikal eingerichtetes Restaurant mit guter Küche. €€–€€€

**Muralha da Sé**
Adro da Sé 24
3500-195 Viseu
☎ 232 43 77 77
So abends und Mo geschl.
Besseres Restaurant in der Nähe der Kathedrale. €€–€€€

**Casa dos Queijos**
Travessa Escadinhas da Sé 9
3500-128 Viseu
☎ 232 42 26 43, So geschl.
Speiselokal mittlerer Preiskategorie im alten Stil. Gute Küche. €–€€

**Turismo**
Av. Calouste Gulbenkian
3510-055 Viseu
☎ 232 42 09 50
Fax 232 42 09 57

*Barocke Fassade in Vouzela*

**ⓘ Turismo**
Avenida João de Melo
3670 Vouzela
✆ 232 77 15 15

## ㉑ Vouzela

*1500 Einwohner*

Am nördlichen Fuß des Caramulo-Gebirges liegt im Tal des Flusses Vouga das kleine Städtchen **Vouzela**, beliebter Ausgangspunkt für Besuche im Caramulo-Gebirge. Einige alte Häuser wie das ehemalige, aus Granitquadern gefügte Rathaus von 1639, die mit blauen Fliesen verkleidete Igreja da Misericórdia, der *pelourinho*, das seltsam blau gestrichene Herrenhaus mit seinen granitenen Fenster- und Türeinfassungen und auch das Häuserensemble um die römische Bogenbrücke über den Rio Vouga geben dem Ort einen eigenen Reiz.

Beachtenswert ist die **Pfarrkirche Igreja Matriz** aus dem 12. Jahrhundert. Der Glockenturm ist als Mauer vor das Hauptportal gesetzt, daneben steht ein Wegekreuz auf einer ionischen Säule. Die Kragsteine der Kirche besitzen beachtlichen Figurenschmuck, wie zum Beispiel eine Kuh oder eine Fratze. Der Hauptaltar der Pfarrkirche ist reich mit Talha-Schmuck dekoriert. Manuelinische Seitenaltäre und eine Decke in Form eines Kassettengewölbes runden das Bild ab.

## ㉑ Wald von Buçaco

Der Wald von Buçaco liegt nördlich von Coimbra, ihn umgibt eine fast sechs Kilometer lange Mauer, acht Tore führen hinein und hinaus. Die barfüßigen Karmelitermönche bauten ab 1626 in der Einöde ihr Kloster mitsamt der Umfassungsmauer. Sie haben auch die Grundlage für den Wald geschaffen: Neben 400 einheimischen soll es hier 300 weitere exotische Gewächse geben, die leider nur zum Teil beschildert sind. An Zedern, Mammutbäumen, Zypressen, Palmen, Tulpenbäumen, Akazien, Magnolien, Kamelien, Azaleen, Myrten, Lorbeer und fast 700 weiteren Arten kann man seine biologischen Kenntnisse auffrischen. Am Fuß der Kaskaden im Vale de São Silvestre wachsen die in Europa seltenen Baumfarne.

Sogar zwei Päpste sorgten sich um den Wald: 1622 verbot Papst Gregor XV. allen Frauen, den Park zu betreten. Hatte er um seine Mönche Angst? Nur 21 Jahre später war es Papst Urban VII., der das Fällen von Bäumen untersagte. Beide Verbote haben heute ihre Gültigkeit verloren. Die gärtnerische Pflege beschränkt sich auf das Notwendigste, an den vielen Grotten und Einsiedeleien sind die Schilder verschwunden oder nicht mehr lesbar, auch die Wege sind nicht markiert. Ein Verirren ist aber kaum möglich, denn schließlich führen alle Wege mehr oder weniger zum scheußlich schönen Palast. Der vorletzte König hat ihn zwischen 1888 und 1907 von einem französischen Architekten im neomanuelinischen Stil errichten lassen. Er konnte ihn allerdings kaum nutzen, da er 1908 einem Attentat zum Opfer fiel. Schon seit 1909 ist ein Fünf-Sterne-Hotel darin untergebracht. Man sollte ruhig hineingehen und die Pracht von innen besehen, auch eine Erfrischung könnte sicherlich nicht schaden.

Doch nicht immer herrschte hier Ruhe. Napoleonische Invasionstruppen unter ihrem General Massénas trafen 1808 vor der Porta de Sula auf ein portugiesisch-englisches Heer, geführt von dem berühmten General Wellington. Sie mussten sich schließlich geschlagen geben. Ein kleines Militärmuseum, ein Obelisk sowie die Fliesenbilder in und an dem Palast erinnern noch daran.

Bei guter Sicht sollte man einen kurzen Abstecher zur **Cruz Alta**, dem höchsten Punkt des Parks, nicht versäumen. Der Blick reicht bis zum Atlantik im Westen und zur Serra da Estrêla im Osten. ⚙

ⓘ **Turismo**
Junta de Turismo
do Luso-Buçaco
Rua Emídio Navarro
Apartado 2, 3050 Luso
✆ 231 93 91 33
Fax 231 93 90 07

*Nobel: Fünf-Sterne-Hotel im Wald von Buçaco*

*Der Douro mit der Ribeira
(rechts) und den Portwein-
lagerhäusern in Vila Nova
de Gaia (links)*

# Porto

## Hauptstadt des Portweins

**Porto als Industrie- und Handelsstadt ist das dominierende Oberzentrum Nordportugals. Die Fabriken und Gewerbegebiete liegen am Stadtrand oder im weiteren Umland; die Geschäftigkeit des Handels ist jedoch in der Innenstadt zu spüren. Die Stadt macht in dieser Hinsicht einen lebhafteren Eindruck als Lissabon. Neben Lissabon ist Porto mit seinen etwa 251 000 Einwohnern die einzige portugiesische Großstadt. Im Großraum Porto leben fast zwei Millionen Menschen.**

1996 wurde der historische Stadtkern zwischen Fluss und Kathedrale von der UNESCO zum Weltkulturerbe erhoben. 2001 war Porto Kulturhauptstadt Europas und 2004 fanden neben dem Eröffnungsspiel weitere Begegnungen während der Fußballeuropameisterschaft (EM) in der Metropole des Nordens statt. Dies hat der Stadtentwicklung viel Auftrieb gegeben. Die Sanierungsarbeiten in der Altstadt sind schneller vorangekommen, eine erste Metrolinie wurde vor der EM in Betrieb genommen, auf dem ehemaligen Gelände des Straßenbahndepots an der Praça de Mousinho Albuquerque entstand mit der Casa da Música ein modernes Konzerthaus, um das die Lissabonner die Portorenser beneiden.

Porto ist eine große Baustelle, was sich auch in den nächsten Jahren nicht ändern wird. Das alte Straßenbahnsystem aus dem Ende

**PORTO**

Straßenbahn Nr. 18
1. Tag
2. Tag

des 19. Jahrhunderts wurde vor Jahren stillgelegt und wird heute von Grund auf erneuert. Alle touristisch interessanten Punkte sollen mit öffentlichen Verkehrsmitteln oder zu Fuß erreichbar sein. Die obere Fahrbahn der doppelstöckigen Brücke wurde für den Autoverkehr gesperrt, dort können nur Fußgänger und die Straßenbahn den Fluss überqueren. Den Autoverkehr verlegte man 500 Meter douroaufwärts auf eine neue Brücke.

Für die Besichtigung von Porto sollte man sich zwei Tage Zeit nehmen. Ob man im alten oder im neueren Teil der Stadt beginnt, ist einerlei. Die Wege werden sich manchmal kreuzen, das fördert den Kontakt zur Stadt. Portos Erbauer haben leider noch nicht den Verkehr miteingeplant, der sich heute durch seine Mauern wälzt. Um der vielen Autos Herr zu werden, wurden fast alle Straßen des inneren Bereichs zu Einbahnstraßen erklärt, für den Ortsunkundigen ein schwer zu durchschauendes System. Deshalb lässt man das Auto am

*Die Bevölkerungsentwicklung im Großraum Porto*

| | |
|---|---|
| *1900* | *589 574* |
| *1920* | *706 629* |
| *1940* | *940 870* |
| *1960* | *1 193 368* |
| *1970* | *1 309 560* |
| *2001* | *ca. 2 000 000* |
| *2008* | *ca. 2 100 000* |

*Die Stadt Porto hat 238 954 Einwohner in 15 Freguesias auf 42 Quadratkilometern.*

117

*An der Straße Rua dos Clérigos fallen viele Geschäfte mit Brautmoden auf. In Porto, einer der jüngsten Städte Europas, heiratet man immer noch gerne in Weiß.*

besten stehen, erkundet die Stadt zu Fuß und entgeht damit auch der äußerst schwierigen Suche nach geeigneten Parkplätzen.

Urvater Noah soll der Gründer der Stadt gewesen sein, dies meinen zumindest die Portorenser. Aber ganz so alt ist sie sicher nicht. Zuerst siedelten hier um 200 v. Chr. griechische Kaufleute. Am steilen Ufer richteten sie ihren *Portus* (Hafen) ein, die flachere Seite nannten sie *Cale*, die Schöne. Der Schritt zu *Portucale* war später nicht weit. Zur Zeit der Sueben soll es zu dieser Wortzusammenfassung gekommen sein. Als größter Sohn der Stadt gilt Heinrich der Seefahrer, er wurde 1394 hier geboren.

Die Stadt konnte sich verhältnismäßig unberührt von der großen Geschichte entwickeln. Seit dem 16. Jahrhundert siedelten hier englische Kaufleute, die viel zum Wohlstand des Ortes beigetragen haben. Britischem Geld und Handelsfleiß hat auch der Portwein seinen Aufschwung zu verdanken. Er wurde im Wesentlichen ins Ausland verkauft.

Porto war auch stets eine Hochburg des Liberalismus. Von hier gingen zu Beginn des 19. Jahrhunderts die Impulse zum Niedergang der absolutistischen Monarchie aus. Aber erst 1911 wurde die Universität gegründet.

Die Region Porto ist das Zentrum der Textil-, Lederwaren- und Möbelindustrie. Die Silber- und Goldverarbeitung in Gondomar kommt hinzu. Zusammen bildet sie mit dem Portwein die Grundlage für den wirtschaftlichen Reichtum. Viele ausländische Investoren haben hier einen Betrieb gegründet.

*Ein Barco Rabelo vor dem Panorama von Porto*

*Rua de Santa Catarina,
die Hauptgeschäfts-
straße von Porto*

**Die Straßenbahnlinie
am Douroufer fährt
auch von der Ribeira
bei der Kirche São
Francisco ab. Die
Streckenführung
ändert sich je nach
Baufortschritt. Bitte
im Hotel oder im Tou-
rismusbüro die aktuel-
le Situation erfragen.**

## Das geschäftige Porto und die Küste

Der erste Tag sollte dazu dienen, sich mit Porto anzufreunden und neben der Kunst den Kommerz nicht zu vergessen. Porto ist eine Geschäftsstadt mit einem reichhaltigen Angebot. Den Rundgang kann man an der Markthalle **Mercado do Bolhão** beginnen. Auf zwei Ebenen werden Waren der Region feilgeboten: Obst, Gemüse, Blumen, Fleisch, Geflügel, kiloweise Hühnerköpfe und -füße, frischer Fisch vom Atlantik. Vom nördlichen Ausgang der Halle ist die **Capela das Almas** in der Rua Fernandes Tomás schon zu sehen. Die mit blau-weißen Fliesen verkleidete Fassade erzählen Stationen aus dem Leben des Franz von Assisi.

*Mercado do Bolhão in
Porto*

Das neue **Einkaufszentrum Via Catarina** findet sich ein paar Meter weiter in der Hauptgeschäftsstraße **Rua de Santa Catarina**. Hinter einer alten, restaurierten Fassade bieten auf zwei Etagen mit moderner Architektur kleine Läden ihre hochwertigen Waren an. Die Rua de Santa Catarina ist auch bekannt wegen ihrer Modegeschäfte – selbst aus Lissabon sollen die Käufer kommen.

Einige Hausfassaden weisen noch Jugendstilelemente auf. Die Straße endet oben an der **Praça da Batalha**, immer noch ein Zentrum mit Kinos, Hotels und dem Theater. Die Fliesenbilder lockern die Portalfront der **Igreja de São Ildefonso** auf.

Die **Rua 31 de Janeiro** führt hinunter zum Bahnhof São Bento. An dieser Straße sind die meisten Schuhgeschäfte zu finden. Normalerweise ist es ungewöhnlich, eine Bahnhofshalle in ein Besichtigungsprogramm einzubeziehen, doch die Halle der **Estação São**

119

**Bento** wird häufig als eine der schönsten bezeichnet. Ihre Wände wurden 1915 vollständig mit Fliesentableaus bedeckt. Das ganze Ensemble ist das Werk des Malers Jorge Coloção.

Beim Hinausgehen fällt rechts die fliesenverkleidete Fassade der **Igreja dos Congredados** aus dem 18. Jahrhundert auf. Sie ist von hier am besten zu sehen. Zur linken Seite grüßt von der Höhe die Kathedrale Sé, die am zweiten Besichtigungstag auf dem Programm stehen wird (s. S. 122).

Bevor man die breite Straße vor dem Bahnhof überquert, sollte man die Geldbörse in den Tiefen seiner Taschen gut verstecken: Drüben zweigt die schmale **Rua das Flores** ab – die Gasse der Gold- und Silberschmiede. Der Gang durch die Straße lohnt auf den ersten 200 Metern und nur zur Geschäftszeit, sonst sind die Schaufenster geschlossen. Ein wenig weiter in der Straße werden in alten Läden hochwertige Textilien zu zivilen Preisen angeboten.

*In der Markthalle –*
*Mercado do Bolhâo*

*Stockfisch en gros et en*
*détail*

Über die schmale Straße Trindade Coelho, durch die sich auch die Linienbusse zwängen, oder wieder auf der gegenüberliegenden Seite am Bahnhof vorbei geht es zur Prachtallee Portos, der **Avenida dos Aliados**. Auf der unteren **Praça da Liberdade** steht das Reiterstandbild Dom Pedros IV. Die Avenida wurde erst in den 20er Jahren unseres Jahrhunderts als Schneise in ein dicht bebautes Viertel geschlagen. Das Rathaus im flämischen Stil und die Prunkbauten der Banken sind erst ab 1924 entstanden. Von der Praça da Liberdade führt die Rua dos Clérigos hinauf zur gleichnamigen Kirche.

Nach dem ausgiebigen Bummel durch die Stadt wird das Erklimmen der 225 Stufen des Turms der **Igreja dos Clérigos** vielleicht schwer fallen, aber der weite Rundblick vom höchsten Kirchturm Portugals (75,6 m) entschädigt reichlich für die Mühen. Die Kirche wurde von dem Italiener Nicolò Nasoni im 18. Jahrhundert auf ovalem Grundriss erbaut. Bemerkenswert ist auch die Barockfassade.

Gleich neben der Kirche hat die **Casa Oriental** alle Neuerungen überlebt. Hier kann man kiloweise Hülsenfrüchte aus Säcken, Portwein, Whisky und andere Spirituosen in großer Auswahl kaufen – sehen Sie sich ruhig einmal um. Der Stockfisch, *bacalhau*, dient als malerische, aber auch kräftig riechende Dekoration an der Hausfront.

Die nur wenige Schritte entfernte **Igreja do Carmo** fällt durch die 1912 angebrachten Fliesenbilder an der Ostfassade auf. Die Bilder haben die Aufnahme in den Karmeliterorden zum Thema.

Von der Kirche fährt eine Straßenbahn mit ihren alten Wagen hinunter zum Douro, die Uferstraße entlang bis zum **Jardim do Passeio Alegre**, einem kleinen Park kurz vor der Mündung des Flusses. Inmitten des Parks steht eine Toilettenanlage aus der Jugendstilzeit, die als städtisches Denkmal eingestuft wurde: Jugendstilfliesen an den Wänden, innen und außen bemalte Fayence-Toilettenbecken. Von hier aus kann man am Ufer des Douro und dann weiter ein Stück auf der Uferpromenade an der Küste entlanggehen. Bus oder Straßenbahn bringen den Wanderer zurück ins Zentrum.

*Fünf-Brücken-Fahrt auf dem Douro*

*Die Ribeira am Abend*

# Der historische Kern Portos und der Portwein

Auch am zweiten Tag verzichtet man besser auf das Auto, nicht nur wegen des Verkehrs, sondern vor allem wegen der zu erwartenden Portweinproben. Damit man sich jedoch nicht zu früh den weltlichen Genüssen hingibt, beginnt der Rundgang an der **Kathedrale Sé**.

Die Sé wurde im 12./13. Jahrhundert auf der Pena Ventosa gebaut, dem höchsten Punkt der mittelalterlichen Stadt. Ein von den Sueben stammender Schutzwall umgab noch den Stadtkern. Diese Mauer wurde im 14. Jahrhundert durch eine größere ersetzt. Die vorhandenen Reste stammen von dieser zweiten Mauer. Den unruhigen Zeiten entsprechend wurde die Sé als Wehrkirche angelegt, im Laufe der Jahrhunderte aber mehrmals umgebaut. Der weitläufige Renaissancechor von 1610 zeigt ein Szenario in vergoldeter Holzschnitzerei. Der größte Schatz ist der Altar do Sacramento links vor dem Chor.

*Kathedrale Sé in Porto*

Er besteht aus reinem Silber. Von 1632–1732 haben die Gold- und Silberschmiede daran gearbeitet. Im 14. Jahrhundert wurde die Kirche mit einem gotischen Kreuzgang erweitert, 400 Jahre später kamen sieben großflächige Fliesenbilder dazu. Im ersten Stockwerk befindet sich ein kleines Museum mit einem bronzenen Lesepult, der Glocke der Stadtuhr und sakralen Kultgeräten. Die reich bemalte Decke des Kapitelsaals stammt von 1737.

An die Sé schließt sich der **Bischofspalast** an, die Treppe neben ihm führt in die Ribeira. Der mächtige *pelourinho* (Schandpfahl) mit der Krone täuscht Alter vor. Er wurde aber erst in den 60er Jahren des 20. Jahrhunderts im neomanuelinischen Stil errichtet, bis dahin war der Platz vor der Kirche noch mit Wohnhäusern bebaut.

Nun gibt es eine kleine Schwierigkeit: Geht man sofort hinunter zur Ribeira, dann kommt man nicht mehr so leicht auf die obere Fahrbahn der Brücke **Ponte Dom Luis I**, von wo aus der Blick über die Ribeira besonders eindrucksvoll ist. So sollte man besser um die Kirche herum bis zur Mitte der Brücke gehen, umkehren und wieder zurück zur Sé, um dann von hier durch die Altstadt zum Flussufer hinabzusteigen.

Unterhalb des Terrassenplatzes schmiegt sich die Altstadt *(velha cidade)* an den Hang. Der restaurierte Turm neben dem Treppenabgang soll im Mittelalter das Rathaus gewesen sein. Vormittags wird in der Rua Escura, der finsteren Straße, Markt abgehalten. Am Ende des Treibens bleibt man links in der Gasse. Der Schuhmacher, der Friseur, die Wirte der Kneipen sehen es nicht besonders gerne, wenn man den Fotoapparat auf sie richtet. Die arme Seite der Stadt kommt hier zu sehr zur Geltung.

*Geschichte auf Fliesen gemalt: Halle des Bahnhofs São Bento in Porto*

123

*Vila Nova de Gaia*

Man folgt der Rua Mercadores bis zum Ufer des Douro in der Ribeira. Ein kurzer Abstecher zur ehemaligen Jesuitenkirche **Igreja Colégio** lohnt sich wieder. Die stilistisch reine Fassade ist renoviert, und in der Kapelle nebenan ist eine Sammlung mittelalterlicher Skulpturen untergebracht.

Am Flussufer ist die doppelstöckige Gitterbrücke **Ponte Dom Luis I** in ihrer ganzen Größe zu bewundern. Seit ihrer Einweihung 1886 hat sie bereits über 100 Jahre dem ständig wachsenden Verkehr standgehalten. Sie wurde von dem Architekten Seyring im Stil der neun Jahre älteren Eisenbahnbrücke Maria Pia gebaut. Die Maria Pia, einige 100 Meter flussaufwärts, stammt von Gustave Eiffel persönlich. Sie wurde inzwischen außer Dienst gestellt, eine moderne Betonbrücke gleich daneben 1993 in Betrieb genommen. Die Fahrbahnen der Straßenbrücke liegen zehn und 60 Meter hoch über dem Wasser. Die obere Brücke ist für den Autoverkehr gesperrt, nur Fußgänger und die Straßenbahn können hier oben den Fluss überqueren.

Der **Cais da Ribeira** markiert den alten Hafen am Fluss. Größere Schiffe kommen heute nicht mehr durch die enge Mündung des Douro. So machen nur noch kleine Boote, Ausflugsdampfer und im Sommer einige Jachten fest. Das Viertel hat mit seinen Gassen und Häusern viel von seiner Ursprünglichkeit bewahrt. Saniert wird hinter den Fassaden. Die Läden in der Stadtmauer bieten ihre Produkte noch unverpackt an: Erbsen, Bohnen, Mais und Oliven werden nach Wunsch abgewogen. Dazu kommt eine Reihe kleiner Restaurants mit durchweg guter Küche. Auch mit einer historischen Begebenheit kann die Ribeira aufwarten. 1809 fielen napoleonische Truppen in die Stadt ein. Die Bevölkerung floh über die Pontonbrücke auf die andere Seite. Dabei sollen 7000 Menschen in den Fluten ertrunken sein. Ihr Andenken bewahrt eine gusseiserne Tafel am Fuß der Kairampe zur Brücke. Auch heute noch werden dort Kerzen angezündet.

Portugal und besonders Porto zu verlassen, ohne den Portwein probiert zu haben, das wäre unverzeihlich. Die Chancen für eine Weinprobe stehen außerdem gut, denn die großen Häuser warten auf Gäste. In Porto selbst wird man vergebens danach suchen. Es hat dem Wein nur seinen Namen gegeben und wacht mit dem »Instituto do Vinho do Porto« über die Qualität. Die Lagerhäuser *(armazéns)* der rund 50 Gesellschaften stehen auf der anderen Seite des

Douro in **Vila Nova de Gaia**. Die *barcos rabelos* (wörtlich Sterz-Boote, wegen des hochgezogenen Bugs), auf denen früher die Fässer vom Anbaugebiet den Fluss hinuntergebracht wurden, liegen nur noch als Dekoration am Ufer. Nur am Morgen des 24. Juni nach der durchfeierten Nacht des Festes von Fontainhas findet eine Regatta zwischen alten Dourofischern mit den Booten statt, die jedes Jahr zu diesem Zeitpunkt wieder fit gemacht werden.

Der Weg über die Brücke ist nicht weit. Häuser wie Calém, Sandemann und Ferreira sind sehr auf Touristen eingestellt; vielsprachige Führer warten auf die Besucher, um sie dann – manchmal zu schnell – durchzuschleusen. Für die Führung muss ein Obolus entrichtet werden. Eine Weinprobe und eine Preisliste schließen die Führung ab.

Zum Abschluss des Vormittags sollte man sich nach der Weinprobe von einem Taxi zum Aussichtspunkt **Serra do Pilar** neben der runden Klosterkirche Nossa Senhora do Pilar über die Brücke bringen lassen. Von hier hat man den besten Blick über den Fluss und über Porto. Ein Fußweg zurück über die obere Fahrbahn der Ponte Dom Luis I bringt dann den nötigen Appetit für das Mittagessen.

Wie wäre es anschließend mit einer **Fünf-Brücken-Fahrt auf dem Douro**? Bei der etwa halbstündigen Tour hat man einen herrlichen Blick auf die Uferlandschaften von Vila Nova de Gaia und Porto. Vielleicht erreicht man noch das Schiff um 14 Uhr. Den Kaffee kann man dort an der Bar trinken.

Am Nachmittag geht es zu Fuß Richtung Börse. Doch vorher sollte man in das frisch renovierte mittelalterlich Zollhaus, die **Casa do Infante**, hineinschauen. Dass die Römer hier schon gebaut hatten, bezeugen die schönen Bodenmosaiken im hinteren Teil des Gebäudes. Die neuen Teile wurden geschickt in die alten Mauern eingefügt. Im oberen Stockwerk zeigt ein Modell das mittelalterliche Porto; hier kann man einiges wiedererkennen.

Auch die **Igreja de São Francisco** lohnt einen Blick. Im 14./15. Jahrhundert erbaut, wurde sie im 18. Jahrhundert als Zeichen des Reichtums der Stadt über und über mit vergoldeten Holzschnitzereien vertäfelt. Im Keller des Museums dieses ehemaligen Klosters befindet sich das Pantheon einiger bedeutender Familien Portos, das Aufschluss gibt über die Bestattungskultur.

Jünger ist der **Palácio da Bolsa** gleich um die Ecke, 1842 an der Stelle des abgebrannten Klosters São Francisco erbaut. Als Sitz der Handelskammer sollte der Palast mit der klassizistischen Front den Reichtum der Stadt dokumentieren – mit dem mit Fresken verzierten Treppenhaus, dem der Renaissance nachempfundenen Audienzsaal sowie einem pseudo-arabischen Saal. Viel Gold ist für die Dekoration der Wände verbraucht worden. Hier fehlt eigentlich nur der Märchenerzähler aus »Tausendundeiner Nacht«. Zu großen Empfängen lädt die Stadt traditionsgemäß hierher ein.

In Richtung der Igreja dos Clérigos lohnt ein kleiner Umweg. Man folgt der Straße an der Markthalle weiter hinauf, dann geht man links an den fliesenverkleideten Wohnhausfassaden vorbei bis zu den Aussichtsterrassen an der Rua Afonso Albuquerque. Hier zeigt sich Porto von einer fast kleinstädtischen Seite. Hinter den alten Häusern um die ehemaligen Lagerhallen des Zolls, die heute als Ausstellungsräume und Diskotheken genutzt werden, bahnt sich der Douro seinen Weg zum Meer.

Von hier aus geht man die schmalen Straßen entlang durch die alten Wohnviertel um die Rua São Bento Vitória zur Igreja dos Clérigos. Sie vermitteln ein wenig vom täglichen Leben in dieser Stadt. Überall hängt Wäsche zum Trocknen an den Fassaden. Wer es gestern nicht geschafft hat, auf den Kirchturm zu steigen, hat jetzt die Gelegenheit dazu.

*Clérigos-Kirche*

*Die Buchhandlung Lello & Irmão*

Auf der gegenüberliegenden Seite der Kirche befindet sich noch ein besonderes Schmuckstück. Hinter einer neogotischen Fassade von 1906 hat die **Buchhandlung Lello & Irmão** ihren Sitz. Die originale Einrichtung vom Anfang des Jahrhunderts ist überaus sehenswert, das Buchangebot international.

*Die Handelskammer*
*Palácio da Bolsa*

### ℹ Turismo
Rua de Clube dos Fenianos 25 (neben dem Rathaus)
4000-172 Porto
✆ 223 39 34 70
Fax 223 32 33 03
Tägl. 9–17.30 Uhr
www.portoturismo.pt

### Service & Tipps:

### ℹ Touristenpolizei
Rua Clube dos Fenianos 11 (neben dem Rathaus), Porto
✆ 222 08 18 33, tägl. 8–2 Uhr

### 🚌 Öffentliche Verkehrsmittel
Das verwinkelte und für den Fremden unübersichtliche Straßensystem Portos und die knappen und teuren Parkmöglichkeiten lassen es ratsam erscheinen, die öffentlichen Verkehrsmittel zu benutzen. Hauptverkehrsträger sind die Busse, die Metro wird ausgebaut und es entsteht ein neues Straßenbahnsystem, das in der Streckenführung auf den Tourismus zugeschnitten wird.

Vor der ersten Fahrt löst man eine Karte, dann kann man diese an den Verkaufsstellen oder an den sehr vielen Automaten aufladen. Die Karte gilt für alle öffentlichen Verkehrsmittel – eine günstige und praktische Einrichtung.

### 🏛 Casa do Infante
Rua do Infante Dom Henrique 63
4050-297 Porto-Ribeira
✆ 222 06 04 00
Di–Do 10–13 und 14–17.30 Uhr, Fei geschl.
Angebliches Geburtshaus Heinrichs

des Seefahrers und spätere Zollstation. Restauriert, sehr sehenswert.

### 👁 Sé Catedral
Calçada Vendoma, Porto
Tägl. 8.45–12.30 und 14.30–18, im Sommer bis 19 Uhr
Kirche mit Kreuzgang und Museum.

### 👁 Torre dos Clérigos
Porto
Tägl. Sommer 9.30–13 und 14.30–19, Aug. 10–19, Winter 10–12 und 14–17 Uhr
Der Turm der Igreja dos Clérigos ist mit 75,6 m Höhe und seinen 225 Stufen der höchste Kirchturm Portugals.

### 👁 Igreja de São Francisco
Rua do Infante Dom Henrique
Porto
Tägl. Mai–Aug. 9–19, März/April und Sept./Okt. 9–18, Nov.–Feb. 9–17 Uhr
Kirche mit außergewöhnlich vielen vergoldeten Schnitzereien.

### 👁 Palácio da Bolsa
Rua Ferreira Borges, Porto
✆ 223 39 90 00
Tägl. Nov–März 9–13 und 14–18, April–Okt. 9–19 Uhr
Neoklassischer Palast aus der 2. Hälfte des 19. Jh., mit dem die Handelsherren Portos ihren Reichtum demonstrieren wollten. Berühmter arabischer Saal.

### 🏛 Museu Nacional de Soares dos Reis
Rua de Dom Manuel II.
4050-342 Porto, ✆ 223 39 37 70
Mi–So 10–18, Di 14–18 Uhr
Das Nationalmuseum im Palast Carrancas zeigt u. a. bildende Künste, Goldschmiedearbeiten, Porzellan, portugiesische Fayencen und portugiesische Maler des 19. Jh.

### 🏛 Museu Romântico
Rua Entre Quintas 220,
4050-240 Porto, ✆ 226 05 70 00
Tägl. außer Mo 10–12.30 und 14–17.30 Uhr, Fei geschl.

Original ausgestattete Wohnräume reicher Portugiesen des 19. Jh.

### 🏛 Museu do Vinho do Porto (Portweinmuseum)
Rua de Monchique 45–52
4050-394 Porto, ☎ 222 07 63 00
Tägl. außer Mo 10–12.30 und 14–17.30 Uhr, Fei geschl.
Dieses städtische Museum in einem ehemaligen Lagerhaus zeigt die kommerzielle Geschichte des Portweins sowie die Bedeutung für die Entwicklung der Stadt. Es zeigt nicht die Produktion des Weines.

### 🏛 Fundação Serralves
Rua de Serralves
🕸 4150 Porto, ☎ 226 15 65 00
Villa: Di–Fr 10–17, Sa/So/Fei bis 20 Uhr, Park: Di–Fr 10–19, Sa/So/Fei bis 20 Uhr
Zeitgenössische Kunst. Wechselnde Ausstellungen in einem Jugendstilhaus mit großem Park.

### 👁 Mercado do Bolhão
Rua Sá da Bandeira, 4050 Porto
🎎 Mo–Fr 8–17, Sa 8–13 Uhr
Gemüse-, Obst-, Fleisch- und Fischmarkt.

### 👁 Livraria Lello & Irmão
Rua das Carmelitas 144
🎎 4050 Porto, ☎ 222 01 81 70
Mo–Fr 10–19.30, Sa 10–19 Uhr
Buchhandlung in einem neogotischen Haus von 1906 mit sehenswerter Einrichtung.

### 🍷 Portweinkellereien
Führungen durch die Portweinkellereien in Vila Nova de Gaia: Viele der ca. 50 Kellereien sind gegen Eintrittsentgelt zu besichtigen. Die großen Häuser haben auch So vormittags geöffnet, allerdings wird man dort oft sehr schnell durchgeschleust. Daher sind kleinere Kellereien vorzuziehen.

### 🍷 Solar de Vinho do Porto
Rua Entre Quintas 220 (nahe dem Palácio de Cristal)
4050-239 Porto
☎ 226 09 47 49, www.ivp.pt
Tägl. außer So/Fei 16–24 Uhr
Eine weitere Möglichkeit, einige Proben der rund 150 verschiedenen Portweine zu verkosten (gegen Entgelt).

### ⛴ Mit dem Schiff in das Herz der Portweinregion
Wer das Glück hat, an einem Wochenende in Porto zu sein und einen Tag Zeit hat, der sollte eine Schiffsfahrt auf dem Douro unternehmen. Sa, Abfahrt 8 Uhr am Cais de Estiva, fährt das Schiff flussaufwärts bis Peso da Régua und manchmal auch weiter bis Pinhão. Am So geht das Schiff zurück nach Porto. Bei diesen Tagesfahrten fährt man Sa von Peso da Régua mit der Eisenbahn zurück, am So geht es morgens mit dem Bus nach Peso da Régua. Die Fahrten werden das ganze Jahr über durchgeführt.
Die Schiffstour dauert ca. 7 Std., zwei Schleusen sind bis Régua zu durchfahren, die Schleuse von Garrapatelo ist mit 35 m Höhenunterschied die höchste Schleuse Europas. Die Verpflegung auf dem Schiff ist im Preis inbegriffen. Mehrere Gesellschaften wetteifern um die Gunst des Gäste:

### 🚢 Barcadouro
Avenida Ramos Pinto
Loja 240
4400-161 Vila Nova de Gaia
☎ 223 72 24 15
Fax 223 72 31 16
www.barcadouro.pt

### 🚢 Douro Line-Cruzeiros Marítimos SA
Av. Boavista 1667, 1. Stock

*Riesige Portweinfässer sind in den Lagerhäusern in Vila Nova de Gaia zu besichtigen*

4100-132 Porto
✆ 226 09 22 41

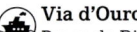 **Douro Azul**
Rua de São Francisco 4, 2. Stock
4050-548 Porto
✆ 223 40 25 00, Fax 223 40 25 10
www.douroazul.com

 **Via d'Ouro**
Praça da Ribeira 5
4050-513 Porto
✆ 222 08 19 35, Fax 222 08 19 05
www.viadouro-cruzeiros.com

**Sechs-Brücken-Fahrt auf dem Douro**
**Tomaz do Douro**
Praça da Ribeira 5, 4050-513 Porto
✆ 222 08 22 86, Fax 222 08 80 59
Abfahrt am Cais de Estiva an der
Praça da Ribeira, in der Saison halb-
stündlich von 10–18.30 Uhr, Sa nur
vormittags.

Am 23./24. Juni finden die
**Festas de São João** statt. Dieses
Fest ist das größte Volksfest in Portugal. Ganz Porto scheint dann auf den
Beinen zu sein. Begleitet wird das
Fest mit Konzerten, Ausstellungen,
einem Oldtimer-Korso, Bootsrennen
und verschiedensten Aktivitäten der
Vereine.
Ende August (um den 27.) gibt es
im Stadtteil Foz do Douro (Mündung
des Douro) die **Festa de São Bartolomeu** mit dem **Cortejo de Papel**. Dieses Fest ist eine Wallfahrt, begleitet –

keiner weiß heute mehr warum – von
einem pittoresken Umzug, der mit
einem kollektiven Bad endet. Bestim-
mend für den Umzug sind in buntes
Papier gekleidete Personen, die Kari-
katuren darstellen. Auf diese Tradition geht der Name »Umzug des
Papiers« zurück.

**Restaurante A Brasileira**
Rua Sa da Bandeira 69
4000-433 Porto
✆ 222 05 80 68
Traditionsreiches Haus im Zentrum
der Stadt. €€–€€€

Direkt daneben im gleichen Stil
das Café Roma, in dem man
wenigstens einen Kaffee getrunken
haben sollte.

**Café-Restaurante Guarany**
Av. dos Aliados 89/85
4000-066 Porto
✆ 223 32 12 72
www.cafeguarany.com
Historisches Café im Stil der Zeit der
Erbauung 1933 renoviert. €–€€

**Restaurante O Escondidinho**
Rua Passos Manuel 142
4000-382 Porto, ✆ 222 00 10 79
Gute regionale Küche. €€

**Taberna Dom Castro**
Rua do Bonjardim 1078
4000-122 Porto
✆ 222 05 11 19
Taverne mit regionaler Küche.
€–€€

Am alten Hafen, der **Ribeira**,
gibt es in der Stadtmauer eine
Reihe kleiner bis kleinster Restaurants mit guter Küche. Sie sind auf
Touristen eingestellt, jedoch ohne
wesentlich überhöhte Preise zu verlangen. Von den Fensterplätzen oder
im Sommer draußen auf dem Vorplatz hat man eine schöne Aussicht
auf den Fluss und die Portweinkellereien auf der gegenüberliegenden
Seite. Solche Restaurants mit phanta-
sievollen Namen sind:
**Filha da Mãe Preta** (Tochter der
schwarzen Mutter) €€; **Casa Pesa
Arroz** (Haus zum Reisgewicht) €€;
**A Canastra** (Der Wäschekorb) €€;
**A Marina** (Die Marine) €€.

*Café-Restaurante*
*Guarany*

### O Bom Talher
Rua Comércio de Porto 67
4050-210 Porto, ℂ 222 05 62 32
Ein wenig abseits, direkt hinter dem
Palácio da Bolsa (Börse), befindet sich
das kleine Restaurant »Zum guten
Gedeck«, in dem man gut und preis-
wert essen kann. Da es ein wenig
abseits liegt, sind dort hauptsächlich
Einheimische anzutreffen. €–€€

### O Castiço da Sé
Rua da Bainharia 80
4050-082 Porto
ℂ 222 08 48 85, So geschl.
Einen besonderen Einfall hatte ein
Wirt in der Altstadt unterhalb der
Kathedrale: Dort gibt es viertel, halbe
*(meia dose)* und ganze Portionen. Die
ganze Portion reicht für eine mehr-
köpfige Familie. €

### Café Majestic
Rua Santa Catarina 112
4000-442 Porto
ℂ 222 00 38 87
www.cafemajestic.com
Traditionsreiches Café an der Haupteinkaufsstraße im alten Stil restauriert. Einen Blick sollte man auf jeden
Fall hineinwerfen.

### Nachtleben
Porto macht am Abend den
Eindruck einer allzu ruhigen
Stadt. Die Cais am alten Hafen
werden durch die vielen Restaurants belebt, Diskotheken
sind in den Vororten schlecht zu finden und wechseln oft in ihrer Beliebt-
heit. Die alten Lagerhallen am Fluss
am Largo de Viriato/Massarelos werden jetzt als Diskotheken, Tanz- und
Nachtbars genutzt. Zum Zentrum des
Nachtlebens haben sich auf der anderen Seite des Flusses mit den **Cais de
Gaia** in **Vila Nova de Gaia**, ca. 500 m
flussabwärts von der doppelstöckigen
Brücke, an den Portweinkellereien
vorbei, eine Reihe moderner Restaurants, Bars und Diskotheken entwickelt. Hier trifft man sich, besonders an den Wochenenden. Aber so
richtig los geht es erst nach 22 Uhr.
Da man von dort einen sehr eindrucksvollen und unvergesslichen
Blick auf die Altstadt Portos hat, sollte man unbedingt einen Abendbum-
mel dorthin wagen.

Essen kann man dort z.B. im

### food and flirt
Cais de Gaia, Av. Diogo Leite,
Loja 640
4400-161 Vila Nova de Gaia
ℂ 223 74 39 96
Von der Terrasse hat man einen
unvergesslichen Blick auf Porto. €€

### Restaurante Casa Dias
Av. Ramos Pinto 242
4400-266 Vila Nova de Gaia
Günstig und gut für den, der es tradi-
tionell portugiesisch mag, aber ohne
Blick nach Porto. €

### *Ausflugstipp:*

Für ein Fisch- und Meeresfrüchte-
Essen lohnt es, nach **Matosinhos** zu
fahren. Zirka 30 Minuten benötigt die
Metro, Linha Azul Ri Sr. de Matosinhos, von der Innenstadt Portos nach
Matosinhos. Man steigt ein oder zwei
Stationen vor dem Endpunkt aus (Station Brito Capelo beziehungsweise
Mercado) und erreicht in etwa fünf
Minuten den alten Fischereihafen.
In Fahrtrichtung der Metro gesehen
Straßen nach links gehen. An der Parallelstraße zum Hafen befinden sich
sehr viele Restaurants, der Fisch wird
auf dem Bürgersteig gegrillt. Drei
unter vielen guten Restaurants mit frischem Fisch und Meeresfrüchten sind

### Esplanada Marisqueira Antiga
Rua Roberto Ivens 628
4450-249 Matosinhos
ℂ 229 38 06 60, Mo geschl.
Der Klassiker unter den Fischrestau-
rants von Matosinho. Neben Fisch
sind Hummer, Langusten und
Muscheln eine Spezialität. Großes
Angebot an *Vinho Verde*. €€

### Restaurante Tito I
Rua Heróis de França 279
4450-158 Matosinhos
ℂ 229 38 06 92, So geschl.
Den Fisch kann man selbst aussu-
chen. €€

### Os Lusiadas
Rua Tomás Ribeiro 257
4450-297 Matosinhos
ℂ 229 37 82 42, So geschl.
Sehr gute Küche. €€–€€€

*Meeresfrüchte*

# Der Minho und der Douro Litoral

Die historischen Provinzen Minho und Douro Litoral im Nord-westen Portugals werden als die Tourismusregion Costa Verde, Grüne Küste, vermarktet.

Beide Landstriche ähneln sich sehr in ihren Strukturen. Das Klima wird vom Atlantik und den parallel zur Küste ver-laufenden Scheidegebirgen im Landesinneren bestimmt. Die feucht-kalten Winde des Atlantiks bleiben an den Bergen hän-gen und regnen ab. Mit bis zu 2000 Millimetern Regen im Jahr ist der Landstrich das niederschlagsreichste Gebiet auf der Iberischen Halbinsel und bei ausgeglichenen Temperaturen ist dies eine sehr gute Voraussetzung für die Landwirtschaft. Mais, Weizen, Kartoffeln, Gemüse und Wein sind die Hauptan-bauprodukte. Zwei Ernten sind möglich, zuerst Kartoffeln oder Weizen, dann Mais.

Damit die Felder gut ausgenutzt werden, pflanzt man außen herum zusätzlich Wein für den Vinho Verde. Früher ließ man die Reben in die Bäume wachsen, inzwischen ist der Anbau in Pergola-Form üblich. Dies gibt der Landschaft einen unver-

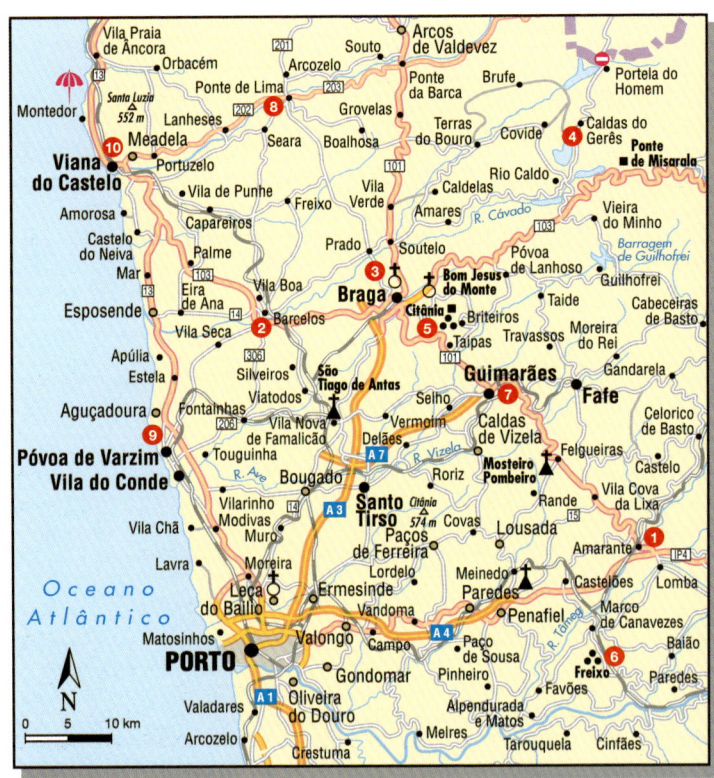

*Früher hieß die Pro-vinz Entre Douro e Minho, das Land zwi-schen den Flüssen Douro und Minho. Die-se Bezeichnung findet man auch heute noch.*

130

*Die Mündung des Rio
Minho, der Berg liegt
bereits in Spanien*

**wechselbaren Charakter. Im nördlichen Bereich sind 35 Prozent des Bodens mit Wäldern bedeckt.**

**Die intensiv genutzten Felder täuschen über die Gesamtsituation des Landes hinweg. Etwa 80 Prozent der landwirtschaftlichen Produktion wird im Eigenbedarf verbraucht. So bleibt für die Städte nicht viel übrig. Portugal muss in erheblichem Maße Lebensmittel einführen.**

Durch die historisch übernommene absolute Erbteilung herrschen kleine Felder vor. So beträgt der Statistik nach die durchschnittliche Größe der landwirtschaftlichen Betriebe nur knapp zwei Hektar – zu wenig für eine große Familie. In der Region leben etwa eine Million Menschen, das sind zehn Prozent der Gesamtbevölkerung Portugals.

Die Industriebetriebe konzentrieren sich zwischen Braga und Barcelos. Hier werden 80 Prozent der Industrieumsätze erzielt. Textil- und Lederverarbeitung, aber auch Elektronik (Infinion produziert zum Beispiel bei Póvoa de Varzim Computerchips) sind die Hauptprodukte, der größte Arbeitgeber ist Blaupunkt Autoradio Portugal bei Braga mit über 2 000 Beschäftigten.

Die Küste bietet zwar kilometerlange Sandstrände, aber auch hier macht sich der küstennahe Seenebel bemerkbar. Internationale Badegäste sind daher rar. Das Gebiet bietet aber uraltes Kulturland, in Braga, Barcelos, Viana do Castelo und Ponte de Lima viele Kulturdenkmäler und Sehenswürdigkeiten, im Gerês-Gebirge einen weitläufigen Naturpark mit hohem Erholungswert und somit die Chance, Land und Leute intensiv kennen zu lernen.

*Weinbau in Pergolaform*

### Der Vinho Verde

Der Wein der Region ist der Vinho Verde. Die Bezeichnung »Grüner Wein« hat nichts mit der Farbe zu tun – der ursprüngliche war rot . Die üppig-grüne Landschaft der Costa Verde (Grüne Küste) verlieh dem Wein seinen Namen. 1992 wurde erstmals mehr weißer als roter Vinho Verde produziert. Der Grund lag in der Zunahme des Exports, da im Ausland fast ausschließlich weißer Vinho Verde verlangt wird.

Die Besonderheit des Weins liegt in der Art der Kelterung. Der Most wird zweimal vergoren. Die erste Gärung erfolgt wie bei jedem Wein durch Zugabe von Hefe, die den Zucker in Alkohol umwandelt. In der zweiten Gärungsphase setzen Milchsäurebakterien die verbliebene Apfelsäure in die mildere Milchsäure um. Dabei entsteht ein extrem leichter (alkoholarmer, aber geschmackvoller), kohlensäurehaltiger Wein.

Gut ist immer ein Vinho Verde aus der Gegend von Amarante, Ponte de Lima, Ponte da Barca oder Melgaço.

*10 500 Einwohner*

# ❶ Amarante

**Amarante** liegt in einem Talkessel am Rio Tâmega, der von Chaves her durch das Gebirge fließt. Den besten Parkplatz erreicht man über die Brücke und dann rechts Richtung Campingplatz und Rathaus *(câmara municipal)*.

*Das Fest zu Ehren von São Gonçalo findet am ersten Wochenende im Juni statt. Es geht wohl auf einen heidnischen Fruchtbarkeitskult zurück: Phallusförmige Kuchen, die in der ganzen Stadt verkauft werden, sollen ehelichen Segen und Kinderreichtum bescheren.*

Die Römer müssen hier schon eine Brücke gebaut haben, die alte im Stadtkern stammt aus dem 18. Jahrhundert. Wie auch die benachbarte Kirche ist sie dem heiligen Gonçalo geweiht. Die **Klosterkirche** entstand 1540–1620 in 80-jähriger Bauzeit. Die Renaissancefassade mit den Figuren der vier Stifter João III., Sebastião, Henrique und Filipe I. (als Philipp II. von Spanien) sowie die kunstvoll mit Ziegeln verkleide-

*Amadeo de Sousa Cardoso: der taube Musiker*

*Amarante am Rio Tâmega*

te Kuppel bilden mit dem Talha-Schmuck, den Fliesen und der Orgel im Kircheninnern ein geschlossenes bauliches Ensemble. Die Grabkapelle des São Gonçalo neben dem Altar ist ein viel besuchter Pilgerort.

Die beiden Kreuzgänge sind vom Parkplatz aus zu erreichen. Beim Gang dorthin achte man auf eine kleine Skulptur »Nossa Senhora da Ponte« in einer Nische der Außenmauer. Sie soll die älteste Pietà in Portugal sein.

Die Kreuzgänge beherbergen das städtische **Museum Amadeo de Sousa Cardoso** und die städtische Bibliothek. Cardoso (1887–1918), der Wegberei-

*Nossa Senhora da Ponte
in einer Außenmauer des
Klosters von Amarante*

ter der Moderne in Portugal, wurde hier geboren. Seine Bilder vom Anfang dieses Jahrhunderts, zum größten Teil in Paris gemalt, begeistern auch den weniger Kunstinteressierten. Weitere zeitgenössische Maler ergänzen die Sammlung. Im älteren Kreuzgang sind archäologische Fundstücke aus der Römerzeit ausgestellt.

Beim Gang durch das alte Zentrum trifft man auf Wohnhäuser aus dem 16. bis 18. Jahrhundert mit Holzschindeln und Holzbalkonen. Eine Tasse Kaffee oder Tee mit einer süßen *pasteis de Amarante* auf einem Restaurantbalkon mit Blick auf den Fluss rundet den Besuch dieser reizvoll gelegenen Stadt ab.

*Platz vor der Pfarrkirche in Amarante*

**Service & Tipps:**

🏛 **Museu Municipal Amadeo de Sousa Cardoso**
Alameda Teixeira de Pascoaes
4600 Amarante, ✆ 255 42 02 72

Tägl. außer Mo 10–12.30 und 14–17.30 Uhr, Fei geschl.
Städtisches Museum mit einer Sammlung von Werken von Amadeo de Sousa Cardoso und zeitgenössischer portugiesischer Maler.

ⓘ **Turismo**
Alameda Teixeira de Pascoaes
4600-011 Amarante
✆ 255 42 02 46

## ❷ Barcelos

Die Römer waren schon hier, die Mauren nannten den Ort am rechten Ufer des Rio Cávado Barcelanos, König Dinis I. machte die Stadt 1298 zum Mittelpunkt einer gleichnamigen Grafschaft, auch der Herzog von Bragança, Afonso, nahm 1442 seinen Sitz hier. Die Ruinen des ehemaligen gräflichen Palastes Paço dos Duques de Bragança legen noch Zeugnis davon ab. Heute befindet sich auf dem Gelände ein archäologisches Freilichtmuseum mit Funden von der Römerzeit bis zum Mittelalter.

Das neue Zentrum in der Oberstadt ist der riesige Platz Campo da República, auf dem jeden Donnerstag der **Markt von Barcelos** stattfindet. Es soll der größte Markt in Portugal sein. Dort findet man fast alles, was das Herz begehrt: Kleidung, Obst, Gemüse, Keramik, Pfannen, Töpfe, lebende Ferkel, Hühner, Kaninchen, Därme zum Wursten, die Destillieranlage für den eigenen *bagaceira*, eine Achse mit Rädern für einen Ochsenkarren und vieles mehr. Vielleicht kommt man das nächste Mal doch mit einem Anhänger. An den anderen Wochentagen findet man dort ein reichhaltiges Angebot an Souvenirs, besonders Produkte des Kunsthandwerks der Region. Das Handeln nicht vergessen!

In nächster Nähe des Platzes sind zwei Kirchen zu finden: die Barockkirche **Bom Jesús da Cruz** auf dem Grundriss eines griechischen Kreuzes mit acht Seiten und einer Granitkuppel sowie an der Nordseite die Benediktinerinnen-Kirche **Nossa Senhora de Terço** vom Anfang des 18. Jahrhunderts mit feingliedrigem Chorgewölbe und Fliesenschmuck.

Das Tourismusbüro im alten Stadtturm **Torre de Menagem** am Largo da Porta Nova ist gleichzeitig ein Zentrum des Kunsthandwerks der näheren Region. Im Mittelpunkt steht die vielfältige Keramik von Barcelos. Vieles wird zum Verkauf angeboten, die Preise sind günstig. Von dort führt auch die Einkaufsstraße als Fußgängerzone zum alten Kern der Siedlung.

Keramikliebhaber sollten das **Museu de Olaria**, das Töpfermuseum, nicht versäumen. Es gibt einen guten Einblick in die Töpferwaren Portugals.

Der Hahn von Barcelos ist zur Symbolfigur Portugals geworden. Die Geschichten über ihn sind zahlreich, im Kern ähneln sie sich alle: Auf der Pilgerfahrt nach Santiago de Compostela wird ein junger Mann, da er die Tochter eines Gastwirts verschmäht, von diesem vorsätzlich des Diebstahls beschuldigt und vom Tribunal zum Tode verurteilt. Vor seiner Hinrichtung darf er auf seine Bitte noch einmal den Richter sprechen, der gerade mit seinen Freunden speist. Der Delinquent beteuert wieder seine Unschuld und deutet, da ihm keiner glauben will, in seiner Verzweiflung auf den gebratenen Hahn auf dem Tisch hin und sagt, so wahr er unschuldig sei, werde der Hahn krähen, wenn man ihn hänge. Kaum hatte man ihm den Strick umgelegt, da krähte tatsächlich der Hahn. Der Mann war gerettet. Aus Dankbarkeit stiftete er einen tönernen Hahn. Wie doch eine solche Legende einen ganzen Wirtschaftszweig ankurbeln kann!

*Den besten Blick auf die Altstadt von Barcelos hat man von der anderen Seite des Flusses, vom Ortsteil Barcelinos aus: auf die alte steinerne Brücke vor der Kulisse der Ruinen des gräflichen Palastes, des Palastes Solar dos Pinairos, und der Igreja Matriz (Pfarrkirche).*

---

### Service & Tipps:

**ⓘ Turismo**
Largo de Porte Nova (Torre de Menagem)
4750 Barcelos
℡ 253 81 18 82
Fax 253 82 21 88

**🏛 Museu de Olaria**
Töpfermuseum
Rua Cónego Joaquim Gaiolas
4750-306 Barcelos
℡ 253 82 47 41, www.museuolaria.org
Di–Fr 10–17.30, Sa/So 10–12.30 und 14–17.30 Uhr

Sammlung portugiesischer Töpferwaren und Tonfiguren.

**ⓘ** Jeden Do findet vormittags der größte **Markt** Portugals statt. Es wird praktisch alles angeboten: landwirtschaftliche Erzeugnisse, Textilien, Lederwaren, Keramik, Möbel, Kleintiere ...

# ❸ Braga

**Braga** ist die drittgrößte Stadt Portugals, hatte aber im Laufe ihrer Geschichte eine größere Bedeutung als zur heutigen Zeit. Die Römer eroberten sie von den Kelten, machten sie als *Bracara Augusta* zu einer ihrer Hauptstädte auf der Iberischen Halbinsel und verbanden sie durch fünf Heerstraßen mit den anderen Zentren. Während der Völkerwanderung regierten hier die Sueben und die Westgoten, bis 716 die Mauren den Ort verwüsteten. 300 Jahre waren diese die Herrscher. 1040 gelang es Ferdinand I. von Kastilien und León, die Stadt zu erobern. Damit gehörte sie zum Kernland des neuen Portugal.

Den Rundgang sollte man an der **Praça da República** gegenüber der Touristeninformation beginnen. Zu einem kleinen Kaffee lädt das **Café A Brasileira** an der Rua do Suoto ein. Diese Fußgängerstraße führt bis zur **Igreja da Misericórdia**. Die Kirche wurde Mitte des 16. Jahrhunderts im Stil der Renaissance an die Kathedrale gebaut.

Geistlicher Mittelpunkt Bragas ist die **Kathedrale Sé**. Der Vater des ersten Königs Afonso I. Henriques veranlasste im 11. Jahrhundert den Bau. Man sollte sie von der Rua Conçales Pereira durch die gotische Vorhalle des Hauptportals betreten. Die überaus kunstvollen schmiedeeisernen Gitter zählen zu den schönsten in Portugal. Um die Ecke an der Südseite befindet sich mit der »Nossa Senhora do Leite« (Unsere Liebe Frau von der Milch) eine ungewohnte Skulptur – die stillende Maria.

Viel ist von der romanischen Schlichtheit nicht übrig geblieben. Die nachfolgenden Generationen haben den Bau in ihrem Sinne verändert und »verschönt«. Eine besondere Bauwut entwickelte Diogo de Sousa und verwischte ab 1530 die restlichen Spuren der Gründungszeit. Auch das exakte Sterngewölbe des Chores ist jüngeren Datums.

Gleich links am Eingang steht ein achteckiges Taufbecken im manuelinischen Stil. Es ist gröber gearbeitet als die Becken des Dominikanerklosters in Batalha oder des Jerónimos-Klosters in Belém. Die besten Steinmetze hatte man für die großen Bauvorhaben der Zeit schon abgezogen. Die Orgel von 1733 ist wesentlich jünger.

*70 900 Einwohner in 62 Freguesias auf 183 Quadratkilometern*

*Braga wird das Rom Portugals genannt. Über 30 Kirchen beherbergt es innerhalb seiner Mauern, aber außer der Sé sind sie nicht besonders beachtenswert. Selbst im Stadtplan der Touristeninformation sind nur wenige aufgeführt. Als äußeres Zeichen der Trennung von weltlicher und kirchlicher Macht hat der Erzbischof-Primas seinen Sitz in Braga und nicht in Lissabon.*

*Braga: Café A Brasileira in
der Rua do Suoto*

*Braga: Die Avenida Central lädt zum Flanieren ein*

Vom angrenzenden Kreuzgang aus erreicht man das **Museu de Arte Sacra** mit dem überaus wertvollen Kirchenschatz. Prozessionskreuze, Messgewänder, Antependien, sakrale Gefäße sowie das eiserne Kreuz, mit dem Pedro Álvares Cabral seinen Fuß auf den Boden Brasiliens setzte, sind in großer Enge ausgestellt.

Im Kreuzgang befinden sich mehrere Altäre für Votivgaben. Um den anschließenden Außenhof sind drei Kapellen gruppiert. In der **Capela dos Reis**, der Königskapelle, ruhen die Gründer der Sé, Heinrich von Burgund und seine Gemahlin Teresa, sowie der Kapellenstifter Erzbischof Lourenço Vicente Coutinho. Die Capela da Glória ist ein gotischer, später mit Fliesenbildern dekorierter Bau. Fresken mit den Wappen der Familie ihres Erbauers schmücken die wohl eindrucksvollste der drei Kapellen, Fliesenbilder erzählen aus ihrer Geschichte.

Beim Verlassen des Vorhofes durch die kleine Pforte stößt man direkt auf den Komplex des ehemaligen erzbischöflichen Palastes. Die Gebäudeteile am offenen Vorhof dienen als Rektorat der katholischen Universität. Im anderen Teil um die Ecke, an der Praça do Município, ist eine bedeutende Bibliothek mit über 10 000 Handschriften untergebracht. Hinter dem Gebäude stehen in der Gartenanlage des **Jardim Santa Barbara** Ruinen gotischer Bögen, ein beliebter Ort für Familienfotos. Auf der gegenüberliegenden Seite des Largo do Município liegt das barocke **Rathaus** mit reizvollen Fliesenbildern, die aus der Stadtgeschichte erzählen. Der Brunnen davor, der Fonte do Pelicano, stammt aus dem 18. Jahrhundert.

Diogo de Sousa hat nicht nur die Sé gründlich umgestaltet, sondern auch den Ausbau der Stadt mit Palästen, Brunnen und Plätzen eingeleitet und damit den Grundstein für ihr heutiges Aussehen gelegt. Aus dieser Zeit stammt auch die Bezeichnung »Braga – das Rom Portugals«.

In solch einem Palast aus dem 16. Jahrhundert, dem **Palácio dos Biscainhos**, ist das städtische Museum untergebracht. Wie so oft in Portugal, sind nicht nur die Ausstellungsobjekte, sondern das Gebäude selbst einen Rundgang wert. Mit den Möbeln und Exponaten versetzt es den Besucher zurück in das 17. und 18. Jahrhundert. Auch die kunstvolle Gartenanlage lädt zu einem Spaziergang ein. Im Innenhof liegen römische Meilensteine herum wie woanders Bauschutt. Oder ist inzwischen aufgeräumt worden?

*Die Kathedrale Sé in Braga*

*»Die stillende Madonna«
an der Südseite der Kathedrale Sé in Braga*

Nur einen Steinwurf entfernt stehen die **Torre** und der **Arco da Porta Nova**,
ein Stadttor aus dem 16. Jahrhundert. Ringsum in den kleinen Krämerläden
ergattert man mit ein wenig Glück eine alte Portweinflasche oder andere sel-
tene Dinge. Von hier aus kann man am Ring über die Praça Conde de Agrolongo bis zur **Torre de Menagem**, einem mittelalterlichen Befestigungsturm,
zurückgehen. Nicht weit vom Café A Brasileira an der Rua de São Marcos steht
das Haus mit den holzvergitterten Fenstern, die in den Prospekten der Tou-
rismusinformation zu sehen sind. Im Original wirken sie ein wenig unschein-
barer. Am Ende der Gasse rechts findet man den **Palácio dos Coimbras**. Verschiedene manuelinische Ornamente umranden seine Fenster und lockern so
die Strenge der Granitfassade auf. Im turmartigen Gebäude der benachbarten
**Casa dos Coimbras** wurden zwei Kapellen übereinander gebaut.

Am Largo Carlos Amarante bestimmen die Kirchen **Santa Cruz** und **São
Marcos** das Bild. Beide gehören zu den vielen ungenannten Gotteshäusern der
Stadt. Im angrenzenden Viertel hinter der Post fällt der fliesenverkleidete
**Palácio do Raio** (18. Jh.), auch unter dem Namen Palacete do Mexicano

137

bekannt, mit einer überschwänglichen Barockfassade ins Auge: ein Beispiel profaner Baukunst in dieser klerikalen Stadt und ein schöner blauer Farbtupfer in seiner Umgebung. Von hier über die Avenida da Liberdade ist es nicht weit bis zum Park an der Avenida Central mit einladenden Bänken zum Ausruhen oder den Arkaden gegenüber, wo man sich bei einer Tasse Kaffee die Schuhe putzen lassen kann. Diese Vorhalle einer Kirche ist ein beliebter Treffpunkt für die Männer der Stadt, die hier Tag für Tag Neuigkeiten austauschen.

Das zur Fußballeuropameisterschaft 2004 neu erbaute **O Novo Estádio Municipal**, das neue städtische Stadion im Norden der Stadt, ist Ziel aller Fußballfans. Der Weg dahin ist sehr gut ausgeschildert. Der Architekt Eduardo Souto Moura hat das Stadion in einen Steinbruch gelegt: Eine Torseite findet sich vor einer steilen Felswand, die gegenüberliegende Seite gibt den Blick in die Landschaft frei. Auf zwei Tribünen an den Längsseiten finden über 30 000 Zuschauer einen Sitzplatz. Wenn das Stadion nicht zu besichtigen ist, so erhält man von dem großen Parkplatz einen guten Blick in das Gelände.

Etwa vier Kilometer außerhalb der Stadt liegt in Richtung Ponte de Lima mit der **Capela São Frutuoso** ein Kleinod Bragas. Diese vorromanisch-byzantinische Kapelle mit dem Grundriss eines griechischen Kreuzes, vierschiffig um einen zentralen Kuppelbau, stammt noch aus der Zeit der Westgoten um 660. Sie ist nicht mehr komplett erhalten und gibt dennoch einen Eindruck ihrer vorromanisch-byzantinischen Architektur.

*Wallfahrtskirche
Bom Jesus do Monte*

Auch außerhalb der Stadt, in Richtung Gerês, liegt die **Wallfahrtskirche Bom Jesus do Monte**. Die Igreja selbst ist jedoch eine kunsthistorische Enttäuschung gegenüber dem, was die Kirchen in Braga sonst zu bieten haben. Ein Besuch unter diesem Aspekt lohnt kaum. Eindrucksvoller ist die gegenläufige barocke Treppenanlage mit ihren fast 600 Stufen und 14 Stationskapellen.

*Im bischöflichen Garten*

Obelisken, Statuen und Wasserspiele verzieren den Aufgang. Die Brunnen der oberen Stationen stellen die Reinigung der fünf Sinne dar. Von der obersten Plattform (401 m) geht der Blick über die Hochebene von Braga. Man kann die Stufen hinunterlaufen und mit einer Zahnradbahn hochfahren. Neben Fátima ist dies der wichtigste Wallfahrtsort in Portugal.

### Service & Tipps:

🏛 **Museu de Arte Sacra**
Rua D. Paio Mendes, 4700 Braga
✆ 253 26 33 17, tägl. außer Mo 9–12.30 und 14–18.30, im Winter bis 17.30 Uhr
Museum für sakrale Kunst, untergebracht in der Kathedrale Sé.

🏛 **Palácio dos Biscainhos**
Rua dos Biscainhos
4700-415 Braga
✆ 253 20 46 50, tägl. außer Mo 10–12.15 und 14–17.30 Uhr
Das städtische Museum befindet sich im Palast gleichen Namens aus dem 17./18. Jh. inmitten eines barocken Gartens. U.a. dekorative Künste, portugiesische Möbel und Keramiken.

In der Woche vor Ostern wird die **Semana Santa** (Heilige Woche) mit Prozessionen begangen. Pfingsten findet die **Hauptwallfahrt** in Bom Jesus statt.
Ende Juni/Anfang Juli werden die drei Feste **Santo António, São João und São Pedro** zusammen gefeiert. Dazu wird die Stadt mit Lichterketten geschmückt. Am Sa ist abends ein großes Folklorefestival.
Am 29. Juli wird die **Wallfahrt Santa Marta** gefeiert.

✕ **Restaurante Abade de Priscos**
Praça Mouzinho de Albuquerque 7
4710-301 Braga
✆ 253 27 66 50, So/Mo geschl.
Traditionelle Küche in einem schönen Ambiente. €€

✕ **Restaurante O Alexandre**
Campo dos Hortas 10
4700-210 Braga
✆ 253 61 40 03, So abends geschl.
Gute Küche mit großen Portionen. €€

✕ **Restaurante Pópulo**
Praça Conde de Agrolongo 116
4700-312 Braga
✆ 253 21 51 47, So abends/Mo geschl.
Sehr gutes Speiserestaurant. €€

✕ **Restaurante São Frutuoso**
Rua Costa Gomes 168
4700-262 Braga
✆ 253 62 33 72
Gehobeneres Haus mit rustikaler Ausstattung. €€€

☕ **Café A Brasileira**
Largo Barão S. Martinho 17
4700-306 Braga
✆ 253 26 21 04
Traditionsreiches Haus, ideal für einen Kaffee zwischendurch.

ℹ **Turismo**
Av. da Liberdade 1
4710 Braga
✆ 253 26 25 50
Fax 253 61 33 87
www.cm-braga.com

*Hier gibt es noch einsame
Seen: im Nationalpark
Peneda-Gerês* ▷

*1500 Einwohner*

*Ein weiterer Ausflug
lohnt 20 Kilometer
westlich nach Terras
de Bouro, auch ein
Badeort, in dem die
Zeit stehen geblieben
zu sein scheint.*

# ❹ Caldas do Gerês

**Caldas do Gerês** (468 m), ein Thermalbad mit heilender Mineralquelle und größte Ansiedlung im Nationalpark Gerês, ist eigentlich nur eine Avenida zwischen den Bergen. Bis zu 900 Meter steigen die Flanken steil in die Höhe. Auf der Sohle bleibt nur Platz für die Hotels. Die Häuser der Einheimischen liegen jenseits des Wildbachs am Hang. In den Ferienmonaten Juli bis September gleicht der Ort einem Ameisenhaufen, um dann wieder in einen langen Winterschlaf zu verfallen. Die warmen Quellen und das milde Klima haben den Ruf als Kurort (geeignet bei Leberleiden) begründet.

Von Caldas sollte man einen Ausflug bis zur Grenze nach Spanien machen. Über 400 Höhenmeter überwindet die Straße bis zur **Portela de Leonte**, begleitet von dichtem Wald und je nach Jahreszeit mehr oder weniger starken Wasserfällen. Ganz oben wurde der Weg aus dem Fels geschlagen. Ein Blick rückwärts streift weit hinunter in das Tal bis zum Stausee.

Die Portela de Leonte ist mit 862 Metern der höchste Punkt der Straße. Dort stehen die Parkwärter, um den Verkehr zu kontrollieren. Von hier aus kann man wandern. Fährt man die Straße weiter entlang, so muss man bis zur sechs Kilometer entfernten spanischen Grenze durchfahren, ohne anhalten zu können. Erst dort ist es wieder möglich, zu parken und zu laufen. Die hohen runden Steine am Parkplatz sind römische Meilensteine, auf einigen kann man noch etwas entziffern.

Vom Wasserfall rechts, 100 Meter vor der Grenze, bietet sich ein schöner Wanderweg an. Der Weg läuft parallel zum Rio Homem und führt bis nach **Minas dos Carris**, einem heute verlassenen Ort. Man muss nicht gleich die ganzen Kilometer bis zum Ort gehen – und wieder zurück.

Nahe der Brücke fällt der Rio Homem einige Meter senkrecht über einen Felsen hinunter. Der Wasserfall sieht zwar von oben eher klein aus, aber wenn man unten am Rand des Auffangbeckens steht, beeindruckt dieses Naturschauspiel. Der Abstieg ist von beiden Seiten möglich und nicht allzu schwierig. Ein Bad in dem kristallklaren, grün schimmernden Wasser lohnt die Mühe.

ⓘ **Turismo**
Colunata-Vila de Veiga
4845-067 Caldas do Gerês
✆ 253 39 11 33

**Service & Tipps:**

 **Feste und Wallfahrten**
in Caldas do Gêres:
Am 12. Juni **Santo António**, **São José** im März, **Santa Marinha** am 17. Juli, **Senhora da Saúde** immer am 1. So im Aug. und **Santa Eufémia** am 3. So im Aug.

✖ **Restaurante Portela**
Pereiró-Vilar Veiga, Gerês
✆ 253 39 13 70
Regionale Küche. €

Der **Parque Nacional da Peneda-Gerês** erstreckt sich entlang der portugiesisch-spanischen Grenze über eine Fläche von etwa 70 000 Hektar. Das Gebiet wurde 1971 offiziell abgegrenzt: Es umfasst im Norden die Serra da Peneda und im Osten die Serra do Gerês. Die südliche Grenze bildet der Rio Cávado mit seinen Stauseen. Während der Nordwesten dichter besiedelt ist, sind im Osten große Teile fast menschenleer. Die wichtigste Stadt ist Caldas do Gerês.

*Wasserfall an der Portela do Homem*

4000 Jahre alte Dolmen bei Mezio, Paradela, Tourém und Pitões weisen auf eine prähistorische Besiedlung hin. Auch die Kelten haben sich hier niedergelassen. Die erste Straße legten die Römer von der Portela do Homem Richtung Covide an. Mehrere Meilensteine säumen noch diesen Weg. Wegen der Unberührtheit großer Gebiete konnte sich eine artenreiche Flora und Fauna erhalten. Wölfe, Wildkatzen, Rehe, Wildschweine, Wildpferde und Königsadler haben hier ihr Revier.

Seit 1992 gibt es strenge Regeln für den Verkehr im Nationalpark. An Wochenenden und an nationalen Feiertagen sowie nachts ist es für Fremde verboten, sich mit motorisierten Fahrzeugen im Park zu bewegen. An Wochentagen ist die Durchfahrt zum Beispiel zur spanischen Grenze in Portela do Homem oder die Fahrt zu den ausgewiesenen Parkplätzen gestattet. Die Höchstgeschwindigkeit im gesamten Park beträgt 50 km/h.

Für Busse mit über 40 Personen ist der Park ganz gesperrt.

Informationen unter www.serra-do-geres.com (leider nur auf Portugiesisch).

## ❺ Citânia de Briteiros

An strategisch günstiger Stelle, auf der Kuppe des São Romão, liegt in 336 Metern Höhe die ausgegrabene keltische Siedlung **Citânia**. So um 700 v. Chr. – die Angaben der Experten schwanken zwischen 700 und 300 – müssen die Kelten hier ihre Hütten gebaut haben. Als Material dienten die Steine der Umgebung, die sie nur aufzuheben brauchten. Drei Mauerringe umfriedeten die etwa 150 runden und eckigen Häuser. Gepflasterte Straßen, eingearbeitete Wasserrinnen und Brunnen sind deutlich zu erkennen. Zwei Rundlinge hat der Archäologe Martins Sarmento, Entdecker der Siedlung, rekonstruiert. Verlassen wurde diese Siedlung um die Wende vom 3. zum 4. Jahrhundert, also am Ende der Römerzeit.

Die Kapelle auf der Kuppe ist viel jünger, sie stammt aus dem 11. Jahrhundert und wurde wie der neben ihr gefundene Friedhof erst lange nach Aufgabe der Siedlung gebaut.

Die **Ausgrabungsstelle** liegt in der Freguesia de S. Salvador de Briteiros Citânia, ✆ 253 41 59 69 Tägl. außer Mo 9.30–12 und 14–17 Uhr

Die Ausgrabungsstätte ist eine Nebenstelle des Museu Martins Sarmento in Guimarães. Kontakte und Informationen über das Museum (vgl. unter Guimarães S. 144).

*3700 Einwohner*

*Auch der Ort Marco de
Canaveses bildet in
seinem Zentrum um
die Kirche ein schönes
Ensemble von granite-
nen Häusern.*

## ❻ Freixo

Unweit von Marco de Canaveses, südlich von Amarante, wird seit 1980 in **Freixo** eine römische Siedlung *(cidade romana)* mit Häusern, Forum und Thermen auf einem Gelände mit 9521 Quadratmetern ausgegraben. Hoch auf einem Bergrücken gelegen, hatte **Tongobriga** eine hervorragende strategische Position.

Besuchenswert sind zwei Areale: das Wohnquartier gleich am Dorfeingang mit rechteckigen Hausgrundrissen und einem rechtwinkligen Straßensystem sowie das Forum mit den anschließenden Thermen. Es haben sich Wände mit einer Höhe bis zu fünf Metern erhalten. Die Bauten stammen aus dem 1. Jahrhundert und wurden bis zum 5. Jahrhundert bewohnt. Das Forum als Kreuzungspunkt wichtiger römischer Straßen ist 112 mal 75 Meter groß.

*Service & Tipps:*

**Área Arqueológica do Freixo**
Rua António Correia de Vas-
concelos
4630-095 Freixo

Marco de Canaveses, ✆ 255 53 10 90
www.geira.pt/tongobriga (Website
leider nur auf Portugiesisch, aber mit
vielen Bildern)
Tägl. außer Mo 9–12.30 und 14–
17.30 Uhr

*47 700 Einwohner*

## ❼ Guimarães

»*Aqui nasceu Portugal*«, »Hier ist Portugal geboren«, steht in großen weißen Lettern vor dem Granitgrau des mittelalterlichen Turms im Herzen von **Guimarães**. Heinrich von Burgund machte die Stadt 1097 zum Zentrum der Grafschaft Portucale, sein Sohn Afonso I. Henriques ernannte sie 1139 zur ersten Hauptstadt des Königreichs Portugal.

Historisch gesehen muss man den Rundgang am gut erhaltenen **Kastell** aus dem 10. Jahrhundert beginnen. Unter Salazar wurde es nach Vorstellungen der Historiker rekonstruiert, Pläne oder Ansichten des Originals sind nicht überliefert. Am 24. Juni 1110 wurde hier Portugals erster König Afonso I. Henriques als Sohn Heinrichs von Burgund und seiner Frau Teresa geboren.

Zu Füßen der Festung steht die aus großen Granitquadern gefügte romanische Burgkapelle **São Miguel do Castelo**. Über ihrem Taufbecken *(pia baptismal)* soll Afonso Henriques getauft worden sein. Das Original steht jedoch in der Igreja da Oliveira.

Den Herzögen von Bragança war die Wehrburg wohl zu unbequem und nicht mehr zeitgemäß, sie bauten ab 1420 unweit entfernt einen neuen Palast, den **Paço Ducal**. Auftraggeber war der Conde de Barcelos, ein im Auftrag seines Königs weit gereister Mann. So ist eine gewisse Ähnlichkeit mit dem Palast der Könige von Mallorca in Perpignan zu erklären. Von außen wirken die Granitfassaden eintönig, nur durch die vielen, aus roten Backsteinen gefügten Schornsteine aufgelockert. Nach der Verlegung der Residenz der Herzöge von Bragança nach Vila Viçosa verlor der Palast seine Bedeutung, wurde wenig beachtet und verkam. Erst 1933 nahm sich der Staat seiner an und ließ ihn von Grund auf renovieren. Er kann als Museum besichtigt werden, was man sich keinesfalls entgehen lassen sollte.

Hinter dem Eingang öffnet sich ein zweistöckiger Innenhof mit einer erstaunlich klaren Linienführung, die sich in den Räumen fortsetzt. Soweit es möglich war, wurden sie authentisch möbliert und geben einen Einblick in das feudale Leben des 15. und 16. Jahrhunderts. Das schwere Mobiliar, chinesisches Porzellan, die Fayencen, Gobelins, Gemälde und die dunklen Holzdecken wirken in der Schlichtheit der Räume nobel. Die Kapelle im Obergeschoss ist

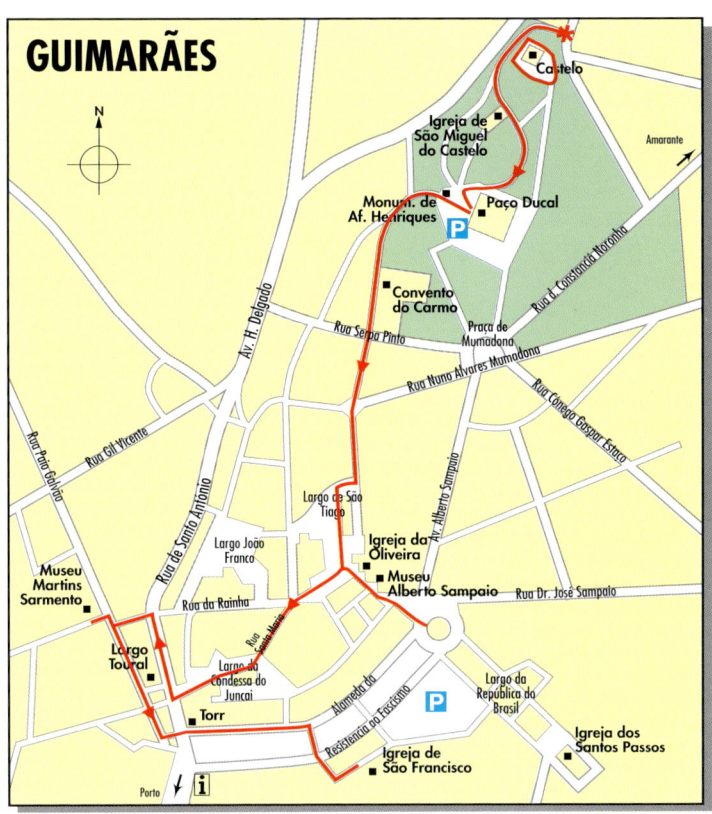

# GUIMARÃES

N

Castelo

Igreja de
São Miguel
do Castelo

Amarante

Monum. de
Af. Henriques

Paço Ducal

P

Convento
do Carmo

Praça de
Mumadona

Rua de Constância Moronha

Av. H. Delgado

Rua Serpa Pinto

Rua Nuno Alvares Mumadona

Rua Cónego Gaspar Estaco

Rua Gil Vicente

Rua Porto Calvini

Rua de Santo Antonio

Largo de São
Tiago

Av. Alberto Sampaio

Igreja da
Oliveira

Largo João
Franco

Museu
Alberto Sampaio

Rua Dr. José Sampaio

Museu
Martins
Sarmento

Rua da Rainha

Largo
Toural

Largo da
Condessa do
Juncal

Rua Gravadores

Alameda da

Resistência ao Fascismo

P

Largo da
República do
Brasil

Torr

Igreja dos
Santos Passos

Porto

i

Igreja de
São Francisco

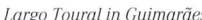

mit ihrer nordisch anmutenden, hölzernen Dachkonstruktion fremd in dieser Umgebung; ihre Originalität darf man ruhig bezweifeln.

Vom Paço Ducal läuft man am Convento do Carmo vorbei hinab in die Stadt bis zur **Igreja da Oliveira**. Am Largo de São Tiago steht eine Reihe geduckter Häuser mit schmiedeeisernen Gittern an den Balkonen und der obligatorischen Wäsche, die im Wind flattert.

Der ungewöhnliche, spitzbogige Durchgang zum Platz der Igreja da Oliveira ist ein beliebtes Fotomotiv. Den optischen Mittelpunkt bildet der manuelinische **Padrão de Salado**. Das Denkmal erinnert an die Schlacht am Rio Salado, wo 1340 portugiesische und spanische Truppen gemeinsam ein marokkanisches Heer besiegten. Die Kirche vom Ölbaum *(oliveira)* gibt diesem Platz sein besonderes Gepräge. In seiner Grundform stammt der wuchtige Turm mit manuelinischen Stilelementen aus der Mitte des 13. Jahrhunderts.

*Largo Toural in Guimarães*

143

*Afonso Henriques als Hintergrund für ein Erinnerungsfoto*

Er wurde später jedoch stark verändert. Im anschließenden Klosterteil ist das **Museu Alberto Sampaio** untergebracht. Schon der kleine Kreuzgang hinter dem kunstvollen schmiedeeisernen Tor lohnt den Besuch: Skulpturen, Sarkophage, Gemälde, kirchliches Gerät und andere Kunstschätze sind hier zur Schau gestellt.

Vor dem Besuch der keltischen Siedlung Citânia sollte man noch einen Blick in das **Museu Martins Sarmento** werfen. Dort sind die Fundstücke der Ausgrabungen ausgestellt, während vor Ort nur die Grundmauern der Siedlung offen liegen. Die Haus- und Handwerksgeräte sowie Waffen geben erst eine genauere Vorstellung vom Leben in damaliger Zeit. Kulturhistorisch interessant ist der Pedra Formosa, der schöne Stein, eine ungewöhnlich große Steintür mit eingeritzten Verzierungen und einem halbrunden Loch in der Mitte der Unterseite. Er diente wahrscheinlich zum Verschließen des Verbrennungsraumes im keltischen Totenkult.

*Vor der Weiterfahrt sollte man noch einen Bummel durch die engen, mittelalterlich anmutenden Gassen unternehmen: die Rua da Rainha oder die Rua Santa Maria hinunter bis zum Largo da Condessa do Juncal – rechts und links ein wenig in die Gassen geschaut.*

Falls das Auto an der Alameda da Resistência ao Fascismo abgestellt ist, sei noch ein Blick in die **Igreja de São Francisco** aus dem 14. Jahrhundert empfohlen. Sie ist ein auffallend breiter Bau, ursprünglich gotisch, dann aber wie viele andere umgebaut. Die blau-weißen Fliesenbilder am Querschiff geben dem mit vergoldetem Schnitzwerk *(talha)* überladenen Altar ein eigenes Gepräge.

### Service & Tipps:

**Paço dos Duques de Bragança**
Rua Conde D. Henrique
4810-245 Guimarães
✆ 253 41 22 73
Tägl. außer Mo 10–18 Uhr
Gotischer Palast aus dem 15. Jh.:
Möbel, Porzellan, Fayencen, Wandteppiche.

**Museu Alberto Sampaio**
Im Kloster der Igreja da Oliveira
Rua Alfredo Guimarães
4810-251 Guimarães
✆ 253 42 39 10
Tägl. außer Mo 10–18 Uhr
Wichtige Sammlung gotischer und barocker Skulptur, Gold- und Silberschmiedearbeiten.

**Museu Martins Sarmento**
Rua Paio Galvão
4814-509 Guimarães

✆ 253 41 59 69
Tägl. außer Mo 9.30–12 und 14–17 Uhr
Neben zeitgenössischer Kunst besitzt das Museum die größte archäologische Sammlung zur Castro-Kultur.

Die **Festas Gualterianas**
Anfang Aug. gehen auf das Jahr 1452 zurück. Religiöses Fest mit Wallfahrt, Folklore und Markt zu Ehren des São Gualter.

**Restaurante Solar do Arco**
Rua da Santa Maria 48
4810-443 Guimarães
✆ 253 51 30 72, So abends geschl.
Gemütliches Haus mit regionaler Küche. €€

**Café Restaurante Alameda**
Largo da Condessa do Juncal
4810 Guimarães
✆ 253 41 23 72
Gutes Familienrestaurant. €–€€

**Turismo**
– Alameda de São Dâmaso 83
4810-286 Guimarães
✆ 253 41 24 50
– Praça de Santiago
4810-300 Guimarães
✆ 253 51 87 90
www.guimaraesturismo.com

# ❽ Ponte de Lima

**Ponte de Lima** erhielt schon 1125 die Stadtrechte. Der Ort entwickelte sich aus einer kleinen Zitadelle mit zehn Türmen, sechs
Toren und einer Umfassungsmauer, die im Durchmesser 600 Meter misst. Ein
Teil der Stadtmauer ist bis heute erhalten. Die heutige Brücke mit 15 Rund-
und 16 Spitzbögen ist 380 Meter lang. Sie wurde 1360 auf den Fundamenten
einer römischen Brücke erbaut und im 15. Jahrhundert erneuert.

Die Hauptstraße Rua Cardeal verläuft vom Flussufer an der gotischen Pfarrkirche Igreja Matriz aus dem 14. Jahrhundert vorbei bis zur **Praça da República**. Den Platz dominiert das 1464 errichtete Schloss mit vier mächtigen Türmen und Zinnen auf der Mauerkrone. Im Eckhaus findet sich die Touristeninformation. Im Nebenraum sind die handwerklichen Produkte der Region ausgestellt. Beim Schlendern durch die Gassen sollte man einen Blick auf die schönen Fassaden werfen. Einige Häuser stammen noch aus dem 16. Jahrhundert
und sind häufig mit manuelinischen Verzierungen versehen.

Sehr bekannt sind die jährlich am dritten Septemberwochenende stattfin-
denden *Festas Novas*. Der Ursprung des Festes geht auf das 12. Jahrhundert
zurück. Reiterspiele, historische Trachtenumzüge und vielerlei Spektakel
sowie ein großer Markt am Flussufer bestimmen das bunte Treiben.

Da die alte Brücke für den modernen Verkehr nicht geeignet ist, wurde flussabwärts eine neue gebaut.

**REGION 5
Der Minho und
der Douro Litoral**

*2800 Einwohner*

*Die Stadt war eine
wichtige Station auf
dem Weg der Pilger
nach Santiago de Com-
postela.*

*Historischer Trachtenum-
zug während der Festas
Novas in Ponte de Lima*

## Service & Tipps:

Am dritten Wochenende im
Sept. gibt es die **Feiras Novas**
und die **Festa da Senhora das
Dores**.

Im Rahmen des Festes finden die
»freien Märkte« statt. Die Tradition
geht auf das 12. Jh. zurück. Wie im
Mittelalter versammeln sich Händler
und Käufer nahe am Fluss und kaufen und verkaufen alles, was mit
Landwirtschaft zu tun hat. Bekannt
sind die Umzüge in historischen
Gewändern, am jeweiligen Mo gibt es
eine Prozession.

ⓘ **Turismo**
Praça da República
4990 Ponte de Lima
© 258 94 23 35
Fax 258 94 23 08

145

*65 500 Einwohner in
12 Freguesias auf
82 Quadratkilometern.*

## ❾ Póvoa de Varzim

**Póvoa de Varzim** wird gerne als Beispiel eines modernen Bade-ortes im Norden des Landes angeführt – er ist der größte an der Costa Verde. Wegen des häufig auftretenden Seenebels direkt am Strand sind nur wenige ausländische Touristen anzutreffen.

Durch die Neubauten, darunter sehr viele Apartmenthäuser mit Ferien-wohnungen in Strandnähe, hat es von seinem Charme als Fischerort viel ein-gebüßt. Holzgerüste zum Trocknen des Kabeljaus zu Stockfisch, die früher das Bild bestimmten, muss man lange suchen. Eine ausgedehnte Strandpromena-de, im Norden von einem Hallenbad, im Süden vom Casino begrenzt, be-herrscht die Küste. Der Hafen mit einer der größten Fischfangflotten Portugals liegt ein wenig abseits und ist nicht in allen Teilen frei zugänglich.

Lohnenswert ist ein Besuch des Städtischen Museums für Volkskunde und Geschichte, des **Museu Municipal de Etnografia e Historia**. Es ist in einem herrschaftlichen Haus aus der zweiten Hälfte des 18. Jahrhunderts unterge-bracht und gibt in einer gut aufgearbeiteten Sammlung einen Einblick in das Leben und den Wandel der Fischer und Bauern der Region.

*Service & Tipps:*

**ⓘ Turismo**
Praça Marquês de Pombal
4490 Póvoa de Varzim
☏ 252 29 81 20
Fax 252 61 78 72
www.cm-pvarzim.pt

 **Museu Municipal de Etnografia e Historia**
Rua Visconde de Azevedo
4490-589 Póvoa de Varzim
☏ 252 61 62 00
Tägl. außer Mo 10–12.30 und 14.30–18 Uhr
Volkskundliche Sammlung zum Leben der Fischer und Bauern der Region in einem herrschaftlichen Haus des 18. Jh.

Ende Juni werden die **Festas de São Pedro** veranstaltet, ein Fest zu Ehren des Schutzpatrons der Fischer. Die Stadtviertel organisieren in dieser Zeit *rusgas* (Volkstanz- und Gesangsgruppen) und *cascatas* (figür-liche Darstellungen religiöser Szenen) und in der Nacht vom 28. auf den 29. Juni zieht die festliche Prozession des hl. Petrus durch den Ort. Das Volksfest findet seinen glänzenden Abschluss mit einem prächtigen Feuerwerk.

---

*90 700 Einwohner in
40 Freguesias auf 319
Quadratkilometern.*

## ❿ Viana do Castelo

**Viana do Castelo** erhielt 1258 die Stadtrechte von Dom Afonso III. Die nach Norden segelnden Griechen hatten schon an diesem expo-nierten Ort einen Hafenplatz angelegt, die Römer folgten und nannten ihn Pulchra. Afonso gab ihm den Namen *Viana da Foz de Lima*. Die heutige Bezeich-nung erhielt die Stadt als Dank der Königin für die Treue der Bewohner während eines Aufstandes. Den großen Aufschwung erfuhr Viana im 16. Jahr-hundert durch wirtschaftliche Beziehungen zum damals mächtigen Flandern. Heute lebt man hier vom Schiffsbau, dem Fischfang und der Weiterverarbei-tung sowie von der Holz- und Textilindustrie. Sehr bekannt ist die weiße Kera-mik von Viana, die mit blauen Mustern verziert ist.

Die Avenida dos Combatentes da Grande Guerra, die vom Largo 5 de Outu-bro bis zum Bahnhof Estação CP verläuft, trennt das Stadtzentrum in zwei Tei-le: Östlich liegt der ältere Teil mit dem Rathaus und der Kathedrale Sé, west-lich der neuere Teil mit einer Fußgängerzone um die Straße Rua Manuel Espre-gueira. Die örtliche Touristeninformation schlägt zwei Rundgänge vor, die auf dem dort erhältlichen Stadtplan eingezeichnet sind und zu den Sehenswürdigkeiten der Stadt führen. Sie stehen unter dem Motto: »Vom Manuelismus bis zum Art déco« und »Manuelismus – Renaissance – Barock«. Wir wollen uns auf das Wesentliche beschränken und einen Rundgang daraus machen.

Beginnen wir am Largo de 5 Outubro und gehen ein Stück die Avenida dos Combatentes hinauf, biegen in die zweite Gasse rechts in die Altstadt ein und halten uns dann sofort wieder links. Zuerst fällt das 1468 gegründete alte Hospital, **Hospital Velho**, auf. Heute befindet sich hier der Sitz des Regionalbüros der Tourismusregion von Alto Minho. In diesem Teil der Stadt kann man sich ein wenig durch die Gassen treiben lassen. Manuelinische Verzierungen, Stilelemente der Renaissance und des Barock sind an den Häusern zu erkennen.

Richtung Rathaus gelangt man zur **Kathedrale Sé**, die 1440 geweiht wurde. Die Front weist gotische Elemente auf. Die Fensterrose ist von Masken umgeben, die sechs Apostel ruhen sich an den Säulen aus. Über allem wacht Christus, von Engeln umgeben. Im Innern wurde später ein manuelinischer Bogen zugefügt, ein Schiffsmodell weist auf die Seefahrerstadt hin.

Fast wie ein großes Wohnzimmer wirkt die **Praça da República**, der zentrale Platz der Altstadt. Der Renaissancebrunnen ist ein beliebter Treffpunkt der Jugend. Das **Alte Rathaus** mit den Arkaden ist ein seltenes profanes Gebäude im gotischen Stil. Es stammt aus dem 14. Jahrhundert und wurde mehrmals umgebaut. Das Wahrzeichen König Manuels I., das Christusritterkreuz, Armillarsphäre, Karavelle und Wappen weisen auf Veränderungen im 16. Jahrhundert hin. Die benachbarte **Igreja da Misericórdia** mit dem verspielt wirkenden dreistöckigen Renaissanceportal hebt sich gut gegen das Rathaus ab. Kunstvolle Steinmetzarbeiten erwecken einen Eindruck der Leichtigkeit. Die Kirche wurde im 16. Jahrhundert erbaut und 200 Jahre später renoviert. Nur einige Schritte weiter in der schmalen Gasse neben dem Rathaus befindet sich der Kirche gegenüber die **Casa da Praça**: ein hervorragendes Beispiel zivilen Barockbaus mit angrenzender Kapelle.

Auf dem Weg Richtung Bahnhof durch die Rua Cândido dos Reis liegt an der rechten Seite der kleine Palast **Palacete Alpium** mit manuelinischen Toren. Bald dahinter stößt man auf den **Palácio dos Condes da Carreira**. Mit seinen manuelinischen und klassizistischen Stilelementen ist der Palast eines der imposantesten Gebäude der Stadt. Heute beherbergt er das Rathaus.

Wir schlendern die Avenida hinunter. Das Gebäude der Grundschule auf der rechten Seite ist mit seinen Skulpturen, Fliesen und Fensterumrahmungen typisch für die Architektur zu Beginn des 20. Jahrhunderts. Wer noch nicht zu müde ist, kann noch einen kleinen Umweg durch die Rua Manuel Espregueira machen. Hier locken neben den Fassaden verschiedener Stilrichtungen auch die Geschäftsauslagen.

*Geschmückt für die Festa da Nossa Senhora da Agonia in Viana do Castelo*

---

### Service & Tipps:

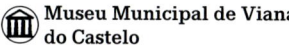 **Museu Municipal de Viana do Castelo**
Largo de S. Domingos
4900-330 Viana do Castelo
☎ 258 82 03 77
Tägl. außer Mo 10–13 und 15–18 Uhr
Eine umfangreiche Sammlung von Keramiken (18. und 19. Jh.), blaue Fayencen aus dem 17. Jh., typisches Steingut der Region.

Anfang Mai findet in dem Vorort Vila Franca de Lima die **Festa da Senhora das Rosas** statt. Da der ganze Minho im Frühling ein riesiger Rosengarten ist, veranstaltet die alte »Bruderschaft der Rosenmutter Gottes« das duftreichste Fest des Landes. Der schöne Rosenumzug begleitet die reich gekleideten *mordomas*, die Prozessionsführerinnen, die auf dem Kopf große Blumenkörbe tragen, ein Geschenk an die Jungfrau Maria.

Mitte Mai gibt es die **Festa da Santa Cruz** oder **Dos Andores Floridos** in Alvaraes. Der Ort verwandelt sich in ein Blumenmeer. Alle Trageerüste der Heiligenbilder, die an der Prozession teilnehmen, sind vollständig mit Blumenblättern überdeckt, ebenso die großen Granitkreuze, die den Weg der Prozession säumen.

ⓘ **Turismo**
Rua do Hospital Velho
4900 Viana do Castelo
☎ 258 82 26 20
Fax 258 82 78 73

# Trás-os-Montes und Alto Douro

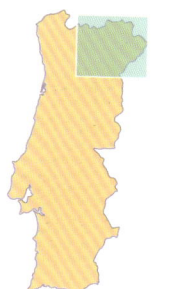

Trás-os-Montes ist die nordöstlichste Region Portugals. *Trás os montes* heißt wörtlich übersetzt »hinter den Bergen«, und so sehen die Portugiesen sie nicht nur geographisch, sondern auch im übertragenen Sinne. Für die Lissabonner, die Alentejaner oder auch die Portorenser ist diese Region weit weg und sehr schwer zu erreichen. Das letzte Dorf wurde erst 1996 an die Elektrizitätsversorgung angeschlossen. Die Gebirge, hinter denen das Land liegt, sind die Serra do Marão (1415 m), die Serra de Alvão (1329 m), die Serra do Barroso (1174 m) und die Serra do Larouco (1525 m). Da sie fast parallel zur Küste verlaufen und mit ihrer Höhe die Winde und den Regen des Atlantiks abhalten, herrscht hier ein völlig anderes Klima als im Minho. Trockene, heiße Sommer im Juli/August mit 40 Grad Celsius sind in

Vila Real so wenig eine Seltenheit wie kalte Winter mit Frost und Schnee. Verkehrstechnisch ist das Gebiet erst mit dem Bau der IP 4 seit 1988 einigermaßen gut an das nationale Straßennetz angeschlossen. Für die 35 Kilometer von Amarante nach Vila Real benötigte man vorher gut zwei Stunden, heute ist die Strecke in 30 Minuten zu schaffen. Und auf der nördlichen Route von Chaves nach Braga auf der N 103 hieß es: Tabletten gegen Reiseübelkeit an die Mitfahrer verteilen. Eine Kurve ging in die nächste über, Steigungen und Abstiege wechselten sich ab. Richtung Süden ist die IP 3 von Viseu bis Vila Real fertig gestellt, das Stück bis Chaves und weiter nach Spanien noch im Bau.

*Hier ist das Leben noch beschaulich*

Die größten Städte sind Vila Real, Chaves und Bragança. Mirando do Douro hat mit seiner Nähe zu Spanien eine regionale wirtschaftliche Bedeutung.

Mit weniger als 30 Einwohnern pro Quadratkilometer ist das Land dünn besiedelt. Die Landwirtschaft auf den meist flachgründigen Böden über dem Granit ist kleinräumig gegliedert. Die Äcker erstrecken sich oft über Steilhänge. Die Bewirtschaftung ist daher sehr schwierig, ein Maschineneinsatz auch aus finanziellen Gründen kaum möglich. Wo man bewässern kann, werden Kartoffeln angebaut, entlang der Flusstäler hat der Weinanbau eine gewisse Bedeutung. In der (bescheidenen) Viehzucht hat man sich vornehmlich auf Schafe und Ziegen konzentriert. Eine geringe Industrialisierung, kaum Verdienstmöglichkeiten in der Landwirtschaft verbunden mit einem ständigen Risiko der Existenzsicherung machten Trás-os-Montes zur größten Abwanderungsregion in Portugal.

Auch durch die absolute Erbteilung wurde das Land arm. Die Entdecker rekrutierten ihre Schiffsbesatzungen von hier. Brasilien war das erste bedeutende Auswandererziel, in jüngster Vergangenheit wurden es Mitteleuropa und die USA. Zwischen 1950 und 1974 emigrierten zirka 100 000 Menschen ins Ausland, zusätzlich etwa 275 000 in die Küstenregionen und nach Porto und Lissabon, um Arbeit in der Industrie zu finden.

Zum Lebensabend kommt man zurück in die Heimat und baut dort sein Haus im Stil des Gastlandes. Vor einhundert Jahren waren es die Brasilienrückkehrer, die den brasilianischen Kolonialstil mit zum Bei-

*Die Spanier nutzen das noch bestehende Preisgefälle besonders bei Textilien aus und kaufen hier günstig ein.*

*Die ganze Familie muss anfassen: Ackerbau in Trás-os-Montes*

149

spiel reich verzierten Dachfetten mitgebracht haben. Seit zwanzig Jahren sieht man schweizerische Chalets, Häuser im französischen oder deutschen Stil, die hier fremdartig wirken und nicht in die Landschaft zu passen scheinen. Wenn die Besitzer nur für ein paar Wochen während der Ferien kommen, stehen die Häuser in der übrigen Zeit häufig leer. Die Jalousien sind so fast das ganze Jahr heruntergelassen.

Die östliche und südliche Grenze von Trás-os-Montes bildet der Douro, der bei Miranda do Douro als Duero aus Spanien kommt. Im Alto Douro, dem Oberen Douro, wie die Portugiesen die Flusslandschaft hier nennen, wächst der Wein, aus dem der weltbekannte Portwein gekeltert wird (vgl. »Nach Portugal des Weines wegen«, S. 12 ff.).

Die Wirtschafts- und Bevölkerungsstruktur weist viele Parallelen mit Trás-os-Montes auf. Die Jungen wandern in großer Anzahl ab, es sterben mehr Menschen als geboren werden, das Resultat ist eine stark überalterte Bevölkerung. Zur Weinlese müssen viele fremde Arbeitskräfte angeworben werden. Das Zentrum der Region bilden die Orte Peso da Régua mit dem Sitz der Casa do Douro als Zwangskooperative aller Portweinbauern in dem Portwein-Demarkationsgebiet, und Pinhão, in deren Gegend die besten Trauben gedeihen.

*Heimat des Portweins: das Tal des Douro*

Trás-os-Montes und Alto Douro sind die touristisch am wenigsten erschlossenen Teile Portugals, wo es noch viel zu entdecken gilt. Die

## Das Gebiet des Portweins

Um dem Niedergang des Portweins und dem des Dourogebietes Mitte des 18. Jahrhunderts entgegenzuwirken, traten unter Anregung des damaligen Ministerpräsidenten Marquês de Pombal 1755 alle Hauptportweinproduzenten dieses Gebietes zusammen, um eine Lösung für das Problem zu finden. Das Ergebnis war die Einsetzung der »Companhia Geral da Agricultura das Vinhas do Alto Douro« (Allgemeine Gesellschaft des Weinanbaus am Oberen Douro) am 10. September 1756, die gemäß ihrer Satzung »den Anbau des Weins durch den Ruf des Weins unterstützt, auf dass der Handel davon profitiere, die Landwirtschaft belohnt werde und dies alles dergestalt klug abwägt, dass der Verbrauch nicht durch Teuerung unmöglich und der Anbau nicht durch Herabsetzung der Preise aufgegeben werde«.

Wichtigste Ziele waren die Bildung von Kapital, die Demarkation der Weinregion und die Festsetzung der Preise für die dort produzierten Weine. Zwischen 1758 und 1761 wurden zum ersten Mal Karten über die Gemarkungen der Parzellen erstellt sowie Grenzsteine gesetzt. Die Demarkation wurde im Laufe der Zeit erweitert; der aktuelle Stand stammt aus dem Jahre 1921. Sie umfasst 250 000 Hektar und erstreckt sich in West-Ost-Richtung entlang dem Douro von Barqueiros bis nach Barca de Alva an der östlichen

Grenze des Landes. Das Demarkationsgebiet gehört zu den Distrikten Vila Real, Bragança, Viseu und Guarda.

Heute ist die *Casa do Douro*, eine 1934 gegründete Zwangskooperative aller Weinbauern innerhalb der Demarkationsgrenze, mit Sitz in Peso da Régua für das Kataster zuständig. Darüber hinaus nimmt die Casa do Douro eine Bewertung der einzelnen Weinbauparzellen nach einem streng vorgegebenen Beurteilungskatalog vor. Es gibt über 32 000 Portweinbauern, von denen aber weniger als 200 den Portwein selbst keltern. Sie verkaufen ihre Trauben an die großen Portweingesellschaften oder Kooperativen. Das *Instituto dos Vinhos do Douro e do Porto*, das Portweininstitut, legt jährlich in Abhängigkeit von der Marktsituation, den vorhandenen Lagerbeständen und den Zukunftsperspektiven die Menge an Wein fest, die zu Portwein ausgebaut werden darf.

PORTO
RAMOS-PINTO

Die Verteilung dieser festgelegten Menge an die einzelnen Weingüter nimmt die Casa do Douro vor. Um diese nach möglichst qualitativen Gesichtspunkten durchführen zu können, wurde 1947/48 auf der Grundlage des Katasters ein Punktesystem eingerichtet. Danach wird anhand von zwölf Kriterien für jeden Weinberg ein Punktwert errechnet. Dieser ordnet jeden Besitz einer von sechs mit den Buchstaben A bis F bezeichneten Klassen zu. Die Kriterien sind unter anderem die Lage des Weinbergs, die Produktivität, die Bodenbeschaffenheit, die Reberziehung, die Rebsorten, der Abstand der Rebstöcke, das Alter der Rebstöcke und der Schutz des Weinbergs vor kalten Winden.

Region wirkt ursprünglicher als die Mitte oder gar der Süden. Dort, wo man erst vor einigen Jahren begonnen hat verkehrsgerechte Straßen zu bauen (und damit noch lange beschäftigt sein wird), muss sich der Reisende mit seinen Erwartungen ein wenig umstellen. In dem gesamten Gebiet begegnet man keinen monumentalen Baudenkmälern mehr wie in Lissabon, Alcobaça, Batalha oder Tomar. Nicht, dass es dort keine beeindruckenden Zeugnisse aus der Vergangenheit gäbe! Immerhin stand die Wiege Portugals im Norden. Und in Vila Nova de Foz Côa liegt durch die Entdeckung von 20 000 Jahren alten Felsritzungen das älteste besiedelte Gebiet auf portugiesischem Boden.

Ihre Baudenkmäler sind vielfältig: Trockenmauern mit Terrassen, die den Bergen und der oft kargen Landschaft abgerungenen Felder, ausgeklügelte Bewässerungssysteme, aus Granitsteinen geschichtete Häuser, aufgestaute Seen, eindrucksvolle Straßenführungen entlang der Berghänge. In den Dörfern beruht das »Besichtigen« auf Gegenseitigkeit, der Fremde ist selbst bestauntes Objekt.

In Trás-os-Montes laufen die Uhren gemächlicher, in allen Lebensbereichen verspürt man den gewichtigen Einfluss der Tradition. Der Rektor der Universität in Vila Real meinte, heute müsse es »vor den Bergen« heißen, »denn wir sind die Ersten, wenn man aus Europa zu uns kommt«.

Am 14. Dezember 2001 wurde das Gebiet des Alto Douro von der UNESCO in die Liste der Weltkulturerbestätten aufgenommen. Das zeugt von der Einzigartigkeit dieser Region. Und wer an einsamer und oft großartiger Gebirgsnatur sowie an kleinen, bisweilen unscheinbaren Dingen Freude hat, dem sei diese Region besonders empfohlen.

*Hier beeindrucken die stets hilfsbereiten und freundlichen Menschen – die Reise bietet eine gute Gelegenheit, sie und ihre Lebensweise näher kennen zu lernen.*

*Sonnenaufgang über dem Tal des Douro*

## ❶ Agarez

**Agarez** liegt nördlich von Vila Real in den Bergen der Serra de Alvão. Allein der weite Rundblick über das Tal von Vila Real mit der 1500 Meter hohen Serra do Marão zur Rechten lohnt den Besuch dieses Bergdorfes. Im Winter liegt biswellen so viel Schnee, dass die Kinder nicht zur Schule in die Stadt kommen können. Das Dorf besteht aus einer Straße mit ein paar Abzweigungen. Dort ist auch der Waschplatz, an dem nur dann Wasser vorbeigeführt wird, wenn Waschtag ist. In allen Dörfern dieser Gegend gibt es alte, immer noch gepflegte Verteilungssysteme zur Bewässerung der Felder. Als Wasserrinnen dienen manchmal sogar die Wege.

*Spinnerin in Agarez*

An der Dorfstraße hat auch eine Leineweberin ihre Werkstatt. Auf die Frage »Onde mora a tecedeira Dona Adelaida, por favor?«, wird man bestimmt persönlich zur Werkstatt geleitet. Im Trás-os-Montes gilt: Fragt man jemanden nach dem Weg, so muss man sich schon vorher überlegen, wie man den Gefragten wieder los wird. Das ist durchaus im positiven Sinne gemeint und sagt sehr viel über die Freundlichkeit der Menschen in diesem Landstrich aus. Und wer nicht selber mitgehen kann, der schickt bestimmt ein Kind zur Führung mit.

Die Weberin arbeitet in einer sehr traditionellen Weise und spinnt den Faden mit der Hand. Der Typ ihrer Webstühle ist mehrere 100 Jahre alt. Bis vor 20 Jahren hat man den Flachs noch selbst im Dorf angebaut und aufbereitet. Heute bezieht Dona Adelaida das Grundmaterial aus Porto. Einfarbig gemusterte Bett- und Tischdecken, Handtücher und glatter Leinenstoff zur Weiterverarbeitung sind ihre Produkte. Es geschieht nicht sehr oft, dass sich ein Fremder hierher verirrt. Die Leineweberin, die sogar einmal in Deutschland ihr Handwerk vorführte, erklärt und demonstriert jedoch jedem Gast bereitwillig ihre Arbeit.

## ❷ Balsemão

Wer in der Gegend ist, dem sei ein Abstecher ins nahe **Balsemão** empfohlen. Polnische Jesuiten machten hier 1733 auf der Flucht vor der Verfolgung eine von den Mauren gegründete Burg zu ihrer Einsiedelei. Nach 1834 bauten nachkommende polnische Maristen (Priester einer 1824 in Frankreich gegründeten Kongregation zur Missionierung in der Südsee, Abkürzung SM) sie zu einem Kloster aus. Heute gibt es nur noch wenige Mönche. Man betreibt ein Zentrum für Wochen- und Tagesseminare zu den verschiedensten Themen des Lebens. Die Anlage liegt hoch auf einem Bergkegel. Die kleine Kirche, eine Kapelle und gepflegte Gärten sind die Sehenswürdigkeiten dieses kleinen Kulturzentrums inmitten einer dünn besiedelten Region. Es gibt ein kleines Restaurant.

## ❸ Bragança

**Bragança** gehörte zu den am besten befestigten Städten an der Grenze zu Spanien. Es wurde ab 1187 von Dom Sancho I. erbaut, der einen hohen Mauerring mit 18 Türmen und den riesigen Turm, die **Torre de Menagem**, anlegte. Dies mag die Spanier auch heute noch abschrecken. Im Gegensatz zu anderen grenznahen Städten, die wegen der günstigeren Preise Scharen von spanischen Käufern anziehen, sind hier selten Nachbarn anzutreffen. Die heutige »Mauer« gegen Kastilien sind die große Entfernung zur nächstgrößeren Stadt in Spanien und die Konkurrenz von Miranda do Douro weiter südlich. So ist Bragança noch die portugiesischste Stadt in Grenznähe geblieben.

In Bragança lässt sich sehr gut der Aufbau einer mittelalterlichen Festung studieren. Die **Wehranlage** ist doppelt angelegt: Den äußeren Ring bildet die mächtige Mauer mit Türmen und Zinnen, die die Häuser der Bewohner und den Freiraum für die Soldaten umschließt. In der Mitte steht eine weitere Mauer um einen Innenhof, meist ein Gebäude für den Landesherren und den hohen Turm als Ausguck und allerletzten Zufluchtsort. Es gibt nur ein Burgtor. Der aktuelle gute Zustand ist auf Restaurierungsarbeiten in der Salazar-Zeit zurückzuführen. Man kann die Burg besichtigen und bis auf den Bergfried klettern. Die Aussicht lohnt die Mühe. In den Räumen ist ein **Militärmuseum** untergebracht.

In einer solchen Burganlage durfte die Kirche nicht fehlen. Das Besondere an der **Igreja Santa Maria do Castelo** sind das Renaissanceportal und die gewundenen Säulen sowie die Bögen und Voluten als Ornamente an den vier Muschelfenstern. Etwa 400 Jahre vor dem Bau der Kirche wurde bereits im 12. Jahrhundert auf dem Grundriss eines unregelmäßigen Fünfecks das **Domus Municipales** erbaut. Als seltenes profanes Gebäude im romanischen Stil stellt es ein Kleinod in der Architekturgeschichte Portugals dar. Ursprünglich als Brunnenhaus angelegt, diente es ab dem 16. Jahrhundert als Versammlungsraum des Stadtrates. Eine weitere Sehenswürdigkeit innerhalb der Mauern ist der einzigartige Pelourinho, der aus dem Rücken eines Wildschweins ragt. Ähnliche Darstellungen, auch von Rindern, sind keltiberischen Ursprungs und auf der Nordhälfte der Iberischen Halbinsel häufiger anzutreffen. Ein Schwein mit dem Schandpfahl auf dem Rücken ist einzig.

Die Stadt dehnte sich unterhalb der Burg aus. Schöne Straßenzüge mit einigen Renaissancehäusern, Gebäude mit graniteingefassten Türen und Fenstern – typisch für diese Gegend –, malerische kleine Plätze und verwinkelte Gassen lohnen einen Bummel durch den Ort. Auf dem zentralen Platz stehen ein jüngerer Pelourinho mit einer korinthischen Krone und nicht weit davon die **Kathedrale Sé**. Eine stillende Maria ziert den Schmuckgiebel, Elemente aus

### REGION 6
### Trás-os-Montes und Alto Douro

*34 600 Einwohner in 49 Freguesias auf 1174 Quadratkilometern*

*Bragança ist das Stammschloss des letzten portugiesischen Herrscherhauses Bragança, das 1540–1910 regierte und auch den ersten König von Brasilien stellte. Sehr lange haben es die Braganças nicht in ihrem Stammschloss ausgehalten. Sie zogen von dort nach Guimarães und später nach Vila Viçosa.*

*Die Burg von Bragança*

der Renaissance lockern die Fassade auf. Sie war ursprünglich eine jesuitische Klosterkirche. Im Inneren sind einige Talha-Altäre, die Ausschmückung mit Fliesen, das Netzgewölbe im Chor, die Sakristei mit Darstellungen aus dem Leben des Ignatius von Loyola und der aus Ziegelsteinen erbaute Kreuzgang beachtenswert.

Das 1995 nach einem radikalen Umbau neu eröffnete Regionalmuseum **Museu do Abade da Baçal** an der Rua Abílio Beça hat bei der Bevölkerung Protest ausgelöst: In den historischen Bau des ehemaligen *Paço Episcopal* (Bischofspalast) wurden ohne die Mitsprache der Stadt zeitgenössische Architekturelemente eingebracht. Wieder einmal ein »Diktat« aus Lissabon. Die ausgestellten Stücke – römische Funde aus der Region, Möbel, Gemälde und Skulpturen – sind sehr sehenswert.

Den schönsten Blick auf Burg und Stadt hat man vom nahen Berg, dem **Monte de São Bartolomeu**. Die Schilder zur Pousada São Bartolomeu weisen den Weg dorthin.

*Kathedrale und Pelourinho vor der Kulisse der Altstadt von Bragança*

**(i) Turismo**
Av. Cidade de Zamora
5300 Bragança
℡ 273 38 12 73
www.brangancanet.pt/turismo

***Service & Tipps:***

🏛 **Museu Militar**
Torre de Menagem
5300 Bragança, ℡ 273 32 23 78
Tägl. außer Do 9–12 und 14–17 Uhr
Militärische Ausstellung im Turm. Schöne Aussicht vom Bergfried.

🏛 **Museu do Abade da Baçal**
Rua Abílio Beça
5300-011 Bragança, ℡ 273 33 15 95
Di–Fr 10–17, Sa/So 10–18 Uhr
Regionalmuseum und römische Funde im umgebauten ehemaligen Bischofspalast.

🎭 Am 3. Mai finden der **Markt der Cantarinhos** und die Pro-zession Santa Cruz statt.
Das Fest der **Nossa Senhora das Graças** wird in der Zeit vom 12.–22. Aug. begangen.

✕ **Restaurante Solar Bragançano**
Praça da Sé 34 (1. Stock)
5300-265 Bragança
℡ 273 32 38 75
Besseres Restaurant mit schönem Ambiente. €€€

✕ **Restaurante Lá em Casa**
Rua Marques de Pombal 7
5300-197 Bragança
℡ 273 32 21 11
Hier kann man gemütlich sitzen und gut essen. €€

154

# ❹ Chaves

**Chaves** ist das nördlichste einer Reihe von Thermalbädern. Eine heiße Wasserader reicht von Galicien bis in die Nähe von Viseu. In Portugal tritt sie zum ersten Mal in Chaves an die Oberfläche und ist noch über 70 Grad heiß.

Chaves ist fast Grenzstadt und daher für die Spanier von der anderen Seite ein beliebter Einkaufsort. Sehr viele Dinge sind hier billiger. So ist man ganz auf die Tagesgäste aus Galicien eingestellt. Das Warenangebot ist dementsprechend vielfältig.

Am Largo de Arrabalde vor dem Justizpalast stehen die Männer in Gruppen und schwatzen, Schuhputzer bieten ihre Dienste an. Ob die Frauen alleine die Geschäfte tätigen? Ruhiger wird es erst am späteren Nachmittag, wenn sich die Kolonnen der Tagesbesucher über die Grenze zurückziehen.

*REGION 6*
*Trás-os-Montes und Alto Douro*

*43 700 Einwohner in 51 Freguesias auf 591 Quadratkilometern*

*Transport der getrockneten Keramik zum Brand*

Ein historisches Ensemble bildet die **Praça de Camões** mit dem Rathaus, den Bürgerhäusern, den Kirchen Matriz und Misericórdia, dem gewundenen manuelinischen Pelourinho (Schandpfahl) sowie dem ehemaligen Palast der Herzöge von Bragança mit dem **Museu da Região Flaviense**. Hier sollte man den Rundgang beginnen, denn das Museum schließt um 17.30 Uhr seine mächtigen Pforten. Im Erdgeschoss stehen steinerne Zeugen der römischen Geschichte der Region. Als *Oppidum Aquae Flaviae* war Chaves für die Römer ein wichtiger Flussübergang auf der Heerstraße nach *Bracara Augusta* (Braga). Die Brücke über den Tâmega bestand damals aus 16 Bögen, ohne Mörtel gefügt. Die Gelehrten streiten darüber, ob die Meilensteine darauf echt sind, auf jeden Fall wären sie gute Kopien. Die anderen steinernen Überbleibsel der Römer sind im Museum gesammelt, die kleineren Ausgrabungsfunde im ersten Stock.

In der **Torre de Menagem** des früheren Kastells ist ein Militärmuseum untergebracht. Man kann ja an Maschinengewehren und anderen Waffen vorbeigehen, auf den Turm steigen sollte man schon, die Aussicht entschädigt für die vielen Stufen. In dem kleinen Park nebenan kommt in der Bepflanzung die Freude der Portugiesen an Formen und Farbe ausdrucksvoll zur Geltung. Die beiden Kirchen an der Praça sind im Barockstil erbaut, der durch spätere Restaurationen überdeckt wurde. Der schöne Talha-Schmuck und Fliesen bestimmen den Gesamteindruck der Gotteshäuser.

Unterhalb des Kastells in Richtung des Rio Tâmega entstand um die bereits von den Römern geschätzten Thermalquellen ein modernes Kurzentrum. Eine der 72 Grad Celsius warmen *nascentes* liegt außerhalb des umfriedeten Geländes. Man kann dort das dampfende Wasser selbst in mitgebrachte Gefäße abfüllen. Das heiße Nass hilft bei Magen-, Darm-, Leber-, Stoffwechselkrankheiten und Rheumatismus. Ein Gläschen zum Essen fördert die Verdauung.

*Portugiesisch und das galicische Galego waren im Mittelalter eine Sprache, trotz unterschiedlicher Entwicklung versteht man sich auch heute noch sehr gut.*

*Korbmacher in Vilar de Nantes*

Nach dem Abendessen trifft sich Jung und Alt am **Largo de General Silveira**. Hier steht die Feuerwehr mit ihren Löschzügen, einer Mischung aus Oldtimern und modernen Fahrzeugen, in Bereitschaft. Man kann ruhig hineinsehen, die alten Fahrzeuge vom Ende der 1920er Jahre ist noch einsatzfähig. Wenn die Männer gut gelaunt sind, führen sie sie sogar vor.

Freunde der Keramik sollten einen kurzen Ausflug ins acht Kilometer entfernte **Vilar de Nantes** unternehmen. Nach der großen Kreuzung auf der Hauptstraße nach Valpaços biegt man in die erste Straße rechts ein. Dort arbei-

155

*Chaves, ein Eldorado für* ▷
*Einkäufer aus Spanien*

ten Töpfer der schwarzen Keramik. Drei Ziegeleien und die Tongruben beiderseits der Straße weisen darauf hin, dass die Töpferei in Vilar de Nantes eine lange Tradition hat. In der Tat kann man in dem Museum von Chaves tönerne römische Wasserleitungsrohre aus dem 1. Jahrhundert bestaunen. Sie traten mitten in der Stadt beim Bau eines Hotels zutage. Ein gelbes Schild »Olarias Loiça Preta« weist den Weg ins Dorf. Die Töpfer produzieren hauptsächlich qualitativ hochwertige Gebrauchswaren für die Küche wie Schüsseln, Brat- und Backformen, Becher, Näpfe und Vorratsbehälter *(talhas)*. Die größten Gefäße sind bis zu einem Meter hoch. Schade, dass es mit ihnen Transportprobleme gibt.

Neben der Töpferei hat sich die Korbflechterei erhalten. Als Material dienen die Äste der Edelkastanie, ein außerordentlich widerstandsfähiges Holz. Man macht nicht nur große Körbe für den Garten und die Landwirtschaft, sondern auch kleine, zierlichere mit Henkeln. Diese sind hervorragende Transportbehälter für die erstandene Keramik.

*Die Capela de Nossa Senhora da Azinheira liegt im fünf Kilometer entfernten Outeiro Seco. In reinem romanischen Stil erbaut, ist die Kapelle mit Fresken an den Innenwänden und Skulpturen an allen tragenden Teilen ein Kleinod des Nordens. Da sie normalerweise verschlossen ist, muss man sich vor der gewiss lohnenden Anfahrt an die Touristeninformation von Chaves wenden.*

 **Turismo**
Terreiro da Cavaleria
5400 Chaves
☏ 276 34 06 61
www.rt-atb.pt
Internetseite der Thermen: www.termasde chaves.com

### Service & Tipps:

 **Museu da Região Flaviense**
Praça de Camões
5400 Chaves
☏ 276 34 05 00
Tägl. 9–12.30 und 14–17.30 Uhr
Ein kleines städtisches Museum, das einen guten Einblick in die Archäologie (prähistorische Funde von Mairos und aus der Römerzeit) und die bäuerlich-handwerkliche Tradition der Region bietet.

 **Museu Militar**
Praça de Camões (Torre de Menagem)
5400 Chaves, ☏ 276 34 05 00
Tägl. außer So 9.30–12.30 und 14–17 Uhr
Historische Militärausstellung im Turm des früheren Kastells.

**Nossa Senhora do Azinheira**
Outeiro Seco
5 km nördlich von Chaves befindet sich die sehenswerte romanische Kapelle, die in ihrer Schlichtheit besticht. Die Kapitelle sind mit Menschen- und Tierdarstellungen verziert. Die Wände sind noch zum Teil mit pastellfarbigen Fresken und Illustrationen zu Bibelszenen ge-

schmückt. Vor der Anfahrt sollte man sich im Büro des Turismo von Chaves nach den Besichtigungszeiten erkundigen. Ein Besuch lohnt sich selbst, wenn die Kapelle verschlossen sein sollte.

**Feira dos Santos:** Ende Okt./Anfang Nov. findet die große Ausstellung aller Produkte der Region statt.

**Restaurante Bar O Castelo**
Rua Infantaria 19
5400-309 Chaves, ☏ 276 32 40 41
Das Restaurant serviert traditionelle Küche. €–€€

**Restaurante A Sereia**
Almeda de Trajano 3 (am Fluss neben der Brücke)
5400-501 Chaves, ☏ 276 32 35 47
Gemütliches Restaurant mit kleiner Terrasse zum Fluss und sehr schönem Blick auf Brücke und Kirche. Der Wirt spricht Deutsch. €

**Restaurante Carvalho**
Almeda do Tabolado
5400-523 Chaves
☏ 276 32 17 27, Do geschl.
Traditionelles Restaurant mit sehr guter Küche. €€

# ❺ Lamego

**Lamego** wird von der Achse Kathedrale-Wallfahrtskirche beherrscht. Die Verbindung stellt eine breite Avenida mit einem baumbestandenen Mittelstreifen her. Die Straße führt direkt zur Treppenanlage der Wallfahrtskirche Nossa Senhora dos Remédios. Der Bau der romanischen **Kathedrale** geht auf das Jahr 1129 zurück. Sie wurde später gotisch umgebaut und schließlich im 17. Jahrhundert restauriert. Außer am Turm ist wenig aus der Gründungszeit zu erkennen. Die Restauratoren haben es verstanden, alles gründlich mit dem Geschmack ihrer Zeit zu überdecken.

**REGION 6**
**Trás-os-Montes und Alto Douro**

27 000 Einwohner in 24 Freguesias auf 164 Quadratkilometern

Früher hatte die Stadt eine größere Bedeutung als heute. Ferdinand von Kastilien vertrieb 1057 die Mauren aus dieser Gegend und 1143 wurde Afonso Henriques in Lamego zum ersten König des Landes gewählt. Wer sich für alte Gobelins interessiert, sollte das **Museu de Lamego** unweit der Kathedrale besuchen. Im Regionalmuseum sind neben anderen Ausstellungsstücken Brüsseler Wandteppiche des 16. Jahrhunderts aus dem Besitz des bischöflichen Palastes zu bewundern.

Das alte **Maurenkastell** ist nach der Reconquista neu erbaut worden. Erhalten sind noch die Mauer, die unterirdische Zisterne sowie der Turm, von dem man einen schönen Blick auf die Stadtlandschaft genießt.

Auf der Weiterfahrt kreuzt die Straße die Treppen zur **Wallfahrtskirche Nossa Senhora dos Remédios**. 650 Stufen und 14 Stationskapellen führen auf den Monte Estêvão hinauf. Die Kirche aus der Mitte des 18. Jahrhunderts besitzt eine bemerkenswerte Barockfassade. Im Innern sind die Fliesen in der Sakristei hinter dem Altar sehenswert. Der Blick vom Plateau reicht weit über die Berglandschaft des Dourogebietes und auf die Stadt.

*Wallfahrtskirche Nossa Senhora dos Remédios in Lamego*

---

**Service & Tipps:**

🏛 **Museu de Lamego**
Largo de Camões
5100-147 Lamego
✆ 254 60 02 30

Di–So 10–12.30 und 14–17 Uhr
Das Regionalmuseum befindet sich im ehemaligen Bischofspalast: Ausgestellt sind u.a. flämische Gobelins, port. Malerei und Möbel, Keramik und Paramente.

ⓘ **Turismo**
Av. Visconde
Guedes Teixeira
5100 Lamego
✆ 254 61 20 05
www.douro-turismo.pt

*7700 Einwohner in 17 Freguesias auf 487 Quadratkilometern.*

*Vor den Toren des Ortes bietet sich als besonderes Erlebnis eine Bootsfahrt auf dem Douro an, der hier als Grenzfluss tiefe Schluchten in den Fels gewaschen hat. Königsadler, Falken, Milane und schwarze Schwäne haben hier ihr Revier. Und ab und zu verirrt sich eine Ziege in den steilen Felsen.*

*In diesem historischen Gebäude ist das Museum von Miranda do Douro untergebracht*

# ❻ Miranda do Douro

**Miranda do Douro** ist eine alte Grenzstadt zu Spanien. Sie liegt so abseits, dass sich hier ein eigener Dialekt, der so genannte »Mirandês«, halten konnte. Die Straßenanbindung nach Spanien ist besser als nach Portugal. So ist es nicht verwunderlich, dass viele Tagesgäste aus Zamorra oder sogar Salamanca kommen, um hier günstiger als zu Hause einzukaufen. Der Ort ist ganz auf die spanischen Gäste eingestellt, die Angebote der Geschäfte sind auf ihren Geschmack ausgerichtet. Darüber hinaus hat die von der Stadtmauer umgebene Altstadt ihren touristischen Reiz.

Am Rande auf einem hohen Felsen über dem Douro gelegen ist die ehemalige **Sé** ein kultureller Mittelpunkt. Die dem heiligen Franziskus geweihte Kirche wurde 1552 fertig gestellt, die schlichte doppeltürmige Renaissancefassade

stammt aus dem Jahre 1689. Im Innern des dreischiffigen Gotteshauses verdient der Hochaltar mit Bildern aus dem Leben Marias Beachtung. Eine Kuriosität stellt »Der Knabe Jesus mit einem Zylinderhut« *(Menino Jesus da Cartolina)* aus dem 19. Jahrhundert dar. Er besitzt eine Reihe verschiedener Kostüme, die je nach Jahreslauf gewechselt werden. Hinter der Kirche stehen die Ruinen des 1706 abgebrannten Bischofspalastes. Miranda war von 1545 bis 1782 Bischofsstadt.

Am Marktplatz fallen die Häuser aus Granitblöcken mit Wappen und manuelinischen Ornamenten auf. Das Regionalmuseum **Museu das Terras de Miranda** gegenüber dem Rathaus gibt einen guten Einblick in die Traditionen der Region. Die verwinkelten Gassen und das alte Stadttor Porta do Amparo bieten schöne Fotomotive.

*Service & Tipps:*

**👁 Kathedrale Sé**
Miranda do Douro
Di-So 10-12.15, 14.30-17.45 Uhr

**🏛 Museu da Terra de Miranda**
Largo Dom João III
5210-190 Miranda do Douro
✆ 273 43 11 64

Di 14.30-18, Mi-So 9.30-12.30 und 14-18 Uhr
Das Regionalmuseum befindet sich im Domus Municipalis im historischen Zentrum der Stadt: Archäologische Funde und volkstümliche Objekte, Waffen und Münzen.

**🚣 Bootsfahrt auf dem Douro**
Parque Nautique
Miranda do Douro, ✆ 273 43 23 96

**ⓘ Turismo**
Largo do Menino
Jesus da Cartolinha
5210 Miranda do Douro
✆ 273 43 11 32

Abfahrt tägl. 15.30, Sa/So auch um 9.30 Uhr, Dauer 1 Std.
Anfahrt Richtung Spanien, die Anlegestelle der Boote befindet sich links vor dem Staudamm.

🎭 Das **Fest der Santa Barbara** wird am ersten So nach dem 15. Aug. gefeiert.

✖ **Restaurante O Mirandês**
Largo Moagem 7
5210-183 Miranda do Douro

✆ 273 43 14 18, So geschl.
In dem traditionellen Haus wird eine sehr gute Küche serviert. Die Einheimischen sagen, es sei das beste Restaurant am Platze. €–€€

✖ **Restaurante Bela Vista**
Mercado Municipal
5210-170 Miranda do Douro
✆ 273 43 10 54
Einfacheres Haus mit guter Küche und einem sehr schönen Blick auf den Fluss und die Kathedrale. €€

*Die Restaurants in Miranda do Douro öffnen meist erst am Abend ab 20 Uhr, hier macht sich spanischer Einfluss bemerkbar.*

## ❼ Mogadouro

Die Araber konnten sich nie lange im Norden halten, die Kastilianer waren ebenbürtige Gegner. Aber in dieser Region verdanken einige Städte den Mauren ihre Gründung, Mogadouro und Alfândega da Fé gehören dazu. **Mogadouro**, eine Stadt ohne große Besonderheiten, kündigt sich schon von weitem mit dem Burgfried einer zerfallenen Burg an. Dom Afonso III. gab ihr 1297 die Stadtrechte, der Christusritterorden unterhielt hier eine Station. Franziskaner bauten ein Kloster und die Kirche mit einer Renaissancefassade aus dem 17. Jahrhundert. Die gepflegten Felder weisen auf die Einnahmequellen der Bewohner hin. Die Häuser um die Burg sind besonders malerisch. Auch wenn das Besteigen ein wenig waghalsig erscheint, den besten Überblick gewinnt man von der Höhe der **Torre de Menagem**. Der Berg Castanheira am nordöstlichen Horizont bringt es auf eine Höhe von 983 Metern.

*10 800 Einwohner in 28 Freguesias auf 760 Quadratkilometern.*

ⓘ **Turismo**
Largo de Santo Cristo
5200 Mogadouro
✆ 279 34 37 56

*Frisch gepflügte Landschaft bei Mogadouro*

## ❽ Pedras Salgadas

**Pedras Salgadas** ist ein Badeort aus den Jahren vor der Wende 19./20. Jahrhundert, der heute von dem einstigen Glanz zehrt. 1914 steht zwar auf dem kunstvollen schmiedeeisernen Gitter der Thermen, doch bereits 1871 erkannte der einheimische Arzt Dom Fernando die heilende Wirkung des Wassers, vergleichbar mit denen von Selters und Vichy. Bei Magen-, Darm- und Lebererkrankungen soll es nützlich sein. Sieben verschiedene Quellen mit wohlklingenden Namen wie Grande Alcalina, Dom Fernando, Maria Pia, Penedo, Preciosa, Sabrosa treten ans Tageslicht. Im Rundpavillon sprudelt unter der gläsernen Glocke die »Nascente Pedras Salgadas 1875«. Hier erhält der Besucher ein Glas auch ohne ärztliche Verschreibung. Es schmeckt nicht schlecht. 1879 wurde als erste Herberge das Grand Hotel gebaut und die Annalen berichten, dass fünf Jahre später der König und die Königin für 35 Tage zur Kur hier waren und damit dem Ort die nötige Publicity brachten. Auch auf internationalen Ausstellungen wurde das Wasser präsentiert: 1873 in Wien, 1876 in Philadelphia, 1878 in Paris, 1879 in Rio de Janeiro, 1884 in London – ein wahrlich weit gereistes Nass. Heute ist es als Tafelwasser in ganz Portugal zu erhalten und neben dem Wasser aus Luso wohl das bekannteste.

Der Park ist ein beliebtes Ausflugsziel an Sonn- und Feiertagen. Er beherbergt eine große Vielfalt alter Bäume: Platanen, Linden, Zedern, Birken, Pappeln, Tannen, Erlen, Korkeichen, Lorbeerbüsche sowie eine japanische Araukarie und eine fünfnadlige Pinie, sehr ungewöhnlich für diese Landschaft. Für das Schwimmbad mit Solewasser sollte man gleich die Badehose mitnehmen.

ⓘ **Turismo**
Estrada Nacional 2
5455 Pedras Salgadas
Geöffn. Mai–Sept.

*5080 Einwohner*

*Kostbarkeiten für den Verschnitt von Portwein*

## ❾ Peso da Régua

Das Städtchen **Peso da Régua** ist mit der Casa do Douro ein Mittelpunkt des Portweingebietes und für die über 30 000 großen und kleinen Weinbauern ein wichtiger Ort. Denn hier wird ihre Jahresquote festgelegt, die Qualität ihres Weines kontrolliert, werden die Überschüsse der Produktion aufgekauft und gelagert und das Geld für ihre Arbeit ausgezahlt. Besonders im Oktober nach der Weinlese stehen die Bauern im Sonntagsstaat vor der Casa in der Hauptstraße und diskutieren über die Preise. Für den Durchreisenden gilt: Günstiger einkaufen als andernorts kann man hier auch nicht.

Für Eisenbahnfreunde zwei Tipps: Auf dem Bahngelände in Régua stehen um eine Drehscheibe verteilt alte, leider vor sich hinrostende Dampflokomotiven, die bis vor 20 Jahren noch ihren Dienst taten. Von hier führte eine **Schmalspureisenbahn** über Vila Real bis nach Chaves. Bis Vila Real kann man noch mit modernen Triebwagen fahren. Wegen der schönen Streckenführung ist die Fahrt überaus reizvoll. Und seit 2002 verkehrt sonnabends von Peso da Régua nach Tua ein historischer Zug mit einer 78er Dampflokomotive von Henschel & Sohn aus Kassel. Die Hin- und Rückfahrt dauert drei Stunden. Die Strecke führt am Douro entlang.

*Fahrpläne, Preise und Bestellung von Fahrkarten am Bahnhof von Peso da Régua oder über das Internet: www.douronet.pt.*

*Kneipe in Peso da Régua*

## ⓿ Pinhão

**Pinhão** erweckt den Eindruck eines kleinen verschlafenen Städtchens: Doch hier laufen die Wege aus den Nebentälern des Douro und dem oberen Douro zusammen. Die Stadt wird auch als *Herz der Portweinregion* bezeichnet. Die Bogenbrücke wurde erst 1909 gebaut. Vorher musste alles auf Fährbooten über das Wasser gebracht werden.

Die Bedeutung des **Bahnhofs** wird durch seinen Wandschmuck herausgestellt. Die schönen Fliesenbilder zeigen Szenen aus dem Arbeits- und Alltagsleben der Region. Sie entstanden erst im Jahre 1937, mancher Portwein in der Region ist doppelt so alt und hat noch das vorletzte Jahrhundert erlebt. Auf dem Bahnsteig gibt es weitere *azulejos* zu bewundern.

## ⓫ Rio de Onor

**Rio de Onor**, 25 Kilometer nördlich von Bragança direkt an der spanischen Grenze, ist durch deutsche und portugiesische wissenschaftliche Untersuchungen bekannt geworden. Die asphaltierte Straße zu dem Grenzort ist jüngeren Datums. Er war jahrhundertelang so abgeschieden, dass sich hier bis in die heutigen Tage eine Dorfgerichtsbarkeit und die *Allmende*, gemeinschaftlich genutztes Land, gehalten haben. Zudem ist der Ort hübsch anzusehen: Rechts und links des Rio Onor reihen sich die aus dunklem Schiefer gebauten Häuser wie Perlen an einer Kette. Die Fußgängerbrücke am Ortseingang wurde neu gebaut, damit man nun endlich die **São Bartolomeu-Prozession** jeweils am 24. August als Rundgang gehen kann. Ein Café gibt es nicht. Vor dem Laden an der alten Brücke sind Tische aufgestellt, hier kann man wenigstens Erfrischungsgetränke erstehen.

**REGION 6**
**Trás-os-Montes und Alto Douro**

*830 Einwohner*

*Weinbearbeitung*

ⓘ **Turismo**
Largo da Estação
5085 Pinhão
✆ 254 73 28 83

*130 Einwohner*

*Auf spanischer Seite setzt sich der Ort als Rio de Honor fort, der genaue Grenzverlauf ist heute kaum noch auszumachen. Nur sehen die Häuser im spanischen Teil anders aus: Es sind herausgeputzte Backsteinbauten. Früher soll hier der Schmuggel geblüht haben.*

*Ernteerträge in Rio de Onor*

## ⑫ Torre de Moncorvo

**Torre de Moncorvo** liegt inmitten eines Obst- und Gemüseanbaugebietes in der Serra de Rebordo. Gegründet wurde diese Stadt im 14. Jahrhundert von König Dinis I. An der Stelle der ehemaligen Burg steht jetzt das Rathaus. Am Rande des kleinen Ortszentrums liegt die im Renaissancestil erbaute **Igreja Matriz**. Der Grundstein wurde 1544 gelegt, die Bauzeit betrug 100 Jahre. Die Kirche ist das kulturhistorische Denkmal der Gemeinde. Der massig wirkende Baukörper mit dem verhältnismäßig kurzen Turm, den man besteigen kann, löst sich im Innern in einen dreischiffigen Raum mit hohen Pfeilern auf. Im Langhaus bestimmt ein einfaches Kreuzrippengewölbe, im Chor bildet ein Kassettengewölbe den Abschluss nach oben. Die Altäre sind mit Talha-Schmuck versehen. Neben dem Altar im rechten Seitenschiff steht das Kleinod dieses Gotteshauses: ein gotisches Triptychon mit

*Spengler, ein aussterbender Beruf*

**Torre de Moncorvo ist ein guter Standort, um den archäologischen Park bei Vila Nova de Foz Côa zu besuchen.**

Szenen aus dem Leben der heiligen Anna und des heiligen Joachim.

Der Innenstadtbereich macht mit seinen engen Straßen und niedrigen Häusern einen sehr geschlossenen Eindruck. In der Mitte liegt der runde Platz vor dem Rathaus und dem Tribunal, der gleichzeitig Kommunikationsort der Bewohner ist. Viele Gebäude mit alten Wappen zeugen vom einstigen Wohlstand dieser fruchtbaren Region.

ⓘ **Turismo**
Rua Manuel Seixas
5160 Torre de Moncorvo
✆ 279 25 22 89

### Service & Tipps:

 Am 15. Aug. begeht man das Fest der **Nossa Senhora da Assunção**.

✗ **Restaurante O Lagar**
Rua Hospital Velho 16

5160-272 Torre de Moncarvo
✆ 279 25 28 28
Rustikales Restaurant in einem ehemaligen Lagerhaus mit sehr guter Küche. Hier gibt es eine Art *vinho verde* vom Fass, der wie Bier gezapft wird.
€–€€

*1200 Einwohner*

ⓘ **Turismo**
Largo Miguel de Carvalho
5425 Vidago
✆ 276 90 74 70

## ⑬ Vidago

**Vidago** ist ein Thermalkurort wie Pedras Salgadas. Mineralwasser aus Vidago wird in ganz Portugal verkauft. Bekannt ist der Ort auch wegen des fast monumentalen Vidago-Palast-Hotels aus dem Jahre 1910. Eine imposante Treppenanlage führt in die oberen Stockwerke. Als Sport werden Reiten, Tennis und Golf (9-Loch-Platz) angeboten. Von dem Hotel führt eine Allee direkt zu dem alten Bahnhof, die Bahnstrecke von Vila Real nach Chaves gibt es aber nicht mehr.

# ⓮ Vila Nova de Foz Côa: Parque Arqueológico

Die Siedlungsgeschichte des Gebietes des heutigen Portugal muss neu geschrieben werden. Im Mündungsgebiet des Flusses Côa, der südöstlich von Guarda an der spanischen Grenze entspringt, durch die östliche Serra da Estrêla nach Norden fließt und bei Vila Nova de Foz Côa in den Douro mündet, wurden vor etlichen Jahren Felsritzungen gefunden, die aus dem Paläolithikum stammen und somit etwa 10 000–25 000 Jahre alt sind. Sie sind somit genauso alt wie die Höhlenmalereien von Lascaux in Frankreich und Altamira in Spanien. Die Zeichnungen waren in der Region schon immer bekannt, ohne dass ihre Bedeutung erkannt wurde.

In diesem Gebiet plante die portugiesische Elektrizitätsgesellschaft EDP ein Stauwehr zur Stromerzeugung. Man begann – ohne eine Genehmigung zu haben – mit dem Bau und plante dann, die erste kleinere Staumauer zu erhöhen. Ein Geologe, vom Bauträger eigentlich zum Schweigen verpflichtet, machte schließlich die Kollegen von der Archäologie in Lissabon auf die Funde aufmerksam – die Sensation war perfekt. Nach einem langen Kampf gegen den Weiterbau der Staumauer fasste die neu gewählte Regierung 1995 den sehr mutigen Beschluss, das Projekt der EDP zu Gunsten der Funde zu stoppen. Am 11. August 1996 wurde der **Parque Arqueológico Vale do Côa** eröffnet und ein Teil der Felsritzungen der Öffentlichkeit zur Besichtigung freigegeben. Die Archäologen suchen noch weiter, es ist längst nicht alles gefunden worden.

Das Einzigartige hierbei ist, dass es sich nicht wie in Frankreich oder Spanien um Malereien in Höhlen handelt, sondern dass sich alle Zeichnungen außen an den Felsen (verschiefertes Gestein) befinden und über ein großes Gebiet verstreut sind. Durch den Stopp des Weiterbaus der Staumauer gingen viele Arbeitsplätze in einer Region verloren, in der immer große Arbeitslosigkeit herrschte.

Die Haupterwerbsmöglichkeiten liegen in der Landwirtschaft, das Anbaugebiet des Portweins reicht bis in diese Gegend, Mandeln sind ein anderes Hauptprodukt. Die Bevölkerung ging teilweise militant gegen den Baustopp vor. Inzwischen hat sich der Protest gelegt, die Fundstellen der Ritzungen sind jedoch eingezäunt und werden aus Angst vor Zerstörungen rund um die Uhr bewacht.

In **Vila Nova de Foz Côa**, in **Castelo Melhor** und in **Muxagata** sind Stationen mit kleinen Museen eingerichtet, von denen die Fundstellen mit Jeeps angefahren werden. Da die Orte bis zu 15 Kilometer auseinander liegen, muss man für die Besichtigung einige Zeit mitbringen.

*In den Felsritzungen sind bis auf zwei Ausnahmen nur Tiere (u.a. Pferde, Ochsen, Ziegen) dargestellt. Es handelt sich ausschließlich um friedliche Szenen. Es gibt auch keine Kämpfe zwischen den Tieren. Scherzhaft werden zwei Zeichnungen als erste Comics in der Menschheitsgeschichte bezeichnet: Durch Zwei- bzw. Dreifachzeichnung des Kopfes eines Pferdes wurde versucht, Bewegung darzustellen.*

*Felsritzungen bei Vila Nova de Foz Côa*

163

*Restaurants gibt es in
Vila Nova de Foz Côa
und in Castelo Melhor.*

### Service & Tipps:

 **Parque Arqueológico Vale
do Côa**

ℹ Av. Gaga Coutinho 19
5150 Vila Nova de Foz Côa
✆ 279 76 82 60/1
Fax 279 76 82 70
www.ipa.min-cultura.pt/coa (u.a.
engl.)
Tägl. 9–12.30 und 14–17.30 Uhr, lang-
fristige Anmeldungen sind besonders
in den Sommermonaten ratsam.
Führungen in portugiesischer, englischer und französischer Sprache.
Von hier aus auch Fahrt zum Punkt
Canado do Inferno; Dauer etwa 1,5
Stunden.
Der archäologische Park von Foz Côa
wurde am 11. Aug. 1996 eröffnet. Er
umfasst das Mündungsgebiet des
Flusses Côa in den Douro im Umkreis
der Stadt Vila Nova de Foz Côa. Hier
befinden sich prähistorische Felsritzungen aus dem Paläolithikum. Dargestellt sind Tiere, an einer Stelle findet sich auch das Seitenporträt eines

Menschen. Zu vergleichen sind diese
Zeichnungen mit den Höhlenmalereien in Altamira (Spanien) und Lascaux (Frankreich).
Öffentlich zugänglich sind z.Zt.
drei Fundstellen: **Canado do Inferno**, **Ribeira de Picos**, **Penascosa**.
Diese Stellen werden von verschiedenen Orten aus mit Jeeps angefahren
(je 8 Personen). Eine geführte Fahrt
dauert ca. 2 Std. Zu den Führungen
sollte man sich auf jeden Fall telefonisch anmelden, da die tägliche Kapa-
zität zurzeit auf 128 Besucher
beschränkt ist.

 **Centro de Recepção Castelo
Melhor**

ℹ ✆ 279 71 33 44
Von hier Fahrt zum Punkt Penascosa, Dauer etwa 1,5 Stunden.

 **Centro de Recepção
Muxagata**

ℹ ✆ 279 76 42 98
Von hier Fahrt zum Punkt Ribeira de Piscos, Dauer etwa 2,5 Stunden.

---

*50 500 Einwohner in
30 Freguesias auf 377
Quadratkilometern*

## ⑮ Vila Real

Die wichtigste Stadt der Region Trás-os-Montes ist **Vila Real**. Am
4. Januar 1989 war sie gerade 700 Jahre jung. König Dinis I., der Land-
besitzer, unterzeichnete die Gründungsurkunde. Der Aufschwung und ihre
heutige Bedeutung für den Norden haben erst nach der Revolution von 1974
eingesetzt; die Stadt platzt aus allen Nähten, der Mangel an Wohnraum ist trotz
eines unübersehbaren Baubooms beträchtlich. Die junge Universität bean-
sprucht viel Raum.

*Capela Nova in Vila Real*

Überragende Bauwerke hat die Stadt nicht aufzuwei-
sen, es sind die vielen Details, die die Aufmerksamkeit des Besuchers verdienen. Das barocke **Rathaus**
mit der doppelläufigen Treppe begrenzt die **Avenida
Carvalho Araújo** an der Südseite. Ein paar Meter
weiter aufwärts (Haus Nr. 11) steht links das Geburtshaus Diogo Cãos, des größten Sohnes der Stadt. Er entdeckte 1482 die Kongomündung, blieb aber bei der
Expedition verschollen.
Der zweistöckige Renaissancebau mit dem Bogen
im Treppenaufgang ist kaum zu übersehen. Trotzdem
ist die Avenida nicht nach ihm benannt. Carvalho
Araújo ist der moderne Held. Er war Kommandant des
Minensuchboots »Augusto do Castilho« im Ersten
Weltkrieg und wurde am 14. Oktober 1918 von dem
deutschen U-Boot U-139 auf offener See in der Nähe
der Azoren versenkt. Einige Straßen in Portugal sind
nach Araújo benannt.

Das schönste Herrenhaus der Iberischen Halbinsel: das Solar de Mateus bei Vila Real

In mittlerer Höhe der Avenida steht bescheiden die **Kathedrale Sé**. Der Eingang an der Seite liegt ein wenig versteckt. Die gotische, im frühen 15. Jahrhundert erbaute Dominikanerkirche weist in ihren wuchtigen Langhauspfeilern und den mit Menschenköpfen, Blättern und Reben sowie einem von einem Eber angegriffenen Wildschwein verzierten Würfelkapitellen romanische Züge auf. Beachtenswert sind auch die Fensterrose, der Hauptaltar sowie der Taufstein.

Die auffallend vielen steinernen Wappen und Embleme, die gotischen und manuelinischen Fenstereinfassungen der Stadthäuser, die Stilvielfalt der Türen an Adels- und Bürgerpalästen zeugen von dem wirtschaftlichen Wohlstand vergangener Zeiten. Abendlicher Treffpunkt sind die Cafés am **Largo Pelourinho**. Am Kopf des kleinen Platzes steht die **Tasca do Alemão**, die »Kneipe des Deutschen«. Die halbhohen Schwingtüren versperren den Blick ins Innere. Der Besitzer war genau drei Jahre und vier Monate in Deutschland, wie er gerne erzählt. Seine *tasca* ist die charakteristischste in Vila Real. Mit ihrer Holzvertäfelung, den Schränken mit seltsamen Spitzgiebeln und der oberen Galerie entführt sie in brasilianisches Ambiente. Mit nur einer Bank an der Wand bietet sie nicht viel Komfort, aber das Bier ist immer gut gekühlt, und die gekochten Eier auf dem Tresen sind stets frisch. Auch ein Roter aus der Region ist nicht zu verachten.

Vila Real war die erste Stadt Portugals, die mit Elektrizität versorgt wurde. Der Deutsche Emilio Biel baute 1892 das Kraftwerk im Taleinschnitt des Rio Corgo. Im Plan steht verzeichnet, dass man sich bei der Bemessung der Straßenbeleuchtung nach dem Pariser Vorbild gerichtet hat. Es gibt schon seltsame Verbindungen.

Bekanntestes Produkt ist hier die schwarz gebrannte Keramik. Die Töpfer wohnen zwar in dem Dorf Bisalhães, sie arbeiten und verkaufen ihre Ware jedoch an der Straße von der Stadt zur Schnellstraße von Amarante nach Bragança. Die Zahl der Töpfer ist rapide zurückgegangen, Nachwuchs ist für dieses schwere Handwerk nicht in Sicht. So lohnt sich die Fahrt in das schwer zu findende Dorf nicht mehr, bis auf den Brand kann man alles an den kleinen Werkstatthäusern an der Straße sehen.

Der besondere Reiz der Stadt liegt in ihrer Umgebung. Auf der einen Seite die Dörfer, in denen sich traditionelle Handwerksformen unverfälscht erhalten konnten, auf der anderen Seite begegnet man mit dem Solar de Mateus großer

*Hinter dem Largo Pelourinho beginnt das Einkaufsviertel von Vila Real. An der Rua Central dominiert die Capela Nova. Im Giebel der Kapelle sind die Worte »Tu es pastor« eingemeißelt. Das Rätsel ist schnell gelöst: Der lateinische Satz bedeutet: »Du bist der Hirte.«*

**Schwarze Keramik:** In Bisalhães und Vilar de Nantes wird die Keramik in einem etwa einen Meter tief in die Erde eingegrabenen Ofen gebrannt. Auf halber Höhe sind Eisenträger eingelassen, die die Grube in einen Feuer- und in einen Brennraum trennen. Die Rohware wird bis zu 1,5 Meter hoch auf den Trägern gestapelt. Als Brennmaterial dienen Ginster, Heide und Piniennadeln. Erst gegen Ende des Brandes deckt der Töpfer den Hügel mit einem etwa 30 Zentimeter dicken Erde-Asche-Gemisch ab. Auch das Feuerloch wird so verschlossen. Damit entziehen die letzten Flammen dem Hügel den Sauerstoff. Bei der Zersetzung der Kohlenwasserstoffe des Brennmaterials wird feiner Kohlenstoff frei, lagert sich auf der heißen, polierten Scherbenoberfläche als Glanzkohlenstoff, auf unpolierten Flächen als nicht glänzende Schicht ab und dringt gleichzeitig in den Scherben ein, so dass dieser durch und durch gefärbt wird. Bedingung für das Gelingen ist eine vollkommen sauerstofffreie Atmosphäre. Dieser Kohlenstoff färbt nicht ab. Der Schmutz an den Händen rührt von der Asche her. Sie kann aus dem Scherben mit reinem Wasser ausgewaschen werden. Die höchsten Temperaturen bei einem solchen Brand liegen etwas über 800 Grad Celsius, in Ausnahmefällen bei bis zu 1000 Grad Celsius.

Bei diesem Brennverfahren bleibt der Scherben porös. Flüssigkeit sickert hindurch und verdunstet. Die verschiedenen Schüsseln eignen sich sehr gut zum Kochen und Braten im Backofen: Für Kartoffeln, Reis, Aufläufe, Kuchen, Brot etc. sollte man jeweils eigene Gefäße benutzen, da sich der Geschmack sonst überträgt. In Bisalhães sind beispielsweise die Fischtöpfe quadratisch, um sie von den anderen schon optisch unterscheiden zu können. Zum Reinigen nur klares Wasser, nie Spülmittel oder Ähnliches verwenden, da sich dies in den feinen Poren festsetzt!

*Öffnen eines Brennhügels der schwarzen Keramik in Bisalhães*

*Zur Sammlung des Grafen von Vila Real gehören auch einige originale Druckplatten der 1815 veröffentlichten »Luisaden« von Luís de Camões. Gedruckt wurde das Werk bei Diderot in Paris.*

Baukultur und in Panóias römisch-lusitanischer Geschichte. Das **Solar de Mateus** wird allgemein als das schönste Herrenhaus der Iberischen Halbinsel bezeichnet. Durch seine Abbildung auf den grünen Bocksbeutelflaschen des weltweit vertriebenen Weines »Mateus Rosé« ist es in Japan genauso bekannt wie in den USA, in Südamerika oder in Europa. Das Solar gibt nur noch seinen Namen für den Wein, produziert wird er von der Sogrape AG.

Das Solar ist noch Privatbesitz des Grafen von Vila Real. Seine Vorfahren errichteten diesen außergewöhnlichen Bau Anfang des 18. Jahrhunderts. So trägt er außen wie innen Züge des Barock. In einem zum großen Wasserbecken hin offenen Innenhof führt eine doppelläufige Treppe in den großen Repräsentationssaal. Eine wertvolle Bibliothek mit vielen Handschriften und ein Museum mit chinesischem Porzellan, Möbeln, Teppichen, Gläsern, Fayencen und Krippen schließen sich an. Im Untergeschoss liegen der Marstall und die alte, noch genutzte Küche – wenigstens einen Blick durch die Tür sollte man wagen.

Umgeben ist der Palast von einem gepflegten Park mit barocken Gärten. Ein Meisterwerk gärtnerischen Könnens ist der mächtige Buchsbaumtunnel. Die schönste Zeit für einen Besuch ist der Frühling, wenn Kamelien und Tulpenbäume blühen.

Der Graf engagiert sich stark im kulturellen Bereich. Eine Sommermusikschule mit Gästen aus ganz Europa, Konzerte, Ausstellungen, Dichterlesungen und die Vergabe eines Literaturpreises machen den Palast von Mateus zu einem kulturellen Zentrum bis weit über die Grenzen Vila Reals hinaus.

Nur ein kurzes Stück weiter Richtung Sabrosa gibt das römische Heiligtum von **Panóias** immer noch Rätsel auf. In drei nicht weit voneinander entfernt liegenden Felsblöcken sind sehr exakt grabähnliche Vertiefungen sowie Rinnen eingeschlagen. Am eindrucksvollsten ist der große Fels, auf den an der Rückseite eine schmale Treppe führt. Die Schrifttafeln sind durch die Verwitterung nicht mehr zu lesen. 1732 schrieb Pater Contador de Agote das ab, was noch zu entziffern war.

Lateinische Inschriften bezeugen, dass hier neben anderen dem altägyptischen Stiergott Serapis, einem Gott der Fruchtbarkeit, geopfert wurde:»Dem höchsten Serapis für Erfolg und Mysterium, Ehrenwerter Gneus Caius Calpurnius Rufinus.« Eine andere Inschrift besagt: »Für die in diesem heiligen Bezirk verehrten Götter und Göttinnen. Die Opfertiere, die geschlachtet werden, werden hier getötet. Ihre Innereien werden gegenüber in den viereckigen Schächten verbrannt. Ihr Blut wird hier nebenan in die kleinen Schächte gegossen. (Errichtet hat dies) der Senator Gaius C Calpurnius Rufinus.« Weiterhin ist zu entnehmen, dass an diesem Ort auch Tempel gestanden haben müssen, oder nannte man diese Anlage einen Tempel? »Gneus Caius Calpurnius Rufinus opferte den in diesem Tempel beherbergten Göttern.« Rufinus' Name taucht noch mehrmals auf, war er der große Priester an diesem schaurigen Ort?

*Luso-römisches Heiligtum von Panóias*

---

**Service & Tipps:**

(👁) **Solar de Mateus**
Vila Real, ✆ 259 32 31 21
Juni–Sept. 9–19.30, März–Mai und Okt. 9–13 und 14–18, Nov.–Feb. 10–13 und 14–17 Uhr
Barockpalast mit aufwendiger Innenausstattung in einem sehr schönen Park in einem großen Landgut. Außerhalb der Stadt Richtung Sabrosa.

(🎭) Der **Dia do Santo António** am 13. Juni wird mit einem mehrtägigen Volksfest mit Jahrmarkt begangen.

Zum Fest **São Pedro** (Peter und Paul) wird am 29. Juni ein großer Markt mit schwarzer Keramik und handgewebtem Leinen veranstaltet.

(✗) **Restaurante Espadeiro**
Av. Almeida Lucena
5000-660 Vila Real, ✆ 259 32 23 02

Sehr gutes Restaurant mit Terrasse und Talblick. €€

(✗) **Restaurante 22**
Praça Luís de Camões 22
5000-626 Vila Real
✆ 259 32 12 96, So geschl.
Restaurant im 1. Stock mit sehr guter Küche. €–€€

(✗) **Restaurante O Mateus**
Lugar da Fruteira-Abambres
5000 Vila Real
✆ 259 32 56 07
Restaurant mit brasilianischen Spezialitäten. €€

(Y) **Restaurante Nevada**
Centro Comercial Miracorgo
(✗) 5000-651 Vila Real
✆ 259 37 18 28
Snackbar mit separatem Restaurant, Clubräume. Neben dem Hotel Miracorgo. €€ ✻

(i) **Turismo**
Av. Carvalho Araújo 94
5000 Vila Real
✆ 259 32 28 19

# Der Alentejo

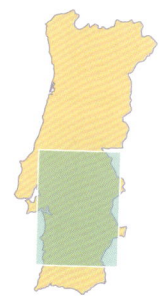
Der Alentejo, das Land jenseits des Tejo, liegt mit seinem Zentrum auf der Höhe von Lissabon. Im Norden wird es vom Tejo begrenzt, im Süden von den Bergen der Algarve, im Westen vom Atlantik sowie im Osten von Spanien. Er besteht im Wesentlichen aus einer welligen Fastebene mit einer durchschnittlichen Höhe von etwa 200–300 Metern über dem Meeresspiegel. Aus dieser Ebene ragen einige Erhebungen unterschiedlichen geologischen Ursprungs heraus, die Serra de Ossa bei Estremoz durchzieht zum Beispiel eine Marmorader. Der höchste Punkt des Alentejo liegt mit 1025 Metern über dem Meeresspiegel in der Serra de São Mamede nördlich von Portalegre.

Das Klima ist ein gemäßigtes Mittelmeerklima. Die Niederschläge von insgesamt 400–600 Millimetern pro Jahr verteilen sich auf die Monate Oktober bis Mai. Die Sommer sind heiß und trocken, die Winter feucht und relativ kalt. Die schönste Reisezeit ist von Mitte März bis Mitte Juni. Dann blüht es im Alentejo, es ist überall grün und noch nicht zu warm. Klimatische Veränderungen im Osten der Region erwartet man vom Alqueva-Stausee. Da er erst 2002 geflutet wurde, braucht man noch Erfahrungen damit.

*Im Sommer können einige Regionen, besonders im Osten, 45 bis 50 Grad Celsius erreichen. Dann geben manche Hotels im Juli und August »Hitzerabatte«.*

Die systematische Besiedlung des Landstrichs setzte nach der Reconquista Lissabons im 12. Jahrhundert ein. Die Kreuzritter, die bei der Vertreibung der Mauren geholfen hatten, bekamen dort Land geschenkt, um es zu besiedeln und gegen Spanien zu schützen. So sind im Laufe der Jahrhunderte viele befestigte Städte und Burgen entstanden. Ein Überbleibsel aus dieser Zeit ist die Latifundienwirtschaft, die heute noch eine wesentliche Ursache für die Strukturschwäche

*Blühender Alentejo*

## Der Stausee von Alqueva

Der Guadiana-Stausee von Alqueva ist der größte künstliche See Europas: 83 Kilometer lang, 25 000 Hektar Oberfläche, davon 3500 in Spanien. Am 8. Februar 2002 wurden die Schleusentore geschlossen. Das Volumen des gespeicherten Wassers beträgt etwa 4150 Hektarkubikmeter, die Bewässerungsfläche, also das Land, das mit dem Wasser bewässert werden soll, 110 000 Hektar (die bisher künstlich bewässerte Agrarfläche des Festland-Portugals beträgt ca. 665 000 Hektar). Daneben dient der Stausee der Stromgewinnung. Dies wird die gesamte Region in kurzer Zeit drastisch verändern! Die Befürworter sehen in dem Bau des Staudamms einen wichtigen Schritt für die Entwicklung der Landwirtschaft, des Tourismus und der Wirtschaft des Alentejo.

Der Bau hat bis 2003 zirka 19,4 Millionen Euro gekostet, das teuerste Wasserprojekt der letzten Jahrzehnte. 75 Prozent der Kosten wurden von der EU übernommen. Die Staumauer bei Alqueva misst 96 Meter Höhe sie ist 458 Meter lang und 32 bis 33 Meter dick.

Aber noch längst sind nicht alle Fragen, die diese Veränderung mit sich bringt, beantwortet. Die Kritiker weisen insbesondere auf ungelöste Probleme wie die Qualität des Wassers (der See entstand auf zum Teil landwirtschaftlich genutztem Boden, ca. 1,2 Millionen Bäume wurden gefällt, das Wasser des Guadiana kommt schon mit Schadstoffen belastet aus Spanien) oder die Versalzung der Böden im Bewässerungsgebiet durch eine zunehmende Verdunstung des Wassers. Außerdem wurde der Lebensraum vieler seltener und bedrohter Tierarten zerstört, einzigartige archäologische Funde vernichtet. Das Dorf Luz musste umgesiedelt werden. Ob der finanzielle Aufwand den Nutzen rechtfertig, ist sicherlich nicht kurzfristig zu beantworten.

*Stausee von Alqueva*

Unterhalb der Staumauer wird zurzeit bei Pedrógão ein weiterer Damm errichtet. Dieser See wird sehr viel kleiner, sein Wasser soll nachts in den großen Stausee hochgepumpt werden, um einen Wasserausgleich zu schaffen. Der Zulauf durch den Guadiana reicht offenbar nicht aus.

*Die Pousada von Arraiolos*

des Alentejo bildet. Die Lebensbedingungen für die Landbevölkerung waren immer schlecht. 1911 streikten die Landarbeiter, 1918 besetzten sie zum ersten Mal Ländereien. Nach der Nelkenrevolution 1974 wurden Enteignungen in großem Stil durchgeführt. Es bildeten sich, oft unter Führung der kommunistischen Partei, zirka 400 landwirtschaftliche Kooperativen. Doch die Enteignungen wurden fast alle wieder zurückgenommen. Heute überwiegen zahlenmäßig die Klein- und Kleinstbetriebe – gut 50 Prozent aller Betriebe verfügen über vier Hektar oder weniger, was zwei Prozent der Fläche ausmacht –, während sich fünf Prozent der Betriebe über 100 Hektar knapp 80 Prozent des Bodens teilen.

Der Alentejo ist im Wesentlichen eine Agrarregion, deren Fläche zu 56 Prozent landwirtschaftlich genutzt wird und zu einem Drittel mit Wald bedeckt ist. Ohne künstliche Bewässerung werden Getreide und zunehmend Ölsaaten wie Sonnenblumen angebaut, mit künstlicher Bewässerung Tomaten, Reis, Mais, Wein. Die Viehzucht konzentriert sich auf Schafe und Rinder, in der Forstwirtschaft sind Kork und Eukalyptus bedeutend. Die Anzahl der Beschäftigten in der Landwirtschaft nimmt ständig ab, die wirtschaftliche Grundlage für die Arbeit im Alentejo ist im Wesentlichen der

Dienstleistungsbereich. Im industriellen Sektor hat die Mineral gewinnende Industrie eine besondere Bedeutung: Kupferpyrit, Marmor, Granit. Daneben gehören der Maschinenbau, die Holz- und Kork- sowie die Textil- und Bekleidungsindustrie zu den wichtigsten Erwerbsquellen. Trotzdem ist der Alentejo stark überaltert, die Bevölkerungszahlen gehen zurück, mit 20 Einwohnern pro Quadratkilometer ist es eine der am dünnsten besiedelten Regionen Westeuropas.

Die touristisch interessanten Plätze liegen im Osten der Region mit Évora als wichtigstem Ort. Die Küste spielt bis auf Vila Nova de Milfontes und Alcácer do Sal keine große Rolle, hier gibt es überwiegend den Durchreise- oder Eintagestourismus von Lissabon oder von der Algarve aus. Doch damit tut man dieser Region Unrecht. Wer Ruhe und Natur sucht, sich für Prähistorisches und Historisches interessiert, dem kann der Alentejo Vielfältiges bieten.

*Storchenstadt Alcácer do Sal*

# ❶ Alcácer do Sal

*13 600 Einwohner in 6 Freguesias auf 1456 Quadratkilometern*

Die weiße Stadt **Alcácer do Sal** am Ufer des Rio Sado, das portugiesische »Salzburg« ohne Schnürlregen und Festival, liegt eng an das Nordufer des Flusses geschmiegt. Die Burg auf einer Anhöhe wird als Pousada genutzt. Sehenswert ist die **Capela Santa Maria do Castelo** aus dem 12. und 13. Jahrhundert im romanischen Stil mit ihrem fein gemeißelten Renaissanceportal. Der alte, harmonisch gefügte Stadtkern befindet sich unterhalb der Burg. Auf jedem hohen Schornstein oder Pfahl ist ein Storchennest gebaut, auf den Türmen der Kirche São Tiago sind es gleich acht, als ob Wohnungsnot herrsche.

Von der Burg schweift der Blick weit in die Landschaft. Reisanbau und die flachen Salzpfannen im Hintergrund prägen das Bild. Bereits die Römer haben in ihrem »Salacio«, Salzburg, den begehrten Würzstoff gewonnen. Heute kommt die Gewinnung von Pinienkernen hinzu. Sie sind pur oder als *pinhoadas* (Pinienkrokant) verbacken in den Geschäften zu erstehen. Das Hinterland liefert dafür die nötigen Pinienzapfen. Zu den noch ausgeübten Handwerken gehören die Korbflechterei, Leder- und Pelzverarbeitung sowie Korkarbeiten.

ⓘ **Turismo**
Praça Pedro Nunes
7580-125 Alcácer do Sal
✆ 265 61 00 70
www.costa-azul.rts.pt

*Flusslandschaft des Rio Sado bei Alcácer do Sal*

## Service & Tipps:

✕ **Snack-Bar O Brazão**
Largo Dr. Francisco Gentil
7580-118 Alcácer do Sal
✆ 265 62 25 76
In der Nähe des Stadtbrunnens Chafariz. Regionale Küche. €

✕ **Restaurante Sado**
Largo Luís de Camões
7580-117 Alcácer do Sal
✆ 265 61 30 13
Regionale Küche mit Schwerpunkt Meeresfrüchte. €–€€

3800 Einwohner in
4 Freguesias auf 362
Quadratkilometern

## ➋ Alter do Chão

**Alter do Chão**, bereits eine römische Gründung, ist ein hübsches Alentejaner Landstädtchen mit einer Burgruine von 1359. Im Rathaus am zentralen baumbestandenen Platz werden neben touristischen Informationen auch die traditionellen handwerklichen Produkte wie Blech- und Holzwaren sowie Lederzeug der Region angeboten. Ein marmorner Renais-

sancebrunnen steht zwischen Rathaus und Burgruine. Der Ort ist durch sein Gestüt bekannt, das 1748 von König João V. gegründet wurde. Gezüchtet werden Lusitanier, eine Kreuzung aus andalusischen und englisch-arabischen Pferden für den Stierkampf und als Kutschpferde. Das Gestüt kann besichtigt werden. Im September findet jeweils die große Parade statt.

*Die Burg in Alter do Chão*

ⓘ **Turismo**
Palácio do Álamo
7440 Alter do Chão
✆ 245 61 00 04

**Service & Tipps:**

👁 **Coudelaria de Alter**
Coutada do Arneiro
7440-152 Alter do Chão

✆ 245 61 00 60, Fax 245 61 00 90
Di-Fr 9.30-17.30, Sa/So 11-17 Uhr
Im Gestüt von Alter werden u.a. Lusitanier für den Stierkampf gezüchtet.

7400 Einwohner in
7 Freguesias auf 683
Quadratkilometern

## ➌ Arraiolos

**Arraiolos** lag schon immer strategisch günstig an der Straße von Lissabon nach Badajoz in Spanien. Die gewaltige Burgruine mit sechs Türmen und zwei Toren kann man besteigen und von oben über die Felder und Olivenplantagen bis zum Stausee von Divor schauen. Wenn nicht gerade Busse mit Touristen einfallen, ist Arraiolos ein beschaulicher Ort, bekannt durch seine **Teppichmanufakturen**. Seit dem 17. Jahrhundert werden Teppiche in Kreuzstichstickerei hergestellt, erst mit orientalischen, dann stark geometrischen Mustern oder mit bildlichen Darstellungen in kräftigen Farben. Heute richtet man sich zunehmend nach dem Geschmack der Käufer; viel eigenständige Formgebung ist dabei verloren gegangen. Alte Stücke werden als Antiquitäten gehandelt. Da die Teppiche in Heimarbeit entstehen, sieht man die Frauen am Fenster und an der Türschwelle sitzen, sticken und dabei ein Schwätzchen halten. Der Lohn und somit der Verkaufspreis richtet sich nach der Fläche. Die Teppiche werden in die ganze Welt verschickt.

*Blick auf Arraiolos*

Der Platz **Praça Lima e Brito** am Rathaus wurde vor kurzem neu gestaltet. Neben den aus den Steinplatten hochsteigenden Wasserfontänen sind über die alten Färbebecken für die Teppichwolle trittfeste Glasplatten gelegt, so dass man einen Teil der alten Becken sehen kann. Auf Informationssäulen ist dargestellt, dass früher der halbe Platz aus Färbebecken bestand.

Falls die Türen der Kirchen offen stehen, sollte man hineinschauen: Fliesenbilder, Deckenverkleidungen und Gemälde sind zu bewundern. Das Schmuckstück von Arraiolos liegt ein wenig außerhalb Richtung Norden: der **Convento dos Lóios**

aus dem 16. Jahrhundert. Das Kloster schlummerte lange vor sich hin, bis es schließlich mit Hilfe von EU-Mitteln zu einer außergewöhnlich schönen Pousada umgebaut wurde. Der Nachmittagskaffee schmeckt dort sicherlich. Besonders sehenswert ist die Kapelle mit Fliesenbildern aus der Jesuitenzeit.

*So speist man in der Pousada*

*Ein Kleinod: die Kirche in der Pousada von Arraiolos mit Fliesen aus dem 18. Jahrhundert*

---

*Service & Tipps:*

**Diana Restaurante Típico**
Praça Lima Brito 23
7040-027 Arraiolos
266 49 91 51, Di geschl.
Besseres Haus, gute Küche. €–€€

**Restaurante A Lanterna**
Rua Cunha Rivara 18
7040-033 Arraiolos
266 49 93 97
Tägl. 12–17, 19–24, Sa/So ab 16 Uhr
Das Restaurant serviert überregionale Küche. €–€€

**Turismo**
Câmara Municipal
7040 Arraiolos
266 49 02 54
Fax 266 49 02 57

---

# ❹ Beja

Seitdem die deutsche Luftwaffe 1994 ihren Tiefflugübungsplatz bei **Beja** aufgegeben hat, ist es nicht nur in der Luft ruhiger geworden. Die Schnellstraße führt an der Stadt vorbei. Dabei wartet der Ort – außer mit seiner großen Sommerhitze – mit einigen Sehenswürdigkeiten auf. Den ersten Höhepunkt in seiner Geschichte hatte Beja als Pax Julia unter den Römern. Im 10. Jahrhundert rühmte der arabische Schriftsteller Ahmede Arrazi die Stadt Buxa, ihre Bewohner und die Fruchtbarkeit der Felder. Sie war ein Mittelpunkt des geistigen Lebens unter der Herrschaft der Mauren. Im Zuge der Rückeroberung der Stadt durch die Portugiesen im 13. Jahrhundert wurde sie vollkommen zerstört und dann im Auftrag von König Afonso III. wieder aufgebaut.

Das Zentrum Bejas wird von der Achse Burg – Kloster bestimmt. Das ehemalige Klarissenkloster »Unserer Lieben Frau der Empfängnis«, **Convento Nossa Senhora da Conceição**, ist der dominierende Bau. Er wurde von den Eltern Manuels I., Dom Fernando und Dona Brites, zwischen 1459 und 1509 errichtet. Das Standbild der Stifterin ziert den Vorplatz. Unter königlichem Schutz entstand eines der reichsten und prunkvollsten Klöster des Landes. Viele manuelinische Stilelemente lassen das Gebäude leicht und verspielt erscheinen. Der Eingangsbereich wird durch eine mit Talha-Schmuck prächtig dekorierte Kirche bestimmt. Fliesenbilder von 1741 mit Darstellungen aus dem Leben Johannes des Täufers vervollständigen das Bild. In der Mitte des Kirchenschiffes stehen, jetzt als Museumsstücke,

*35 000 Einwohner in 18 Freguesias auf 1139 Quadratkilometern*

*An der Ortseinfahrt fällt sofort links die maurisch weiße Ermida de Santo André auf, die König Sancho I. zur Erinnerung einer ersten Rückeroberung der Stadt 1162 erbauen ließ.*

*Beja: Portugals höchster
Burgfried*

*Die ehemalige Kathedrale befindet sich 200
Meter Richtung Nordwesten in der Nähe
des Kastells. Sie ist
eine dreischiffige
Basilika mit zwölf
dorischen Säulen. Der
Baubeginn war 1590.*

*Stierkampfarena in Beja*

zwei Tragegerüste für Prozessionen aus massivem Silber. Eines, im Renaissancestil, stellt die Taufe Christi dar, das andere, im Barockstil, das Leiden des Johannes.

Der Kreuzgang besteht aus vier *quadras* genannten Gängen, mit einzigartigen fliesenverkleideten Wänden. Auch der sich daran anschließende Kapitelsaal aus der Zeit Joãos II. ist mit beeindruckendem Fliesenschmuck verkleidet. Die Bänke zieren hispano-maureske Azulejos des 16. Jahrhunderts aus Sevilla. In den Räumen ist heute das Regionalmuseum untergebracht. Malerei, mittelalterliche Heraldik im Wappensaal und Objekte sakraler Kunst werden ausgestellt. Im ersten Stock sind römische Mosaiken und verschiedene Fundstücke aus der Grabungsstätte in Pisões (s. S. 195) zu sehen.

Unweit des Convento fällt die **Igreja Santa Maria da Feira** durch die gotischen Portale mit den Rundtürmen auf. Das Innere ist im Stil des Barock und Rokoko üppig dekoriert. Es wird vermutet, dass es sich um eine ehemalige westgotische Kathedrale handelt. Während der arabischen Zeit war sie eine Moschee. Man hat den Bau mehrfach verändert, die Apsis und der Vorbau stammen aus gotischer Zeit.

Die für einen alten Stadtkern verhältnismäßig große **Praça da República** bildet das Zentrum der Altstadt. Man erreicht den Platz von dieser Seite nur durch enge Gassen. Es lohnt sich, im ganzen Zentrum die Fassaden der Häuser ein wenig näher zu betrachten: Wappen, kunstvolle Tür- und Fenstereinfassungen, maurisch wirkende Fassaden. In der vom Platz abzweigenden Nebenstraße Rua dos Mercadorias ist ein prächtiges manuelinisches Fenster zu bewundern. Die Praça mit dem schönen Pelourinho wird nach Norden durch die **Igreja da Misericórdia** begrenzt. Luis, der Sohn Manuels I., hatte den Bau als Markthalle geplant, durch den späteren Anbau einer Kapelle wurde die Halle mit in die Kirche einbezogen. Auf den Außenmauern und vier dünnen Säulen ruhen neun Gewölbe der gewaltigen quadratischen Halle im reinsten Renaissancestil. Das Aussehen der Kirche erinnert noch immer an ihre ursprüngliche Bestimmung.

Die **Torre de Menagem** ist Portugals höchster Burgturm. Ein Aufstieg ist zwar ein wenig beschwerlich, doch der Blick von oben auf die Stadt und die Landschaft entschädigt für die Mühen. In den restlichen Räumen der Burg sind ein kleineres archäologisches Museum und eine militärische Sammlung mit Uniformen und Waffen aus dem 19./20. Jahrhundert zu besichtigen. Nach 200 Metern gelangt man durch die Rua C. Mendes zur **Capela de Santo**, eine der vier erhaltenen vorromanischen Kirchen Portugals. Sie ist westgotischen Ursprungs mit byzantinisch-romanischen Kapitellen.

**Service & Tipps:**

🏛 **Museu Convento Nossa Senhora da Conceição**
Largo da Conceição, 7800-131 Beja
✆ 284 32 33 51, tägl. außer Mo 9.30–12.30 und 14–17.15 Uhr
Das Museum befindet sich im ehemaligen Convento da Conceição aus dem 15./16. Jh. U.a. portugiesische, flämische und spanische Malerei vom 15.–18. Jh., Manuelinik, port. Fliesen aus dem 17. Jh. und sevillianische Fliesen aus dem 16. Jh.

✗ **Restaurante Alentejano**
Largo Duques Beja 7
7800-134 Beja
✆ 284 32 38 49

Nur mittags und abends geöffnet, Fr geschl., günstig. €

✗ **Restaurante Marisqueira Masirbeja**
Rua D. Francisco a Lobo 1
7800-051 Beja
✆ 284 32 65 36
Sehr gutes Haus außerhalb der Altstadt, Spezialitäten sind Meeresfrüchte und Fisch. €€–€€€

✗ **Restaurante Alemão**
Largo Duques Beja 11
7800-134 Beja
✆ 284 31 14 90
Zur Bundeswehrzeit in Beja ein deutsches Restaurant mit entsprechender Einrichtung. Hähnchenbraterei. €

**REGION 7
Der Alentejo**

ⓘ **Turismo**
Rua Capitão João Francisco de Sousa 25
7800 Beja
✆ 284 31 19 13
www.rt-planiciedou rada.pt

# ❺ Borba

**Borba** ist das Zentrum des Marmorabbaus im Alentejo. Gleich außerhalb der Stadt in Richtung Vila Viçosa beginnen die **Marmorsteinbrüche**, die auf den ersten Blick wie Schutthalden wirken. Mit langen Stahlseilen werden riesige Blöcke aus dem Berg geschnitten und durch Kräne an die Oberfläche befördert. Das Kühlwasser muss abgepumpt werden, damit auf der Sohle der Grube kein See entsteht. Man kann in einige Gruben hineinschauen, sie sind durch Mauern gesichert. Die Verarbeitungsbetriebe sind über ganz Portugal verstreut.

Das zweite Standbein der Stadt ist der Wein. Ein paar Kellereien können besichtigt werden, Informationen dazu gibt es beim *Turismo* oder man fragt selber. Bekannt ist der Rotwein aus der Region.

Darüber hinaus ist Borba ein Zentrum des Antiquitätenhandels. Man kann wunderbar in den Läden stöbern, ausgesprochene Schnäppchen muss man suchen.

*7500 Einwohner in 4 Freguesias auf 145 Quadratkilometern*

ⓘ **Turismo**
Rua do Convento das Servas
7150-249 Borba
✆ 268 89 16 30
Fax 268 89 48 06

*Marmorsteinbruch bei Borba*

3800 Einwohner in
4 Freguesias auf 265
Quadratkilometern

*Kommt man aus Rich-
tung Apalhão, befindet
sich auf der linken
Seite der Straße eine
mittelgroße Brunnen-
anlage. Dies Wasser
kann man trinken, die
Einheimischen holen
es sich in Kanistern.
Das Tafelwasser Vita-
lis kommt aus Castelo
de Vide.*

*Eine vortreffliche
Mineralquelle (Glau-
bersalz) hat der jetzt
als Kurort geltenden
Stadt einen bescheide-
nen Wohlstand ge-
bracht. Die Badehäu-
ser liegen außerhalb
des Stadtkerns.*

## ❻ Castelo de Vide

Das weiße **Castelo de Vide** liegt hoch über dem Tal auf einem Bergrücken und grüßt bereits von weitem den Anreisenden.

König Dinis, der für die Festigung des Landes sorgte, viele Städte gründete
und Kastelle bauen ließ, war auch hier tätig. Und da sich im alten Stadtkern
wenig verändert hat, gilt Castelo de Vide als der Ort mit dem besterhaltenen
mittelalterlichen Stadtbild Portugals. Es gibt keine herausragenden Gebäude
oder Monumente, der Reiz des Ortes liegt in der Geschlossenheit des Ensem-
bles. Beim Bummel durch die recht steilen Gassen der Altstadt, die größtenteils
vom Autoverkehr verschont bleiben, begegnet man vielen sehenswerten
Details. Mit Sandstein eingefasste gotische Eingänge der weißen oder blassblau
oder rosa gestrichenen Häuser, winzige liebevoll angelegte Gärten und sorg-
sam gepflegte Topfpflanzen an den Fenstersimsen und neben den Haustüren,
der über 400 Jahre alte, überdachte marmorne Stadtbrunnen verzaubern den
Gast und lassen ihn länger verweilen als eigentlich geplant.

1492 war Castelo de Vide, wo schon immer viele Juden gelebt hatten,
Zufluchtsort für Juden aus Kastilien, die in ihrem Heimatland verfolgt wurden.
Dies war unter Bezahlung einer Steuer und dem Versprechen möglich, nur
acht Monate in Portugal zu bleiben. Die alte Synagoge aus dem 14. Jahrhun-
dert ist noch zu besichtigen. Zeitweise lebten mehr Juden als Christen in der
Stadt.

Überragt wird die Stadt vom **Burgturm**. Von dort oben ist der Überblick über
den Ort, wie er sich über den Bergrücken ergießt, mit der aus den Häusern herausragenden **Igreja Santa Maria** mit den Störchen auf dem Turm besonders
gut. 23 weitere Kirchen gibt es in Castelo de Vide. Nach Westen und Norden
reicht der Blick bis in die oberalentejanische Landschaft, nach Osten und Süden
zu den Bergen der Serra de São Mamede. Am östlichen Horizont ist das Berg-
dorf Marvão als ein weißer Fleck auszumachen.

Auf dem der Stadt gegenüberliegenden Berg ist die hoch oben stehende
Kapelle **Nossa Senhora de Penha** zusehen. Eine befestigte Straße führt hinauf.
Von dort ist der Blick über die Stadt und die Region am schönsten.

*Castelo de Vide – die
weiße Stadt*

**Service & Tipps:**

(ℹ) **Turismo**
Praça Dom Pedro V
7320 Castelo de Vide
☏ 245 90 13 61
Fax 245 90 18 27

🎭 Zu Ehren des hl. Lorenz findet
am 7. Aug. die **Feira de São
Lourenço**, ein großer Markt mit viel-
seitigem Angebot, statt.

(✗) **Restaurante Dom Pedro V**
Praça Dom Pedro V
7320-128 Castelo de Vide
☏ 245 90 12 36, Mo geschl.
Empfehlenswerte Küche zu modera-
ten Preisen. €€

176

# ❼ Elvas

**Elvas** lag immer schon an exponierter Stelle gegenüber Spanien. Nur zwanzig Kilometer sind es bis zum spanischen Badajoz. Die Lusitanier gründeten die Siedlung, dann bauten die Römer ein Kastell, unter den Arabern wurde *Yalbas* eine reiche Stadt, 1230 wurde sie unter Sancho II. endgültig portugiesisch.

Der König fing nach der Eroberung sogleich damit an, die Stadt zu befestigen, seine Nachfolger bauten das Bollwerk in den nächsten Jahrhunderten stetig aus. Elvas hat über die Jahre viele Kriege gesehen, aber auch Friedensschlüsse wie den mit Spanien 1361 und den Sieg im Unabhängigkeitskampf 1659 sowie einige Hochzeiten zwischen den Königshäusern beider Länder. Die 800-jährige wechselvolle Geschichte ist durch den Nachbarn Spanien geprägt, heute gibt es nicht einmal mehr eine Zollstation an der Grenze.

Die **historische Stadt** ist noch vollkommen von einer Stadtmauer nach vaubanschem Muster umgeben, das Fort da Graça ist eine Verstärkung im Westen, das Fort de Santa Luzia im Osten. Im letzteren ist heute ein Militärmuseum untergebracht.

Parken kann man vor dem Évora-Stadttor, der Porta de Évora, in der Nähe des Kreisverkehrs mit dem großen Brunnen. Dies ist für Wohnmobile und Gespanne ratsam. In der Stadt selbst ist es eng, vor der Kathedrale wurde eine Tiefgarage gebaut. Genügend kostenlose Parkplätze gibt es beim Kastell. Die Straße führt am Aquädukt zum **Centro Histórico**. Die maximale Durchfahrtshöhe beträgt 2,80 Meter, die Durchfahrt und die Straßen sind eng. Nach der versetzten Durchfahrt durch das Stadttor rechts an der Markthalle vorbei, dann links halten, gelangt man direkt auf den Vorplatz des Kastells.

**REGION 7**
**Der Alentejo**

*22 700 Einwohner in 11 Freguesias auf 631 Quadratkilometern*

*Häusermeer in Elvas*

*Männergesellschaft*

*Die Mauren gründeten das Castelo von Elvas*

*Das Streichen der Häuser
ist Aufgabe der Frauen*

*»Sie macht den Ein-
druck von Stärke. Die
Zahl der Häuser ist
nicht zu zählen, nicht
die Basare und nicht
die vielen schönen
Frauen.« So beschrieb
der maurische Geo-
graph Edrizi Elvas.*

*Wanddekoration*

*Gasse im arabischen
Viertel von Elvas*

Mittelpunkt der im Grundriss nordafrikanisch geprägten Stadt ist die zwischen engen Gassen, Torbögen, Durchgängen, Treppen, weißen Häusern, Balkonen mit schmiedeeisernen Gittern gelegene **Praça da República** (früher Praça de Dom Sancho II.) mit der Kathedrale auf der einen und dem alten Rathaus an der anderen Seite. In jüngster Zeit hat man eine Tiefgarage darunter gebaut. Damit wurden alle historischen Spuren unter dem Platz verwischt. Dafür ist über der Erde genug an alter Substanz übrig geblieben.

Das Tourismusbüro bietet drei Touren durch die Stadt an: durch das arabische Viertel, das mittelalterliche Viertel und die Viertel aus dem 17. Jahrhundert. Man kann die Routen gut kombinieren und dabei einige Abstecher machen.

Der Rundgang kann am **Castelo** beginnen. Die von den Mauren auf einem römischen Lagerplatz gegründete Burg wurde gleich nach der Rückeroberung der Siedlung 1230 erneuert. Der wuchtige Bergfried kam nach einer weiteren Modernisierung in der Mitte des 15. Jahrhunderts dazu. Die Mauern können bestiegen werden. Von dort oben hat man einen weiten Blick in die von der Landwirtschaft geprägte Umgebung sowie auf die vorgelagerten Forts.

Von der Burg führt der Weg zunächst durch das in seiner Grundstruktur »arabische« Viertel. Für das buckelige Pflaster sind flache Schuhe am besten geeignet. Durch die **Porta do Templo**, oder auch **Porta dos Santos** genannt, einen ursprünglich maurischen Torbogen, gelangt man auf die Praça Santa Clara mit dem Pelourinho mit seiner gewundenen Säule im manuelinischen Stil aus dem 16. Jahrhundert. Die sich anschließende Kirche **Nossa Senhora da Consolação** aus dem 16. Jahrhundert steht auf einem achteckigen Grundriss. Acht vergoldete und bemalte Säulen tragen die fliesengeschmückte Kuppel. Die Kanzel stammt noch aus der Erstehungszeit des Gotteshauses. Von der Terrasse der Kirche hat man einen schönen Blick über die Stadt und das Aquädukt.

Die Straße weiter hinunter trifft man auf den Hauptplatz mit der ehemaligen Kathedrale Sé, der **Igreja de Nossa Senhora da Assunção**. Der massig wirkende Bau wurde zwischen 1515 und 1520 über den Resten einer Vorgängerkirche aus dem 13. Jahrhundert erbaut. Die schmucklose Fassade mit der großen Vorhalle und dem klassizistischen Portal stammt aus dem 18. Jahrhundert, so auch der Altar aus verschiedenfarbigem Marmor, die filigranen Deckenmalereien und die Fliesenverkleidung. Die Seitenportale sind im manuelinischen Stil gehalten.

In einigen Gassen westlich der alten Sé vermischen sich die Zeiten mit dem Tor **Arco do Bispo**, einer **Passage aus dem 18. Jahrhundert** und einem Turm aus der **fernandinischen Mauer** als Teil der maurischen Stadtmauer. Der Weg führt wieder über den Hauptplatz am alten Rathaus vorbei, das heute als Ausstellungshalle genutzt wird. Am Platz findet man auch eine Reihe von Cafés und kleinen Restaurants für eine Ruhepause.

Südwestlich des Platzes geht unser Weg über die Rua da Carreira und dann nach links in die Rua de Brás Coelho, wo er auf ein maurisches Tor trifft, den **Arco da Senhora da Encarnaçao**, und in der Nähe auf den **Brunnen São Lourenço**. Am Ende der Rua Sá da Bandeira steht die Kirche **Igreja de São Pedro** aus dem 13. Jahrhundert, im 18. Jahrhundert restauriert. Sie besitzt ein frühgotisches Portal und eine Renaissancekuppel. Den Platz davor schmückt noch der 500 Jahre alte **São-Vincent-Brunnen**.

Auf dem Weg zurück zum Kastell passiert man am **Largo dos Teceiros**, dem Platz der Weber, die jüngere Kirche São Francisco und ein Stück weiter den **Arco do Miradouro** als Eingang in das arabische Viertel. Für den Gang sollten drei Stunden eingeplant werden.

In der Nähe des Stadttores steht der **Misericórdia-Brunnen**, aus dem 1622 das erste Wasser, das über das Aquädukt kam, sprudelte. Und im ehemaligen Jesuitenkolleg São Tiago am Largo do Colégio ist das **Ethnologische und Archäologische Museum** mit einer bunten Sammlung regionaler Fundstücke untergebracht.

Außerhalb der Stadtmauer ist das Aquädukt das bemerkenswerteste Bauwerk. 125 Jahre wurde nach den Plänen des Architekten Francisco de Aruda, dem Erbauer des Jerónimos-Klosters in Bélem, bis 1622 daran gebaut. 843 Arkaden, zum Teil 31 Meter hoch, tragen die Wasserleitung aus dem sieben Kilometer entferntem Tal São Francisco.

*In der Burg ist ein kleiner Buchladen mit archäologischer Literatur, Portkarten sowie einer Cafeteria untergebracht.*

*Sé bedeutet, dass hier der Sitz eines Bischofs ist. Heute gibt es in Elvas keinen Bischof mehr.*

***Service & Tipps:***

🏛 **Museu de Arte Contemporânea de Elvas**
Rua da Cadeia, 7350 Elvas
✆ 268 63 71 50
Mi–So 10–13 und 15–18.30, Di 15–18.30 Uhr
Im Juli 2007 neu eröffnetes Museum für zeitgenössische Kunst in einem Gebäude aus dem 18. Jahrhundert. Das Gebäude diente bis 1993 als Krankenhaus und als Anlaufstelle für die Armen der Stadt.

🏛 **Museu Etnológico e Arqueológico António Tomás Pires**
Rua dos Apóstolos, 7350 Elvas
✆ 268 62 24 02
Di–So 9–12 und 14–17.30 Uhr
Prähistorische, römische, westgotische, arabische und mittelalterliche Fundstücke. Malerei, Keramik, Münzen und Handwerkskunst. Messgeräte aus der Zeit um 1500.

🏛 **Museu Militar im Fort Santa Luzia**
Fort Santa Luzia, 7350 Elvas
✆ 268 62 83 57
Di–So 10–13 und 15–19, im Winter 14–17 Uhr
An einem originalen Platz zeigt die Ausstellung die Geschichte des Militärs durch die Jahrhunderte.

🏛 **Städtisches Fotomuseum João Carpinteiro**
Largo Luís de Camões
7350-001 Elvas
✆ 268 63 64 70
Tägl. außer Mo 10–13 und 15–19 Uhr, im Winter 14–17 Uhr
Das Museum zeigt neben historischen Bildern von Elvas eine Sammlung von Fotoapparaten, beginnend mit der Pocketkamera von Kodak um 1912.

👁 **Castelo**
7350 Elvas
🍽 ✆ 268 62 64 03
Tägl. 9.30–17.30 Uhr; der Rundgang auf der Mauer ist mittags von 13–14.30 Uhr geschl.
Cafeteria tägl. 9.30–17.30 Uhr, im Frühling und Sommer bis 22 Uhr
Von Mauren erbaute Burg mit schönem Rundblick.

ℹ **Turismo**
Praça da República
7350 Elvas
✆ 268 62 22 36
Fax: 268 62 51 57
www.cm-elvas.pt

✖ **Girassol**
Rua de Évora 25A
7350-153 Elvas
✆ 268 62 44 94
Ein kleines gepflegtes Restaurant mit regionalen Gerichten. €–€€

✖ **Adega de Isaís**
Rua do Almeida 21
7100 Estremoz
✆ 268 32 23 18
Traditionelle regionale Küche. Beliebtes Haus. €€

15 100 Einwohner in
13 Freguesias auf 514
Quadratkilometern

*Die Burg von Estremoz
beherbergt heute eine
edle Pousada*

**Zum Besteigen der
Torre Menagem muss
man durch den Ein-
gang der Pousada
gehen. Montags ist der
Turm geschlossen.**

## ⑧ Estremoz

Am Nordostabfall der Serra de Ossa und am Ende einer sechs Kilometer langen Marmorader, die sich bis nach Borba hinzieht, liegt
**Estremoz**, einst ein Bollwerk gegen die Spanier, die immer wieder ins Land
einfielen. Die Oberstadt ist seit dem 17. Jahrhundert von einer Festungsanlage
umgeben, die Unterstadt ist viel jünger. In kaum einem anderen Ort wurde und
wird so verschwenderisch mit Marmor gebaut. Ein Sprichwort sagt: »Cidade
branca onde brilha o mármore«, »Weiße Stadt, wo der Marmor glänzt.« Selbst

die **Torre de Menagem**, der 27 Meter hohe, alles überragende Bergfried,
besteht aus diesem Gestein. Man kann ihn besteigen und von den Zinnen den
weiten Blick in die Landschaft genießen.

Der Turm gehört zu einem Kastell aus dem 13. Jahrhundert. Es war zeitweise Residenz König Dinis I. und seiner Gemahlin, der heiligen Isabell, die
hier 1336 starb. Ihr Sterbezimmer wurde später zu einer Gedenkkapelle, der
**Capela da Rainha Santa**, ausgebaut. Eine beeindruckende weiße Marmorstatue vor dem Kastell veranschaulicht, wie sehr sie verehrt wurde. Berühren
Sie die Marmorstatue einmal. Selbst im heißesten Sommer fühlt sich der Stein
kühl an.

Die dreischiffige **Igreja Santa Maria do Castelo** neben dem Kastell ist eine
maurisch-manuelinische Hallenkirche aus dem Jahre 1559. Das frühgotische
Gebäude daneben in südlicher Richtung beherbergt den **Paço da Audiência**
(Audienzsaal) von König Dinis. Bemerkenswert sind das Sterngewölbe, die
Fenster und das kunstvolle Dach, das man besonders gut von der Torre de
Menagem aus sehen kann. Beide Gebäude sind leider meistens geschlossen.

An der Nordseite der Oberstadt, am Terreiro do Loureiro 1, arbeitet **Senhor
António Sim Sim**, einer der letzten Glockenmacher *(Oficina de Chocalhos)* im
Alentejo. Er fertigt Kuh- und Ziegenglocken in allen Größen. Aus einem Stück
Weißblech wird über einem Amboss der Glockenkörper geformt. Danach legt
Senhor Sim Sim ein Stück Messing oder Kupfer auf das Blech und umhüllt den
Rohling mit einer Schicht Ton, der mit Stroh gemagert wurde. Beim anschlie-
ßenden Brennen bei etwa 800 Grad Celsius im offenen Feuer schmilzt das
aufgelegte Metall und verbindet sich mit dem Blech. Menge und Art der Auf-

*Paço da Audiência von König Dinis I. in Estremoz*

*Estremoz ist auch ein Zentrum des Töpferhandwerks. Die Verkaufsstände mit glasierter und unglasierter roter bis brauner Ware auf dem Rossio Marquês de Pombal in der Unterstadt sind nicht zu übersehen. Charakteristisch für die Töpferei von Estremoz sind Verzierungen mit drei kleinen Marmorsteinchen. Holzschnitzereien wie Tiere, Ochsengespanne und Figuren gehören ebenfalls zur kunsthandwerklichen Tradition.*

lage bestimmen den späteren Klang. Sehens- und noch mehr hörenswert ist seine Sammlung im Hinterhaus.

An der Südseite des großen Platzes Rossio beherrscht das **Rathaus** *(câmara municipal)* die Häuserfront. Es wurde 1698 als Kloster errichtet und beherbergt heute die Stadtverwaltung und die Polizei. Gehen Sie ruhig ins Treppenhaus. Die Fliesenbilder aus der zweiten Hälfte des 18. Jahrhunderts mit Darstellungen aus dem Leben des São Filipe stammen von Policarpo de Oliveiro Bernardes, hier unsigniert und nicht datiert.

Auf der anderen Seite des Platzes steht hinter der Grünfläche am Largo de Gadanha der **Palácio Tocha** aus dem 17. Jahrhundert. Auf Fliesen gemalte, schauerliche Schlachtengemälde von den Unabhängigkeitskriegen gegen den spanischen Nachbarn zieren die Wände.

Fährt man durch das Stadttor in Richtung Elvas kommt man an einigen Marmorsteinbrüchen und Marmorverarbeitungsbetrieben vorbei. Den besten Blick in die Steinbrüche erhält man aber kurz hinter Borba Richtung Vila Viçosa.

## Service & Tipps:

**Oficina de Chocalhos do Senhor António Sim Sim**
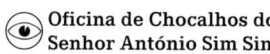
Rua Victor Cordon 16 A
7100 Estremoz
℘ 26 82 31 30
Einer der letzten Glockenmacher des Alentejo. Hier kann man anfragen, ob die Werkstatt am Terreiro do Loureiro 1 in der nördlichen Altstadt zu besichtigen ist.

**Restaurante Café Alentejano**
Rossio Marquês de Pombal 13–15
7100-513 Estremoz
℘ 268 33 73 00
Kaffee- und Restaurantbetrieb am Hauptplatz der Stadt. €€

**Restaurante Arco-Íris**
Rua Brito Capelo 24
7100 Estremoz, ℘ 268 32 23 36
Kleineres Restaurant mit portugiesischer Küche. Zentral gelegen. €–€€

**Turismo**
Rossio do Marquês de Pombal
7100 Estremoz
℘ 268 33 35 41
Fax 268 33 40 10
www.cm-estremoz.pt

181

**9 Évora**

*In der Pousada des
Palácio Cadaval befin-
det sich ein Restaurant
im Kreuzgang, offen
für jedermann. Für
einen Kaffee oder Port-
wein in der Bar sollte
man sich Zeit nehmen.*

Die Altstadt von **Évora** ist fast vollständig von einer Ringmauer aus römischer Zeit umgeben, sorgfältig konserviert – ein lebendiges Museum aus römischen, maurischen und mittelalterlichen Tagen. Der besondere Reiz Évoras liegt in den engen Gassen und Plätzen, die sich am späten Nachmittag beleben, den Häuserfronten, schmiedeeisernen Gittern, marmornen Brunnen, dem Pflaster der Straßen und Gehwege, den Arkaden und den kleinen Cafés. 1986 wurde der Stadtkern auf die World-Heritage-Liste der UNESCO gesetzt und damit zum weltgeschichtlichen Erbe erhoben.

Den Rundgang sollte man an der **Praça do Giraldo** beginnen, benannt nach Giraldo sem Pavor (Gerald ohne Furcht), der 1165 den Mauren die Stadt mit einer List abgenommen hat. Zu den traurigsten Kapiteln der Geschichte des schönen Platzes gehört die Inquisition mit ihren grausamen Ketzerverbrennungen. Auch Herzog João II. von Bragança, der größte Grundbesitzer seiner Zeit, wurde hier enthauptet. Ein beliebter Treffpunkt in den kühleren Abendstunden ist der marmorne Renaissancebrunnen von 1571 vor der Kollegiatskirche Santo Antão aus dem 16. Jahrhundert. Der Blick auf die Fassade genügt.

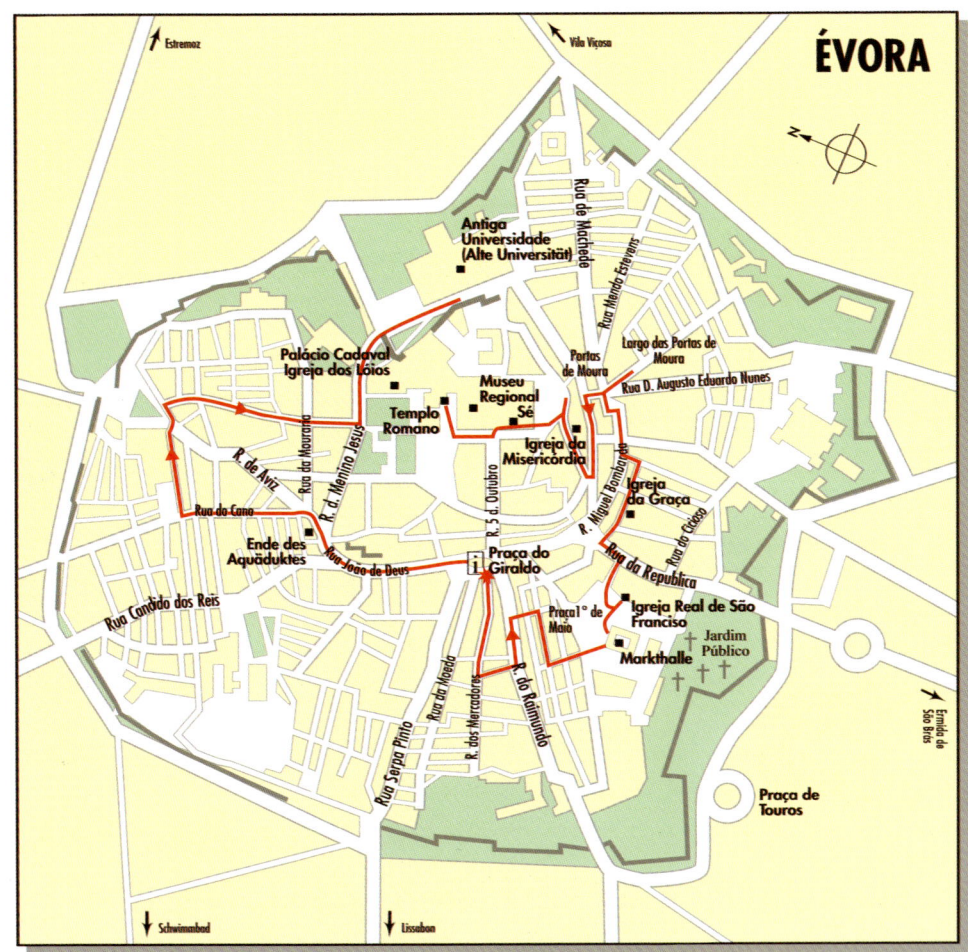

An der Westseite schließt sich das ehemalige jüdische Viertel an. Seine schmalen Gassen sind so angelegt, dass ein durchgehender Blick nicht möglich ist – auch eine Art von Verteidigungsbau. Handwerksbetriebe, Tante-Emma-Läden, *tascas* und Trödler beleben heute die Häuser. Irgendeine Gasse nach links, vielleicht noch einen Schlenker, so kommt man zum **Markt**. In der gedeckten Halle werden Fleisch, Fisch, Gemüse, Käse und Backwaren feilgeboten, großer Andrang herrscht an den Kaffeeständen. Draußen stehen die Bauern, die Blumen- und Keramikhändler.

Gleich nebenan findet sich die **Igreja Real de São Francisco**, zwischen 1460 und 1510 im gotisch-manuelinischen Stil gebaut. Eine strenge Kühle empfängt den Besucher im Innern. Die weiß verfugten Quader lassen den Bau größer erscheinen, als er ist. Links unter einer Grabplatte fand Gil Vicente 1536 seine letzte Ruhestätte. Der Goldschmied und Poet schrieb die ersten Dramen Portugals, die noch heute aufgeführt werden.

Nichts für schwache Nerven ist die sich ans rechte Querschiff anschließende **Capela dos Ossos** (Knochenkapelle, Eingang von außen), im 17. Jahrhundert begonnen. Die Inschrift »Nós ossos que aqui estamos, pelos vossos esperamos«, »Unsere hier versammelten Gebeine warten auf die eurigen«, weist auf den Inhalt hin. Die Wände im Innern der Kapelle bestehen ganz und gar aus Schädeln und Knochen, die über Jahrzehnte kunstvoll gestapelt wurden. An der Igreja da Graça mit ihrer barocken Fassade im Stil Michelangelos vorbei gelangt man durch die Rua Miguel Bombarda auf den heiter wirkenden **Largo das Portas de Moura**. Dominiert wird der Platz vom dem Renaissancebrunnen mit einer Weltkugel von 1556. In den Umfassungssteinen erkennt man die Spuren der Seile, an denen einst die Wassereimer hochgezogen wurden. Der grazile Anbau der Casa Cordovil lässt den schaurigen Eindruck der Knochenkapelle endgültig vergessen.

*Römischer Tempel und Kathedrale in Évora*

Durch enge, schattige Gassen gelangt man nach einer kurzen Steigung zu dem wohl bedeutendsten Gebäude Évoras, der **Kathedrale Sé**. Mit ihrer Errichtung (in der Zeit zwischen 1186 und 1290) hielt die Gotik Einzug in Portugal. Zwölf marmorne Apostelfiguren bewachen das Hauptportal zwischen zwei asymmetrischen Türmen – links romanisch und rechts gotisch beeinflusst. Die Quaderwände im Innern erinnern an die Francisco-Kirche. Am Mittelgang links blickt die schwangere »Madonna von Ó« vom Barockaltar auf die Gläubigen nieder. Der Kirchenschatz im Museum ist sehr einprägsam präsentiert. Man sollte unbedingt den Turm mit dem fliesenverkleideten Helm besteigen: Von keiner Stelle ist der Blick auf die Stadt schöner, selbst die sonst verschlossenen Innenhöfe bieten sich dar.

*Kreuzgang der alten Universität in Évora aus dem Jahre 1558*

Das **Museu Regional** um die Ecke lohnt nicht nur wegen seiner Ausgrabungsfunde, Gemälde, Keramiken, Bildhauerarbeiten und Volkskunst einen Besuch. Auch sein Gebäude, das ehemalige erzbischöfliche Palais aus dem 16./17. Jahrhundert mit schönem Innenhof, ist sehenswert. Auf der flachen Innentreppe ritten einst die Herrschaften bis in den ersten Stock.

Das Wahrzeichen Évoras sind die **Ruinen des römischen Tempels** aus dem 2./3. Jahrhundert. Von den ehemals 18 korinthischen Säulen stehen noch 14. Das Betreten ist strengstens verboten. Im Mittelalter hatten die Menschen nicht so viel Hochachtung vor den alten Steinen: Sie verbanden die Säulen mit Mauern und richteten im Innen-

*Évora ist auch Zentrum eines landwirtschaftlich geprägten Gebietes. Dies macht sich besonders an Markttagen bemerkbar. Wenn die Praça do Giraldo schon am Vormittag von gut gekleideten Männern wimmelt, dann begeht man gerade den »Dia do Porco« (Tag des Schweins) oder Ähnliches. Bei solchen Anlässen wird deutlich, dass im Süden Portugals eine Männergesellschaft vorherrscht. Auf herumstehende und schwatzende Frauen trifft man so gut wie nie. Im Haus haben sie jedoch das Sagen.*

*Évora: Die Praça do Giraldo ist Treffpunkt für Alt und Jung*

raum einen Schlachthof ein. Vielleicht bewahrte dies den Tempel vor dem völligen Abriss.

Den **Palácio Cadaval** und die benachbarte Igreja de São João Evangelista, **Lóios-Kirche** genannt, sollte man sich unbedingt anschauen. Im Palast, dem ehemaligen Convento dos Lóios, ist eine Pousada untergebracht. Auch wenn man dort nicht wohnt, einen Blick in den Eingangsraum und links in den Innenhof kann man wagen: Zeugnisse großer Bildhauerkunst schmücken den ehemaligen Kreuzgang. Man erhält einen Einblick in den Lebensstil der damaligen Zeit. João II. wollte Évora sogar zur Hauptstadt machen, viele Mitglieder der Oberschicht hatten daher hier einen Wohnsitz. So ist es auch nicht verwunderlich, dass die Vorgespräche zu den Weltentdeckungsfahrten in Évora stattgefunden haben.

Die **Lóios-Kirche** ist leider nicht immer geöffnet. Neben den Fliesenbildern (18. Jahrhundert) fallen die flämischen, sehr fein gearbeiteten Grabplatten im Boden auf. Einige sind so ungenau eingepasst, dass sie beim Begehen wackeln und durch die Ritzen einen Blick auf die Gebeine zulassen. In Évora wird man auf sehr drastische Weise an die Vergänglichkeit erinnert.

Dem abwechslungsreichen Vormittag soll eine beschauliche zweite Hälfte des Tages folgen. Ein Besuch der alten Universität sowie ein Bummel durch die Gassen bieten dazu eine gute Gelegenheit.

Die **Antiga Universidade**, im Nordosten unterhalb der Sé gelegen, ist eine Gründung des Jesuiten Ignatius von Loyola aus dem Jahre 1558. Die Gebäude im Renaissancestil stammen aus der gleichen Zeit. Die Jesuiten konnten hier lehren, bis sie Marquês de Pombal 1759 des Landes verwies. Heute werden die alten Gemäuer wieder als Universität genutzt.

Mittelpunkt ist der zweistöckige Innenhof mit überschwänglicher Barockfassade: ein Ausdruck der Macht und des Einflusses der Jesuiten auf das geistige und politische Leben damaliger Zeit. In die elf Lehrsäle um den unteren Kreuzgang (ein zwölfter Saal befindet sich am rechten Durchgang) wurden zwischen 1746 und 1749 thematische Fliesenbilder eingebaut, ein einmaliges wissenschaftliches Lehrbuch!

In Raum 106 sind die zwölf Monate als Allegorie auf die Vergänglichkeit des Seins dargestellt, im Raum 107 Theaterszenen, in Raum 114 Bilder zur angewandten Mathematik/Geometrie/Astronomie/Ballistik/Musik, in den Räumen 115 und 117 Darstellungen aus dem Alten und Neuen Testament, in Raum 119 Bilder zur Naturphilosophie/Physik und in Raum 122 Bilder zur Geographie. Hier fehlt noch die allegorische Darstellung Australiens, das damals noch nicht entdeckt war. Die Räume 110 und 118 zeigen Szenen aus der Bukolika und der Aeneas. An diesen Vergilschen Epen schulte man das Latein. Vier historische Studenten stehen am Eingang zum Prüfungssaal.

Zum Abschluss sollte man einen Blick in das Refektorium im ersten Stock werfen. Die Strenge des Raumes mit den marmornen Tischen und die schlichten Fliesen arabischen Stils (wie in der Jesus-Kirche von Setúbal) lassen erahnen, wie Schüler und Lehrer hier einst gelebt haben.

Der nördliche Stadtteil hat seinen eigenen Reiz. Es ist die Gegend ohne Touristen, dort, wo Évora zu Hause ist. In den Gassen stehen die Waschbottiche vor der Haustür, und die Wäsche an gewagten Gestellen streift über den Kopf des Besuchers, Hunde aalen sich in der Sonne und kümmern sich nicht um die Füße, die über sie hinwegsteigen.

Irgendwie gelangt man an das **Aquädukt** auf römischen Fundamenten, das früher die Stadt mit Wasser versorgte. Folgt man ihm in Richtung Innenstadt, so stößt man wieder auf die Praça do Giraldo, wo viele Geschäftsstraßen zusammenlaufen. An der Rua 5 de Outubro, die zur Kathedrale führt, werden Antiquitäten und kunsthandwerkliche Erzeugnisse der Region angeboten. Ein paar Meter in der ersten Straße links, der **Alcárcova de Cima**, sind hinter Glas Reste der römischen Stadtmauer zu sehen. Im »O Grémio«, fast am Ende der Gasse, kann man sogar an diese Mauer gelehnt speisen.

Ein Abendspaziergang könnte vor die Mauern der Stadt bis zur Einsiedelei **Ermida de São Brás** führen. Sie wurde ab 1480 als Dank für eine überstandene Pest zu Ehren von Sankt Blasius gebaut. Mit den mächtigen Rundtürmen und Kegelhüten im spätgotisch-maurischen Mudejarstil wirkt sie fremd.

Der Rückweg kann durch den **Jardim Público** erfolgen. Die noch erhaltenen Bauten in der Parkanlage gehörten zu einem Palast der Könige aus dem Hause Aviz. Vasco da Gama soll hier mit dem König die Einzelheiten seiner Indienreise besprochen haben.

*Bar der Adequita do Farrobo*

## Service & Tipps:

**Museu de Évora**
Largo Conde de Vila Flor
7000-804 Évora, ☎ 266 70 26 04
Mi–So 10–18, Di 14–18 Uhr
Bildende Künste, Glas und Porzellan sind hier ausgestellt. Beachtenswert ist auch das Gebäude selbst, neben den römischen Tempelruinen gelegen.

Alle **Kirchen** und **öffentlichen Gebäude** sind außer zu den Gottesdiensten Di–Sa 9–13 und 14–18, im Winter 17.30, So 10–13 und 14.30–17.30 Uhr geöffnet.

Ende Juni wird die **Feira de São João** (Messe an Johanni), eine traditionelle Kunsthandwerkermesse mit Folklore, ausgerichtet.

**Restaurante O Grémio**
Alcárcova de Cima 10
7000-842 Évora, ☎ 266 74 29 31
*Restaurante típico* mit originalen Wänden der ersten Stadtmauer und einem Tordurchgang aus römischer Zeit. €€

**Restaurante Cozinha de São Humberto**

Rua da Moeda 39, 7000-513 Évora
☎ 266 70 42 51
Sehr gutes Restaurant mit regionaler Küche. €€–€€€

**Restaurante Adeguita do Farrobo**
Travessa de S. Pedro 2
7000-967 Évora, ☎ 266 70 23 41
Ein wenig abseits des Zentrums mit sehr guter regionaler Küche. €€

**Restaurante A Choupana**
Rua dos Mercadores 16–20
7000-530 Évora
☎ 266 70 44 27, So geschl.
Kleines, gemütliches Restaurant mit (für die Stadt) zivilen Preisen. €€

**Restaurante Fialho**
Travessa das Mascarenhas 16
7000-557 Évora
☎ 266 70 30 79
Einfach eingerichtet, aber mit sehr guter Küche. €€–€€€

**Restaurante São Luís**
Rua do Segueiro 30/2
7000-672 Évora
☎ 266 74 15 85
Gemütliches Restaurant mit guter Küche. €€–€€€

**ⓘ Turismo**
Praça do Giraldo
7000 Évora
☎ 266 70 26 71
Fax 266 70 29 50
vwww.cm-evora.pt/
guiaturistico/

*Im Raum 114 der Universität ist ein kleiner Verkaufsladen mit Postkarten, Büchern, Fliesen und Ähnlichem untergebracht.*

*700 Einwohner*

*Burg von Évoramonte*

## ⑩ Évoramonte

Die Burg von **Évoramonte**, 495 Meter hoch auf einem Bergrücken gelegen, beherrscht den Landstrich. Eine schmale Straße führt von dem neuen Ort zum Festungsdorf mit einer mächtigen Mauer. Ursprünglich eine maurische Gründung, wurde es 1160 von König Afonso I. Henriques im Zuge der Reconquista erobert und 1248 unter König Afonso III. ausgebaut. In den Mittelpunkt des Geschehens rückte Évoramonte noch einmal im Jahre 1834, als hier in der Casa da Convenção mit dem eindrucksvollen gotischen Torbogen in der Umfassungsmauer der Frieden nach einem zweijährigen Bürgerkrieg zwischen den Anhängern König Pedros V. und denen seines Bruders Miguel (Miguelisten) besiegelt wurde.

Der Flecken hat seinen mittelalterlichen Charakter mit den flachen, weißen Häusern und dem sorgfältig verlegten Kopfsteinpflaster wie kaum ein anderer Ort bewahrt. Vom Eingangstor reicht der Blick bis nach Estremoz.

---

*Crato hat 4000 Einwohner in 6 Freguesias auf 388 Quadratkilometern*

ⓘ **Turismo**
Rua D. Nuno Alvares Pereira 58
7430 Crato – Flor da Rosa, ℂ 245 99 73 41

*Die Stammburg der Malteser in Portugal ist heute eine Pousada*

## ⑪ Flor da Rosa – Crato

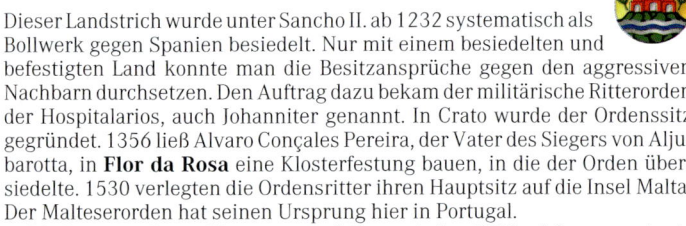

Dieser Landstrich wurde unter Sancho II. ab 1232 systematisch als Bollwerk gegen Spanien besiedelt. Nur mit einem besiedelten und befestigten Land konnte man die Besitzansprüche den aggressiven Nachbarn durchsetzen. Den Auftrag dazu bekam der militärische Ritterorden der Hospitalarios, auch Johanniter genannt. In Crato wurde der Ordenssitz gegründet. 1356 ließ Alvaro Conçales Pereira, der Vater des Siegers von Aljubarotta, in **Flor da Rosa** eine Klosterfestung bauen, in die der Orden übersiedelte. 1530 verlegten die Ordensritter ihren Hauptsitz auf die Insel Malta. Der Malteserorden hat seinen Ursprung hier in Portugal.

Die Burg war fast vollkommen zerfallen, seit den 1920er Jahren wurde sie in einem Zeitraum von über 50 Jahren wieder aufgebaut. Im »alten« Klosterteil befindet sich eine Pousada. Die Kirche mit einigen Nebenräumen ist zu besichtigen. Steil und nackt ragen die Mauern auf, ohne jegliche Verzierungen. Die Gebeine des Gründers Perreira liegen in einem rosafarbenen Marmorsarkophag.

Flor da Rosa war und ist im ganzen Land als eine Töpferstadt bekannt. 1940 gab es 60 Töpfer, 1964 waren es noch 18, 1995 starb der letzte. Jetzt hat wieder ein Töpfer mit historischen und modernen Produkten das Handwerk aufleben lassen. Wäre nicht die Burg, würde man in diesem Dorf nicht mehr anhalten.

Drei Kilometer weiter in **Crato** weist am Ortsausgang nach Süden die Ruine einer Fabrik auf die wirtschaftliche Misere dieser Region hin. Haupterwerbszweig ist die Landwirtschaft, die nicht genügend Arbeitsplätze schaffen kann. So wandert die Jugend in die Städte, um dort ihr Glück zu versuchen.

## ⑫ Guadalupe

**Guadalupe** ist ein sehr kleiner Ort im Westen von Évora und bekannt durch eines der größten Menhir-Felder Europas, den **Cromelique dos Almendres**. Mit Cromelique oder Cromlech bezeichnet man einen megalithischen Steinkreis. 92 Monolithen aus dem Neolitikum (4000–2800 v. Chr.) stehen in Form zweier aneinander gereihter Ovale an einem sanften Hang inmitten eines lichten Korkeichenwaldes. Sie sind etwa in Ost-West-Richtung ausgerichtet. Es sind verschiedene Steinsorten vorhanden, die zum Teil nicht aus der näheren Umge-

bung stammen. Einige Steine sind mit astronomischen oder geometrischen Symbolen verziert. Die Steinaufstellung entspricht nicht mehr ganz dem Original. Als die Anlage 1964 unter Gestrüpp entdeckt wurde, waren viele Steine umgefallen. Von oben kann man im Osten Évora erkennen.

Die Sandpiste zu den Cromeliques ist für Autos nur bei trockenem Wetter zu befahren, sonst steht eine Pfütze neben der anderen. Der Hof auf halber Strecke ist restauriert und wird bewirtschaftet – so einsam kann man im Alentejo wohnen.

### REGION 7
### Der Alentejo

*500 Einwohner*

*Vor Guadalupe führt eine andere Piste nach Valverde mit einem Hinweis auf die Anta do Zambujeiro, ein mächtiges Steingrab. Knapp sechs Kilometer sind es bis dorthin. Das »Café« in Guadalupe weckt nach diesem Staub Hoffnungen auf eine gemütliche Einkehr, es entpuppt sich jedoch als Dorfkneipe.*

*Cromelique dos Almendres – eines der größten Menhir-Felder Europas*

## ⑬ Marvão

Durch das enge Tal in der Serra de São Mamede zwischen Castelo de Vide und Marvão drangen 178 v. Chr. die Römer auf dem Wege nach Lissabon in das heutige Gebiet Portugals vor. Sie kamen aus Merida, der damaligen Hauptstadt Lusitaniens. Wie ein Adlerhorst liegt **Marvão**, das ehemalige Bollwerk gegen die Spanier, hoch auf einem steil aufragenden Felsplateau. Der Ort ist noch ganz von der Stadtmauer umgeben, auf der man einen Rundgang machen und bis nach Spanien sehen kann. Es lohnt sich auch, auf

die Burgtürme zu steigen. Alles ist in einem sehr guten Erhaltungszustand. Das Stadtbild wird geprägt von engen, verwinkelten, mittelalterlichen Gassen und Höfen. Es ist auffallend ruhig in diesem abgelegenen Winkel des Landes, wo es nur wenige Arbeitsplätze gibt. Ein Altersheim vor den Toren der Festung und die Touristen bringen noch ein wenig Leben in den Ort.

### Service & Tipps:

 **Restaurante Churrasqueira Varanda do Alentejo**
Praça Pelourinho 1
7330-108 Marvão
℡ 245 99 32 72
Einfacheres Restaurant im 1. Stock, im Erdgeschoss eine Bar.
€–€€

*650 Einwohner*

*Vor dem Eingang in die Stadt gibt es genug Parkplätze, man sollte als Fremder nur in die Stadt hineinfahren, wenn man dort übernachten will. Die Gassen sind sehr eng!*

ⓘ **Turismo**
Rua Dr. António
Matos Magalhães
7330 Marvão
℡ 245 90 91 31
Fax 245 99 35 26

◁ *Das Castelo von Marvão*

8000 Einwohner in 9
Freguesias auf 1279
Quadratkilometern

# ⑭ Mértola

**Mértola** liegt hoch auf einem Felssporn an der Mündung des Flüsschens Oeiras in den Rio Guadiana. Es ist wohl der arabischste Ort in Portugal. Der Eindruck wird nicht nur durch die weiß gestrichenen, niedrigen Gebäude und die verwinkelten Gassen, sondern auch durch die vielen archäologischen Ausgrabungsstätten verstärkt.

Die **Burg** wurde im 13. Jahrhundert auf den Gebäudestrukturen islamischer Zeit errichtet. Mértola war damals der portugiesische Sitz des Ordens von Santiago. Der Bergfried von 1292 und eine Zisterne arabischen Ursprungs sind innerhalb der Burgmauern erhalten.

Das interessanteste Gebäude ist wohl die **Hauptkirche Santa Maria** unterhalb der Burg. Das Gotteshaus wurde ursprünglich als Moschee gebaut und erst nach der Rückeroberung der Stadt sparsam zur christlichen Kirche umgebaut. Im 16. Jahrhundert wurde als Ersatz für das ursprüngliche Satteldach das auf schmalen Säulen ruhende Kreuzrippengewölbe eingebaut und das Äußere mit Zinnen und konischen Turmköpfen im Mudéjar-Stil verändert. Geblieben sind die fünf ursprünglichen Schiffe, vier Türen mit Hufeisenbögen, der *Mirhab* (Nische, die die Richtung des Gebetes angab) und der Raum des *Minbar*, wo die für die islamische Liturgie notwendige, bewegliche Kanzel aufbewahrt wurde. Ganz in der Nähe

Die historische Silhouette von Mértola: Castelo und ehemalige Moschee

befindet sich eine kleine Kalvarienkapelle aus dem 17. Jahrhundert.

Beim Umbau des Rathauses wurden Bauelemente eines römischen Hauses entdeckt. Das darauf eingerichtete **Römische Museum** zeigt weitere Artefakte, die an verschiedenen Stellen des Ortes gefunden wurden. Am Eingang steht eine kopflose Statue aus dem 1. Jahrhundert. Ein **Islamisches Museum** zeigt Architekturfragmente und Grabsteine, Schmuck aus Gold und Knochen sowie eine außergewöhnliche Keramiksammlung, die nahezu alle ibero-islamischen Epochen umfasst.

Das wohl älteste Baudenkmal ist die **Torre do Rio**. Sie diente zur Verteidigung des Hafens und als Zugang zum Wasser. Ein wenig flussaufwärts hinter der Straßenbrücke ist eine Reihe alter Wassermühlen zu besichtigen. Sie waren zum Teil Gemeineigentum, wie zum Beispiel diejenige in São Miguel do Pinheiro.

*Traditionelle Handwerkswaren sind Kopien islamischer Stücke aus Gold, Silber, Kupfer oder Keramik. Dazu kommen Baumwolltischdecken und Wollsocken. Die Etiketten an den Objekten sowie weiteren Waren aus Mértola sind oft in portugiesischer und arabischer Schrift gehalten.*

## Service & Tipps:

 **Museu Arqueológico de Mértola**
Mértola
Für eine Besichtigung im Büro des Turismo fragen
Das Museum besteht aus mehreren Abteilungen an verschiedenen Plätzen im Ort: *Núcleo Romano* (Römischer Bereich), *Basílica Paleocristã* (Frühchristliche Basilika), *Núcleo Islâmico* (Islamischer Bereich), *Núcleo do Castelo* (Burg) und *Núcleo de Tecelagem tradicional* (Traditionelle Weberei).

 **Igreja Matriz – Antiga Mesquita**
Oberhalb des Largo Vasco da Gama und unterhalb des Eingangs zur Burg
Mértola
Mi–So 9–12.30 und 14–17.30 Uhr
Pfarrkirche in der alten maurischen Moschee. Sehr gut erhaltenes Gebäude aus der Zeit der maurischen Besatzung, nur minimal zur christlichen Kirche umgestaltet.

**Restaurante O Náutico**
Rua Doutor Serrão Martins
7750-355 Mértola

ⓘ **Turismo**
Rua da Igreja 31
7750 Mértola
✆ 286 61 01 09

✆ 286 61 25 96
Alentejanische Küche. €€

 **Migas-Café Restaurante Lda.**
Mercado Municipal
7750-378 Mértola
✆ 286 61 28 11, Mo geschl.
Regionale Küche. €–€€

 **Restaurante Alengarve**
Avenida Aureliano M.‡Fernandes 20
7750-320 Mértola
✆ 286 61 22 10
In diesem traditionsreichen Haus
wird der Gast mit regionalen Spezialitäten verwöhnt. €–€€

## ⑮ Mina de São Domingos

Die Gemeinde Mina de São Domingos ist ein besonderer Ort. Seit der Römerzeit wurden hier Schwefel und Kupfer abgebaut, in bedeutendem Umfang aber erst zwischen 1859 und 1965. Der größte Abnehmer des Kupfers war England. Insgesamt wurden in den 107 Jahren 20 Millionen Tonnen Erz gefördert. Heute ist Mina de São Domingos ein verlassener Ort. Man kann in das Tagebaugelände hineinfahren, von der Hauptstraße gegenüber der Kirche führt der Weg zur verlassenen Mine und dem verseuchten See. Das Baden ist absolut verboten! Aber man kann immer noch Stücke von Kupferpyrit finden.

Die Dorfkirche São Domingos macht den Eindruck, als ob sie aus der Zeit kurz nach der Vertreibung der Mauren stamme. Die älteste Kirche wurde zwar im 16. Jahrhundert gebaut, aber sie ist genauso wie ihre Nachfolgerkirche von 1867 dem Kupferabbau zum Opfer gefallen. Auch das Dorf wurde mehrfach versetzt. Die jetzige Kirche wurde von der Minengesellschaft erst 1950 errichtet; unter der Herrschaft von Salazar war es nicht ungewöhnlich, auf historische Vorbilder zurückzugreifen.

Südlich des Dorfes hat sich ein Stausee zu einem Naherholungsgebiet mit fast nordischem Charakter entwickelt.

Das Kupfererz wurde mit der Eisenbahn zum Verladekai am Rio Guadiana in Pomarão gebracht. Falls man von Mina de São Domingos nach Mértola fährt, sollte man einen Abstecher zu diesem kleinen Ort nicht versäumen. Die alten Kaianlagen werden nur noch von den Ausflugsschiffen aus Mértola und Vila Real de Santo António (s. S. 223) benutzt. Der Rio Chança und sein spanischer Stausee bilden den äußersten Süden des linksseitigen Ufers. Ab hier ist der Guadiana schiffbar und markiert wieder die Grenze zwischen Portugal und Spanien.

*Die aufgelassene Kupfermine in Mina de São Domingos: Baden verboten!*

*3200 Einwohner in 4
Freguesias auf 420
Quadratkilometern*

*Das Flusstal des Ribeira Grande diente
immer schon als wichtiger Verkehrsweg. Die
siebenbogige Brücke
mit vier vorgelagerten
Strombrechern soll
römischen Ursprungs
sein, was noch nicht
ganz bestätigt ist.*

(i) **Turismo**
Praça da República
7450 Monforte
✆ 245 57 80 67
Fax 245 57 34 23

*Die römische Brücke vor
den Toren von Monforte*

## ⑯ Monforte

**Monforte**, die Burg auf dem Berg, wird leicht übersehen. Die Burg
war einst eine Festung gegen Spanien. Die Stadt hat schöne Ecken,
besonders um den Marktplatz herum. In der ehemaligen Kirche **Igreja da
Madalena** werden sehenswerte Funde aus römischer Zeit ausgestellt. Von
der Mauer der Burg reicht der Blick weit in die Landschaft.

Gut drei Kilometer auf der Straße N 369 Richtung Alter do Chão, nach links
mit einem unscheinbaren Schild gekennzeichnet, liegt die **Torre de Palma**.
Die erst 1947 entdeckte römische Villa ist ein sehr gutes Beispiel für solche
Anwesen auf der Iberischen Halbinsel: weitläufige, sehr differenzierte Wohnbereiche für die Herrschaft mit vorzüglichen Mosaiken (besonders erwähnenswert sind die detailgetreuen Pferdedarstellungen) und für die Bediensteten. Höfe, Torbögen und weitere Räumlichkeiten, Thermen, eine Weinkelter, zwei Nekropolen, ein Altar für Mars in einer weiteren Bauanlage sowie
eine christliche Basilika.

Die Villa wurde im 3. Jahrhundert erbaut und erlebte im 4. Jahrhundert
ihre Blüte. Die am besten erhaltenen Mosaiken sind leider nicht vor Ort zu
sehen, sondern im Archäologischen Museum in Lissabon. Hier finden sich
hauptsächlich die Grundmauern, die teilweise mit einem Dach geschützt
werden.

**Service & Tipps:**

(👁) **Torre de Palma**
Abzweigung von der N 369, die
von Monforte nach Vaiamonte führt
Informationen bei der Direcção
Regional de Évora do IPPAR
✆ 266 76 98 00
Fax 266 76 98 55
www.ippar.pt

Sa-Mi 10–13 und 16–19, im Winter
10–13 und 14–17 Uhr
Römische Villa aus dem 3. Jh.

(✗) **Restaurante António J.
Pegacha Santos**
Largo Cruz Guarda
7450-108 Monforte
✆ 245 57 81 23
Regionale Küche. €–€€

# ⑰ Monsaraz

Das ganz von einer Mauer umgebene **Monsaraz** hoch auf dem Berg, vom Kirchturm auf der einen und vom Bergfried auf der anderen Seite begrenzt, gehört neben Marvão zu den schönsten und bekanntesten weißen Bergdörfern

REGION 7
*Der Alentejo*

*980 Einwohner*

*Unterhalb von Monsaraz Richtung Süden kann man Boote für den Stausee von Alqueva (s. S. 169) leihen.*

*Der Stausee von Alqueva reicht bis vor die Tore von Monsaraz*

des Alentejo. Seit prähistorischer Zeit besiedelt, ließen sich hier Römer, Goten, Araber und Juden nieder. Bis 1834 war es eine Stadt des Templerordens. Von Dom Afonso V. erhielt die Stadt das Recht, die Straßen zu befestigen. Die Jugend ist heute ausgeflogen, es gibt keine Arbeit. Die kleine Forschungsstation der Universität hat sicherlich ein Liebhaber eingerichtet. Viele der Häuser wurden inzwischen zu Wochenendhäusern von Lissabonnern umfunktioniert. Zu Ostern werden die Mauern gestrichen, das Weiß strahlt in der Mittagssonne so stark, dass der Belichtungsmesser so mancher Kamera streikt. Falls das kleine Museum am Dorfplatz noch geöffnet hat, sollte man ihm einen Besuch abstatten. Zudem sind dort nützliche Informationen über die Gegend erhältlich.

Die Besteigung des Bergfrieds ist nur etwas für Schwindelfreie. Der Innenhof der Burg wird als Stierkamparena genutzt. Daher die vielen Sitzreihen für die Zuschauer. Aber der Blick lohnt die kleine Mühe der Kletterei. Von dort oben wird die ganze Landschaft des Stausees von Alqueva (s. S. 169) deutlich. Früher war der Guadiana drei Kilometer Luftlinie vom Ort entfernt, jetzt reicht das Wasser bis zum Fuß des Berges. Der Ort mit der Burg auf der anderen Seite des Sees ist **Murão**, ein bisher ruhiger, fast vergessener Ort. Er ist jetzt praktisch auf drei Seiten von Wasser umgeben, wird dies den Ort grundlegend verändern?

Einige Sehenswürdigkeiten liegen um den Hauptplatz an der Pfarrkirche: die Kirche selbst aus dem 16. Jahrhundert mit dem gotischen Sarkophag des Ritters Gomes Martins (13. Jahrhundert), dem historischen Gerichtsgebäude mit zwei allegorischen Gemälden des 15. Jahrhunderts über die Bestechlichkeit der weltlichen Justiz sowie der Pelourinho davor.

ⓘ **Turismo**
Largo D. Nuno Álvares Pereira
7200-175 Monsaraz
☎ 266 55 71 36

*Monsaraz, eines der befestigten Dörfer im Alentejo*

*16 400 Einwohner in
8 Freguesias auf 958
Quadratkilometern*

*Der Name Moura
= Maurin steht in
Zusammenhang mit
einer Legende. Die
maurische Prinzessin
Salúquia soll sich vom
Bergfried gestürzt
haben, als sie bei der
Eroberung durch die
Portugiesen die Nach-
richt erhielt, dass
christliche Ritter
ihren Gemahl und sei-
nen Begleiter ermor-
det hätten. Das Wap-
pen der Stadt zeigt die
tote Prinzessin vor
dem Bergfried.*

*Das manuelinische Tor
der Kirche São João
Baptista*

**ⓘ Turismo**
Largo de Santa
Clara, Moura
✆ 285 25 13 75

## ⑱ Moura

**Moura**, das bereits unter den Römern als *Nova Civitas Arruciatana*
bekannt war, gehört zu den wenigen Städten Portugals, in denen
die arabische Vergangenheit deutliche Spuren hinterlassen hat. Besonders in
dem Stadtteil **Mouraria** mit den niedrigen weißen Häusern und den engen
Gassen ist die Geschichte zu spüren. Ein Brunnen soll noch aus dieser Zeit
stammen.

An Sehenswürdigkeiten sind neben dem maurischen Viertel und der Burg
die Kirche **São João Baptista** und das Kloster **Nossa Senhora do Carmo** zu
nennen. Die Kirche, zwischen dem 16. und 18. Jahrhundert erbaut, hat einen
sehr schönen manuelinischen Eingang aus ihrer Gründerzeit. Im Inneren
bestechen die sevillanischen Fliesen im Hauptaltar, das gotische Gewölbe
sowie die marmorne Kanzel. Von dem kleinen Balkon des Glockenturms wurde früher die Messe für die Insassen des Gefängnisses gelesen, heute hat die
Polizei ihr Domizil im ehemaligen Gefängnis. Das **Carmo-Kloster** war das
erste Kloster des Hospaliterordens, des späteren Malteserordens, von 1251.
Die Kirche wurde im 16. Jahrhundert umgestaltet und zeigt Elemente der gotischen und Renaissancearchitektur. Die ursprüngliche Sakristei ist mit poly-

chromen Fliesen verkleidet. In einem gotischen Gewölbe steht die Skulptur von
Dom Nuno Álvares Pereira, dem Sieger bei
der Schlacht von Aljubarrota.

Heute ist Moura ein kleiner Thermalkurort mit alkalischen Quellen, die besonders gut bei Rheumaleiden helfen sollen.
Wenige Kilometer entfernt gelangt Mineralwasser in der Quelle *Pisões-Moura* an
die Oberfläche, aus der man das Tafelwasser **Aguas de Castelo** zapft.

Ein weiteres Produkt der Stadt und seiner Region ist Olivenöl, das von mehr als
einer Millionen Olivenbäumen gewonnen
wird. Es gibt sogar ein Olivenölmuseum,
das **Lagar de Varas do Fogo**. Daneben bestimmen Korkeichen das Landschaftsbild.
Das traditionelle Handwerk ist die Korbflechterei.

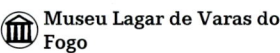

*Service & Tipps:*

🏛 **Museu Lagar de Varas do Fogo**
Rua S. João de Deus 19
7860-068 Moura
✆ 285 25 39 78
Di-So 10–13 und 16–19 Uhr
Olivenölmuseum.

🏛 **Museu Municipal de Moura**
Rua da Romeira 9
7860-141 Moura
✆ 285 25 39 78
Di-Fr 9.30–12.30 und 16–19, Winter
14–16 Uhr
Sehenswertes Museum zur Geschichte der Stadt seit der Zeit der arabischen Herrschaft.

✘ **Café Restaurante O Patinho**
Largo José M. Santos 47
7860-008 Moura
✆ 285 25 11 93
Größeres Restaurant mit traditioneller portugiesischer Küche. €€

✘ **Restaurante O Trilho**
Rua 5 Outubro 5
7860-013 Moura
✆ 285 25 42 61
Beliebtes Restaurant mit traditioneller Küche. €€

✘ **Restaurante O Túnel**
Rua Ouvrives 13
7860-173 Moura, ✆ 285 25 33 84
Mittelgroßes Haus mit portugiesischer Küche. €

*Alle neun Jahre werden
die Korkeichen geschält*

Die **Korkeiche** ist ein Phänomen der Natur. Kork ist sehr leicht (er wurde sogar in der Nutzlastverkleidung der europäischen Trägerrakete Ariane wegen seiner Leichtigkeit und Hitzeisolierung verwendet). Er besteht aus winzigen, bienenwabenartigen Zellen mit dünnen Wänden. Um sich gegen Trockenheit und hohe Temperaturen zu schützen, umgibt die Korkeiche sich mit einer dicken Rinde, die keine Flüssigkeiten und Gase durchlässt, perfekt isoliert und bei Bränden nur leicht angesengt wird.

Insgesamt besitzt Portugal ein Drittel der Korkeichen des Mittelmeeres, bestreitet aber mit rund 800 000 Tonnen über die Hälfte der weltweiten Produktion. Korkeichen dürfen nicht öfter als alle neun Jahre geschält werden. Die Ernte findet jeweils im Sommer statt, wenn sich die Rinde gut entfernen lässt, zudem darf es während der Ernte nicht regnen. In den ersten drei Tagen nach dem Schälen würde Regen den Baum sterben lassen.

Der Korkwald ist in Portugal seit vielen Jahrzehnten durch strenge Gesetze geschützt. So darf ein Baum erst geschlagen werden, wenn er nach etwa 200 Jahren abgestorben ist. Bevor man die Korkeiche zum ersten Mal schälen kann, muss sie etwa 20 Jahre alt sein. Der Kork der ersten beiden Ernten ist nicht sehr wertvoll, sodass erst nach 38 Jahren die dritte Ernte kommerziell interessant ist. Dank eines Aufforstungsprogramms nimmt die Anbaufläche der Korkeichen in Portugal kontinuierlich zu.

*Kork, ein nachwachsendes
Naturprodukt*

Portugal exportiert Kork im Wert von 900 Millionen Euro, dies entspricht 3,5 Prozent des ganzen Exports des Landes. Zudem repräsentiert Kork 80 Prozent des Ertrags aus der portugiesischen Waldwirtschaft.

Die Korkwälder bilden ein reichhaltiges Ökosystem mit einer riesigen Artenvielfalt von Säugetieren, Greifvögeln, kleineren Vögeln sowie Hunderten von Gräsern, Kräutern und Büschen, die vom Korkwald abhängen.

8000 Einwohner in 10
Freguesias auf 574
Quadratkilometern

### ⑲ Nisa

**Nisa** ist eine landwirtschaftlich geprägte Kleinstadt. Im Stadtzentrum trennt ein altes Stadttor die Alt- von der Neustadt. Kleine, gepflegte Parkanlagen lockern den Ort auf.

Die Keramik von Nisa ist landesweit bekannt. Die Dekoration der Ware geschieht mit Hilfe sehr kleiner Bergkristallstücke, die im Estrêla-Gebirge gebrochen werden. Die weiße Farbe geht auf etwa fünf Prozent Verunreinigung im Stein zurück. Damit die Steine beim Brand nicht zerspringen und die Gefäßoberfläche beschädigen, werden sie nach dem Zerkleinern vorgebrannt. Das Brennen geschieht in holzbefeuerten Öfen. Der Preis der Ware richtet sich hauptsächlich nach dem Grad der Verzierungen. Weitere Produkte sind Posamente (Bordüren) und handgemachter Käse.

Elf Kilometer von Nisa entfernt gibt es seit 1792 die Thermen **Termas da Fadagosa de Nisa** mit 19 Grad warmem Wasser. Das schwefelhaltige Heilwasser hilft bei Rheuma, Hautproblemen, Hämorriden.

**ⓘ Turismo**
Praça da República, 6050 Nisa
✆ 245 41 24 57
Fax 245 41 27 99

*Das mittelalterliche Stadttor von Nisa*

*Nisa hat viele enge Gassen*

*Service & Tipps:*

🏛 **Termas da Fadagosa de Nisa**
Fadagosa de Nisa, Arez

6050 Nisa
✆ 245 79 81 33/433
Die Badesaison in den Heilthermen reicht von April bis Okt.

## ⑳ Pisões

Südwestlich von Beja wurden in Pisões die Grundmauern einer römischen Villa mit dazugehörendem Wasserspeicher freigelegt. Vom Staudamm ist eine 58 Meter lange, bis zu 4,40 Meter hohe und drei Meter dicke Mauer erhalten geblieben. Das Mauerwerk weist dabei eine Besonderheit auf, die den Damm stabiler macht: Die Mauersteine sind gegeneinander verkeilt, die Zwischenräume mit Steinchen ausgefüllt.

Der Name des Besitzers der **Villa Gaius Atilius Cordo** ist auf einem kleinen Altar zu Ehren der Göttin Salus verzeichnet gewesen. Die Anlage wurde erst 1964 bei Feldarbeiten gefunden. Viele schöne Mosaikfußböden, Wasserleitungen und Kellergewölbe sind zu besichtigen. Nordwestlich der Villa befindet sich eine Therme, deren Befeuerungsanlage gut erhalten geblieben ist. Bewohnt war die Villa vom 1. bis zum 4. Jahrhundert.

*Service & Tipps:*

🏛 **Villa Gaius Atilius Cordo**
Von Beja nach Aljustrel auf der N 18. Vom beschilderten Abzweig nach rechts noch ca. 4 km auf unbefestigter Piste

www.360portugal.com/Distritos.QTVR/Beja.VR/ruinas/Pisoes/
Di 13.30–17.30, Mi–So 9–12 und 13.30–17, Mi–Fr bis 17.30 Uhr
Auf der Internetseite wird die Ausgrabung als 360 Grad Rundbild eindrucksvoll dargestellt.

## ㉑ Portalegre

*24 800 Einwohner in 10 Freguesias auf 446 Quadratkilometern*

*Stadtmauer und Kathedrale: das historische Zentrum von Portalegre*

Die Gründer von **Portalegre** haben sich einen exponierten Platz am Südwesthang der Serra Mamede mit einem weiten Blick über die Ebene des nördlichen Alentejo ausgesucht. Sie nannten den Ort *Ammaea*, was die Römer in *Portela* umbenannten, ein Hinweis auf die Funktion als Zollstation. Erst unter den Portugiesen bekam die Stadt ihren heutigen Namen.

Bereits im 16. Jahrhundert, als die Stadt Sitz eines Bischofs wurde, stellte man hier Wandteppiche her, eine Tradition, die sich bis in unsere Zeit erhalten hat. Aus der alten Teppichmanufaktur ist die heutige Teppichfabrik hervorgegangen. Im 17. Jahrhundert betrieb man zusätzliche Seidenweberei. Schöne Stücke werden im Teppichmuseum **Museu das Tapeçarias** und im Stadtmuseum **Museu Municipal** ausgestellt. Der durch die Manufakturen erarbeitete Reichtum spiegelt sich in den zahlreichen repräsentativen Adelspalästen und Bürgerhäusern aus dem 17. und 18. Jahrhundert wider. Gleichzeitig wuchs auch Portalegres kulturelle Bedeutung für die Region.

Ein **Kastell** darf in einer solchen wichtigen Grenzstadt

*Von dem Aussichtspunkt an der Straße zur Quinta da Saúde hat man einen weiten Blick. Folgt man dem Schild zum Campingplatz, so kann man den Punkt auf der linken Seite nicht verfehlen. Er liegt 657 Meter hoch und etwa drei Kilometer vom Stadtzentrum entfernt. Auf dem Weg dorthin passiert man die Teppichfabrik.*

nicht fehlen. Es wurde 1290 an der höchsten Stelle der damaligen Stadt errichtet. Von der ebenfalls in dieser Zeit gebauten Stadtmauer sind noch einige Überbleibsel mit Toren wie der Arco do Bispo oder der wehrhafte Arco de Santo António zu sehen.

Die bedeutendsten sakralen Bauwerke sind die Kathedrale Sé und das Konvent São Bernado. Mit dem Bau der **Kathedrale Sé** wurde 1556 begonnen, im 18. Jahrhundert wurde sie nach dem Zeitgeschmack grundlegend verändert. Aus dieser Zeit stammt der Kreuzgang mit der Kalvarienkapelle. Unter dem dreischiffigen Renaissancegewölbe mit der Vierungskuppel sind die zahlreichen Altäre und Gemälde aus dem 16. Jahrhundert und eine Fliesenverkleidung aus jüngerer Zeit hervorzuheben. Unter den Bodenplatten wurde noch bis 1834 beerdigt.

Der **Convento de São Bernardo** wurde von Jorge de Melo, dem ersten Bischof in Portalegre, im 16. Jahrhundert gegründet. Bekannt sind besonders die Arbeiten des französischen Steinmetzmeisters Nicolas Chanterène. Er schuf das marmorne Grabmal des Stifters mit lebensgroßen Figuren. Beachtenswert sind auch der fliesengeschmückte Kapitelsaal, ein zweistöckiger Renaissancekreuzgang mit Brunnenanlage sowie ein zweiter manuelinischer Kreuzgang. In beiden Kreuzgängen befinden sich beachtliche Kapitele. Das Kloster ist heute eine Kaserne, kann aber besichtigt werden.

Nordöstlich der Stadt erstreckt sich das Landschaftsschutzgebiet **Parque Nacional da Serra de São Mamede**. Er wird begrenzt von Castelo de Vide, Marvão und der spanischen Grenze. Auf über 31 000 Hektar bis zu einer Höhe von 1025 Metern am Pico de São Mamede bietet er abwechslungsreiche Landschaftsbilder und ist Heimat vieler gefährdeter Vögel und Reptilien. Zahlreiche Wanderwege sind ausgeschildert.

## ㉒ Portel

**Portel** ist eine Gründung des 13. Jahrhunderts. Der Troubadour João Peres de Aboim, ein Günstling König Afonsos III., hatte sich an diesem strategisch günstigen Ort niedergelassen. Er ließ die Burg bauen und das Land mit Christen besiedeln. Früher wurden hier die traditionellen hochrädrigen, einachsigen Alentejaner-Pferdekarren gebaut. Nur noch selten begegnet man heute solch einem behäbigen Gefährt. Vier Kirchen aus der frühen Neuzeit beherbergt der Ort: die **Igreja do Espírito Santo** von 1630 mit einem Doppelaltar und farbiger Holzmalerei, die **Misericórdia-Kirche** neben der Burg von 1630 mit einer gotischen Christusfigur, das Kloster **Nossa Senhora do Socorro** von 1649 sowie als jüngste die barocke **Igreja Matriz** von 1747. Dazu die mit polychromen Fliesen geschmückte **Capela Santo António** und auf einem 450 Meter hohen Hügel die **Capela São Pedro** aus dem 17. Jahrhundert.

15 Kilometer weiter erhielt Vasco da Gama als Lohn für seine Indienfahrten **Vidigueira** als Grafschaft zu Lehen. Über 300 Jahre ruhten seine Gebeine hier, bis sie 1880 ins Jerónimos-Kloster zu Belém überführt wurden. Es ist vieles erneuert worden, nur die **Torre do Relógio** (Uhrenturm) stammt noch aus den Zeiten des Weltentdeckers.

**REGION 7**
**Der Alentejo**

*7100 Einwohner in 8 Freguesias auf 601 Quadratkilometern*

ⓘ **Turismo**
Câmara Municipal
Largo D. Nuno Álvares Pereira
7220-375 Portel
✆ 266 61 90 30
Fax 266 61 13 47

## ㉓ Redondo

**Redondo** ist ein kleiner, verträumter Ort abseits der großen Verkehrswege, bekannt wegen seines vorzüglichen Rotweins, seiner Töpferwaren und den für den Alentejo typischen Lackarbeiten. 1319 ließ König Dinis das Kastell zum Schutz gegen die Spanier bauen. Hübsche, gepflegte Häuser sind um das Stadttor zu finden. Die **Igreja da Misericórdia** weist einen manuelinischen Chor auf. Der Priester freut sich über jeden Besucher und zeigt bereitwillig die Schätze seines Gotteshauses.

Unterhalb der Kirche entstand in einem ehemaligen Herrenhaus mit Hilfe der EU eine Kooperative der Kunsthandwerker *(Cooperativa dos Artesãos)*: Töpfer, Tischler und Lackmaler arbeiten hier. Auch die Bibliothek des Ortes ist dort untergebracht. In dem Gebäude soll es gespukt haben, deshalb war es lange Jahre nicht bewohnt.

Ein weiterer Töpfer hat 200 Meter hinter dem Stadttor seine Werkstatt, andere Handwerker arbeiten im unteren Teil der Stadt an der Straße nach Évora, sie sind nicht zu verfehlen. Große Teller mit ländlichen oder rein ornamentalen Motiven sowie Schüsseln und Krüge aus rotem Ton werden angeboten. Die meiste Ware aber geht in die Städte und Touristenzentren. Die mit Lackfarbe bemalten Keramikstücke sind nur als Dekoration gedacht. Die auf blauem Grund bunt lackierten Holzmöbel mit floralen und ornamentalen Motiven sind typisch für den Alentejo charakteristisch. Es ist erfreulich, dass auch junge Leute die traditionellen Techniken lernen und so für die Zukunft sichern.

*7000 Einwohner in 2 Freguesias auf 370 Quadratkilometern*

ⓘ **Turismo**
Câmara Municipal
Praça da República
7170-011 Redondo
✆ 266 98 92 10
Fax 266 90 90 39

*Altes Stadttor in Redondo*

## ㉔ São Pedro de Corval

**São Pedro de Corval** ist das größte Töpferdorf Portugals. Nach einem großen Schild am Ortseingang soll es sogar das größte auf der Iberischen Halbinsel sein.

Etwa 50 Töpfer arbeiten hier hauptsächlich in Manufakturen. Gefertigt werden Kannen, Töpfe, Teller, Tassen und allerlei Kleinzeug sowie die Schornsteinaufsätze, die bereits in den Dörfern und Städten aufgefallen sind. Großabnehmer dafür ist auch die Algarve, wo die Aufsätze häufig anzutreffen sind. Die meisten Waren werden für die Touristikzentren produziert und dort vermarktet. Dieser Ort ist eine große Gefahr für das Portemonnaie!

*1600 Einwohner*

*Töpfer in São Pedro* ▷

## ㉕ Serpa

**Serpa** gehört seit 1295 zu Portugal. König Dinis ließ den Ort zur Festung ausbauen und verlieh ihm noch im selben Jahr die Stadtrechte. Serpa ist noch ganz von der Stadtmauer umgeben, in die als Besonderheit eine große Brunnenanlage integriert wurde. Die Mauer dient als Unterbau für das sich anschließende Aquädukt, was ihr ein leichtes Aussehen verleiht.

Hier ist Nordafrika sehr nahe: enge, verwinkelte Gassen, sehr viele Häuser aus dem 16. Jahrhundert, Palmen, die über die Hofmauern schauen. Besonders gut ist dies bei einem Gang vom ehemaligen Stadttor bis zur höher gelegenen Burg zu erleben. Man kann über den Mauerkranz fast ganz um die Festung herumgehen und dabei in einige Höfe hineinschauen. Von dort oben ist der maurische Charakter der Stadt gut auszumachen.

Die Stadt, unweit des Rio Guadiana gelegen, ist von einer Reihe von Einsiedeleien umgeben, viele im einfachen gotischen Stil des Alentejo.

*16 100 Einwohner in 7 Freguesias auf 1104 Quadratkilometern*

*Wenn man mit dem Auto in die Stadt hineinfährt, sollte man auf einen der Parkplätze um die Altstadt parken.*

*Bekannt ist auch der Schafskäse von Serpa.*

*Die Stadtmauer mit* ▷
*Aquädukt in Serpa*

ⓘ **Turismo**
Largo D. Jorge de Melo 2/3, 7830 Serpa
✆ 284 54 47 27
Die Touristeninformation am Aufgang zur Burg hält Prospekte auch in deutscher Sprache bereit und bietet handwerkliche Erzeugnisse zum Kauf an.

**Service & Tipps:**

✗ **Restaurante Alentejano**
Praça da República 8
7830-389 Serpa
✆ 284 54 43 35
Kleineres Haus mit portugiesischer Küche.
€€

✗ **Restaurante Cuiça**
Rua Pt Beja 18, 7830-431 Serpa
✆ 284 54 95 66
Regionale Küche. €–€€

✗ **Restaurante O Zé**
Praça da República 10
7830-389 Serpa, ✆ 284 54 92 46
Zentral gelegen, günstig. €

*Dörfer aus der Jung-
steinzeit (3500–2800
v. Chr.) bei Comporta
und Carrasqueira wei-
sen auf eine lange
Besiedlung dieses
Küstenstreifens hin.*

## 🔴 Tróia

Die **Halbinsel Tróia** trennt den großen Mündungssee des **Rio Sado** vom
Atlantik. Die eigentliche Mündung des Flusses bei Setúbal ist sehr eng und mit
einigen wandernden Sandbänken durchsetzt. Am Ende der Spitze der Halbinsel hat man in den 70er Jahren des letzten Jahrhunderts versucht, ein Feri-
engebiet zu entwickeln. Von den drei Hochhäusern sind nur zwei bewohnt, der
Rest ließ sich nicht vermarkten. Wer will schon den Urlaub im Hochhaus verbringen? Weiter südlich an der Atlantikküste wurde an einem wunderbaren
Strand ein abgeschlossenes Ferienhausgebiet gebaut, man will unter sich bleiben. Mit der kurzen Fährverbindung von Setúbal hat das Gebiet eine günstige
Anbindung an den Großraum von Lissabon.

Aufgrund ihrer ökologischen Qualität wurden weite Teile des Mündungs-
gebietes in ein 23 160 Hektar großes Naturschutzgebiet einbezogen. Es
besteht im Wesentlichen aus dem unter Wasser liegenden Land und den
Sumpfgebieten. Delphine, Otter, Füchse und Dachse sind hier zu Hause. Von
über 100 verschiedenen Vogelarten sind der Weißstorch, das Wasserhuhn, der
Eisvogel, verschiedene Reiher- und Entenarten und eine Kolonie Flamingos
vertreten. Die Flamingos überwintern hier, im Mai fliegen sie zum Brüten nach
Mittelafrika.

An der äußersten Spitze der Halbinsel liegt die keltiberische Siedlung **Cetobriga**, die von den Römern zu einem Handelzentrum ausgebaut wurde. Man
betrieb dort eine umfangreiche Töpferindustrie. Ein verheerendes Seebeben
zerstörte die Siedlung und vertrieb die Bewohner auf das Festland ins heutige
Setúbal. Diese Ruinen mit Mosaiken, Bädern und Fischpökelbecken sind zu
besichtigen ebenso eine früh-christliche Kirche aus der Westgoten-Zeit. Der
Weg nach Cetobriga zweigt etwa vier Kilometer südlich von Tróia von der
N 253.1 ab.

*Wegen des schlechten
Angebots an Unter-
künften im nördlichen
Teil der Halbinsel bie-
tet es sich an, Tróia
von Alcácer do Sal
(s. S. 171) oder Setúbal
(s. S. 78) aus zu berei-
sen.*

### Service & Tipps:

ⓘ Touristisch wird die Halbinsel
Tróia, obwohl zum Alentejo ge-
hörend, von den Tourismus-Büros in
Setúbal (s. S. 78) betreut. Im Norden
sind die Unterkünfte rar, Anreise besser von Alcácer do Sal oder Setúbal.

 **Valverde**

In **Valverde**, einer fast rechteckig angelegten Siedlung, die das Versuchsgut der landwirtschaftlichen Fakultät der Universität Évora beherbergt, muss man sich links halten und über eine Brücke bis zu dem Versuchsgut fahren. Ein Schild weist auf die **Anta do Zambujeiro**. Hier sollte man den Wagen stehen lassen und die letzten 100 Meter durch die Felder und einen Steineichenwald mit einzelnen Korkeichen zu Fuß gehen. Das letzte Wegstück kann man mit dem Auto nicht befahren, da ein Bach mit einem wackligen Steg zu überqueren ist.

Dieses größte in Portugal bekannte Megalithgrab wurde erst 1964 entdeckt, bis dahin war es unter einem Hügel verdeckt. Die große, inzwischen mit einem Dach geschützte Steingrabanlage, wurde vor etwa 5000 Jahren angelegt. Leider wurde der mächtige Deckstein mit Dynamit gesprengt, mächtige Bruchstücke liegen noch auf dem Hügel. 40 ganze Gefäße, über 100 Scherben, ritzverzierte Schieferplatten, 800 Klingen, fast 30 Steinbeile sowie weiteres Material wurde gefunden. Die Anlage diente als Friedhof und Kultstätte.

Neben dem Versuchsgut führt die Straße unter einem Aquädukt her. Es bringt immer noch Wasser in eine Zisterne. Das Gebäude rechts hinter dem Aquädukt ist die **Mitra von Valverde**, einst Sommersitz der Bischöfe von Évora, heute Gästehaus der Universität. Philipp II. von Spanien hat hier einmal als Filipe I. von Portugal genächtigt. Er war von der Kapelle der Mitra so begeistert, dass er eine Kopie in Madrid bauen wollte. Dazu ist es nicht gekommen.

---

*4300 Einwohner*

*Der Name der Stadt leitet sich von den »tausenden« (mil) Wasserfontänen (fontes) an den vorgelagerten Felsen ab, die durch die Wellen verursacht werden.*

## 28 Vila Nova de Milfontes

**Vila Nova de Milfontes** ist der größte Badeort an der westlichen Atlantikküste zwischen Lissabon und der Algarve. Die Mündung des Rio Mira wird durch einzelne Felsen vom Atlantik getrennt und bildet eine seeähnliche Bucht mit einem Badestrand. Weitere kilometerlange und einsame Strände liegen direkt am Atlantik. Das Baden an der Flussmündung des Rio Mira ist bei ablaufendem Wasser wegen der starken Strömung nicht ungefährlich.

Das pittoreske Stadtzentrum gruppiert sich um ein Kastell am Flussufer. Der Stadtrand hat sich durch Neubauten ausgeweitet, von Hochhäusern ist die Silhouette aber verschont geblieben. Bis 1997 hatte die kommunistische Partei in der Gemeinde die Mehrheit; sie hat entsprechende Bauvorhaben verhindert.

Der Tourismus hat hier eine lange Tradition. War er früher mehr durch die Großgrundbesitzer des Alentejo, die in ihren Sommerhäusern Erholung suchten, elitärer Art, so wird der Ort heute von der Jugend bevorzugt.

*Service & Tipps:*

✗ **Restaurante Flor do Mira**
Largo Praça
7645-038 Vila Nova de Milfontes
✆ 283 99 62 30
Einfachere Küche, für den Badeort preiswert. €€

✗ **Tasca do Celso**
Rua Aviadores
7645 Vila Nova de Milfontes

✆ 283 99 67 53
Der Name »Kneipe« spiegelt sich nicht in den Preisen wider, aber gute alentejanische Küche. €€–€€€

✗ **Restaurante A Fateixa**
Largo Cais
7645-237 Vila Nova de Milfontes
✆ 283 99 64 15
Schöne Lage am Kai, der Schwerpunkt liegt auf Fisch und Meeresfrüchten. €€–€€€

ⓘ **Turismo**
Rua António Mantas
7645 Vila Nova de Milfontes
✆ 283 99 65 99
www.cm-odemira.pt

## ㉙ Vila Viçosa

**Vila Viçosa** war seit dem 16. Jahrhundert Residenzstadt der Herzöge von Bragança, die ab 1640 das portugiesische Königshaus stellten. Während der Regentschaft hielten sich die Könige hier jedoch nur zur Erholung und zur Jagd auf. Mit dem Ende der Monarchie im Jahre 1910 verlor die Stadt ihre einstige Bedeutung.

Damaliger Mittelpunkt war der **Paço Ducal**, der herzogliche Palast im Stil der italienischen Renaissance aus dem 16. Jahrhundert. Auf dem großen Schlossplatz steht das Reiterstandbild von König João IV., dem ersten König aus dem Hause Bragança. Die Führungen im Palast, dessen Räume mit Möbeln, Teppichen, Porzellan und Bildern verschiedener Epochen sowie frühen Fotos des letzten Königs ausgestattet sind, werden nur in portugiesischer Sprache gehalten. Die schön angelegten Gärten dürfen leider nicht betreten werden.

Der **Schlossplatz** wird im Süden von der Agostinho-Kirche des ehemaligen Klosters mit dem **Panteão dos Duques**, dem Mausoleum der Herzöge, im Osten von dem achteckigen **Convento das Chagas**, dem Kloster der Wunden, und der Grabkirche der Herzoginnen begrenzt.

Einige Meter in Richtung Borba bildet die bekannte **Porta dos Nós**, ein im manuelinischen Stil gehaltenes Knotentor, den Eingang in das herzogliche Jagdgebiet *(tapada)*, das von einer 18 Kilometer langen Mauer umgeben ist.

Die ältere **Burganlage** aus dem 13. Jahrhundert liegt am östlichen Ende der breiten Avenida, der Praça da República.

Innerhalb der Ringmauern steht die Renaissancekirche **Nossa Senhora da Conceição** aus dem 16. Jahrhundert mit reichhaltigem Fliesenschmuck.

### Service & Tipps:

🏛 **Museu-Biblioteca da Casa de Bragança**
Paço Ducal-Terreiro do Paço
7160-251 Vila Viçosa, ✆ 268 98 06 59
Di–Fr 14.30–17.30, Mi–Fr 10–13, Sa/So 9.30–13 und 14.30–18 Uhr
In der Bibliothek und dem Museum des Hauses Bragança findet sich die Einrichtung des letzten Palastes der Königsfamilie – ein einzigartiges Abbild königlicher Wohnkultur bis Anfang des 20. Jh. ✺

*Der historische Pelourinho von Vila Viçosa*

ⓘ **Turismo**
Câmara Municipal
7160 Vila Viçosa
✆ 268 88 11 01
Fax 268 98 06 04

◁ *Das manuelinische Knotentor als Eingang zum Jagdrevier der Könige*

# Die Algarve

## Mandelbäume, Legenden und Tourismus

… so umschreibt ein portugiesisches Geschichtsbuch die südlichste Provinz des Landes. Es ist ein Land des Übergangs zwischen zwei Kontinenten – Portugals unerfüllter Traum von Afrika, nicht mehr ganz Abendland, aber auch noch nicht schwarzer Kontinent.

Die Algarve nahm schon immer eine besondere Stellung ein. Unter den Mauren war sie ein eigenes Königreich Al-Gharb, das Land im Westen – das Land des Sonnenuntergangs. Erst 100 Jahre später nach der Einnahme Lissabons wurde es von den Portugiesen erobert. Die Könige von Portugal nannten sich »König von Portugal und König der Algarve«. Bereits unter den Arabern muss die Algarve eine blühende Landschaft gewesen sein, reich an Kultur und großen Bauten. Silves, Hauptstadt des maurischen Königreiches, wurde von arabischen Schriftstellern mit Córdoba oder gar mit Granada verglichen. Das große Erdbeben vom 1. November 1755 zerstörte nicht nur Lissabon, sondern fast alle Städte der Algarve. Es gibt heute kaum ein Gebäude, das ganz aus der Zeit vor dem Erdbeben stammt. Alte Kulturdenkmäler fehlen daher. Die Region rückte an den Rand des Geschehens, bis der Tourismus ab den 60er Jahren des vorigen Jahrhunderts diese einzigartige Küstenlandschaft für sich entdeckte. Viele Bausünden werden bis heute begangen, Küstenstreifen etwa bei Praia da Rocha mit Hotelhochbauten verschandelt. Inzwischen ist es verboten, in Küstennähe Hochhäuser zu bauen, was leider nicht immer eingehalten wird. Es gibt aber auch Beispiele des sanfteren Bauens wie in Carvoeiro. Hier bestimmen Bungalows im maurischen Stil die Feriensiedlungen.

*Der Tourismus ist hier ein typischer Küstentourismus, schon zwei bis drei Kilometer davon entfernt wird es ruhig und beschaulich. An der Schnittstelle führt die Autobahn von Lagos bis zur spanischen Grenze bei Vila Real de Santo António.*

*Das Ferienland Algarve bietet an der gesamten Küste eine Fülle von Sport- und Freizeitmöglichkeiten wie Segeln, Surfen, Schwimmen, Tauchen, Kanufahren, Wandern, Reiten und Golf.*

Geographisch wird die Provinz nach Norden durch die Serra de Monchique mit bis zu 902 Meter Höhe und der Serra de Caldeirão mit einer Höhe bis zu 577 Metern abgrenzt. Die Gebirgszüge halten die Regenwolken auf der Südseite, sodass es im nördlich gelegenen Alentejo ausgesprochen trocken ist. Das Grundwasser an der Küste würde ausreichen, wenn da nicht der Tourismus mit seinem horrenden Wasserverbrauch wäre. In vielen Hotels wird darum gebeten, mit dem Wasser sparsam umzugehen.

Die Küste unterteilt sich in die Westalgarve mit den bizarren ockerfarbenen Felsformationen an den Stränden, wie man sie aus den Urlaubsprospekten kennt. Sie wird auch als *Barlavento*, Küste vor dem Wind, bezeichnet. Etwa ab der Hauptstadt Faro beginnt in östlicher Richtung die Sandalgarve mit kilometerlangen, flachen Sandstränden. Die Portugiesen bezeichnen sie als *Sotavento*, die Windschattenseite. Der Küste vorgelagert sind lange, schmale Sandinseln, die mit kleinen Booten zu erreichen sind. Dort gibt es noch einsame Plätze.

*Lagos: Ponte da Piedade*

Die Region Algarve gehört zu den wettersicheren Gebieten der Erde. Das Klima ist eher afrikanisch als europäisch und es wird durch den Atlantik, das Mittelmeer und die Gebirgszüge in der Oberen Algarve, die die Region gegen die kalten Nord- und Nordwestwinde abschirmen, bestimmt. Der Einfluss des Mittelmeeres zeigt sich vor allem im jahreszeitlichen Temperaturverlauf. Selbst in den kältesten Wochen des Winters sinkt die Temperatur selten unter 10 Grad Celsius. Der Sommer ist durch hohe Lufttemperaturen von bis zu 30 Grad gekennzeichnet, eine ständige Brise vom Ozean her mindert die Hitze. Die Sonne scheint im Jahresdurchschnitt über 3000 Stunden. Niederschläge fallen hauptsächlich im Herbst und im Winter. Die

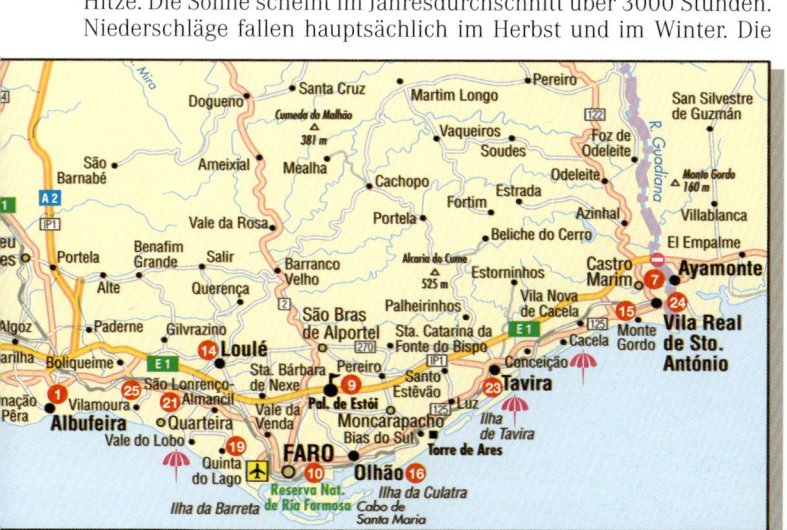

*Warten auf die Ausfahrt*

*Maurische Brunnenanlage*

*Viele nützliche Informationen zu den einzelnen Algarve-Orten findet man auf deutsch unter www.portimao.com.*

jährliche Niederschlagsmenge liegt in den küstennahen Bereichen bei unter 500 Millimetern, nimmt aber im Hinterland mit der Höhenlage zu. Die Wassertemperatur beträgt im Winter ca. 16 und steigt im Sommer etwa bis auf 22 Grad Celsius.

Die üppige mediterrane Vegetation an der Algarve wird durch das subtropische Klima im Sommer und die relativ feuchten, aber frostfreien Winter bestimmt. Weingärten und intensiv bebaute Äcker mit Mais, Hülsenfrüchten und Futterpflanzen wechseln sich ab mit Fruchtbaumkulturen aus Mandelbäumen, Zitrusfrüchten, Oliven, Feigen und Johannisbrotbäumen. Tropische Pflanzen wie die Agave verstärken besonders auf der Küstenhochfläche den mediterranen Charakter dieser Landschaft, die ihre Existenz, abgesehen von den günstigen klimatischen Verhältnissen, einem Bewässerungssystem verdankt, das bereits während der Maurenzeit angelegt wurde. Besonders auffallend sind die *noras*, Brunnen mit Schöpfrädern, die von Tieren beziehungsweise zunehmend von Dieselmotoren angetrieben werden. Die meisten von ihnen haben jedoch ausgedient und werden als Anschauungsobjekte erhalten.

Die Wirtschaft wird vom Tourismus bestimmt. Die Fischerei und die damit zusammenhängende Konservenindustrie sind stark zurückgegangen. Die Fischfangflotte besteht aus kleineren Booten, viele von ihnen sind veraltet. Ähnlich schlecht ergeht es dem Obstanbau. Die Apfelsinen, Zitronen, Mandeln und Oliven werden teilweise nicht mehr geerntet; der größte Teil der Ernte verbleibt in der Region. Es fehlen die überregionalen Absatzmärkte, weil die ausländische Konkurrenz zu groß ist. Zudem gibt es Schwierigkeiten, die EU-Normen zu erfüllen. Gemüse, das auch nur in der Region vermarktet werden kann, wird häufig in Folien-Gewächshäusern gezogen. Ein bescheidenes Weinbaugebiet gibt es bei Lagôa.

Als Hauptferienregion Portugals wird die Algarve in der Regel für einen mehrtägigen oder mehrwöchigen Aufenthalt bevorzugt. Der Reisende kann sich aus einer Fülle von Orten und Unterkünften entlang der Küste seinen Standort aussuchen. Dabei ist zu berücksichtigen, dass viele der alten Orte nicht direkt an der Küste liegen. Die Touristenzentren sind aber so dicht wie möglich an den Strand gebaut, sodass sich neue Ortsteile gebildet haben.

*35 300 Einwohner in 5 Freguesias auf 141 Quadratkilometern*

*Postkartenansicht: der Strand von Albufeira*

## ❶ Albufeira

**Albufeira** gehört zu den bekanntesten Ferienorten an der Algarveküste und wird besonders von englischen Urlaubern aufgesucht. Die Stadt hat fast genauso viele Fremdenbetten wie Einwohner (ca. 10 000). Phönizier, Römer und Araber ließen sich hier im Laufe der Geschichte nieder. Der Ort wurde mehrfach zerstört, zuletzt bei einem verheerenden Brand im Jahre 1833. Während die umliegende Küste stark zugebaut wurde, konnten der Stadtkern mit maurischem Grundriss, der tägliche Fischmarkt und der Hafen mit den Fischerbooten am Strand

ihren ursprünglichen Charakter zum Teil bewahren. Der Blick zum Strand, der bei Flut durch einen Felsen geteilt wird, und aufs Meer hinaus entspricht den schönen Prospektbildern. Schaut man jedoch vom Strand auf die Stadt, sieht man gegen ein weißes Häusermeer, gestaffelt wie die Zuschauerränge in einem Amphitheater. Der Ort selbst ist mit den vielen Souvenirgeschäften und Straßenrestaurants sehr touristisch geprägt, also nicht so geeignet für Individualurlauber, die Ruhe und Entspannung suchen.

In der Bucht westlich von Albufeira ist eine neue Marina mit Appartementhäusern entstanden.

**REGION 8**
**Die Algarve**

*Wöchentliche Stierkämpfe und lohnende Bootsausflüge zu den Grotten von Xorino unterhalten in Albufeira neben Discos und Pubs die Feriengäste. Außerdem gibt es ein vielseitiges Angebot an Sportmöglichkeiten wie Surfen, Wasserski, Reiten und Golf.*

*Service & Tipps:*

**Julies Bookshop**
Rua Igreja Nova 6
8200-137 Albufeira
☏ 965 12 94 82
Gebrauchte und neue Bücher in allen Sprachen.

**A Taverna do Pescador**
Trav. Cais Herculano
8200-194 Albufeira, ☏ 289 58 91 96
Portugiesische Küche mit Schwerpunkt Fisch und Meeresfrüchte. Man kann dem Koch beim Grillen zusehen. €–€€

**Restaurante Isabel (Praia Mar)**
Rua Cais Herculano 3–5
8200-061 Albufeira
☏ 289 51 52 53
Portugiesische Gerichte: Meeresfrüchte und Fischspezialitäten.
€€

**Restaurante Tasca do Viegas**
Rua Cais Herculano 2
8200-061 Albufeira
☏ 289 51 40 87
Zur typischen portugiesischen Küche gehören vor allem Meeresfrüchte und Fischgerichte. €€

ⓘ **Turismo**
Rua 5 de Outubro
8200-109 Albufeira
☏ 289 58 52 79
www.cm-albufeira.pt

---

## ❷ Alvor

**Alvor** ist ein kleines Fischerdorf zirka 500 Meter im Landesinneren westlich von Portimão am Rio Alvor gelegen, der dort in den Atlantik mündet. Direkt an der Küste hat sich ein Touristenzentrum entwickelt mit Bungalows und leider auch sehr großen Hotels. Der für die Felsalgarve lange Strand wird im Westen von der Flussmündung begrenzt, im Osten stößt er an Felsen. Das bedeutet eine sehr reizvolle Lage.

*5000 Einwohner*

*Ferienappartements bei Alvor*

*Service & Tipps:*

**Restaurante Luís**
Praia 3 Irmãos
8501-050 Alvor
☏ 282 45 96 88
Krabben, Piri-Piri mit Knoblauch, Salate, Cataplana und diverse Snacks sind die Spezialitäten des Hauses.
€€–€€€

**Aquarium**
Rua António José de Almeida 1

8501 Alvor
☏ 282 45 82 88
Portugiesische Küche und frischer Fisch; Spezialität: Zicklein à la Alentejana.
€€

**Amadeus Alcâlar**
8501 Alvor
☏ 282 47 18 32
Erstklassige portugiesische Küche, mit viel Liebe zum Detail zubereitet.
€€

ⓘ **Turismo**
Rua Dr. Afonso
Costa 51
8501-016 Alvor
(Portimão)
☏ 282 45 75 40

*3800 Einwohner*

ⓘ **Turismo**
Av. Marginal
8365 Armação de Pera
✆ 282 31 21 45

*Cataplana*
Hinter diesem Namen
verbirgt sich ein defti-
ger Fischeintopf, in
dem außerdem reich-
lich Gemüse enthalten
ist. In manchen Restau-
rants kann man die
Cataplana in verschie-
denen Variationen
bestellen. Anstelle des
Fisches enthält sie
dann wahlweise
Fleisch oder Schinken.
Benannt ist dieses
Gericht nach dem Spe-
zialtopf, in dem es
gekocht wird. Dabei
handelt es sich um
einen Kupfertopf, bei
dem zwei gleiche, weite
Paella-Pfannen durch
ein Scharnier mitein-
ander verbunden sind.
Eine authentische Cata-
plana wird erst am
Tisch geöffnet.

Wie an jedem Aus-
flugsort bieten fliegen-
de Händler ihre Souve-
nirs an, die oft nichts
mit dem Kap zu tun
haben. Ein findiger
Deutscher verkauft
»Die letzte Bratwurst
vor Amerika«.

*Die letzte Bratwurst vor
Amerika*

# ❸ Armação de Pera

Aus dem ehemaligen Fischerdorf **Armação de Pera** im Westen
von Albufeira mit einem der längsten Sandstrände der Felsalgarve
ist eine Touristenhochburg geworden.

*Service & Tipps:*

✖ **Vilarinho**
Praia da Senhora da Rocha
8365 Armação de Pera
✆ 282 31 42 32
Portugiesische Küche: *Caldeirada de*

*Peixe*, Cataplana mit Fleisch/Fisch.
€–€€

✖ **El Gomes**
Largo Senhora da Rocha
8365 Armação de Pera
✆ 282 31 47 24
Portugiesische Gerichte mit frischem
Fisch, Spezialität: Muschel-Catapla-
na. €€

✖ **A Rocha Calixtos**
Praia Vale de Olival
8365 Armação de Pera
✆ 282 31 39 40
Portugiesische Küche mit großer
Fischauswahl und Muschel-Spezia-
litäten.
€€

# ❹ Cabo de São Vicente

Das **Cabo de São Vicente** ist der südwestlichste Punkt Europas. Hier sollen
die Gebeine des Märtyrers Vicente aus der Gegend von Zaragoza in Spanien
angespült worden sein. Bis zu seiner Überführung nach Lissabon, dessen
Stadtpatron er ist, lagen die sterblichen Überreste in einer Kapelle, die heute nicht mehr steht. Dafür weist ein besonders lichtstarker Leuchtturm den
Schiffen um das gefährliche Kap den Weg. Der Wärter berichtet stolz, dass
auch die Piloten der Flugzeuge bis in 15 Kilometer Höhe das Licht gerne als
optischen Wegweiser benutzen.
Man kann den Leuchtturm am Cabo de São Vicente besteigen. Besichtungen
sind nur bei trockenem Wetter zwischen 11 und 17 Uhr möglich, nasse Kleidung würde zu Kondenswasser im Turm führen. Die Besichtigung des Leucht-
turms ist kostenlos, aber der Leuchtturmwärter freut sich über ein Trinkgeld.

## ❺ Caldas de Monchique, Monchique, Fóia

Wasser aus dem Kurort **Caldas de Monchique** ist in ganz Portugal bekannt. Mit 32,5 Grad Celsius sprudeln fast 500 000 Liter aus den Quellen. Es soll vor allem bei Lungen-, Haut- und Rheumaerkrankungen helfen. Schon die Römer haben hier gekurt. Das einst mondäne Bad lässt mit seinen gepflegten Parks, den Cafés und Restaurants die Eleganz der Gründerzeit erahnen.

Einige Kilometer oberhalb liegt der Ort **Monchique** in 445 Meter auf halber Höhe der gleichnamigen Serra. Er ist wegen seiner Korbflechterei und dem *medrono* bekannt, einem starken Schnaps, der aus den Früchten des Erdbeerbaums gebrannt wird. Beides wird an der Dorfstraße in vielen kleinen Läden angeboten.

Man kann ihn von der ganzen westlichen Algarve sehen, oft wolkenverhangen oder nur mit einer Mütze über beide Ohren gezogen: den **Monte Fóia**,

mit 902 Metern der höchste Berg der Serra de Monchique. Es lohnt sich eigentlich nur, dort hochzufahren oder hochzuwandern, wenn man von unten die Bergspitze sehen kann. Eine gut ausgebaute Straße führt auf den höchsten, fast baumlosen Gipfel der Serra, von dem nur die Antennenmasten des Militärs in den Himmel ragen. Von dort oben liegt dem Wanderer die ganze westliche Algarve zu Füßen.

**REGION 8
Die Algarve**

*Monchique: 6400 Einwohner in 3 Freguesias auf 395 Quadratkilometern*

ⓘ **Turismo**
Largo S. Sebastião
8550 Monchique
✆ 282 91 11 89

*Traditionellen Handwerkern wie diesem Korbflechter kann man an vielen Orten bei der Arbeit zusehen*

## ❻ Carvoeiro

*2800 Einwohner*

Das Fischerdorf **Carvoeiro** wird mehr und mehr touristisch erschlossen. Seine steilen Klippen, Felsenbuchten und Sandstrände entsprechen genau dem Klischee von der Algarve, das die Fotos der Reiseagenturen über diese Reiseregion vermitteln. Die neu entstandenen Ferienhäuser passen sich durch ihren maurischen Stil der Landschaft an, Hochhäuser gibt es glücklicherweise nicht. In Carvoeiro ein Ferienhaus zu besitzen ist der Traum vieler Portugiesen. Am Strand bieten Fischer empfehlenswerte Bootstouren zu den Felsen und Grotten an.

*Olhos d'Agua, sechs Kilometer östlich von Carvoeiro*

207

*6500 Einwohner in
4 Freguesias auf 301
Quadratkilometern*

## ❼ Castro Marim

Drei Kilometer nördlich von Vila Real de Santo António liegt
**Castro Marim**, die Burg am Meer. Die Bezeichnung »Castro« weist
auf eine römische Gründung hin. In den Jahren 1319 bis 1334 oder 1356
befand sich hier der Hauptsitz des Christusritterordens, der später nach
Tomar übersiedelte. Von der Burg sind die Außenmauern und einige Türme
erhalten. Die Außenmauern sind im Ganzen begehbar und ermöglichen wun-
derbare Aussichten auf den Ort, die Salinen, das unweit davon liegende
Castelo São Sebastião, die Mündung des Rio Guadiana mit Vila Real de Santo
António und Ayamonte auf spanischer Seite.

Auf rund 20 Quadratkilometern erstreckt sich die **Reserva Natural do
Sapal** als ein einzigartiges, von mehreren kleinen Flüssen und Bächen durch-
zogenes Marschgebiet mit Sümpfen und Salzgärten, aber auch Trocken-
flächen. Zahlreiche gefährdete Vogelarten, darunter Störche, Fischadler und
andere Stelzvögel finden hier ein Refugium zum Nisten oder auch für Zwi-
schenlandungen auf ihren langen Reisen von und nach Afrika.

*Die Salzbecken bei
Castro Marim*

# 8 Costa Vicentina

Die Westküste der Algarve wird als **Costa Vicentina** bezeichnet. Der Name geht auf den heiligen Vincent zurück, dessen Leichnam angeblich bei Cabo de São Vicente in einem Boot gestrandet ist. Wegen seiner einzigartigen Naturschönheit ist der gesamte Küstenabschnitt unter Landschaftsschutz gestellt worden. Der Naturpark **Reserva Natural da Costa Vicentina** erstreckt sich über eine Länge von 150 Kilometern entlang der Küste des Alentejo und der Algarve zwischen den Bezirken Sines und Vila do Bispo. Das Gebiet ist durch seine unbebaute Landschaft, die natürliche Schönheit der einsamen Strände

*Die Küste der Costa Vicentina ist hauptsächlich Steilküste*

und der hohen Klippen gekennzeichnet. Der Küstenstreifen ist darüber hinaus Lebensraum für zirka 100 Pflanzen- und über 200 Vogelarten.

An der Costa Vicentina ist das Klima im Gegensatz zur übrigen Algarve rau, weil vom Atlantik her ständig ein starker bis sehr starker Wind weht, der die Küste zu einem Paradies für Windsurfer macht. Selbst Weltmeisterschaftsläufe werden hier ausgetragen und auch Drachenflieger schätzen die Bedingungen. Die Temperaturen steigen im Sommer nicht so hoch wie an der Südküste und auch das Meer weist niedrigere Wassertemperaturen auf. Baden ist wegen der starken Strömung nicht ungefährlich.

Es gibt nur wenige Stichstraßen zur Küste, die zum größten Teil nur geschottert sind. Nur bei **Vila de Bispo (Castelejo)**, **Carrapateira**, **Arrifana** und **Praia da Amoreira** erreicht man den Strand über eine befestigte Straße. In wenigen Orten gibt es eine geringe Infrastruktur mit Restaurants und allerdings wenigen Übernachtungsmöglichkeiten.

## Service & Tipps:

ⓘ **Turismo**
Rua José Alves Moreira N° 2–4°
8950 Castro Marim
✆ 281 53 12 32

**Restaurante O Sítio do Rio**
8670-230 Carrapateira
✆ 282 97 31 19
Strandrestaurant mit Tagesmenü.
€€

*Estói: fliesenverkleidete
Treppe im Park des Palácio
de Estói*

*58 300 Einwohner in
6 Freguesias auf 202
Quadratkilometern*

*Der große Platz vor
der Sé, einst das römi-
sche Forum, wird
begrenzt vom Rathaus
mit der Kunst- und
kunstgewerblichen
Sammlung Ferreira de
Almeida und dem flie-
sengeschmückten
Bischofspalast. In
ihrer Geschlossenheit
wirkt die Praça wie ein
Innenhof.*

*Hafen und Altstadt von
Faro*

## ❾ Estói

Der **Palácio de Estói**, ein Schloss aus dem 18. Jahrhundert, wurde vor Kurzem zu einer Pousada umgebaut. Man kann das Schloss besichtigen und von
dort bei einer *bica* den Blick über die Küstenlandschaft bei Faro genießen. Außerdem
gibt es einen sehenswerten Barockgarten.
Im Ort befindet sich auch eine dreischiffige
Renaissancekirche.

Am Stadtrand von Estói wurde in **Milréu**
die römische Stadt Ossonoba mit Resten
von Mosaiken, Wasserleitungen, Tempeln
und Wohngebäuden ausgegraben. Die
römischen Thermen sind dort besonders
gut erhalten. Im 9. Jahrhundert errichteten
die Mauren eine Moschee auf dem Gelände,
von der nur noch Mauerreste erhalten sind.

*Das Schloss von Estói soll zu einer
Pousada ausgebaut werden*

### Service & Tipps:

 **Vila Romana de Milréu**
Estói, 8000 Faro Estói

🕿 289 99 78 23
Di-Sa 9.30–12.30 und 14–18 Uhr
Ruinen der römischen Stadt *Osso-
noba*.

---

## ❿ Faro

Hauptstadt an der Algarve ist **Faro** mit internationalem Flughafen
und eigener Universität. Faro, von alters her Bischofssitz, ist auch
gleichzeitig die untouristischste Stadt, obwohl sie von den Urlaubern wegen der
guten Einkaufsmöglichkeiten und der sehenswerten Altstadt mit ihren Baudenkmälern gern besucht wird. Es leben über 50 000 Menschen dort, die Haupt-
erwerbszweige sind Verwaltung, Konserven-, Kunststoff- und Korkindustrie,
Fischerei und Salzgewinnung in den Salinen der Umgebung.

Schnittpunkt zwischen Meer und Stadt ist der Hafen mit einem palmenbe-
standenen Platz und dem Park Jardim Manuel Bivar, der für ein fast afrikani-
sches Flair sorgt. Auf westlicher Seite liegen das Seefahrtsmuseum, das **Museu
Marítimo**, und die Hafenmeisterei, nach Norden fügt sich das neue Stadtzentrum mit vielen Geschäften, Cafés und Restaurants an. Nach Osten bildet der
**Arco da Vila** (das Stadttor), gekrönt von einer Statue von Thomas von Aquin,
den Eingang ins historische Zentrum mit der Kathedrale Sé im Mittelpunkt.
Neben dem Tor steht die **Igreja da Misericórdia** mit dem Grundriss eines griechischen Kreuzes. Sie wurde nach dem Erdbeben im Renaissancestil wieder
aufgebaut.

Beginnen wir den Rundgang am alten Eingang in die Stadt; gleich daneben
findet sich die Touristeninformation. Die Straße führt mit einem Knick auf die
**Sé** zu, die wahrscheinlich auf den Grundmauern einer Moschee aus der Mau-

renzeit erbaut wurde. Das Erdbeben von 1755 hat nur den wuchtigen gotischen Eingangsturm verschont. Die dreischiffige Kirche wurde ab 1760 im Renaissancestil neu errichtet. Zu ihren Schätzen gehören mehrere vergoldete Retabel, eine Rosenkranzkapelle mit schönen Azulejos, eine Reliquienkapelle sowie das marmorne Grabmal des Bischofs Pereira da Silva. Man kann gegen Bezahlung auf den Turm steigen, der Blick von oben lohnt den kurzen Aufstieg.

Gleich hinter der Kathedrale, an der Praça Afonso III, befindet sich das **Museu Arqueológico Lapidar do Infante Dom Henriques**. Das Archäologische Museum, das seit 1974 besteht, ist in einem Kloster aus dem Jahre 1518 untergebracht. Zu sehen sind Gemälde, Fliesen und Fundstücke der Ausgrabungen von Milréu (s. S. 210). Unweit des Museums am östlichen Altstadtrand kann man noch ein Stück Stadtmauer bewundern. Am **Arco do Repouso**, Tor der Rast, soll sich der Eroberer der Stadt, Afonso III, nach der Schlacht ausgeruht haben. Vom Tor gelangt man quer über den **Largo de São Francisco** zur gleichnamigen Kirche, einer im späten 17. Jahrhundert erbauten Klosterkirche mit Fliesenschmuck, vergoldetem Talha-Schnitzwerk und einer schönen Kuppel. Der Klosterteil wird heute von der Armee genutzt. In der Verlängerung des Klosters geht man durch die Rua Caçadores auf das Stadtzentrum zu, vorbei am regionalen Volkskundemuseum, dem **Museu Etnográfico**, weiter durch die Rua Vasco da Gama und in ihrer Verlängerung an der ursprünglich aus dem 16. Jahrhundert stammenden Igreja São Pedro vorbei zum Largo do Carmo. Die Barockkirche **Igreja de Nossa Senhora do Carmo** wurde unter König João V. Anfang des 18. Jahrhunderts erbaut. Am Friedhof der Kirche gibt es eine Knochenkapelle, **Capela de Ossos**, deren Wände mit menschlichen Knochen »geschmückt« sind.

*Turm der Kathedrale Sé in Faro mit Störchen*

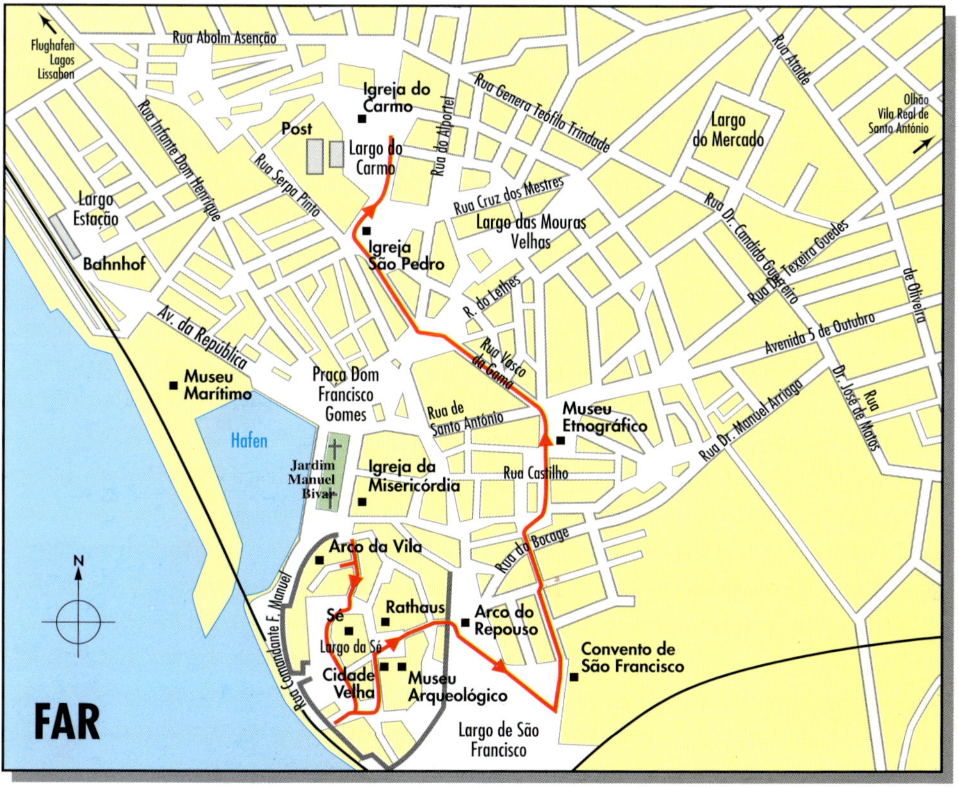

---

**FAR**

Flughafen
Lagos
Lissabon

Rua Abolm Asenção

Igreja do Carmo

Post

Largo do Carmo

Rua Serpa Pinto

Rua Infante Dom Henrique

Largo Estação

Bahnhof

Rua da Alportel

Rua Genera Teofilo Trindade

Largo do Mercado

Olhão
Vila Real de
Santo António

Rua Cruz dos Mestres

Largo das Mouras Velhas

Igreja São Pedro

R. do Leitheis

Rua Dr. Camilho Góes Teixeira Guedes

de Oliveira

Av. da República

Avenida 5 de Outubro

Museu Marítimo

Praça Dom Francisco Gomes

Rua Vasco da Gama

Rua de Santo António

Museu Etnográfico

Rua Dr. Manuel Arriaga

Dr. José de Matos

Rua

Hafen

Jardim Manuel Bivar

Igreja da Misericórdia

Rua Castilho

Arco da Vila

Rua de Bocage

N

Sé

Rathaus

Arco do Repouso

Convento de São Francisco

Largo da Sé

Cidade Velha

Museu Arqueológico

Rua Comandante F. Manuel

Largo de São Francisco

211

*1866 Einwohner*

*Muschelfischer*

*22 700 Einwohner in 6 Freguesias auf 88 Quadratkilometern*

*27 000 Einwohner in 6 Freguesias auf 213 Quadratkilometern*

Hier kann man die typische Küche der Algarve kennen lernen. €–€€

## ⓫ Ferragudo

**Ferragudo** liegt am Ufer des Rio Arade direkt gegenüber Portimão. Es ist eines der beschaulichsten und malerischsten Fischerdörfer der Algarve. Um einen Hügel gruppieren sich die Häuser der Bewohner, ein Kastell liegt auf einer Felsnase. Mehrere Strände stehen den Urlaubern zur Verfügung.

Gut zwei Kilometer östlich steht die Turmruine **Torre de Marinha**, ein ehemaliger Leuchtturm aus römischer Besatzungszeit. Von hier hat man einen der besten Blicke nach Ost und West an der Algarve.

## ⓬ Lagoa

Wein wird an der Algarve nur in geringem Maße angebaut. Das einzige nennenswerte Gebiet liegt bei **Lagoa**. Hier ist der Wein hell und alkoholreich und hat den Einwohnern einen bescheidenen

*Die Weinkellereien im Ort können besichtigt werden.*

Reichtum gebracht, was die Entwicklung des »Hausstrandes« in Carvoeiro beeinflusst hat.

## ⓭ Lagos

Seiner günstigen Lage an der Mündung eines kleinen Flusses und im Schatten der ewigen Westwinde hat **Lagos** zu verdanken, dass bereits die Phönizier hier eine erste Handelsniederlassung errichteten. Als *Lacobriga* unter den Römern und als *Zawaia* unter den Mauren war es ein wichtiger Hafen und Handelsplatz.

In der Neuzeit erlebte Lagos seine Blüte unter Heinrich dem Seefahrer. Auf der Praça da República an der Flussuferstraße Avenida dos Decobrimentos, der Allee der Entdeckungen, steht sein Denkmal. In der Stadt gab es eine Werft für leichte, wendige Karavellen, und von hier fuhren viele der Entdecker in die unbekannte Welt. Von dort brachten sie Gold, Edelsteine, Gewürze und die ersten Sklaven mit. Ab 1443 entwickelte sich Lagos so zum ersten Sklavenmarkt Europas; das Haus der Sklavenhändler ist noch zu sehen. Von 1577 bis zur Zerstörung durch das Erdbeben 1755 war Lagos die Hauptstadt der Algarve.

Neben dem Tourismus bilden der Fischfang (Sardinen, Thunfisch) und die weiterverarbeitende Industrie die wesentliche Einnahmequelle der Bevölkerung. Trotz der vielen Souvenirläden und touristisch geprägten Restaurants in der Altstadt hat sich die Stadt ein gewisses Eigenleben bewahrt.

Beginnen wir den Rundgang am Rathaus an der **Praça Gil Eanes**. Der Platz ist nach dem Sohn dieser Stadt benannt, der 1434 als Erster das Kap Bajador an der Westküste Marokkos umsegelte, das bis dahin als das Ende der Welt galt. Auf dem Platz steht jedoch ein anderer: Dom Sebastião, in Marmor gehauen. Die Statue von 1973 war die erste moderne, nicht unumstrittene Skulptur zum Ende des Salazar-Regimes im öffentlichen Raum. Der Bildhauer ist João Cutileiro aus Évora.

Der Weg geht weiter durch die Haupteinkaufsstraße Rua Direita, die sich inzwischen zur Fressmeile gemausert hat. Sie führt ein Stück hinauf und dann hinunter bis zur **Igreja Santa Maria**. In der Kirche soll 1460 der Leichnam Heinrichs des Seefahrers bis zu seiner Überführung nach Batalha aufgebahrt gewesen sein. Das alte Zollhaus davor mit den Arkaden war der Sklavenmarkt.

Neben dem Gouverneurspalast führt die Rua Henriques Correira Silva zur Rua General Alberto Silveira, an deren Ecke mit der **Capela Santo António** das Kleinod unter Lagos' Kirchen steht. Die ehemalige Militärkapelle ist über einem Fliesensockel ganz mit reichhaltigem Talha-Schmuck verkleidet. Der heilige António auf dem Altar trägt eine Offiziersschärpe. An die Kapelle angeschlossen ist ein kleines Regionalmuseum, das unter anderem archäologische Fundstücke zeigt.

*Im Jahr 1578 unternahm der junge König Dom Sebastião von Lagos aus seinen für Portugal so verhängnisvollen Eroberungszug nach Marokko.*

*Typisch für die Algarve sind solche verzierten Schornsteine*

*Vom Hafen am Fort Pau da Bandeira werden Bootsfahrten zu den Felsklippen und Grotten an der Ponte da Piedade angeboten.*

Die Straße aufwärts, dann nach links abzweigend, führt der Weg von der Stadtseite an die Befestigungsanlagen heran, von dort zum **Fort Pau da Bandeira** und zum alten Fischereihafen. Hier ist die Mauer besonders gut erhalten. Lagos besitzt die längste Stadtmauer aus der Zeit König Manuels I. an der Algarve.

*Typische Felsküste bei Lagos*

Als schützende Felsnase ist die **Ponte da Piedade**, die Brücke der Frömmigkeit, Lagos vorgelagert. Vom Plateau dieser Klippen gab es den letzten Sichtkontakt zu den auslaufenden Schiffen und der Leuchtturmwärter konnte die zurückkehrenden Schiffe den wartenden Angehörigen melden. Seine Schönheit entfaltet der Felsen erst beim Herabsteigen der Treppen. Strand gibt es an dieser Stelle nicht. Von hier stammen die meisten typischen Felsbilder der Algarve in den Reiseprospekten.

Zehn Strandbuchten gibt es zwischen Lagos und der Ponte da Piedade. Die meisten von ihnen sind nur vom Meer aus zu erreichen. Kleine Boote bringen die Besucher zu den Stränden. Vom Boot aus hat man auch die schönste Aussicht auf die Küste. Richtung Osten kann man bis nach Praia da Rocha und Richtung Westen bis zur Ponta de Sagres sehen.

*Ein weiterer kleiner Touristenort, der zu Lagos gehört, ist Praia da Luz mit einer weiten, geschützten Sandbucht.*

### Service & Tipps:

ⓘ **Turismo**
Rua Belchior Moreira de Barbudo (São João)
8600-722 Lagos
℡ 282 76 30 31

👁 **Igreja de Santo António mit dem Museu Municipal**
🏛 Rua Gen. Alberto da Silveira
8600 Lagos, ℡ 282 76 23 01
Di–So 9.30–12.30 und 14–17 Uhr
Kapelle mit einzigartigem vergoldeten Holzschnitzwerk und Stadtmuseum.

✗ **O Castelo**
Rua 25 de Abril 47

8600-763 Lagos, ℡ 282 76 09 57
Sehr gute traditionelle portugiesische Küche. €€–€€€

✗ **O Galeão**
Rua da Laranjeira 1
8600-697 Lagos, ℡ 282 76 39 09
Spezialität: Frischer Fisch, Meeresfrüchte, Cataplana. €€

✗ **No Pátio**
Rua Lançarote de Freitas 46

8600-605 Lagos, ✆ 282 76 37 77
Internationale und skandinavische
Küche, sehr schöner Innenhof.
€€–€€€

### 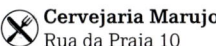 Dom Henrique
Rua 25 de Abril 75
8600-763 Lagos, ✆ 282 76 35 63
Internationale Küche mit frischem
Fisch und flambierten Nachspeisen.
€€–€€€

*Ausflugtipp:*

**Praia da Luz (Lagos), 6 km östlich
von Lagos**

### Cervejaria Marujo
Rua da Praia 10

8600-119 Luz LGS
✆ 282 78 88 04
Im Winter So geschl.
Portugiesische Küche. €–€€

### Fortaleza
Rua da Igreja 3
8600-149 Luz LGS
✆ 282 78 89 93
Traditionelle Küche, flambierte Speisen. €€

### O Poço
Av. dos Pescadores
8600-163 Luz LGS
✆ 282 78 91 89
Spezialitäten des Hauses sind
*Cataplana à Pescador* und Seeteufel-
Reis. €–€€

---

# ⑭ Loulé

**Loulé**, 13 Kilometer von Faro im Landesinneren auf einer Anhöhe
gelegen, ist bekannt wegen seines Karnevals zur Zeit der Mandel-
blüte und seiner Kupferschmiede, die besonders in der Rua 9 de Abril anzutreffen sind. Aber auch andere Handwerker arbeiten noch nach überlieferten
Methoden: Tischler, Töpfer, Sattler, Kerzenzieher oder Gerber. Die Burg und
die Stadtmauern sind im 12. Jahrhundert von den Mauren angelegt, später
aber erneuert worden. Der Bau der dreischiffigen Pfarrkirche **Igreja Matriz**
geht auf das 13. Jahrhundert zurück. Die eigenartigen Säulenkapitelle stammen aus dem 14. Jahrhundert, Renaissancealtäre und fliesenverkleidete Seitenkapellen vervollständigen das Bild. Loulé besticht durch seine eigene Atmosphäre, in der Stadt herrscht reges Leben und Treiben.

In der Burg befindet sich ein kleines sehenswertes **Archäologisches
Museum** mit Fundstücken aus der Region. Auf Wunsch wird für Fotografen
sogar ein römisches Tongefäß aus der Vitrine genommen. Im Aufgang zur
Mauerkrone ist eine traditionelle Küche mit allen Gerätschaften ausgestellt.
Von den Türmen hat man einen weiten Blick auf das Gebirge, die Küsten-
landschaft westlich von Faro und das Meer.

Jeden Vormittag werden in der Markthalle Lebensmittel und Blumen angeboten. Jeden Samstag findet ein so genannter »Zigeunermarkt« mit einem
breiten Angebot an Textilien, Haushaltswaren, Souvenirs und Blumen. Dann
ist die Stadt überlaufen, Parkplätze sind schwer zu finden.

*62 300 Einwohner in
11 Freguesias auf 765
Quadratkilometern*

*Turm des Rathauses in
Loulé*

**Service & Tipps:**

### 🏛 Museu Municipal de
Arqueologia de Loulé
Rua D. Paio Peres Correia 17
8100-564 Loulé
✆ 289 40 06 00
Di–Fr 9–17.30 und Sa 10–17.30 Uhr
Das kleine städtische Museum für
Archäologie ist in zwei Gebäuden des

Alkaldensitzes aus dem 14. Jh. untergebracht und zeigt Fundstücke von
der Altsteinzeit bis zum Mittelalter.
Schon wegen des Gebäudes lohnt
sich ein Besuch. Vom Hof führt eine
Treppe auf die Stadtmauer, von der
man einen sehr weiten Blick bis zum
Meer hat. Auf halber Treppe befindet
sich ein Museumsraum mit einer
historischen Küche.

### ⓘ Turismo
Av. 25 de Abril 9
8100-506 Loulé
✆ 289 46 39 00

*4000 Einwohner*

*42 700 Einwohner in
5 Freguesias auf 126
Quadratkilometern*

**ⓘ Turismo**
Largo Sebastião
Martins Mestre 6 A
8700 Olhão
✆ 289 71 39 36

*Gasse in Olhão*

## ⑮ Monte Gordo

Unweit von Vila Real de Santo António liegt **Monte Gordo**, ein viel besuchter Badeort mit ausgedehntem, breitem Sandstrand und Casino. Das alte Dorf ist vollkommen überbaut worden, die hässlichen Betonklötze sind schon von Weitem zu sehen. Der Strand dagegen ist lang und breit.

***Service & Tipps:***

**✗ O Infante**
Estrada Nacional 125, Altura
8900-411 Monte Gordo
✆ 281 95 68 17
Serviert wird portugiesische Küche. Spezialitäten sind Meeresfrüchte-Reis und *bacalhau*. €€–€€€

**✗ Marisqueira Contreiras**
Praia de Monte Gordo
8900-413 Monte Gordo
✆ 281 54 45 88

In dem Fischrestaurant stehen Meeresfrüchte, frischer Fisch, vor allem Seeteufel, und Cataplanas ganz oben auf der Speisekarte. €€

**✗ Dourado**
Av. Infante Dom Henrique 9
8900-412 Monte Gordo
✆ 281 51 22 02
Als Spezialitäten der Landesküche werden in diesem Restaurant vor allem Cataplanas und Meeresfrüchte-Reis zubereitet.
€€–€€

## ⑯ Olhão

Als die portugiesischen Fischer im 15. Jahrhundert Fangrechte vor der marokkanischen Küste erhielten, brachten sie neben den Fischen auch die arabische Bauweise würfelförmiger Häuser mit Dachterrassen und turmartigen Aufsätzen über den Atlantik mit. Die verwinkelten, teilweise sehr schmalen Gassen verstärken den Eindruck, in Nordafrika zu sein. Die beste Übersicht hat man vom Turm der Kirche, der leider nur zu unregelmäßigen Zeiten bestiegen werden kann.

Die Parallelstraße zur Küste wird von den beiden Gebäuden der Markthalle mit den markanten runden Ecktürmen beherrscht. Vormittags werden in der einen Halle Fisch und Meeresfrüchte, in der anderen Gemüse angeboten.

Die Geschichte Olhãos ist eng mit der

Fischerei verbunden. Schon 1882 gab es hier 82 Konservenfabriken für Thunfisch und Sardinen, heute sind es noch zwei. Ein großer Fischereihafen am östlichen Ortsausgang zeugt davon. Berühmt war Olhão für seine Sardinenkonserven Marke Piri-Piri. Im Westen wird in flachen Becken Salz gewonnen. Wenn man Glück hat, kann man beobachten, wie die hohen Salzberge mit Raupenbaggern zusammengeschoben werden.

Olhão vorgelagert ist die Insel Armona mit der gleichnamigen Stadt. Wer in Olhão baden will, muss mit der Fähre in 30 Minuten zur Insel übersetzen. Hier gibt es malerische Dünenketten und einen langen weißen Sandstrand. Die Fährstation befindet sich östlich der Markhalle.

*Traditionelles Gebäck von Olhão*

---

### Naturpark Ria Formosa

Der Naturpark Ria Formosa (übersetzt: schönes Haff) besteht seit 1987. Er umfasst zirka 18 400 Hektar Haffland, das sich hinter vorgelagerten Dünen über 60 Kilometer zwischen den Stränden Praia do Garrão und Praia do Manta Rota entlang der Küste von Faro bis zur spanischen Grenze erstreckt. Das gesamte Gebiet ist von großer ornithologischer Bedeutung. Aufgrund der nationalen und internationalen Bedeutung für Flora und Fauna hat die portugiesische Regierung das Gebiet als Naturpark klassifiziert.

Das Umweltbildungszentrum Marim dient als Besucher- und Lehrzentrum und ist Ausgangspunkt für ökologische Wanderungen durch den Park. Hier finden sich repräsentative Beispiele von Naturräumen und der Kultur in der Region. Eine noch funktionstüchtige Gezeitenmühle wurde so konstruiert, dass sowohl bei Ebbe als auch bei Flut das Korn gemahlen werden konnte.

Das Büro des Naturparks mit Museum hat seinen Sitz in Olhão:
Quinta de Marim Quelfes
8700 Olhão
Besichtigungen sind von 9–12.30 und 14–17.30 Uhr möglich.

*Das grobe, jodhaltige Meersalz aus Olhão ist ein gutes Souvenir, das man zu Hause brauchen kann.*

*Flamingos in der Ria Formosa*

**⑰ Portimão**

**Portimão** ist neben Faro die wirtschaftlich bedeutendste Stadt an der Algarve. Die günstige Lage an der Mündung des Rio Arade hat den Ort schon im 3. Jahrhundert v. Chr. unter den Karthagern entstehen lassen. Hamilkar Barkas, der Vater Hannibals, soll der Gründer gewesen sein. Unter maurischer Herrschaft diente der Hafen auch als Schutz der Zufahrt nach Silves, das etwa 15 Kilometer flussaufwärts liegt und lange Zeit die Hauptstadt des maurischen Al-Gharb war.

Von der langen Geschichte ist in der Stadt kaum etwas zu spüren. Die große Fischereiflotte und die Konservenfabriken bestimmen das modern ausgerichtete Stadtbild. In Portimãos Geschäftsviertel kann man gut einkaufen. Nur der alte Hafenplatz hat noch ein gewisses Flair erhalten können. Der kleine Park **Jardim Visconde Bivar** am alten Stadthafen lockert das Flussufer ein wenig auf. Die Restaurants in diesem Bereich sind für ihre gegrillten Sardinen bekannt.

*45 400 Einwohner in 3 Freguesias auf 182 Quadratkilometern*

*Die Marina von Portimão*

ⓘ **Turismo**
Av. Zeca Afonso
8500 Portimão
✆ 282 47 07 17
Fax 282 47 07 18
www.cm-portimao.pt

✗ **Forte e Feio**
Largo da Barca 1
8500-527 Portimão
✆ 282 41 38 09
Fischspezialitäten in einem urig-gemütlichen Gewölbe. €€

**Service & Tipps:**

ⓘ **Portimar**
Alto do Quintão
8500-833 Portimão
✆ 282 47 00 00, Fax 282 47 00 99
www.portimar.pt
Reisebüro, in dem man auch Deutsch spricht.

ⓘ 🏃 **Portitours**
Edificio Portimar, Alto do Quintão
8500-833 Portimão
✆ 282 47 00 63/4/5, Fax 282 47 00 70
www.portitours.pt
Das Reisebüro organisiert u. a. Ausflüge, Sport- und Erlebnisprogramme (Jeep-Safaris, Kanu-/Mountainbike-Touren etc.). Hier spricht man auch Deutsch.

✗ **Solar do Farelo**
Várzea do Farelo
8500-160 Mexilhoeira Grande
✆ 282 47 14 05
www.solarfarelo.com
So und Mo Mittag geschl.
Auf dem Wege von Portimão Richtung Serra de Monchique kurz nach der Autobahn mit schönem Blick auf das Gebirge. Täglich wechselnde Speisekarte.
€€–€€€

✗ **Carvi**
Rua Direita 34 A
8500-625 Portimão
✆ 282 41 79 12
www.gastronomias.com/carvi
Typisch portugiesisch: Serviert werden fangfrischer Fisch und Meeresfrüchte. €€

# ⑱ Praia da Rocha

Portimão vorgelagert ist einer der bekanntesten Ferienorte der Küste: **Praia da Rocha**, der Felsenstrand, der »Hausstrand« von Portimão. Der Strand mit den ockerfarbenen, zerklüfteten Felsen im Hintergrund ist zwar sehr schön und die Sicht aus den teilweise mondänen Hotels zwischen Strand und Uferstraße nicht »verbaubar«, einige Villen aus den 30er Jahren des letzten Jahrhunderts geben der Uferstraße noch ein gewisses Flair (in Praia da Rocha begann zu dieser Zeit der Algarvetourismus). Doch die in mehreren Reihen gestaffelten Hochhäuser mit Ferienappartements hinter den Hotels lassen ein Feriengefühl kaum aufkommen, es sei denn, man kommt vom Land und möchte Großstadtluft schnuppern. In der vierten Reihe vom Strand steht das größte Hotel auf der Iberischen Halbinsel – über 5000 Betten werden dort angeboten.

REGION 8
Die Algarve

*Gefäße zum Fangen von Tintenfischen*

**Service & Tipps:**

**✗ Restaurante Titanic**
Rua Engenheiro Francisco Bivar
8500-809 Praia da Rocha
✆ 282 42 23 71
Sehr gute Küche. €€€

**✗ Restaurante Bar Sol**
Av. Tomás Cabreira
8500-809 Praia da Rocha
✆ 282 41 86 68
Internationale Küche mit Fisch und Fleisch vom Grill als Spezialität. €€

**✗ Rodizio Churrasco**
Av. Rocha Vau, Edifício
Rotunda
8500-809 Praia da Rocha
✆ 282 41 29 46
Brasilianische Küche. €–€€

**✗ Safari**
Rua António Feu
8500-805 Praia da Rocha
✆ 28 22 35 40
Angolanische Küche; Spezialitäten: Gegrillter Fisch, Zicklein. €€

**ⓘ Turismo**
Av. Tomás Cabreira
8500-802 Praia da
Rocha (Portimão)
✆ 282 41 91 32 und
282 45 76 50

# ⑲ Quinta do Lago

**Quinta do Lago** ist ein exklusives Villenviertel und Golfresort. Es wird immer noch gebaut, die Preise sind sehr hoch. Der Ort ist besonders bei den neureichen Portugiesen sehr beliebt. Ein schöner Strand mit einer eindrucksvollen Felskulisse im Hintergrund.

# ⑳ Sagres

**Sagres** ist ein kleiner Fischerort ohne richtigen Dorfmittelpunkt, aber mit einem Hafen in einer windgeschützten, von Felsen umgebenen Bucht. Die touristische Infrastruktur beschränkt sich auf ein paar Hotels und Restaurants. Tagesgäste machen hier auf dem Weg zum Cabo de São Vicente Station. Da fast immer ein starker Wind bläst, ist das Klima verhältnismäßig rau und die Vegetation niedrig.

Am südlichen Zipfel der Hochebene liegt nahe dem Ort auf der »heiligen Halbinsel«, *promotorium sacra*, das **Fortaleza**, in dem die »Seefahrerschule« des Infanten Henriques untergebracht war. Bis auf die im Durchmesser 43 Meter große »Windrose« im Innenhof stammt alles aus der Zeit nach dem Erdbeben. Ein neues Museum zeigt die Geschichte des Ortes. 40 Jahre lang hat Heinrich hier gelebt und soll Pläne für die Entdeckung der unbekannten Welt geschmiedet haben, umgeben von den Spezialisten seiner Zeit.

*1900 Einwohner*

*Sagres gehört zur Gemeinde Vila do Bispo, ebenso wie der kleine Badeort Salema.*

**ⓘ Turismo**
Rua Comandante
Matoso
8650 Sagres (Vila do Bispo)
✆ 282 62 48 73

## Service & Tipps:

**Pont' a Pé**
Largo da Liberdade 12, Aljezur
Sagres (8670 Vila do Bispo)
℡ 282 99 81 04, So geschl.
Regionale Küche. €–€€

**O Pescador**
Rua Comandante Matoso
Sagres (8650-357 Vila do Bispo)

℡ 282 62 41 92
Traditionelle Küche der Algarve. €–€€

**Restaurante Vilha Velha**
Rua Patrão Antonio Faustino
8650-385 Sagres, ℡ 282 62 47 88
Mitte Juli–Mitte Sept. tägl. 18.30–22.30,
sonst Mo und Dez./Jan. geschl.
Wohl das beste Restaurant am Platz.
Die Inhaberin und Köchin ist Hollän-
derin. €€

*Almansil: 8800 Ein-
wohner*

# ㉑ São Lourenço – Almansil

São Lourenço gehört zur Gemeinde Almansil und liegt neun Kilometer westlich von Faro an der N 125. Sehenswert ist die **Igreja
São Lourenço de Matos**. Ursprünglich romanisch, wurde die Kirche
später im Barockstil verändert. Im Jahre 1730 wurde sie innen vollständig mit
weiß-blauen Fliesen ausgekleidet, die Szenen aus dem Leben des heiligen
Lourenço zeigen. Von diesem berichtet die Legende, dass er bei lebendigem
Leib verbrannt werden sollte, jedoch das Feuer überlebte. Der Maler der Fliesen war Policarpo de Oliveira Bernades. Einen interessanten Kontrast zu den
Fliesen bildet der Altar mit dem vergoldeten Schnitzwerk.

Neben der Kirche befindet sich das **Centro Cultural de São Lourenço**,
seit 1981 eine private Einrichtung deutscher »Auswanderer« mit permanen-
ter Ausstellung und Verkauf hauptsächlich zeitgenössischer portugiesischer
Kunst. Es ist eins der wichtigsten Kulturzentren in der Algarve.

## Service & Tipps:

**Igreja São Lourenço de Matos**
Sítio da Igreja
8136 Almansil
Di–Sa 10–13 und 14.30–17 Uhr
Romanische Kirche, die später
barokisiert wurde.

**Centro Cultural de São
Lourenço**
Marie Huber, Sítio da Igreja,
Apartado 3079
8136 Almansil
℡ 289 39 54 75, Fax 289 39 32 81
Tägl. außer Mo 10–19 Uhr
Ausstellung und Verkauf zeitgenössi-
scher portugiesischer Kunst.

**Almansil** selbst liegt sechs
Kilometer im Landesinneren.
Der »Hausstrand« ist das **Vale
de Lobo**, das sich zu einem
distinguierten Villenviertel entwickelt hat. Hochhäuser sind hier
nicht anzutreffen. Neben der Quinta

do Lago liegt hier eines der besten
Golfresorts Europas.

**Dom Júlio**
Lugar do Figueiral
8135 Quarteira
℡ 289 39 82 84
Portugiesische Küche: Cataplanas,
*Chanfana*, gebackener Fisch.
€€

**Tino's**
Centro de Serviços Vale Verde
8135 Quarteira
℡ 289 39 46 56
Portugiesische und internationale
Küche. Spezialitäten: Flambees,
geräucherter Lachs, Schwertfisch.
€–€€

**Chez Antoine**
Estrada da Quinta do Lago
8135-106 Quarteira
℡ 289 39 44 28
Internationale Küche, Fischgerichte
vom Grill. €€

*Zu den Hauptferienzei-
ten stehen im Centro
Cultural de São Lou-
renço Konzerte, Dich-
terlesungen in ver-
schiedenen Sprachen
und sonstige kulturel-
le Veranstaltungen auf
dem Programm.*

## ㉒ Silves

35 000 Einwohner lebten im maurischen *Xelb*, 10 000 leben im heutigen **Silves**. Als Hauptstadt des Königreichs Al-Gharb war Xelb eine blühende Stadt mit über zwanzig Moscheen und einem großen Flusshafen am Rio Arade. Arabische Chronisten stellten es mit Córdoba gleich, einige verglichen es gar mit Granada. Kaum etwas ist heute von dieser Pracht zu sehen. Am 3. September 1189 vertrieb Dom Sancho I. die Mauren. Unter portugiesischer Hoheit verlor die Stadt ihre Bedeutung, vieles fiel dem Erdbeben von 1755 zum Opfer. Das aus rötlichem Sandstein gebaute **Castelo dos Mouros** mit starken Wehrtürmen und zinnenbewehrten Mauern wurde 1940 gründlich restauriert. Im Innenhof kann man nun in die bis zu 60 Meter tiefen Zisternen sehen. Der Rundgang auf der Mauerkrone bietet einen weiten Blick über die Stadt, die gepflegten Orangen-, Zitronen- und Mandelplantagen der Gegend, auf die Berge bis hin zum Meer. Die Kirche neben der Burg ist wie viele andere auf den Mauern und mit den Steinen der arabischen Moschee gebaut. Ursprünglich gotisch, hat sie im Laufe der Jahrhunderte viele Veränderungen erfahren. Das 1991 neu eröffnete **Museum** beherbergt archäologische Fundstücke in Stein und Keramik aus Ausgrabungen der Gegend und einen Brunnen aus maurischer Zeit. An der **Praça do Município** steht noch ein Turm der ehemaligen Stadtmauer mit doppelter Durchfahrt. Die mittelalterliche Bogenbrücke wird immer noch benutzt.

Silves war auch ein Zentrum der Korkverarbeitung. Die **Fábrica do Inglês** hat von 1894 bis 1997 unter anderem Korken produziert. Nach der Stilllegung wurde 2001 in einer alten Fabrikationshalle das **Museu da Cortiça**, das Korkmuseum eröffnet. In sehr anschaulicher Weise wird die Herstellung von Korken demonstriert. Die restlichen Gebäude der Fabrik hat man zu einem Kulturzentrum mit Ausstellungshalle, Restaurants und Platz für Freizeitangebote umfunktioniert.

Die Umgebung von Silves ist stark landwirtschaftlich geprägt. Die besten Apfelsinen und Zitronen sollen hier gedeihen. Ein ausgeklügeltes, noch nach maurischen Angaben arbeitendes Bewässerungssystem ist die Grundlage für die Landwirtschaft.

*Die Ansicht von Silves wird von der Burg dominiert*

*Die Region bietet sich auch für reizvolle Wanderungen an. Über 300 verschiedene Pflanzenarten wachsen hier. Auch die Tierwelt soll noch beachtlich sein: Füchse, Hasen, Kaninchen, Schlangen, Mungos, Wildkatzen und an den Wasserstellen Fischotter.*

### Service & Tipps:

 **Castelo dos Mouros**
Silves, tägl. außer Mo 9–17 Uhr
1940 restaurierte Burganlage mit schönem Blick über die Stadt und die Obstplantagen.

**Museu Arqueológico**
Rua das Portas de Loulé 14
8300-139 Silves, ✆ 282 44 48 32
Tägl. außer Mo 10–18 Uhr
Das Museum wurde um eine maurische Zisterne errichtet. Mittelalterliche Keramik, vor allem aus der islamischen Zeit. Wertvolle archäologische Sammlung bis ins 17. Jh.

**Museu da Cortiça (Fábrica do Inglês)**
Rua Gregório Mascarenhas
8300-159 Silves , ✆ 282 44 04 80
Tägl. 9.30–12.45 und 14–18.15, im Sommer bis 20.45 Uhr
Museum zur Herstellung von Korken im alten Fabrikationsgebäude.

**Turismo**
Rua 25 de Abril
8300 Silves
✆ 282 44 22 55

*25 100 Einwohner in*
*9 Freguesias auf 609*
*Quadratkilometern*

*Zwischen der Stadt*
*und der Küste sind*
*große Salzgärten ange-*
*legt, die noch regel-*
*mäßig bewirtschaftet*
*werden. Mit ein wenig*
*Glück kann man dort*
*Flamingos sehen, die*
*hier überwintern. Im*
*Sommer ziehen sie*
*zum Brüten nach Mit-*
*telafrika.*

*In Tavira stehen die*
*Kirchen dicht beieinander*

*Anibal Bandeira – der letzte*
*Spengler in Tavira*

### 23 Tavira

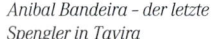

Unter maurischer Herrschaft war Tavira der wichtigste Hafen an der Küste. Er war so stark befestigt, dass er erst 1242 erobert wurde. Das Erdbeben von 1755 zerstörte die Stadt fast vollständig und ließ den Hafen versanden. Tavira, das zu den architektonisch reizvollsten Orten in der Region gehört, konnte sich ein besonderes Flair erhalten. Es gibt nur zwei größere Hotels am Rande des Stadtzentrums.

Tavira wird durch den Rio Gilão geteilt. Eine römisch nachempfundene Brücke aus dem 17. Jahrhundert verbindet beide Teile. Den besten Blick über die Stadt mit ihren 37 Kirchen hat man von der Burg **Castro dos Mouros**: über die schönen Häuser mit den Balkonen und Fenstereinfassungen, den besonderen Schornsteinen und bemerkenswerten Fliesen aus den letzten beiden Jahrhunderten. Auffallend sind die Dachkonstruktionen. Jedes Zimmer hat sein eigenes Dach. Das soll die Hitze besser isolieren und dem einzelnen Raum eine eigene Kühlung bringen.

Sehenswert ist die 1541 erbaute und nach 1755 erneuerte **Igreja da Misericórdia** mit einem prachtvollen Renaissanceportal, einem Altar mit Talha-Schmuck, einer Holzdecke und Fliesenverkleidungen aus dem 18. Jahrhundert. Die **Igreja Santa Maria do Castelo** am rechten Flussufer im höher gelegenen Teil der Stadt wurde wohl auf den Grundmauern der arabischen Moschee errichtet. Vom ersten Kirchenbau ist nur noch das gotische Portal erhalten. Die Fliesen im Innern stammen aus dem 17. und 18. Jahrhundert. Im Chor befindet sich das Grabmal von sieben Rittern, die 1242 trotz eines Waffenstillstandes von den Mauren ermordet wurden.

Der Küste vorgelagert ist die Ilha de Tavira. Von Quatro Aguas braucht die Fähre fünf Minuten. Auf der Insel befinden sich einige Restaurants, ein Campingplatz, der nur zu Fuß beziehungsweise mit der Fähre erreichbar ist, und fünf Kilometer feinster Sandstrand. Man muss nur aufpassen, nicht die letzte Fähre zu verpassen.

REGION 8
Die Algarve

*Ausspruch eines Hamburger Ehepaars im März: »Hier ist es wie auf Sylt im Sommer, nur nicht so viele Menschen und viel billiger.«*

**Service & Tipps:**

**Torre de Tavira**
Calçada da Galeria 12
8800-306 Tavira
℡ 281 32 17 54, www.cdepa.pt
Juni–Sept. 10–20, Okt.–Mai 10–17 Uhr
In dem alten Wasserturm hat man eine Camera obscura installiert, mit der ein Panoramablick über den Ort ermöglicht wird. Sehr empfehlenswert.

**Anibal Bandeira (Spengler–Funileiro)**
Rua Tomás Cabreira 17, 8800 Tavira
℡ 281 32 23 15
Herr Bandeira fertigt aus alten Blechdosen und Blechresten nützliche und skurrile Objekte. (Auf der östlichen Seite des Flusses in der Nähe der alten Brücke.)

**Restaurante Alquimia**
Rua João Vaz Corte Real 80
8800-351 Tavira
℡ 281 32 32 98 und 919 05 76 86

Haus mit sehr guter portugiesischer Küche, wo auch individuelle Wünsche erfüllt werden. €–€€

**O Pátio**
Rua António Cabreira 30
8800-344 Tavira, ℡ 281 32 30 08
Portugiesische Gerichte: Cataplana, Meeresfrüchte-Reis, Hühnchen mit Mandeln. €€

**Casa do Pasto Os Arcos**
Rua João Vaz Corte Real 15
8800-351 Tavira, ℡ 281 32 43 92
Typisches portugiesisches Restaurant mit großen Portionen bei kleinen Preisen. €

**A Ver Tavira**
Calçada da Galeria 13
8800-306 Tavira, ℡ 281 38 13 63
Ein edleres Restaurant mit wirklich schönem Blick auf die Altstadt und die Salzgärten bis zum Atlantik. Neben dem Castelo gelegen. Reichhaltiges Angebot an Tapas.
€€€–€€€€

**Turismo**
Rua da Galeria 9
8800 Tavira
℡ 281 32 25 11

**Bica**
Rua Almirante Candido dos Reis 22,
8800-318 Tavira
℡ 28 32 38 43
Sehr beliebtes Restaurant mit portugiesischer Küche, hauptsächlich von Touristen besucht. €–€€

*18 200 Einwohner in drei Freguesias auf 61 Quadratkilometern*

# ㉔ Vila Real de Santo António

**Vila Real de Santo António** ist eine Stadt aus dem 18. Jahrhundert. Der Vorgängerort Santo António da Avenhíla wurde 1755 bei dem Erdbeben vollkommen zerstört. Marquês de Pombal ließ den neuen Ort ab 1774 im Stil der Lissabonner Baixa wieder aufbauen: mit rechtwinklig angelegten Straßen und Häusern nach einer Norm mit vorgefertigten Bauteilen. Auf dem rechtwinkligen Hauptplatz, **Praça Marquês de Pombal**, steht ein Obelisk zu Ehren König Josés I.

Vila Real de Santo António war und ist noch heute eine wichtige Grenzstadt zu Spanien, die Brücke nördlich der Stadt wurde erst 1991 eingeweiht. Nach-

*Markt in Vila Real de Santo António*

*Die alte Markthalle von Vila Real ist zu einem Kulturzentrum mit wechselnden Ausstellungen umfunktioniert worden.*

ⓘ **Turismo**
Vila Real de Santo António wird vom Turismo in Monte Gordo betreut, s. S. 216.

dem der Thunfischfang stark zurückgegangen ist, lebt die Stadt heute hauptsächlich von spanischen Tagestouristen und Badeurlaubern an den Sandstränden westlich der Flussmündung. Der Ort bietet sehr gute Einkaufsmöglichkeiten für Textilien, Haushaltswaren, Glas, Keramik und Porzellan, viele Waren sind dem spanischen Geschmack angepasst. Es gibt eine stündliche Fähre, die auch Autos mitnimmt, über den Rio Guadiana nach Ayamonte in Spanien.

**Service & Tipps:**

🚢 Auskünfte zu einer Flussfahrt auf dem Guadiana:
–Associação Nacional de Cruzeiros
Cais da Rocha Conde de Óbidos
Edifício Álvares Cabral
1350-353 Lisboa
✆ 213 95 89 10
Fax 213 95 51 17

www.ancruzeiros.pt/anccru96.html
–Vítor Silva
Rua Sousa Martins 101
8900-238 Vila Real de Santo António
✆ 96 433 48 54 und 281 54 35 61

🎫 Mitte Oktober findet der jährliche **Bohnenmarkt** statt, der zu einem riesigen Einkaufsrummel für Spanier mutiert ist.

---

## ㉕ Vilamoura (Quarteira)

*Die Marina von Vilamoura*

Westlich von Quarteira, das mit seinen Appartementblocks wenig Reiz ausübt, wurde mit **Vilamoura** ein neueres Touristenzentrum mit Marina aus dem Boden gestampft. Rund um den neu angelegten Hafen mit den Liegeplätzen großer und kleinerer Jachten sind Hotels, Restaurants und Vergnügungsetablissements gruppiert. Vilamoura ist »in«, einer der bekanntesten Fußballspieler Portugals, Luís Figo, betreibt dort zum Beispiel das Bistro »Sete«. Baden kann man westlich der Siedlung am **Falésia-Strand**, einem sehr schönen Küstenabschnitt mit malerischen Felsformationen.
Einen Besuch wert ist die archäologische Ausgrabungsstätte **Cerro da Vila**, eine Villa aus römischer Zeit.

ⓘ **Turismo**
Praça do Mar
8125 Quarteira
✆ 289 38 92 09

✗ **Sete Café**
Marina de Vilamoura
8125 Quarteira
✆ 289 38 02 43
www.setecafe.com

**Service & Tipps:**

🏛 **Museu e Estação Arqueológica do Cerro da Vila**
Av. Cerro da Vila, 8125 Vilamoura
✆ 289 31 21 53
Mai–Okt. 10–13 und 16–21, Nov.–April 9.30–12.30 und 14–18 Uhr
Museum und archäologische Station umfassen die Ruinen einer beachtlich großen römischen Villa aus dem 1. Jh. Ausstellung der dort gemachten Funde.

✗ **A Margarida**
Marina de Vilamoura, Loja 5
8125 Quarteira
✆ 289 31 21 68

Internationale und portugiesische Küche: Cataplanas, gegrillter Fisch und Boeuf Stroganoff. €€

✗ **Akvavit**
Edifício Vilamarina
8125-401 Quarteira
✆ 289 38 07 12
Internationale Küche. Spezialität des Hauses sind Shrimps, Meeresfrüchte und gebackener Fisch. €€

✗ **Chinês Harbor View**
Marina Plaza, Loja 36
8125 Quarteira
✆ 289 38 08 32
Chinesische Küche.
€-€€ 🌵

# Unterkünfte
## Hotels, Pensionen, Gasthäuser und Campingplätze

Die nachfolgenden Übernachtungsempfehlungen sind nach Orten alphabetisch sortiert. Die durch Euro-Zeichen (€) angegebenen **Preiskategorien** gelten jeweils für ein Doppelzimmer mit Bad und Frühstück für zwei Personen. Kinderbetten können meist im Zimmer der Eltern dazugestellt werden.

| | |
|---|---|
| € | – bis 50 Euro |
| €€ | – 50 bis 90 Euro |
| €€€ | – 90 bis 140 Euro |
| €€€€ | – über 140 Euro |

Die Orte mit Unterkunftsempfehlungen sind so gewählt, dass von dort aus alle Sehenswürdigkeiten und Strände der näheren Region ohne große Fahrerei zu erreichen sind.

## Albufeira

**Aldeamento Turistico São Rafael**
Sesmarias, 8200-385 Albufeira
✆ 289 54 03 00, Fax 289 54 03 14
Sehr beliebte, komfortabel-gemütliche und familienfreundliche Ferienanlage, ca. 5 km westlich von Albufeira und ca. 400 m von zwei der schönsten Badebuchten entfernt. €€–€€€

**Hotel Alísios**
Av. Infante D. Henrique 83
8200-916 Albufeira
✆ 289 58 92 84, Fax 289 58 92 88
www.hotelalisios.com
Ansprechendes Vier-Sterne-Hotel am Ortsrand auf einer Klippe über dem westlichen Abschnitt der Praia da Oura. €€€

**Falésia Hotel**
Apartado 785, Praia da Falésia
8200-911 Albufeira
✆ 289 50 12 37, Fax 289 50 12 70
Komforthotel im Pinienwald, ca. 1,5 km vom Strand und 8 km von Albufeira. €€–€€€

**Hotel Rocamar**
Largo Jacinto d'Ayet, 8200-071 Albufeira
✆ 289 54 02 80, Fax 289 54 02 81
www.rocamarbeachhotel.com
Beliebtes Mittelklassehotel am Rande der Altstadt über dem Ortsstrand. Ruhige Lage. €€

**Hotel Vila Galé Praia**
Praia de Galé, 8200-917 Albufeira
✆ 289 59 01 80, Fax 289 59 01 88, www.vilagale.pt
Großes Hotel mit allen Einrichtungen, ca. 400 m vom Strand. Ruhige Lage, 6 km von Albufeira. €€€

**Parque de Campismo Albufeira**
✆ 289 58 76 29, www.campingalbufeira.net
Ganzjährig geöffnet
Ca. 2 km vom Strand nördlich der Stadt.

## Alcácer do Sal

**Pousada D. Afonso II**
7580-197 Alcácer do Sal
✆ 265 61 30 70, Fax 265 61 30 74
Die Pousada ist in der alten, renovierten Burg hoch über der Stadt untergebracht. €€–€€€

**Residencial A Cegonha**
Largo Terreirinho, 7580-114 Alcácer do Sal
✆ 265 61 22 94, Fax 265 61 23 30
www.residencialcegonha.com
Haus in der Altstadt, gute Ausstattung. €€

**Albergaria da Barrosinha**
Estrada Nacional 5, Barrosinha
7580-514 Alcácer do Sal
✆ 265 62 31 42, Fax 265 61 22 42
17 Zimmer, Schwimmbad, Schießplatz, Restaurant. €€–€€€

**Parque de Campismo Municipal de Alcácer do Sal**
Olival de Outeiro, 7580-125 Alcácer do Sal
✆ 265 61 23 03
Geöffnet 16. Jan.–14. Dez.; 1 km zum Wasser.

## Alcobaça

**Hotel Santa Maria (Residencial)**
Rua Dr. Francisco Zagalo 20
2460-041 Alcobaça
✆ 262 59 73 95, Fax 262 59 67 15
Neues Hotel direkt gegenüber der Abtei. €€

**Hotel das Termas da Piedade**
Fervença–Apartado 527, 2461-901 Alcobaça

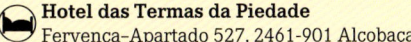

✆ 262 59 69 79, Fax 262 59 69 71
Größtes Hotel am Platze. €€–€€€

### Challet Fonte Nova TH
Rua da Fonte Nova
2460-046 Alcobaça
✆ 262 59 83 00, Fax 262 59 84 30
www.challetfontenova.pt
Restauriertes Herrenhaus aus dem Jahre 1861. €€€

### Parque de Campismo Alcobaça
Av. Vieira Natividade
2460-071 Alcobaça
✆ 262 58 22 65
Neu angelegter Platz, im Sommer stark frequentiert.

**Alternative zu Alcobaça:** Da Nazaré an der Atlantikküste nur 14 km von Alcobaça entfernt ist, kann man gut dorthin ausweichen.

## Alvor

### Le Meridien Penina Golf & Resort
Estrada Nacional 125
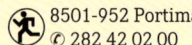
8501-952 Portimão
✆ 282 42 02 00
Fax 282 42 03 00
www.lemeridien-penina.com
First-Class-Hotel mit eigenen Golfplätzen, 5 km von Strand und Ortszentrum. €€€€

### Hotel Alvor Praia
Praia dos Três Irmãos, 8501-904 Alvor
✆ 282 40 09 00
Fax 282 40 09 75
www.pestana.com
Traditionsreiches, renommiertes Badehotel direkt oberhalb des Strandes. €€€€

### Hotel Delfim
Praia dos Três Irmãos, 8501-904 Alvor
✆ 282 40 08 00, Fax 282 40 08 99
www.pestana.com
Größeres, modernes Hotel auf den Felsen über dem Strand. €€€

### Hotel Dom João II
Praia de Alvor, 8501-904 Alvor
✆ 282 40 07 00, Fax 282 40 07 99
www.pestana.com
Älteres, frisch renoviertes Familienhotel direkt am Strand. €€€

### Ferienanlage Aldeamento Turistico da Prainha
Praia dos Três Irmãos, Apartado 25 , 8500-072 Alvor
✆ 282 48 00 00, Fax 282 45 89 50, www.prainha.net
Beliebte, wenngleich in die Jahre gekommene Feriensiedlung oberhalb einer kleinen Badebucht. €€

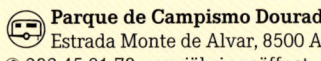

### Pensão O Pinheiro
Rua 4 Estradas Lote 86
8500-821 Alvor, ✆ 282 42 32 03
Preisgünstige Pension. €

### Parque de Campismo Dourada
Estrada Monte de Alvar, 8500 Alvor
✆ 282 45 91 78, ganzjährig geöffnet
Nördlich des Ortes nahe dem Rio de Alvor.

## Armação de Pera

### Aldeamento Turistico Vilalara
Praia das Gaivotas, 8400-450 Porches
✆ 282 32 00 00, Fax 282 32 00 77
www.vilalararesort.com
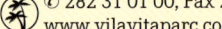
Eines der luxuriösesten Urlaubsziele der gesamten Südküste, mit direktem Strandzugang und Thalasso-Therapiezentrum, 2 km westlich des Ortes. €€€€

### Aldeamento Turistico Vila Vita Parc
Alporchinhos, 8400-450 Porches
✆ 282 31 01 00, Fax 282 32 03 33
www.vilavitaparc.com
Groß angelegte, erstklassige Hotel- und Ferienanlage mit direktem Strandzugang, ca. 1,5 km westlich des Ortes. €€€€

### Hotel Viking
Praia da Senhora da Rocha, 8400-450 Porches
✆ 282 32 05 00, Fax 282 32 05 50, www.pestana.com
Preisgünstiges Vier-Sterne-Haus mit Blick auf die Badebuchten. €€–€€€

### Albergaria Nossa Senhora da Rocha
Praia Nossa Senhora da Rocha
8400-450 Porches, ✆ 282 31 57 52, Fax 282 31 57 54
www.senhora-da-rocha.com
Hübsche Hotelpension auf einem Felsplateau über dem Meer. €€

### Quinta das Palmeiras
Praia da Senhora da Rocha
8365 Armação de Pera
✆ 282 31 23 49 , Fax 282 31 20 39
Moderner, preisgünstiger Appartementkomplex, ca. 500 m von der Praia da Senhora da Rocha. €€

### Parque de Campismo Armação de Pêra
8365 Armação de Pera

© 282 31 22 60, ganzjährig geöffnet
Ca. 2 km nördlich des Ortes.

# Beja

**Pousada São Francisco**
Largo Dom Nuno Alvares Perreira
7801-901 Beja
© 284 31 35 80, Fax 284 32 91 43
Die Pousada ist in einem ehemaligen Franziskaner-
kloster aus dem 13. Jh. im historischen Zentrum der
Stadt untergebracht. €€–€€€

**Hotel Residencial Melius**
Avenida Fialho Almeida, 7800-395 Beja
© 284 31 30 80
Gut besuchtes Hotel am Stadtrand. €€

**Hotel Francis**
Praça Fernando Lopes Graça, 7800-430 Beja
© 284 31 55 00, Fax 284 31 55 01
www.hotel-francis.com
Größeres Hotel nahe des Ausstellungsgeländes. €€

**Residência Rosa Do Campo**
Rua da Liberdade n.º12, 7800-462 Beja
©/Fax 284 32 35 78
http://clientes.netvisao.pt/rrcbeja/indexHTML.htm
8 Räume zweckmäßig eingerichtet. €

**Parque de Campismo Municipal de Beja**
Av. Vasco da Gama, 7800-397 Beja
© 284 31 19 11, ganzjährig geöffnet
Städt. Platz am Sportgelände im Süden der Stadt.

# Belmonte

**Hotel Belsol**
Quinta do Rio, 6250-076 Belmonte
© 275 91 22 06, Fax 275 91 23 15
www.hotelbelsol.com
Komfortable Hotelanlage mit Schwimmbad. €€

**Pensão Altitude**
Rua Pedro Álavares Cabral 33
6250-085 Belmonte
© 275 91 11 70
Sehr einfache Unterkunft. €

# Braga

**Hotel Turismo**
Praça João XXI, 4715-036 Braga
© 253 20 60 00, Fax 253 20 60 60
www.hotelturismobraga.com
Hotel mit großzügigen Zimmern, zentral gelegen. €€€

**Hotel João XXI**
Av. João XXI 894, 4710-927 Braga
© 253 21 51 78, Fax 253 61 66 31
Preiswertes Hotel im Zentrum; mit Disco. €€

**Hotel Residencial Dona-Sofia**
Largo São do Souto 131, 4700-326 Braga
© 253 26 31 60, Fax 253 61 12 45
www.hoteldonasofia.com
Renoviertes, gemütliches Haus in einem vornehmen
Stadtviertel. €€

**Residencial São Marcos**
Rua de São Marcos 80, 4700-328 Braga
© 253 27 71 87, Fax 253 27 71 77
Kleine, gepflegte Pension im Stadtzentrum. Nur
Frühstück. €

**Parque de Campismo da Ponte**
An der Straße Richtung Guimarães
© 253 27 33 55, ganzjährig geöffnet
In Terrassen angelegter Platz auf dem Gelände des
Sportzentrums.

# Bragança

**Pousada de São Bartolomeu**
Estrada de Turismo, 5300-271 Bragança
© 273 33 14 93, Fax 273 32 34 53
Neuere Pousada mit Blick über die Stadt. €€€

**Hotel Turismo São Lázaro**
Av. Cidade de Zamorra, Lot.º de S. Lázaro, Lote 24
5300-111 Bragança
© 273 30 27 00, Fax 273 30 27 01
Neues Hotel am Stadtrand Richtung Spanien mit
schönem Blick auf die Altstadt. €€

**Residencial Meirinhos**
Av. Francisco Sá Carneiro, 5300-252 Bragança
© 273 32 34 21, Fax 273 32 35 45
Einfacheres Haus. €

**Moinho do Ganiço TR**
Rio Baceiro, 5300-471 Castrelos
©/Fax 273 32 35 77, www.bragancanet.pt/moinho
Haus in einer alten Wassermühle. 12 km außerhalb
Richtung Chaves. €€

**Parque de Campismo Rio Sabor**
Estrada Rabal, Richtung Spanien Puebla de
Sanabria

✆ 273 33 15 35, geöffnet 1. Mai–31. Okt.
Städtischer Platz an der Straße nach Spanien, 6 km von Bragança.

## Buçaco, Parque Nacional de

**Palace Hotel Buçaco**
Mata do Buçaco, 3050-261 Luso
✆ 231 93 79 70, Fax 231 93 05 09
www.almeidahotels.com
Noble Herberge mit 5 Sternen vom Anfang des 20. Jh., großzügige Zimmer, Restaurant. €€€€

## Caldas do Gerés

**Pousada de São Bento**
Caniçada, 4850-047 Gerês
✆ 253 64 91 50, Fax 253 64 78 67
Pousada im Stil eines Berghauses mit eindrucksvollem Blick auf die Stauseen und das Gebirge. €€€

**Águas do Gerês**
Av. Manuel Francisco da Costa 136
4845-069 Caldas do Gerês
✆ 253 39 01 90, Fax 253 39 01 99
www.aguasdogeres.pt
Modernes Hotel in der Nähe der Thermen mit eigenem Restaurant.
Besondere Preise für Kurgäste. €–€€

**Hotel Termas do Gerês**
Av. Manuel F. Costa
4845-067 Caldas do Gerês – Vilar da Veiga
✆ 253 39 11 41
Moderner Bau hinter alter Fassade, Restaurant. €€–€€€

**Pensão Central Jardim**
Av. Manuel Francisco da Costa
4845-067 Caldas do Gerês
✆ 253 39 11 32, Fax 253 39 98 04
Kleines Haus mit Anbau und gut eingerichteten Zimmern in der Nähe der Heilquellen, Restaurant. €–€€

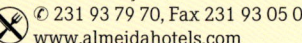
**Parque de Campismo Cerdeira**
4840-030 Campo do Gerês
✆ 253 35 10 05, ganzjährig geöffnet
Ruhiger Platz in der Nähe eines Stausees.

## Carrapateira (Costa Vicentina)

**Pensão Olivia**
8670-230 Carrapateira, ✆ 282 97 31 56
Kleine Pension mit nur 5 Zimmern. €

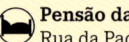
**Pensão das Dunas**
Rua da Padaria 9, 8670-230 Carrapateira
✆ 282 97 31 18
Bauernhof mit vier Zimmern. €

**Parque de Campismo Serrão**
Herdade do Serrão, 8670-121 Aljezur
✆ 282 99 02 20, ganzjährig geöffnet.
Der Platz liegt in der Nähe des Strandes von Amoreira, 3 km hinter Aljezur.

## Carvoeiro

**Carvoeiro Clube**
Vale Currais–Apartado 24
8400-951 Lagoa
✆ 282 35 08 00, Fax 282 35 77 25
www.carvoeirovillas.com
Erstklassige Villensiedlung unter Schweizer Management in ruhiger Lage, ca. 2 km westlich von Carvoeiro. €€€

**Pestana Palm Gardens**
Sitío de Faria - Vale de Centeanes - Apartado 24 - Praia do Carvoeiro, 8400-525 Lagoa
✆ 282 35 02 00, Fax 282 35 87 36, www.pestana.com
Familienfreundliche, komfortable Ferienanlage unter Schweizer Management des Carvoeiro Clubs über der Praia de Vale de Centeanes. €€–€€€

**Apartamentos Turísticos Rocha Brava**
Praia do Carvoeiro - Apartado 1047
8401-908 Carvoeiro LGA
✆ 282 35 03 70, Fax 282 35 03 71
www.rochabrava.com
Große, familienfreundliche Feriensiedlung auf einem Felsplateau in Panoramalage, ca. 3 km östlich von Carvoeiro. €€–€€€

**Hotel Cristal**
Vale de Centeanes, 8400-525 Carvoeiro LGA
✆ 282 35 86 01, Fax 282 35 86 48
www.cristalalgarve.com
Beliebtes Mittelklassehotel oberhalb der Praia de Vale de Centeanes. €€–€€€

**Aldeamento Turistico Quinta do Paraiso**
Quinta do Paraiso, 8400-558 Carvoeiro LGA
✆ 282 35 01 20, Fax 282 35 01 29
Preisgünstiges, sehr beliebtes Feriendorf ca. 2 km oberhalb des Ortszentrums. €€

**Hotel Tivoli Carvoeiro**
Vale de Covo - Apartado 1299 - Praia do Carvoeiro
8401-911 Carvoeiro LGA
✆ 282 35 11 00, Fax 282 35 13 45
www.tivolihotels.com
Elegant-gemütliches Komforthotel in Panoramalage oberhalb der kleinen Badebucht Vale do Covo. €€€

## Castelo Branco

**Hotel Rainha Dona Amélia**
Rua de Santiago 15, 6000-179 Castelo Branco
✆ 272 34 88 00, Fax 272 34 88 08
www.hotelrainhadamelia.pt
Geräumige Zimmer, z. T. mit Balkon. Stilvolles Restaurant. €€–€€€

**Residencial A Telhadense**
Rua das Damas 6 B, 6000-175 Castelo Branco
✆ 272 33 15 45, Fax 272 32 92 85
Im Zentrum gelegene saubere günstige Herberge. €

## Castelo Rodrigo

**Estalagem Falcão de Mendonça**
Rua Álvaro Castelões 20
6440-120 Figueira de Castelo Rodrigo
✆ 271 31 92 00, www.falcaodemendonca.com
Das Haus eines Landadligen aus dem 19. Jh. Mit den Annehmlichkeiten des 20. Jh., Restaurant. €€

**Residencial Figueirense**
Av. 25 de Abril, 6440-111 Figueira de Castelo Rodrigo, ✆ 271 31 25 17
Einfacheres Haus. €

**Casa do Baldo TH**
Castelo Rodrigo, Rua da Tapada 16
6440-031 Castelo Rodrigo, ✆ 271 31 31 48
Modernisiertes Haus in altem Gemäuer. €–€€

## Chaves

**Hotel Aquae Flaviae**
Praça do Brasil, 5400-123 Chaves
✆ 276 30 90 00, Fax 276 30 90 10
Großes Hotel mit Schwimmbad und Sportmöglichkeiten nahe der Thermen. €€

**Hotel Forte de São Francisco**
Alto da Pedisqueira, Largo da Lapa
5400-435 Chaves
✆ 276 33 37 00, Fax 276 33 37 01
www.forte-s-francisco-hoteis.pt

1997 eröffnetes Hotel im Kloster São Francisco innerhalb des gleichnamigen Forts. Sehr stilvolles Haus. €€€

**Hotel Trajano**
Travessa Cândido Reis, 5400-164 Chaves
✆ 276 30 16 40, Fax 276 32 70 02
Neueres Hotel in einer Seitenstraße im Stadtzentrum, kleine Zimmer. €€

**Residencial Katia**
Rua Sol 28-32, 5400-517 Chaves
✆ 276 32 44 46
Nett eingerichtetes Haus, verhältnismäßig große Zimmer. €

**Hotel Rural Casa de Samaiões**
Nossa Senhora da Saúde (ca. 11 km von der Stadt Chaves entfernt, gut ausgeschildert)
5400-574 Chaves
✆ 276 34 04 50, Fax 276 34 04 53
www.hotel-casasamaioes.com
Ein zu einem Hotel umgebautes Landgut in sehr ruhiger und erholsamer Lage. €€

**Quinta da Mata AT**
Estrada de Valpaços, 5400-581 Chaves
✆ 276 34 00 30, Fax 276 34 00 38
www.quintadamata.net
Herrschaftliches Haus aus dem 17. Jh., mit Kapelle. 3 km von Chaves Richtung Valpaços. €€

**Parque de Campismo Quinta do Rebentão**
5400-764 Chaves
✆ 276 32 27 33, geöffnet 1. Jan.–30. Nov.
Neu angelegter Platz 4 km außerhalb der Stadt mit schlechter Anbindung an öffentliche Verkehrsmittel. Ruhige Lage.

## Coimbra

**Hotel Quinta das Lágrimas**
Santa Clara, Rua António Augusto Gonçalves
3040-901 Coimbra
✆ 239 80 23 80, Fax 239 44 16 95
www.quintadaslagrimas.pt
Hotel in einem restaurierten alten Palast. €€€

**Hotel Astória**
Av. Emídio Navarro 21, 3000-150 Coimbra
✆ 239 85 30 20, Fax 239 82 65 57

Sehr schönes Hotel mit Jugendstilelementen und Blick über den Mondego. €€

### Hotel Bragança
Largo das Ameias 10, 3000-024 Coimbra
☎ 239 82 21 71, Fax 239 83 61 35
www.hotel-braganca.com
Renoviertes Hotel in der Nähe des Bahnhofs. €€

### Hotel Dona Inês
Rua Abel O Urbano 12, 3000-001 Coimbra
☎ 239 85 58 00, Fax 239 85 58 05
www.hotel-dona-ines.pt
Das Hotel bietet einen sehr schönen Blick auf den Mondego. €€

### Hotel Oslo
Av. Fernão Magelhães 25, 3000-175 Coimbra
☎ 239 82 90 71, Fax 239 82 06 14
www.oslohotel-coimbra.com
Hotel in der Nähe der Altstadt. €

### Casa dos Quintas TR
Carvalhais de Cima-Assafarge
☎ 239 43 83 05
Haus in ländlicher Umgebung mit weitem Blick über das Tal des Mondego. 6 km von Coimbra. €€

## Covilhã

### Tryp Doña María
Alameda Pêro da Covilhã
6200-507 Covilhã
☎ 275 31 00 00, Fax 275 31 00 09
Hotel 1 km von der Stadtmitte mit wunderschönem Blick über das Tal und das Gebirge. Restaurant. €€–€€€

### Hotel Turismo da Covilhã R
Rua Acesso-Variane IP2
6201-909 Covilhã
☎ 275 33 04 00, Fax 275 33 04 40
www.imb-hotels.com
Großes Hotel mit Schwimmbad, Sportmöglichkeiten, Restaurant. €€

### Hotel Serra da Estrela
6200-073 Penhas da Saúde
☎ 275 31 03 00, Fax 275 31 03 09
www.turistrela.pt (Auf der Internetseite befindet sich auch der Zugang zu einer WEB-Kamera,

die die Umgebung zeigt.)
Hotel oberhalb Covilhãs in den Bergen. Sportmöglichkeiten, Restaurant. €€–€€€
Dazu gehört die Ferienhausanlage:

### Chalés da Montanha (Moradias Turísticas)
6200-073 Penhas da Saúde
☎ 275 31 03 00, Fax 275 31 03 09, www.turistrela.pt
Die Einrichtungen des Hotels können mitbenutzt werden. €€

## Elvas

### Pousada de Santa Luzia
Av. de Badajoz, 7350-097 Elvas
☎ 268 63 74 72, Fax 268 62 21 27
www.pousadas.pt
Die älteste Pousada Portugals, renoviert. €€

### Albergaria Elxadai-Parque/Residencial
Estrada de Barbacena - km 179
7350-422 Elvas
☎ 268 62 13 97, Fax 268 62 19 21, www.elxadai.com
Neuere Hotelanlage außerhalb der Stadtmauer. €€

### Quinta de Santo António
Quinta de Santo António, 7350-903 Elvas
☎ 268 63 64 60, Fax 268 62 50 50, www.qsa.com.pt
Traditionelles Haus inmitten eines Landgutes, 800 ha mit reicher Flora und Fauna. €€

### Parque de Campismo Piedade
Apartado 78, 7350-901 Elvas
☎ 268 62 89 97, geöffnet 1. April–15. Sept.
Schattiger Platz, teilweise Schräglage.

## Estremoz

### Pousada Rainha Santa Isabel
Largo Dom Dinis - Apartado 88
7100-509 Estremoz
☎ 268 33 20 75, Fax 268 33 20 79
www.portugalvirtual.pt/pousadas/estremoz/index.html
Eine der edelsten Pousadas Portugals in einem mittelalterlichen Schloss. Die Einrichtung besteht z. T. aus echten Antiquitäten. €€€

### Hotel Imperador
Estrada Nacional 4, 7100-052 Estremoz
☎ 268 33 99 50, Fax 268 33 99 58
Drei-Sterne-Herberge ein wenig außerhalb des Stadtzentrums. €€

### Pensão Residencial Carvalho
Largo da República 27, 7100-505 Estremoz

© 268 33 93 70, Fax 268 32 23 70
Kleine Pension im Zentrum. €

### 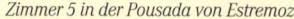 Restaurante Café Alentejana
Rossio Marquês de Pombal 13-15
7100-513 Estremoz, © 268 33 73 00
Zwölf Zimmer im alentejanischen Stil einge-
richtet. €–€€
Kaffee- und Restaurantbetrieb am Hauptplatz der
Stadt. €€

## Évora

### Pousada dos Lóios
Largo Conde de Vila Flor, 7000-804 Évora
© 266 73 00 70, Fax 266 70 72 48
www.pousadas.pt
Staatshotel im Palácio Cadaval. Fürstliches Wohnen
wie im 16. Jh. in den Räumlichkeiten eines ehemaligen Klosters. €€€

### Hotel Dom Fernando
Av. Dr. Barahona 2, 7000-756 Évora
© 266 73 79 90, Fax 266 73 79 99
www.hoteldomfernandoevora.com
Großzügig angelegtes Hotel außerhalb der Stadtmauer gegenüber der Ermida de São Bras. €€

### Pensão Policarpo
Rua da Freiria de Baixo 16 und Rua Conde da
Serra (Eingänge von beiden Straßen)
7000-898 Évora
©/Fax 266 70 24 24, www.pensaopolicarpo.com
Das stilvolle Haus unweit der Kathedrale Sé stammt
aus dem 16. Jh. und war einst Herrensitz der Conde
von Lousá. Die Zimmer sind z. T. mit Fliesen aus dem
17. Jh. geschmückt, die alte Stadtmauer geht durch
das Haus. Nur Frühstück. Eigener Parkplatz. €€

### Albergaria Solar de Monfalim
Largo da Misericórdia 1, 7000-646 Évora
© 266 75 00 00, Fax 266 74 23 67
www.monfalimtur.pt
Das Haus aus dem 16. Jh. ist schon seit 1892 eine
Herberge. Gründlich renoviert ist es ein idealer Ausgangspunkt zur Erkundung der Stadt. €€

### Quinta da Espada AT
An der Straße von Évora nach Arraiolos
7002-501 Évora

*Zimmer 5 in der Pousada von Estremoz*

✆ 266 73 45 49, Fax 266 73 64 64
www.quintadaespada.com
Typischer Bauernhof des Alentejo mit langer
Geschichte. 4 km von Évora. €€

**Parque de Campismo Évora**
7000 Évora, ✆ 266 70 51 90, ganzjährig geöffnet
Im Sommer stark besuchter Platz mit viel Schatten.

## Faro

**Hotel Eva**
Av. da República 1, 8000-078 Faro
✆ 289 00 10 00, Fax 289 00 10 02
Komfortables Mittelklassehotel am Bootshafen der
Algarve-Hauptstadt. €€

**Parque de Campismo Praia de Faro**
8000-795 Faro
✆ 289 81 78 76, ganzjährig geöffnet
Campingplatz direkt am Strand auf einer vorgelagerten, über eine Brücke erreichbaren Insel.

## Ferragudo

**Hotel Casabela**
Vale de Areia, 8400-275 Lagoa
✆ 282 49 06 50, Fax 282 49 06 59
www.hotel-casabela.com
Mit Liebe zum Detail eingerichtetes Komforthotel
oberhalb der Praia Grande. €€€

**Parque de Campismo de Ferragudo**
✆ 282 46 11 21, ganzjährig geöffnet
Im sanften Hügelland, 2 km vom Ort und 1 km zur
nächsten Bucht.

## Figueira da Foz

**Hotel Mercure**
Av. 25 de Abril 22, 3080-086 Figueira da Foz
✆ 233 40 39 00, Fax 233 40 39 01
www.mercure.com
Neueres, großzügiges Hotel an der Strandpromenade. €€€

**Hotel Tamargueira**
Marginal Oceânico, 3080-229 Buarcos
✆ 233 43 25 14, Fax 233 43 97 59
Neueres, am Ende der Bucht gelegenes Hotel. €€

**Hotel Wellington**
Rua Dr. Calado 23/27, 3080-153 Figueira da Foz
✆ 233 42 67 67, Fax 233 42 75 93
Älteres, modernisiertes Haus abseits des Strandes
(5 Min. Fußweg) und preisgünstiger als dort. €€

**Pensão Rio Mar**
Rua Dr. F.A. Deniz 90, 3080-157 Figueira da Foz
✆ 233 42 30 53
Kleine Pension in ruhiger Seitenstraße, 200 m
vom Strand, eigenes Restaurant. €€

**Casa da Azenha Velha TR**
Caceira de Cima, 3080-399 Alhadas
✆ 233 42 50 41, Fax 233 42 97 04
Häusergruppe innerhalb eines Landgutes mit
Zucht von Dammwild, Wildschweinen und Pferden.
Es bestehen Reitmöglichkeiten. Das Gut liegt 4 km
von der Stadt im Landesinneren. €€

**Parque de Campismo Foz de Mondego**
Cabadelo, 3080-661 Figueira da Foz
✆ 233 40 27 40
Geöffnet 13. Jan.–11. Nov.
Campingplatz auf der gegenüberliegenden Seite der
Flussmündung.

## Flor de Rosa

**Pousada do Crato**
Flor da Rosa, 7430-999 Crato
✆ 245 99 72 10, Fax 245 99 72 12
www.pousadas.pt
Pousada in einem historischen Kastell, das umgebaut und renoviert wurde. €€

## Guarda

**Hotel Lusitânia Parque**
Urbanização Quinta das Covas Lote 34
6300-389 Guarda
✆ 271 23 82 85, Fax 271 23 02 14
www.hotellusitaniaparque.com
Ein wenig außerhalb gelegenes Hotel mit vielen Sportmöglichkeiten, Sauna, Jacuzzi und Restaurant. €€€

**Hotel Turismo da Guarda**
Praça do Município, 6300-736 Guarda
✆ 271 22 33 66, Fax 271 22 33 99
www.hturismoguarda.com
Sehr zentral gelegener Altbau mit sehr gut ausge-
statteten Zimmern, Schwimmbad, Sauna. €€

**Residência Filipe**
Rua Vasco da Gama 9, 6300-772 Guarda
✆ 271 22 36 58, Fax 271 22 14 02

Gute Zentrumslage, geräumige Zimmer mit einfacher Möblierung. €

 **Aparthotel Quinta dos Avelanais**
Alvendre, 6300-030 Guarda
 ✆ 271 20 01 60, Fax 271 20 01 68
www.aparthotelavelanais.com
Appartementhotelanlage 5 km von Guarda entfernt mit eigenem Restaurant. €–€€

## Lagos

 **Tivoli Lagos**
Rua António Crisóstomo dos Santos
8600-678 Lagos
✆ 282 79 00 79, Fax 282 79 03 45
www.tivolilagos.com
Zentral gelegenes traditionsreiches Komforthotel, architektonisch geschickt ins Ortsbild eingefügt. Verschiedene Gebäudekomplexe sind originell ineinander verschachtelt und durch kleine Gärten und Höfe miteinander verbunden. Mit Süßwasserpool. €€€

 **Hotel Monte Mar**
Rua da Torraltinha, Lotes 33 e 34
8600-549 Lagos, ✆ 282 76 20 85, Fax 282 76 20 88
Komfortables, dennoch preisgünstiges Hotel zwischen dem Zentrum und den Badebuchten im Südosten der Stadt. €€

 **Albergaria Casa São Gonçalo**
Rua Cândido dos Reis 73, 8600-681 Lagos
✆ 282 76 21 71, Fax 282 76 39 27
Stilvoll-gemütliche Hotelpension in einem ehemaligen Herrenhaus in der Altstadt. €€

 **Albergaria Cidade Velha**
Rua Joaquim Tello 7, 8600-583 Lagos
✆ 282 76 20 41, Fax 282 76 20 42
Kleineres Hotel in der Altstadt. €€

 **Pensão Sol a Sol**
Rua Lançarote de Freitas 22, 8600-605 Lagos
✆ 282 76 12 90, Fax 282 76 19 55
Preiswerte Pension in der Altstadt. €

**Parque de Campismo Trindade**
8601 Lagos
✆ 282 76 38 93, ganzjährig geöffnet
Auf den Klippen in der Nähe des Strandes Dona Ana.

## Lissabon

**Hotel Sofitel Lisboa**
Av. da Liberdade 127

1269-038 Lisboa
✆ 213 22 83 00, Fax 213 22 83 10, www.sofitel.com
Sehr gutes, neues Haus in zentraler Lage. Konferenzräume, Garage, Wäscherei. €€€

 **Hotel Mundial**
Praça Maritim Moniz 2, 1100-341 Lisboa
 ✆ 218 84 20 00, Fax 218 84 21 10
www.hotel-mundial.pt
 Hotel nicht weit vom Rossio. Vom Restaurant und der Bar hat man einen sehr eindrucksvollen Blick über die Innenstadt. €€€

 **Hotel Albergeria Senhora do Monte**
Calçada do Monte 39, 1170-250 Lisboa
✆ 218 86 60 02, Fax 218 87 77 83
Haus im Stadtteil Graça mit phantastischem Blick über die Stadt. Bar mit Panoramasicht in der obersten Etage. Nur Frühstück. €€€

 **Hotel Miraparque**
Av. Sidónio Pais 12, 1050-214 Lisboa
✆ 213 52 42 86, Fax 213 57 89 20
www.miraparque.com
Ruhig gelegenes Hotel in der Nähe des Parks Eduardo VII. €€

 **Hotel Borges**
Rua Garrett 108, 1200-205 Lisboa
✆ 213 46 19 51, Fax 213 42 66 17
www.hotelborges.com
Traditionsreiches Hotel im Herzen des Chiado. €€

 **Residencial Roma**
Travessa da Gloria 22, 1250-118 Lisboa
✆/Fax 213 46 05 57
Preiswertes Haus in zentraler Lage an einer Nebenstraße, nur Frühstück. €€

**Hotel Suíço Atlântico (Residencial)**
Rua da Glória 3, 1250-114 Lisboa
✆ 213 46 17 13, Fax 213 46 90 13
Preiswertes Haus in zentraler Lage, nur Frühstück. €€

**Quinta Nova da Conceição TH**
Rua Cidade de Rabat 5, 1500-158 Lisboa
✆ 217 78 00 91, Fax 217 72 47 65
Am Stadtrand in Benfica gelegenes städtisches Haus vom Ende des 18. Jh. €€

 **Parque de Campismo Monsanto**
Estrada da Circunvalação, 1400-061 Lisboa

© 217 62 82 00, Fax 217 62 82 99
www.lisboacamping.com
Ganzjährig geöffnet
Sehr großer Platz am Stadtrand mit Schwimmbad, Spielplätzen, Busanbindung zur Stadt.

## Mértola

### Residencial Beira Rio
Rua Dr. Afonso Costa 108, 7750-352 Mértola
© 286 61 11 90, Fax 286 61 11 92
www.geocities.com/beira_rio
Schöne Zimmer mit Blick auf den Rio Guadiana. €

### Casa das Janelas Verdes
Rua Dr. Manuel F. Gomes 38/40
7750-345 Mértola, © 286 61 21 45
Stadthaus in der Altstadt, mit dem Auto schwierig zu erreichen. €–€€

## Mina de São Domingos

### Pensão São Domingos
Rua Doutor Rocha 2
7750-169 Mina de São Domingos
© 286 64 71 87
Einfache Pension mit Restaurant. €

## Miranda do Douro

### Estalagem de Santa Catarina
Largo da Pousada, 5210-183 Miranda do Douro
© 273 43 12 55, Fax 273 43 10 65
www.estalagemsantacatarina.pt
Ehemals Pousada, heute Estalagem mit 12 komfortablen Zimmern, schöner Blick auf den Douro. €€€

### Residencial A Morgadinha
Rua do Mercado 57–59
5210-210 Miranda do Douro
© 273 43 80 50, Fax 273 43 80 51
Familiäres, 1997 eröffnetes Haus mit sehr schönem Blick auf den Fluss und die Kathedrale. €€

### Hotel Turismo
Rua 1° do Maio 5, 5210-191 Miranda do Douro
© 273 43 80 30, Fax 273 43 80 31
www.hotelturismomiranda.pt
Gepflegtes Hotel in der Neustadt. €€

### Pensão Santa Cruz
Rua Abade de Boçal
5210-201 Miranda do Douro
© 273 43 13 74, Fax 273 43 13 41
Einfache Pension, mitten in der Altstadt gelegen. €

### Parque de Campismo Santa Luzia
Rua Parque de Campismo
5210 Miranda do Douro, © 273 43 12 73
Fax 27 34 10 75, geöffnet 1. Juni–15. Sept.

## Monte Gordo – Vila Real de Santo António

### Estalagem Oásis
Praia da Lota, Manta Rota
8901-907 Vila Nova de Cacela
© 281 95 16 44, Fax 281 95 16 60
Kleines, familiär geführtes Hotel direkt an den Dünen. €€

### Hotel Casablanca
Praceta Casablanca, 8900-426 Monte Gordo
© 281 51 14 44, Fax 281 51 19 99
www.casablancainn.pt
Kleines Badehotel der guten Mittelklasse im Ortszentrum, 400 m vom Strand. €€

### Aparthotel Calema
Av. da Catalunha, 8900-294 Monte Gordo
© 281 53 03 00, Fax 281 51 26 24
Preisgünstiges, modernes Aparthotel. €€

### Aparthotel Guadiana
Av. Infante D. Henrique 10
8900-413 Monte Gordo
© 281 53 05 30, Fax 281 51 11 56
Preisgünstiges, einfaches Aparthotel. €

### Parque de Campismo Monte Gordo
Estrada Municipal 511
© 281 51 09 70, ganzjährig geöffnet
Campingplatz 50 m vom Strand gelegen.

## Nazaré

### Hotel Praia
Avenida Vieira Guimarães 39, 2450-110 Nazaré
© 262 56 92 00, Fax 262 56 92 01, www.hotelpraia.com
Größeres Strandhotel. €€

### Quinta do Campo TH
Rua Carlos O'Neill 20
2450-344 Valado dos Frades
© 262 57 71 35, Fax 262 57 75 55
Landgut mit 600-jähriger Geschichte inmitten eines

großen Pinienwaldes. Die Quinta ist eine ehemalige Meierei und Landwirtschaftsschule der Zisterzienser, 6 km von Nazaré. €€

## Portalegre

### Estalagem Quinta da Saúde
Quinta da Saúde, 7300 Portalegre
✆ 245 20 23 24, Fax 245 20 72 34
In der Nähe des Campingplatzes oben auf dem Berg mit schönem Blick. €€–€€€

### Mansão Alto Alentejo
Rua 19 Junho 59, 7300-155 Portalegre
✆ 245 20 22 90, Fax 245 30 92 69
www.mansaoaltoalentejo.com.pt
Drei-Sterne-Residencial in der Nähe der Kathedrale. €€

### Parque de Campismo Orbitur Portalegre
Quinta da Saúde, 7300-435 Portalegre
✆ 245 20 28 48, geöffnet 1. April.–30. Sept.
Hoch über der Stadt auf einer Bergkuppe. Schwimmbad in der Nähe.

## Porto

### Hotel Dom Henrique
Rua Guedes de Azevedo 179, 4049-009 Porto
✆ 223 40 16 16, Fax 223 40 16 15
www.hotel-dom-henrique.pt
Modernisiertes Hotel am Rande des Zentrums. Es gibt keinen schöneren Blick über Porto als aus der Bar und den oberen Etagen dieses Hauses. €€€

### Pestana Porto
Praça da Ribeira 1, 4050-513 Porto
✆ 223 40 23 00, Fax 223 40 24 00, www.pestana.com
Das Hotel erstreckt sich über vier innen vollkommen neu aufgebauten Altstadthäusern direkt am Douro. Von außen ist es nicht als modernes Hotel zu erkennen. Eine der besten Lagen in Porto. €€€

### Hotel da Bolsa
Rua Ferreira Borges 101, 4050-253 Porto
✆ 222 02 67 68, Fax 222 05 88 88
Zentral zwischen Ribeira und Zentrum gelegenes, schönes Hotel. €€

### Hotel Castelo Sanata Catarina
Rua de Santa Catarina 1347
4000-457 Porto, ✆ 225 09 55 99, Fax 225 50 66 13
www.castelosantacatarina.com.pt
Hotel in einem Palast vom Beginn des 20. Jh. mit Originalmöblierung, modernisiert, sehr ruhig im oberen Teil der Einkaufsstraße Rua de Santa Catarina, eigener Parkplatz. €€

### Residencial dos Aliados
Rua Elísio de Melo 27, 4000-196 Porto
✆ 222 00 48 53, Fax 222 00 27 10
www.residencialaliados.com
Zentral gelegenes, günstiges Haus im Zentrum der Stadt. €€

### Pensão Avenida
Av. dos Aliados 141, 4./5. Stock
4000-067 Porto, ✆ 222 00 95 51, Fax 222 05 29 32
http://planeta.clix.pt/pensaoavenida
Preisgünstige, renovierte Pension, sehr zentral gelegen. €

### Parque de Campismo Orbitur Angeiras
Rua de Angeiras, 4455-039 Lavra
✆ 229 27 05 71/6 34, Fax 229 27 11 78
Geöffnet Jan.–Nov.
Nachdem der Platz in Porto geschlossen wurde, ist dies einer der nächsten Platz zur Stadt (20 km, ca. 300 m von Angeiras entfernt, etwas weiter vom Strand.

## Praia da Luz

### Quinta da Luz
Montinhos da Luz, Av. dos Pescadores
8600-119 Luz LGS
✆ 282 78 90 36, Fax 282 78 94 33
Sehr gepflegte Hotel- und Ferienanlage unter deutscher Leitung, 2,5 km westlich des Ortes an der Küste. €€–€€€

### Quinta da Boa Vista
8601-901 Luz LGS, ✆ 282 78 21 51
Ferienhäuser am Golfplatz, 1,5 km oberhalb des Ortes in Panoramalage. €€

### Vila Valverde
Estrada da Praia da Luz, 8600-209 Luz
✆ 282 79 07 90, Fax 282 79 07 99
www.vilavalverde.com
Design-Hotel in einem vollkommen umgebauten Bauernhaus inmitten eines sehr großen Gartens. Alle Zimmer sind unterschiedlich eingerichtet. Ein Ort zum Entspannen und Wohlfühlen. €€€

### Vila Morocco
Montinhos da Luz, 8600-119 Luz LGS
✆ 282 78 95 64
Ein ehemals mittelalterliches Landgut mit Appartements, ca. 1500 m vom Ort entfernt. €€

**Residencial Vilamar**
Estrada do Burgau 10 - Montinhos da Luz
8600-119 Luz LGS
℡ 282 78 95 41, Fax 282 78 85 73
Preisgünstige Hotelpension in ruhiger Lage mit
Meerblick. €

## Praia da Rocha/Portimão

 **Hotel Algarve Casino**
Av. Tomás Cabreira, 8500-802 Portimão
℡ 282 40 20 00, Fax 282 40 20 99
www.algarvecasinohotel.com
Großes, traditionsreiches Komforthotel mit ange-
schlossenem Casino, direkt auf den Klippen über
dem Strand. €€€

 **Hotel Bela Vista**
Av. Tomás Cabreira, 8500-802 Portimão
℡ 282 45 04 80, Fax 282 41 53 69
www.hotelbelavista.net
1904 erbaute, kleine Privatvilla in atemberaubender
Lage direkt auf den Klippen über dem Strand. €€

 **Pensão Sol**
Av. Tomás Cabreira, 8500-802 Portimão
℡ 282 42 40 71, Fax 282 41 71 99
Preisgünstige Pension. €

## Quinta do Lago – Almansil

 **Hotel Quinta do Lago**
Apartado 3282, 8135-024 Almansil
℡ 289 35 03 50, Fax 289 39 49 05
www.hotelquintadolago.com
First-Class-Golfhotel innerhalb der Villen- und Bun-
galowsiedlung. €€€€

 **Aldeamento Turistico Vilar do Golf**
Quinta do Lago - Apartado 238
8135-903 Almansil, ℡ 289 35 20 00, Fax 289 39 66 95
Komfortable Ferienanlage in direkter Nachbarschaft
zum Golfplatz, 3 km vom Strand. €€€

## Sagres

 **Pousada do Infante**
Ponta da Atalaia, 8650-385 Sagres
℡ 282 62 02 40, Fax 282 62 42 25
1960 erbaute Pousada nahe der Festungsanlage auf der Ponta de Sagres mit herrlicher Aussicht
auf den Atlantik. €€€

 **Hotel da Baleeira**
Sítio da Baleeira, 8650-357 Sagres
℡ 282 62 42 12, Fax 282 62 44 25
Mittelklassehotel oberhalb einer gleichnamigen
Bucht am Ortsrand. €€

 **Pensão Residencial Dom Henrique**
Sítio da Mareta, 8650-356 Sagres
℡ 282 62 00 00, Fax 282 62 00 01
Kleine preiswerte Pension im Ort. €

 **Parque de Campismo de Sagres**
Cerro dos Moitos, 8650 Sagres
℡ 282 62 43 71, ganzjährig geöffnet
Großer Platz an der Steilküste mit Schwimmbad.

## Serpa

 **Albergaria Bética**
Rua do Outeiro (nahe der Kirche)
7830 Pias-Serpa
℡ 284 85 87 14, Fax 284 85 87 09
www.albergariabetica.com
Schöne Räume auf zwei Stockwerken in einem alten
Gebäude, renoviert. €–€€

 **Residencial Serpinia**
Rua Serpa Pinto, 7830-439 Serpa
℡ 284 54 46 28, Fax 284 54 49 61
www.residencialserpina.com
Neubau am Ortsrand. Am Wochenende Discobe-
trieb. €

 **Parque de Campismo Municipal de Serpa**
Largo de São Pedro, 7830-303 Serpa
℡ 284 54 42 90, ganzjährig geöffnet

## Setúbal

 **Hotel Albergaria Solaris**
Rua Marquês de Pombal 12
2900-562 Setúbal
℡ 265 54 17 70, Fax 265 52 20 70
www.albergariasolaris.com
Zentral in der Altstadt unweit des Hauptplatzes,
modern ausgestattet. €€

 **Hotel Aranguês**
Rua José Pedro da Silva 15
2910-575 Setúbal
℡ 265 52 51 71, Fax 265 52 68 77
www.hotelarangues.com
Drei-Sterne-Hotel mit günstigen Preisen. €€

**Parque de Campismo Outão**
Estrada da Figueirinha, 2900-182 Setúbal
✆ 265 23 83 18
www.roteiro-campista.pt/Setubal/outao.htm
Ganzjährig geöffnet
Der Platz liegt zwischen der Straße N 379 und der Küste.

## Silves

 **Quinta da Figueirinha**
8300-028 Silves
✆ 282 44 07 00, Fax 282 44 07 09, www.qdf.pt
Landgut mit ökologischem Anbau. Großzügige Gästehäuser abseits der Touristenströme, ruhig mit weitem Blick. Der Hausherr ist Deutscher und Kenner der portugiesischen Landwirtschaft.

## Tavira

 **Hotel Porta Nova**
Rua António Pinheiro, 8800-323 Tavira

✆ 281 32 97 00, Fax 281 32 42 15
www.hotelportanova.com
Neues Vier-Sterne-Hotel am Rande der östlichen Altstadt. Zimmer mit Blick bis zum Meer. Außerhalb der Saison recht günstig.
€€€

**Hotel Vila Galé Albacora**
Quatro Águas, 8800-901 Tavira
✆ 281 38 08 00
Fax 281 38 08 50
www.vilagale.pt
Aus einer ehemaligen Thunfischfangstation hat man in sehr ansprechender Art ein Hotel gebaut. Originalhäuser mit Schule und Kirche an der Mündung des Flusses. Bootstransfer zur vorgelagerten Insel von Tavira. Ca. 3 km vom Ort mit kostenlosem Bus-Shuttle. €€€

*Hotel Vila Galé Albacora in Tavira – eine ehemalige Tunfischfangstation*

## Unterkünfte

### Tomar

**Hotel dos Templários**

Largo Cândido dos Reis, 1, 2304-909 Tomar
✆ 249 31 01 00, Fax 249 32 21 91
www.hoteldostemplarios.pt
Großzügig angelegtes Hotel am Park, sehr zentral.
€€€

**Estalagem de Santa Iria**
Parque de Mouchão, 2300-536 Tomar
✆ 249 31 33 26, Fax 249 32 12 38
Schöne Lage im Park am aufgestauten Fluss. €€

**Residencial Cavaleiros de Cristo**
Rua Alexandre Herculano 7, 2300-554 Tomar
✆ 249 32 12 03, Fax 249 32 11 92
www.cavaleirosdecristo.pt
Kleine Zimmer, ausreichender Komfort und Service.
€

**Quinta da Anunciada Velha TR**
Cem Soldos, 2305-432 Madalena TMR
✆ 249 34 52 18, Fax 249 34 57 52
Landhaus auf den Resten eines Klosters erbaut.
3 km von Tomar, Richtung Torres Nova. €€

**Pedras d'el Rei**

Santa Luzia
8800-531 Santa Luzia-Tavira
✆ 281 38 06 00
Fax 281 38 06 19
www.pedrasdelrei.com
Familienfreundliche Ferienanlage auf einem weiten
Gelände, durch eine Kleinbahn (für Gäste kostenlos)
mit dem langen Strand auf der Insel von Tavira verbunden. Ca. 10 km westlich von Tavira.
€€

**Parque de Campismo de Tavira**

Ilha de Tavira
8800 Tavira
✆ 281 32 17 09, www.campingtavira.com
Geöffnet 6. April–14. Okt.
Platz auf der vorgelagerten Insel. Nur mit dem Boot
zu erreichen, daher sind nur Zelte möglich. Parkplatz am Anleger.

*Ferienanlage Pedras d'el Rei*

**Parque de Campismo Tomar**
Hinter dem Stadion nahe der Altstadt
2300 Tomar, ✆ 249 32 98 24, ganzjährig geöffnet
Gut angelegter Campingplatz mit viel Schatten.

## Torre de Moncorvo

**Pensão Residencial Brasília**
Av. Jorge Luís Borges 17
5160-287 Torre de Moncorvo
✆ 279 25 40 94, Fax 279 25 86 10
Älteres Hotel, z. T. renovierungsbedürftig. Die Zimmer zur Straße sind laut. €€€

**Pensão Restaurante Campos Monteiro**
Rua Visconde Vila de Maior 55
5160-298 Torre de Moncorvo
✆ 279 25 40 55, Fax 279 25 42 80
Einfaches Haus. €

**Casa da Avó TR**
Rua Manuel de Seixas 12
5160-290 Torre de Moncorvo
✆ 279 25 24 01
Herrschaftliches Haus im Ortszentrum mit sehr liebenswürdiger Bedienung. €€

**Quinta das Aveleiras TR**
5160-206 Torre de Moncorvo
✆ 279 25 22 85, Fax 279 25 82 82
www.quintadasaveleiras.pt
Landgut mit Appartements mit sehr schönem Landschaftspanorama. €€

**Parque de Campismo Vila Flor**
5360 Vila Flor
✆ 278 51 23 50
Ganzjährig geöffnet
In Torre de Moncorvo selbst gibt es keinen Campingplatz. Dieser Platz in Vila Flor, 27 km nordwestlich, ist der nächste.

## Vale de Lobo – Almansil

**Le Meridien Dona Filipa**
8135-901 Almansil
✆ 289 35 72 00
Fax 289 35 72 01
www.donafilipahotel.com
Nobelhotel in direkter Nachbarschaft zu den Golfplätzen. €€€€

**Apartamentos Turisticos Centro Desportivo**
Vale de Lobo, 8135-034 Almansil
✆ 289 35 19 40, Fax 289 39 66 46
www.barringtons-pt.com

Niveauvolle Villenanlage für höchste Ansprüche. €€€–€€€€

**Hotel Pinhal do Sol**
Semino de Quarteira, 8125 Quarteira
✆ 289 30 28 34, Fax 289 30 28 37
Kleine, gemütlich-moderne Hotelanlage ca. 2,5 km landeinwärts. €€

## Vidago

**Vidago Palace Resort**
Parque de Vidago, 5425-307 Vidago
✆ 276 99 09 00, Fax 276 90 73 59
www.jpmoser.com/vidagopalace.html
Bis April 2010 geschl.
Imposantes Hotel mit Kurmöglichkeiten.
€€€–€€€€

## Vila Nova de Milfontes

**Duna Mira-Exploração Hoteleira**
Urbanização Eira Pedras
7645 Vila Nova de Milfontes
✆ 283 99 64 51, www.dunaparque.com
Großzügige Appartementanlage am Ortsrand und direkt am Dünengürtel. Schwimmbad, Tennisplatz, Health Club. €€–€€€, auch Wochenpreise.

**Moinha da Asneira**
7645-014 Vila Nova de Milfontes
✆ 283 99 61 82, Fax 283 99 71 38
www.moinhodaasneira.com
Sehr schöne Lage mit Garten am Fluss Mira, 4 km von der Stadt. €€, auch Wochenangebote.

**Residencial Golfino Azul**
Rua Almada Negreiros Lote 34
7645-038 Vila Nova de Milfontes, ✆ 283 99 70 49
Zehn Minuten vom Strand, zentrale Lage. €€

**Residencial Quinta das Varandas**
Quinta das Varandas
7645-291 Vila Nova de Milfontes
✆ 283 99 61 55, Fax 283 99 81 02
Noch zentrale Lage, nicht zu weit vom Strand. €€

**Parque de Campismo Campiférias**
7645-301 Vila Nova de Milfontes
✆ 283 99 64 09, ganzjährig geöffnet
700 m bis zum Meer.

## Vila Real

**Hotel Miracorgo**
Av. 1° de Maio 76–78
5000-651 Vila Real
℃ 259 32 50 01, Fax 259 32 50 06
Größeres Hotel mit schönem Blick auf das Tal des
Rio Corgo, mit Hallenschwimmbad. €€

**Hotel Cabanelas (Miraneve)**
Rua Dom Pedro de Castro
5000-669 Vila Real
℃ 259 32 31 53, Fax 259 32 30 28
Haus im Busbahnhof (aber ruhig), sehr gut eingerichtet. Nur Frühstück. €€

**Estelagem Quinta do Paço**
5000-051 Vila Real Arroios
℃ 259 34 07 90, Fax 259 34 07 99
www.estalagemquintadopaco.net
Gediegene Herberge in einem ehemaligen Gut,
900 m vom Palast Mateus, ca. 3 km außerhalb der
Stadt. €€€

**Casa das Cardosas TH**
Rua Central, 5000-103 Folhadela
℃/Fax 259 33 14 87
Haus aus dem 18. Jh. Am nördlichen Hang des Rio
Corgo mit schönem Panorama, 2 km von Vila Real. €€

**Parque de Campismo de Vila Real**
Rua Dr. Cardona
5000 Vila Real
℃ 259 32 47 24
In Terrassen angelegter Platz an der Nebenstraße
der Hauptstraße nach Bragança/Chaves.

## Vilamoura

**Tivoli Vilamoura Marina**
8125-901 Vilamoura
℃ 289 30 33 03, Fax 289 30 33 45
www.tivolihotels.com
Elegant-zeitgemäßes Fünf-Sterne-Haus direkt am
Strand und am Jachthafen. €€€

**Hotel Atlantis Vilamoura**
Apartado 210 – Vilamoura, Rua Oceano Atlântico, 8125-487 Quarteira
℃ 289 38 16 00, Fax 289 38 99 62
Großes, modernes Hotel der guten Mittelklasse, ca.
200 m vom Strand. €€€

**Hotel Apartamento Olympus**
Av. da Marina, Lote H1
8125-401 Quarteira
℃ 289 30 25 28, Fax 289 30 26 98
Modernes, komfortables Aparthotel nahe der Marina. €€–€€€

**Parque de Campismo Quarteira**
8125 Quarteira
℃ 289 30 28 26, ganzjährig geöffnet
Campingplatz 600 m vom Strand.

## Viseu

**Hotel Mélia Confort Grão Vasco**
Rua Gaspar Barreiros
3510-032 Viseu
℃ 232 42 35 11, Fax 232 42 64 44
www.hotelgraovasco.pt
Großzügig angelegtes Hotel mit parkähnlichem Garten am Stadtzentrum. €€€

**Hotel Montebelo**
Rua Monte Belo Quinta do Bosque
3500-020 Viseu
℃ 232 42 00 00, Fax 232 41 54 00
www.hotelmontebelo.pt
Neueres Hotel am Stadtrand mit schönem Blick aus
den oberen Stockwerken. €€€

**Residencial Bela Vista**
Rua Alexandre Herculano 510
3510-035 Viseu
℃ 232 42 20 26, Fax 232 42 84 72
Kleinere Pension, noch zentral gelegen. Nur Frühstück. €–€€

**Residencial Pensão Dom Duarte**
Rua Alexandre Herculano 214
3510-033 Viseu
℃ 232 42 19 80, Fax 232 42 48 25
www.residencialdomduarte.pt
Kleinere Pension, recht zentral gelegen. Nur Frühstück. €–€€

**Quinta de São Caetano TH**
Rua Poça das Feiticeiras 38
3500-639 Viseu
℃ 232 42 39 84, Fax 232 43 78 27
Angenehmes Wohnen in einem herrschaftlichen
Haus aus dem 17. Jh. €€

**Parque de Campismo Fontelo**
An der Straße Richtung Mangualde/Guarda
3500 Viseu
℃ 232 43 61 46, geöffnet 1. April–30. Sept.
Der Platz liegt auf einem Hügel in einem Waldgelän-
de 2 km außerhalb des Stadtzentrums. ✠

# Service von A–Z

## An- und Einreise

Von Deutschland aus bieten die portugiesische Fluggesellschaft TAP (www.tap.pt) und die Lufthansa (www.lufthansa.com) **Linienflüge** von Berlin, Frankfurt und München nach Lissabon, Porto und Faro an; diese drei Städte werden auch von vielen Charterfluggesellschaften wie z. B. Air Berlin (www.airberlin.com) oder Germanwings (www.germanwings.com) von verschiedenen Flughäfen direkt oder mit einmaligem Umsteigen angeflogen. Mit den größten Reiseanbietern OLIMAR (www.olimar.com) oder TUI (www.tui.com) kann man von allen größeren Flughäfen aus fliegen.

Von Wien aus fliegt die TAP (www.tap.pt) täglich nach Portugal, in der Schweiz bieten Swissair und TAP Direktflüge von Zürich und Genf nach Lissabon und Porto an. Von Deutschland, Österreich oder der Schweiz dauert der Flug knapp drei Stunden.

Für eine Anreise mit dem eigenen **Auto** sollte man sich zwei bis drei Tage Zeit nehmen. Ab der französisch-spanischen Grenze südlich von Biarritz sind es noch etwa 1100 km bis Lissabon. Die französische Eisenbahn bietet einen **Autoreisezug** von Paris nach Lissabon an. Nähere Auskünfte erteilen alle Reisebüros mit Fahrkartenausgabe.

Die **Einreise** ist recht problemlos geworden. Für Reisende aus den EU-Staaten und der Schweiz genügt der gültige Personalausweis. Für Kinder wird ein Kinderausweis (ab 10 Jahren mit Lichtbild) oder die Eintragung im Reisepass der Eltern verlangt. Die Grenzkontrollen von und nach Spanien auf dem Landwege sind eingestellt worden.

Für Tiere benötigt man eine europäische amtstierärztliche Impfbescheinigung.

## Ärztliche Vorsorge

Mitglieder gesetzlicher Krankenkassen sollten einen **internationalen Krankenschein** von ihrer Versicherung mitnehmen, den aber in der Regel nur die staatlichen Gesundheitszentren und Krankenhäuser akzeptieren. Für eine Erstattung durch die Krankenkasse ausstellen lassen. Privatpatienten müssen direkt vor Ort bezahlen. Außerdem empfiehlt es sich, für den eventuellen Rücktransport eine Auslandskrankenversicherung abzuschließen.

In **Notfällen** sollte man die Notfallstationen *(urgência)* der Krankenhäuser aufsuchen. Der allgemeine **Notruf** für Krankenwagen, Feuerwehr und Polizei ist ✆ 115.

**Apotheken** heißen auf Portugiesisch *farmácias*, wobei die Betonung auf dem zweiten »a« liegt. Sie sind von außen an einem grünem Kreuz zu erkennen. Neben den normalen Öffnungszeiten ist ein Abend-, Nacht- und Sonntagsdienst organisiert, die Dienst habenden Apotheken sind dort außerdem jeweils angeschlagen.

Das **Leitungswasser** ist überall trinkbar, aber sehr stark gechlort. Obst und Gemüse sollte man nie ungewaschen essen.

## Auskunft

Detaillierte Vorinformationen erhält man in den portugiesischen Touristikämtern. Darüber hinaus kann man die jeweiligen örtlichen Büros des Turismo anschreiben. Die Adressen sind jeweils im Serviceteil der Orte angegeben. Für Rechtsfragen und hoheitliche Angelegenheiten sind die Botschaften und Konsulate zuständig.

## SERVICE
## von A–Z

Vor Ort erteilen alle Büros des Turismo detaillierte Auskünfte. Die Angestellten sind bei der Zimmersuche behilflich, geben Auskunft über besondere Veranstaltungen, wissen, wo das Fundbüro ist und geben einfache Stadtpläne und sonstiges Informationsmaterial kostenlos aus. Sie sprechen meist mindestens eine Fremdsprache, sodass es mit der Verständigung ganz gut klappt. In einigen Büros werden kunsthandwerkliche Erzeugnisse der Region angeboten.

**Portugiesisches Touristik- und Handelsbüro AICEP Portugal Global:**

**In Deutschland**
Zimmerstr. 56, D-10117 Berlin
✆ (018 05) 00 49 30 (12 Cent/Min.)
portugal.touristikbuero@aicep.pt

**In Österreich**
Opernring 1, A-1010 Wien
✆ 0 15 85 44 50
portugal.tourismus@aicep.pt

**In der Schweiz**
Badener Str. 15, CH-8004 Zürich
✆ 01 241 00 12, aicep@aicep.ch

Portugalwebsite in deutscher Sprache:
www.portugalinsite.com
www.visitportugal.com

**Diplomatische Vertretungen Portugals:**

**Botschaft in Deutschland**
Zimmerstr. 56, D-10117 Berlin
✆ (030) 59 00 63 50-0, Fax (030) 59 00 63 60-0
mail@botschaftportugal.de

**Botschaft in Österreich**
Opernring 3, A-1010 Wien
✆ (01) 586 75 36, Fax (01) 586 75 36/33

**Botschaft in der Schweiz**
Weltpoststr. 20, CH-3015 Bern
✆ (031) 352 83 29, Fax (031) 351 44 32

**Informationen über einzelne Regionen und größere Städte im Internet:**
www.portugalinsite.com
www.cm-lisboa.pt/turismo
www.atl-turismolisboa.pt
www.bragancanet.pt/turismo
www.portoturismo.pt
www.cm-guimaraes.pt
www.turismo-centro.pt
www.rtalgarve.pt
www.visitalgarve.pt

**Weitere Informationen im Internet:**
www.museumarinha.pt (Marinemuseum)
www.ipa.min-cultura.pt/pavc (Archäologischer Park von Vale do Cõa)
www.icn.pt (Naturschutzgebiete)
www.termasdeportugal.pt (Thermalbäder)
www.cartadolazer.inatel.pt (Historische Dörfer)
www.maisturismo.pt (Hotel- und Reisebüroführer)
www.gulbenkian.pt (Calouste Gulbenkian)

## Autofahren/Verkehr

Die Portugiesen haben ein eigenes Verhältnis zum Verkehr. Eine breite Motorisierungswelle hat erst vor gut 25 Jahren eingesetzt und die Verkehrsdisziplin unterscheidet sich sehr von der mitteleuropäischen. Portugal hat die höchste Rate an Verkehrstoten in Europa!

Grundsätzlich sollte man immer mit Fußgängern rechnen. Sie kümmern sich wenig um Verkehrsregeln, selbst eine rote Ampel hält viele nicht davon ab, die Straße zu überqueren. Auch wenn für den Autofahrer die Ampel Grün zeigt, muss er immer mit Fußgängern rechnen. Das trägt natürlich nicht zum Verkehrsfluss bei und ist unter anderem ein Grund für das Verkehrschaos in den Städten. Auch wenn ein Polizist dabeisteht, greift er nicht ein.

Als Fremder sollte man sich nicht an den »Rennen« beteiligen, die auf mehr oder weniger übersichtlichen Landstraßen zwischen Last- und/oder Personenwagen stattfinden. Lassen Sie sich nicht reizen, sondern genießen Sie lieber die Landschaft.

Überlastet ist das Verkehrsnetz in den Urlaubsmonaten, wenn neben den noch nicht zu zahlreichen Touristen die Emigranten den Urlaub in der Heimat verbringen. Das Auto ist für einige ein Prestigeobjekt, das zeigt, wie weit man es in der Fremde gebracht hat. Die Unfallzahlen steigen besonders im August rapide an.

Portugal besitzt ein gut ausgebautes Netz an **Schnellstraßen** (IP – überregionale Schnellstraßen, IC – regionale Schnellstraßen) und Autobahnen. Die **Autobahnen** kosten Gebühren und können nur mit einer portugiesischen Geldkarte (*Multibanco*) oder bar bezahlt werden. Internationale Kreditkarten wie Visa werden nicht auf allen Strecken akzeptiert.

Das Straßennetz ist modernisiert und ausgebaut, nur in den entlegenen Landesteilen findet man noch ausgesprochen schlechte Straßen. Man muss immer vor Hindernissen wie Querrinnen, Löchern, Steinen oder abgefallenen Auspufftöpfen auf der Hut sein. Wenn der Vordermann scheinbar unmotiviert Schlenker fährt, so kann dies ein Hinweis auf ein solches sein. Selbst auf größere Löcher im Straßenbelag wird in der Regel nicht immer hingewiesen.

In geschlossenen Ortschaften gilt eine **Geschwindigkeitsbegrenzung** von 50 km/h. Außerhalb geschlossener Ortschaften darf man höchstens 90 km/h fahren. Auf Autobahnen gilt: Pkw und Motorrad 120 km/h, Fahrzeuge mit Anhänger 80 km/h, Mindestgeschwindigkeit für alle 40 km/h.

Radarkontrollen sind auch in Portugal bekannt! Auf Straßen mit besonders vielen Unfällen wie z.B. auf der IP 4 oder IP 5 werden die Verkehrsregeln sehr streng ausgelegt. Geschwindigkeitsübertretungen schon von 3 km/h werden bestraft.

Bei **Übertretungen der Straßenverkehrsordnung** und wenn der Verkehrsteilnehmer seinen Wohnsitz nicht in Portugal hat, ist die Strafe entweder sofort zu zahlen oder der Gegenwert der Summe zu hinterlegen, die als Höchststrafe für die begangene Zuwiderhandlung verhängt werden kann.

Es ist verboten, unter Alkoholeinfluss zu fahren; die **Promillegrenze** liegt bei 0,5 %. Auch das Benutzen von **Handys** ohne Freisprecheinrichtung im Auto ist während der Fahrt verboten.

Sowohl auf den Vordersitzen als auch auf der Rückbank ist das Anlegen von **Sicherheitsgurten** gesetzlich vorgeschrieben. **Minderjährige unter 12 Jahren** dürfen im Auto nicht vorne sitzen, es sei denn, das Fahrzeug hat keine Rücksitze.

Das **Tankstellennetz** ist gut ausgebaut, viele Tankstellen haben rund um die Uhr oder von 7 bis 24 Uhr geöffnet.

Wer in Portugal mit dem **Taxi** fährt, sollte berücksichtigen, dass die Taxis nur in den Großstädten Taxameter haben, ansonsten wird nach Kilometern abgerechnet. In dem Fall sollte man vorher nach dem Preis fragen und ihn eventuell vor der Fahrt aushandeln. Für Gepäck wird manchmal ein Zuschlag verlangt, der in Lissabon bei mehr als 30 kg bis zu 50 % des Fahrpreises beträgt.

## Automiete

Viele internationale Autovermieter wie AVIS, Hertz, Budget und Interrent bieten auch in Portugal ihre Dienste an. Man sollte das Auto bereits im Heimatland mieten, da die Tarife günstiger und kleinere Wagen oder Dieselfahrzeuge schnell ausgebucht sind. Ein Wagen, der in Lissabon gemietet wird, kann in Porto oder Faro zurückgegeben werden. Vor Ort gibt es neben den Filialen der internationalen Firmen auch lokale Kleinanbieter.

## Botschaften und Konsulate in Portugal

Bei Verlust von Pass, Ausweis, Fahrzeugpapieren und anderen amtlichen Dokumenten muss man sich an die Botschaft/Konsulat seines Landes wenden. Auch wenn das ganze Geld (Schecks etc.) abhanden gekommen ist, helfen die Ländervertretungen weiter.

### Botschaft der Bundesrepublik Deutschland
Campo dos Mártires da Pátria, 38
1169-043 Lisboa, ℂ 218 81 02 10, Fax 218 85 38 46
www.lissabon.diplo.de

### Deutsches Konsulat in Porto
Av. de França, 20-6°, 4050-275 Porto
℧ 226 05 28 10, Fax 226 05 28 19
consulado-alemanha@mail.telepac.pt

### Deutsches Honorarkonsulat in Faro
Urb. Infante D. Henrique, Lote 11, r/c dt°
8000-490 Faro
℧ 289 80 31 48 und 289 80 31 81, Fax 289 80 13 46
www.honorarkonsul-faro.de
info@honorarkonsul-faro.de

### Botschaft der Republik Österreich
Av. Infante Santo, 43-4°, 1399-046 Lisboa
℧ 213 95 82 20/22, Fax 213 95 82 24
lissabon-ob@bmaa.gv.at
(Honorarkonsulate ohne Passbefugnisse in Albufeira und Porto)

### Botschaft der Schweiz
Travessa do Jardim, 17, 1350-185 Lisboa
℧ 213 94 40 90, Fax 213 95 59 45
vertretung@lis.rep.adm.ch

## Einkaufen

Das Warenangebot ist in Portugal reichlich und vielfältig. Da die Preise recht günstig sind, lohnt sich ein ausgedehnter Einkaufsbummel. Lissabon, Porto und die Ferienzentren bieten eine reiche Auswahl an modischer Kleidung, Lederwaren, Schuhen und Schmuck.

Die Rangliste der Souvenirs führt die traditionelle Keramik (rote, bunte, schwarze) an. Beliebt sind auch Holzschnitzereien, bunte Wolldecken aus dem Alentejo und Portwein.

Ladengeschäfte sind in der Regel Mo–Fr 9–13 und 15–19, Sa 9–13 Uhr geöffnet. Tabak- und Lebensmittelgeschäfte haben abends oft länger als bis 19 Uhr, außerdem Sa nachmittags und manchmal auch So geöffnet.

## Feiertage/Feste

Gesetzliche Feiertage gibt es verhältnismäßig viele, was aber nicht bedeutet, dass dann alle Geschäfte geschlossen sind.

**Neujahr** (1. Januar)
**Karnevalstag im Februar**
**Karfreitag**
**Ostern**
**Tag der Revolution von 1974** (25. April)
**Tag der Arbeit** (1. Mai)
**Fronleichnam** (Do, 10 Tage nach Pfingsten)
**Nationalfeiertag** (10. Juni)
**Mariä Himmelfahrt** (15. August)
**Proklamation der Republik 1910** (5. Oktober)
**Allerheiligen** (1. November)

**Befreiung von spanischer Herrschaft 1640**
(1. Dezember)
**Mariä Empfängnis** (8. Dezember)
**Weihnachtstag** (25. Dezember)

Ostern, Pfingsten und Weihnachten haben jeweils nur einen Feiertag. Für Karfreitag gibt es in verschiedenen Orten Sonderregelungen.

Daneben gibt es in den meisten Gemeinden örtliche Feiertage, die mit besonderen Festen verbunden sind. Diese kann man den Ortsinformationen entnehmen.

## Fotografieren

Filmmaterial und digitale Speicherkarten besorgt man sich besser schon zu Hause und, wegen der vielen Motive, gleich etwas mehr. Die Preise liegen in Portugal höher.

## Geld/Devisen

In Portugal gilt der Euro. In vielen Geschäften und Restaurants kann man auch mit der Maestro-Karte (früher EC-Karte) bezahlen. Dazu wird in der Regel die Geheimzahl benötigt. Es werden in den meisten Fällen auch **Kreditkarten** akzeptiert, für die American-Express-Karte gibt es jedoch viele Ausnahmen. Bargeld kann problemlos an den sehr weit verbreiteten Geldautomaten gezogen werden.

Die **Banken** haben in der Regel Mo–Fr 8.30–17 Uhr geöffnet, Bankautomaten gibt es fast überall. Bei jeder Post kann man mit dem **Postsparbuch** Geld abheben.

## Gepäck/Kleidung

Die konservative Kleiderordnung ist in Portugal ins Wanken geraten: Man wird zwar immer noch selten Männer in Sandalen und häufiger mit einer Krawatte sehen, als es in Mitteleuropa üblich ist, aber in den Großstädten kann man so herumlaufen, wie man es von unseren Städten her gewohnt ist. Auf dem Lande, und hier besonders in den Dörfern des Alentejo und des Nordens, fällt allzu sommerlich-offene Kleidung noch unangenehm auf. Eine Kirche sollte man auch nicht zu freizügig bekleidet betreten.

Für den Abend ist ein wärmerer Pullover erforderlich, denn der Temperaturunterschied zwischen Tag und Nacht kann beträchtlich sein. Besonders für die Abende an der Küste und in den Bergen sind wärmere Kleidungsstücke angebracht. Für die Wanderungen benötigt man festes Schuhwerk.

## Haustiere

Normalerweise genügt bei der Einreise ein internationaler Impfpass mit dem Stempel eines Amtstierarztes. In den meisten öffentlichen Transportmitteln, Geschäften, Restaurants und an bewachten Stränden sind Haustiere nicht erlaubt. Auch in den Hotels sollte man unbedingt vorher anfragen.

## Hinweise für Behinderte

Informationen für behinderte Reisende sind bei den portugiesischen Fremdenverkehrsämtern (Adressen s. S. 274) erhältlich. In zunehmendem Maße stellt man sich in allen Bereichen auf Behinderte ein. Auskünfte erteilt die

**Secretariado Nacional para a Rehabilitação e Intergração das Pessoas com Deficiéncia (SNRIPD)**
Av. Conde Valbom, 63
1069-178 Lisboa
✆ 217 92 95 00
Fax 217 96 51 82
www.snripd.mts.gov.pt

## Kinder

Portugal ist ein kinderfreundliches Land. Man ist Kindern gegenüber generell positiv eingestellt. In Hotelzimmern werden schnell ein oder zwei Betten dazugestellt, in den Restaurants geht man gerne auf die kleinen Gäste ein. Kinderspielplätze sind dagegen ausgesprochen rar.

## Klima/Reisezeit

Dank der Lage am Atlantik ist das Klima in Portugal mild und ausgeglichen. Nur im Landesinneren kann es im Sommer mit Temperaturen bis zu 40 Grad Celsius sehr heiß werden. Beste Reisezeit für eine Rundfahrt ist von Mai bis Anfang Oktober. Baden kann man an der Algarve von Mai bis Anfang Oktober, an der Westküste von Ende Juni bis Anfang September.

Informationen rund ums Wetter erhält man beim portugiesischen Wetterdienst. **www.meteo.pt.** Infos zum Klima vgl. Einleitung S. 4 ff.

## Notfall

Für das ganze Land gibt es den einheitlichen **Notruf 112**.

Bei einem Unfall auf einer Autobahn, Schnell- oder Haupstraße benutzen sie die nächstgelegene **Notrufsäule** (orangefarben). Drücken Sie auf den Knopf und warten Sie, bis geantwortet wird.

## Post/Telefonieren

Die Post heißt auf Portugiesisch *correios*. Dort kann man Briefmarken *(selos)* kaufen, telefonieren, telegrafieren, oft auch ins Internet gehen und postlagernde Sendungen *(posta restante)* abholen. Auch der Postsparkassendienst funktioniert reibungslos.

Portokosten richten sich nach dem Gewicht der Sendung. Anders als z. B. in Deutschland spielt deshalb die Größe von Briefen oder Postkarten keine Rolle. **Briefmarken** erhält man auch in Restaurants, Cafés oder Läden mit den Schildern »CTT Selos« und »CTT Telefone« über der Tür. Dort kann man außerdem ohne Aufschlag telefonieren. Hotels und Restaurants ohne die Telefonzellenfunktion verlangen bis zu 200 % Aufschlag.

**Telefonzellen** werden mit Telefonkarten *(cartão credifone)* bedient. Münzfernsprecher sind selten. Günstige Tarife gelten Mo–Fr 21–9 Uhr sowie an Wochenenden und Feiertagen.

Es gelten folgende **Vorwahlnummern:**
Deutschland + 49
Österreich + 43
Schweiz + 41
Portugal + 351
Das Mobilfunknetz ist sehr gut ausgebaut. Auch in den entlegeneren Gebieten ist der Empfang in der Regel gut.
Telefonauskunft über Portugal im Internet: www.telecom.pt, www.1820.pt, www.paginasamarelas.pt (Gelbe Seiten).

## Presse/Radio/TV

Mit ein bis zwei Tagen Verspätung erhält man in den Großstädten und Ferienzentren deutschsprachige Zeitungen. Deutsche Modezeitschriften sind auch in kleineren Orten zu finden.

Über Satellitenanlagen sind in fast allen mittleren und größeren Hotels auch mitteleuropäische Sender zu empfangen.

## Restaurants/Verpflegung

Portugiesen essen gern, das macht sich in einer Unzahl von Restaurants bemerkbar. Die Küche ist vom Grundtenor eine ländlich-deftige. Mit Fett wird nicht gespart, besonders bei den Gerichten *cozido à portuguesa* (auf portugiesische Art gekocht). Die Portionen sind in den einfacheren Restaurants und auf dem Land oft so üppig, dass zwei Normalesser satt werden. Man hat nichts dagegen, wenn zwei Personen eine Portion bestellen. Viele Restaurants bieten schon von sich aus eine *meia dose*, eine halbe Portion an. Hier gibt es große Unterschiede zwischen Großstadt und Land.

Fisch wird auf keiner Speisekarte fehlen, oft steht er noch vor dem Fleisch. Für den sehr beliebten *bacalhau* (Stockfisch) soll es 365 verschiedene Zubereitungsarten geben, für jeden Tag des Jahres eine andere. Die Auswahl an Fisch ist sehr groß. Manchmal kann man auch mit den deutschen Bezeichnungen nicht viel anfangen. Am besten probieren oder die Fische vorher zeigen lassen. Es gibt auch Gerichte, bei denen Fisch oder Meeresfrüchte und Fleisch gemischt serviert werden.

Das **Frühstück** *(pequeno almoço)* ist in der Regel bescheiden, nur größere Hotels bieten eine reichhaltige Frühstücksbar. Der Kaffee ist Ersatzkaffee, Bohnenkaffee muss man extra bestellen. Es gibt auch Tee *(chá)*. Wer arbeitet, nimmt das **Mittagessen** *(almoço)* in der Regel nicht zu Hause ein. Dann quellen die Restaurants über. Um in Ruhe essen zu können, beträgt die Mittagspause eine Stunde. Das Hauptgericht des Tages ist das **Abendessen** *(jantar)*, da ist die Familie beisammen und man trifft sich mit Freunden. Auch die Bezeichnung des Speiseraumes, des *sala de jantar*, weist auf die Bedeutung hin.

Da das Essen meist frisch zubereitet wird, sind Wartezeiten nicht auszuschließen. Wer es schneller haben will, muss auf den *prato do dia* (Tagesgericht) oder die *sugestão do dia* (Tagesempfehlung) zurückgreifen. Während der Wartezeit wird gern ein *couvert* serviert, kleine Appetitanreger wie Oliven, Butter, Käsecreme, geröstetes Brot. Es wird zusätzlich berechnet und ist nur selten auf der Speisekarte verzeichnet. In vornehmeren Restaurants sind diese Dinge manchmal überteuert und man sollte sie, wenn man darauf verzichten will, erst gar nicht auf den Tisch stellen lassen.

Weine werden auch in der *pipa* (offen) angeboten. Portugiesische Frauen trinken normalerweise keinen Schnaps oder Weinbrand. So kann es durchaus vorkommen, dass der Kellner Damen anstatt des bestellten *bagaceira* oder *aguardente* einen Likör serviert. Lassen Sie einfach einen Mann die Bestellung aufgeben.

Das »IVA incluido« auf der Speisekarte ist kein Gericht, es bedeutet nur den Einschluss der Mehrwertsteuer im Preis.

Es ist wichtig, das Restaurant nicht zu spät aufzusuchen, die meisten haben nur 30 bis 40 Plätze, man findet dann keinen freien Stuhl. Dies trifft besonders für die Mittagszeit und an Wochenenden zu. Die Hauptzeiten sind mittags von 12–14.30 und abends ab 19.30 Uhr.

Die Restaurants in den Ortsinformationen dieses Buches sind nach folgenden **Preiskategorien** gestaffelt und bieten eine durchweg verlässliche, oft auch besonders gute Küche:

| | |
|---|---|
| € | bis 10 Euro |
| €€ | 10 bis 17 Euro |
| €€€ | 17 bis 22 Euro |
| €€€€ | über 22 Euro |

Wer die portugiesische Küche einmal selbst ausprobieren will, dem sei das folgende kleine Buch empfohlen: Ilidio Lacerda »Geheimnisse der lusitanischen Küche«, ISBN 978-3-337-09055-0

Restaurants in Portugal finden Sie auch im Internet unter www.eating-out.co.pt und www. viajar.clix.pt (beite Seiten auch englisch).

## Sprachführer

Der erste Kontakt mit der gesprochenen portugiesischen Sprache wird verunsichern, man versteht so gut wie gar nichts. Die vielen Nasal- und Zischlaute lassen Wörter, ja ganze Sätze ineinander übergehen. Zudem klingt alles furchtbar schnell. Man meint fast, es mit einer slawischen Sprache zu tun zu haben.

Doch das sollte nicht entmutigen. Das Portugiesische gehört zur Familie der romanischen Sprachen, jedoch mit einer eigenen Aussprache. In der Grammatik und im Wortschatz ähnelt es sehr dem Spanischen und Italienischen, in geringerem Maße auch dem Französischen, doch man sollte nicht versuchen, die Wörter z. B. mit der französischen oder spanischen Betonung auszusprechen. Man wird Sie kaum verstehen. Leichter ist es da schon beim Lesen – hier helfen die Latein-, Französisch-, Spanisch- oder Italienischkenntnisse ein Stück weiter.

Trotzdem sollte man versuchen, sich einige Kenntnisse in der Sprache anzueignen. Die Portugiesen freuen sich sehr, wenn Ausländer bemüht sind, ihre Sprache zu sprechen (auch wenn es nur ein paar Brocken sind) und sich auf ein Schwätzchen einlassen. Ein *bom dia* (Guten Tag) verleitet schon zu der Bemerkung, wie gut man doch Portugiesisch spricht.

Viele Portugiesen können ein wenig Englisch oder Französisch, und wegen der vielen Emigranten ist es durchaus möglich, dass man auf Deutsch angesprochen wird. Und noch ein Tipp: Schreibt man Wörter oder Namen auf einen Zettel, klappt es meist mit der Verständigung.

## Bemerkungen zur Aussprache

Das portugiesische Alphabet kennt nur 23 Buchstaben: k, w und y kommen nicht vor. Es gibt sieben Nasale, das sind Vokale, die durch die Nase gesprochen werden und oft durch ein spezielles Zeichen über dem zu nasalierenden Buchstaben, der so genannten Tilde »~«, markiert sind: ã, ãe, ão, õe, außerdem im, om, um.

Die anderen Vokale spricht man wie folgt aus: Das **a** erscheint als betonter (offener und geschlossener) und unbetonter Vokal, wobei das betonte a meist durch einen Akzent (á als offener, â als geschlossener Vokal) hervorgehoben wird.

Das **e** gibt es ebenfalls als betonten und unbetonten Vokal, wobei das unbetonte e entweder zum i hin (im Anlaut und vor einem anderen Vokal) oder wie das französische e (geschlossen) ausgesprochen wird. Wie beim a ist das betonte é offen, das betonte ê ist geschlossen zu sprechen. Das **i** spricht man wie das deutsche i wie z.B. in Knie aus.

Das **o** wird unbetont wie u gesprochen, das betonte ó offen und das betonte ô geschlossen.

Nach q und g wird das **u** gesprochen, wenn ein a oder o folgt; steht nach dem u ein e oder i, bleibt es stumm.

Diphtonge wie au, ei, eu spricht man getrennt voneinander aus.

### Zur Aussprache der Konsonanten

Vor a, o und u wird das **c** wie k gesprochen; vor e und i wird es zu ss.

**ç** wird wie ein scharfes s gesprochen.

**ch** wird zu sch.

**g** wird vor e und i zu einem stimmhaften sch, vor a, o und u bleibt es g.

Das **h** ist immer stumm.

Das **j** spricht sich wie ein stimmhaftes sch.

**lh** wird zu lj.

**m** oder **n** am Wortende zeigen nur die Nasalierung des vorangegangenen Vokals an und bleiben stumm.

**nh** wird zu nj.

**q** steht immer mit dem u zusammen, vor e und i wird es zu k.

**s** wird am Wortende oder vor einem stimmlosen Konsonanten zu sch.

**v** wird wie das deutsche w gesprochen.

**x** wird überwiegend zu sch und **z** wird am Wortanfang und zwischen zwei Vokalen als weiches s gesprochen, am Wortende wird es zu sch.

Die richtige **Anrede** ist bei den Portugiesen wichtig. Männer werden mit **Senhor** und, falls man sie kennt, zusätzlich mit dem Nachnamen angesprochen. Frauen spricht man mit **Senhora Dona** plus Vornamen an. Junge Leute sagen untereinander **tu** (Du).

Die Personalpronomen sind eu – ich, tu – du, você – Sie im Singular, ele/ela – er/sie, nós – wir, eles/elas – sie, vocês – Ihr oder Sie im Plural.

Im Portugiesischen gibt es nur zwei Geschlechter. Der bestimmte/unbestimmte Artikel für das Maskulin ist o/um und im Plural os/uns, für das Femininum a/uma und im Plural as/umas. Der Artikel wird immer benutzt, auch bei Vornamen.

Bis auf Eigennamen und am Satzanfang werden alle Substantive klein geschrieben.

### Wichtige Redewendungen

| | |
|---|---|
| Guten Tag | – *bom dia* (bis 12 Uhr mittags), *boa tarde* (von 12 Uhr bis zur Dämmerung) |
| Guten Abend/ Gute Nacht | – *boa noite* |
| Hallo | – *olá* |
| Auf Wiedersehen | – *adeus* |

| | |
|---|---|
| Bis später | – até logo |
| Ja | – sim |
| Nein | – não |
| Bitte | – se faz favor, por favor |
| Danke | – obrigado |
| keine Ursache | – de nada |
| Gestatten Sie | – Com licença |
| Entschuldigung! | – Desculpe! |
| Achtung | – atenção |
| Sprechen Sie | |
| Deutsch? | – Fala alemão? |
| … Englisch | … inglês? |
| … Französisch | … francês? |
| Ich verstehe nicht. | – Não percebo. |
| Ich verstehe kein | – Eu não percebo o |
| Portugiesisch. | português. |
| Wie bitte? | – Como? |
| Ich bin Deutscher/ | – Eu sou alemão/ |
| Deutsche. | alemã. |
| … Schweizer/ | … suíço/ |
| Schweizerin. | suíça. |
| … Österreicher/ | …austríaco/ |
| Österreicherin. | austríaca. |
| Wo ist …? | – Onde fica …? |
| Ich hätte gerne … | – Queria … |
| Könnten Sie bitte … | – Podia … |
| frei | – livre |
| besetzt | – ocupado |

**Die Zahlen**

| | |
|---|---|
| 1 | um (m), uma (f) |
| 2 | dois (m), duas (f) |
| 3 | três |
| 4 | quatro |
| 5 | cinco |
| 6 | seis |
| 7 | sete |
| 8 | oito |
| 9 | nove |
| 10 | dez |
| 11 | onze |
| 12 | doze |
| 13 | treze |
| 14 | catorze |
| 15 | quinze |
| 16 | dezasseis |
| 17 | dezassete |
| 18 | dezoito |
| 19 | dezanove |
| 20 | vinte |
| 21 | vinte e um |
| 30 | trinta |
| 40 | quarenta |
| 50 | cinquenta |
| 60 | sessenta |
| 70 | setenta |
| 80 | oitenta |
| 90 | noventa |
| 100 | cem |
| 121 | cento e vinte e um |
| 200 | duzentos |
| 300 | trezentos |
| 400 | quatrocentos |
| 500 | quinhentos |
| 600 | seiscentos |
| 700 | setecentos |
| 800 | oitocentos |
| 900 | novecentos |
| 1 000 | mil |
| 10 000 | dez mil |

**Zeitangaben**

| | |
|---|---|
| eine Stunde | – uma hora |
| Wie spät ist es? | – Que horas são? |
| Es ist fünf Uhr. | – São cinco horas. |
| Es ist viertel nach fünf. | – São cinco e um quarto. |
| Es ist halb sechs. | – São cinco e meia. |
| Es ist viertel vor sechs. | – São seis menos um quarto. |
| heute | – hoje |
| gestern | – ontem |
| morgen | – amanhã |
| spät | – tarde |
| früh | – cedo |
| Tag | – o dia |
| Nacht | – a noite |
| Mittag | – o meio-dia |
| Mitternacht | – a meia-noite |
| Woche | – a semana |
| Montag | – segunda-feira |
| Dienstag | – terça-feira |
| Mittwoch | – quarta-feira |
| Donnerstag | – quinta-feira |
| Freitag | – sexta-feira |
| Samstag | – sábado |
| Sonntag | – domingo |

**An der Grenze**

| | |
|---|---|
| Grenze | – a fronteira |
| Zollamt | – a alfândega |
| Einreise | – a entrada |
| Ausreise | – a saída |
| mein Personalausweis | – o meu bilhete de identidade |
| Autopapiere | – os documentos do carro |
| Ich habe nichts zu verzollen! | – Eu não tenho nada a declarar! |

**Unterwegs**

| | |
|---|---|
| Weg | – o caminho |
| Wo geht es nach …? | – Qual é o caminho para…? |
| Fremdenverkehrsamt | – o turismo |
| Stadtplan | – o mapa |
| Stadtzentrum | – o centro da cidade |
| Taxistand | – a praça de táxis |
| Veranstaltungskalender | – o programa de espectáculos |
| das deutsche/ | – o consulado alemão/ |

## SERVICE
## von A–Z

| | |
|---|---|
| österreichische/ | austríaco/ |
| schweizerische | suíço |
| Konsulat | – o consulado |
| Botschaft | – a embaixada |
| Straße | – a rua |
| nach rechts | – à direita |
| nach links | – à esquerda |
| geradeaus | – em frente |
| zurück | – atrás, para trás |
| hier | – aqui |
| dort | – alí |
| Es ist weit weg. | – É longe. |
| Es ist nah. | – É perto. |
| Kreuzung | – o cruzamento |
| Norden | – o norte |
| Osten | – o leste |
| Süden | – o sul |
| Westen | – o oeste |

### Mit dem Auto

| | |
|---|---|
| Ampel | – o semáforo |
| Autobahn | – a autoestrada |
| Mautstelle | – a portagem |
| Bauarbeiten | – as obras |
| Umleitung | – o desvio |
| Glatteis | – o gelo |
| Gefahr | – o perigo |
| Verkehr | – o trânsito |
| Parkplatz | – o estacionamento |
| Straße | – rua, avenida |
| Bahnübergang | – a passagem de nível |
| verboten | – proibído |
| Erste Hilfe | – os socorros |
| Auto | – o carro |
| Wo kann ich ein | – Onde posso alugar |
| Auto mieten? | um carro? |
| Tankstelle | – o posto de gasolina |
| Bitte voll tanken! | – Cheio, por favor! |
| Normal | – normal |
| Super | – super |
| Diesel | – gasóleo |
| bleifrei | – sem chumbo |
| den Ölstand prüfen | – verificar o nível de óleo |
| Öl wechseln | – mudar óleo |
| Wasser | – a água |
| Reifendruck | – a pressão dos pneus |
| Bremsen | – os travões |
| Batterie | – a bateria |
| Scheinwerfer | – os faróis |
| Ich benötige | – Eu preciso |
| … einen | … dum mecânico. |
| Mechaniker. | |
| … einen | |
| Abschleppwagen. | … dum carro reboque. |
| … eine Werkstatt. | … duma garagem/oficina. |

### Mit dem Bus

| | |
|---|---|
| Bus | – o autocarro |
| (in der Stadt) | /a camioneta |
| Schnellbus | – o expresso |
| (für Überlandfahrten) | |
| Haltestelle | – a paragem |
| Fahrkarte | – o bilhete |

### Mit dem Flugzeug

| | |
|---|---|
| Flugzeug | – o avião |
| Flughafen | – o aeroporto |
| Ankunft | – a chegada |
| Abflug | – a partida |

### Mit dem Zug

| | |
|---|---|
| Zug | – o comboio |
| Bahnhof | – a estação |
| Fahrkartenschalter | – a bilheteira |
| Zugticket | – o bilhete |
| nach … | – para … |
| 1. Klasse | – primeira classe |
| 2. Klasse | – segunda classe |
| einfache Fahrt | – um bilhete simples |
| hin und zurück | – um bilhete de ida e volta |
| mit Platzreser- | |
| vierung | – com marcação de lugar |
| Wann fährt der | |
| Zug ab? | – Quando parte o comboio? |
| Gleis | – a linha |

### Im Hotel

| | |
|---|---|
| Hotel | – o hotel |
| Pension | – a pensão |
| Einzelzimmer | – o quarto individual |
| Doppelzimmer | – o quarto de casal/o quarto duplo |
| mit zwei Betten | – com duas camas |
| Suite | – a suite |
| mit/ohne Bad | – com/sem banho |
| Vollpension | – pensão completa |
| mit Frühstück | – com pequeno almoço |
| für 1, 2, 3 Nächte | – para uma, duas, três noites |
| Bringen Sie mir … | – Traga-me … |
| ein Handtuch | – uma toalha |
| eine Decke | – um coberto |
| ein Kissen | – uma almofada |
| Bewahren Sie mir | |
| dies bitte auf! | – Guarde-me isto, por favor! |

### Auf dem Campingplatz

| | |
|---|---|
| Campingplatz | – o parque de campismo |
| Zelt | – a tenda |
| Wohnwagen | – a roulote |
| Wohnmobil | – o auto caravana |
| eine Person | – uma pessoa |
| Platz | – o lugar |
| Dusche | – o duche |
| Toilette | – o sanitário/a casa de banho |
| warmes/kaltes | |
| Wasser | – a água quente/fria |

## In der Bank

| | |
|---|---|
| Bank | – o banco |
| Geld | – o dinheiro |
| Scheck | – o cheque |
| Kreditkarte | – o cartão de crédito |

## Auf der Post

| | |
|---|---|
| Post | – os correios |
| Brief | – a carta |
| Postkarte | – o postal |
| Briefmarke | – o selo |
| Schalter | – o guiché |
| Briefkasten | – a caixa do correio |
| Ich möchte telefonieren! | – Queria telefonar! |
| Telefonkarte | – o cartão credifone |
| Telefonzelle | – a cabine telefónica |

## Im Geschäft

| | |
|---|---|
| Geschäft | – a loja |
| Schuhgeschäft | – a sapataria |
| Juwelier | – a joalharia |
| Buchhandlung | – a livraria |
| Supermarkt | – o supermercado |
| Markt | – o mercado/a feira |
| Haben Sie …? | – Há …? |
| Was kostet dieser/ diese …? | – Quanto custa este/ esta …? |
| Kleid | – o vestido |
| Rock | – a saia |
| Hose | – as calças |
| Bluse | – a blusa |
| Hemd | – a camisa |
| Anzug | – o fato |
| Pullover | – a camisola |
| Strümpfe | – as meias |
| Schuhe | – os sapatos |
| Badeanzug | – o fato de banho |
| Krawatte | – a gravata |
| Gürtel | – o cinto |
| Wolle | – a lã |
| Baumwolle | – o algodão |
| Leinen | – o linho |
| Seide | – a seda |
| groß | – grande |
| größer | – maior |
| klein | – pequeno |
| kleiner | – menor |
| weit | – largo |
| eng | – apertado |
| zu weit/eng | – muito largo/apertado |
| kurz | – curto |
| lang | – comprido |
| zu kurz/lang | – muito curto/comprido |
| dick | – grosso |
| dünn | – fino |
| billig | – barato |
| teuer | – caro |
| Farben | – as cores |
| blau | – azul |
| braun | – castanho |
| gelb | – amarelo |
| grau | – cinzento |

| | |
|---|---|
| grün | – verde |
| orange | – cor-de-laranja |
| rosa | – cor-de-rosa |
| rot | – vermelho |
| schwarz | – preto |
| weiß | – branco |

## Beim Arzt

| | |
|---|---|
| Arzt | – o médico |
| Zahnarzt | – o dentista |
| Apotheke | – a farmácia |
| Krankenhaus | – o hospital |
| Rufen Sie bitte einen Arzt/ Krankenwagen! | – Pode chamar um médico/ uma ambulância, por favor! |
| Notfall | – o caso de urgência |
| Heftpflaster | – os adesivos |
| Aspirin | – a aspirina |
| Sonnencreme | – creme para bronzear |
| Haben Sie etwas für …? | – Tem alguma coisa para …? |
| Erkältung | – a constipação |
| Verstopfung | – a prisão de ventre |
| Durchfall | – a diarreia |
| Sonnenbrand | – as queimaduras do sol |
| Zahnschmerzen | – as dores de dentes |
| Kopfschmerzen | – as dores de cabeça |

## Touristisches

| | |
|---|---|
| Aussichtspunkt | – o miradouro |
| Berg | – o monte/a montanha |
| Botanischer Garten | – o jardim botânico |
| Brücke | – a ponte |
| Burg/Kastell | – o castelo |
| Denkmal | – o monumento |
| Fluss | – o rio |
| Gebirge | – a serra |
| Hafen | – o porto |
| Insel | – a ilha |
| Kapelle | – a capela |
| Kathedrale | – a Sé/a catedral |
| Kirche | – a igreja |
| Kloster | – o mosteiro/o convento |
| Kreuzgang | – o claustro |
| Küste | – a costa |
| Meer | – o mar |
| Museum | – o museu |
| Park | – o parque |
| Platz | – a praça |
| Rathaus | – a câmara municipal |
| Schloss | – o palácio |
| See | – o lago |
| Stierkampfarena | – a praça de touros |
| Strand | – a praia |
| Talsperre | – a barragem |
| Turm | – a torre |

## Im Restaurant  – o restaurante

Eine Speisekarte und nützliche Redewendungen sollen helfen, dem *empregado de mesa* (Kellner) oder der *empregada de mesa* (Kellnerin) die Wünsche mitteilen zu können. Zum Herbeirufen ist diese Bezeichnung zu lang, es genügt *faz favor* (bitte).

| | |
|---|---|
| Speiseraum | – a sala de jantar |
| Toilette | – o sanitário, a casa de banho |
| Bringen Sie mir | |
| bitte ... | – Traga-me, se faz favor ... |
| Abendessen | – o jantar |
| eine halbe Portion | – a meia dose |
| Flasche | – a garrafa |
| Frühstück | – o pequeno almoço |
| Gabel | – o garfo |
| Glas | – o copo |
| Hochstuhl | – a cadeira alta |
| Löffel | – a colher |
| Messer | – a faca |
| Mittagessen | – o almoço |
| Rechnung | – a conta |
| Serviette | – o guardanapo |
| Speisekarte | – a ementa |
| Stuhl | – a cadeira |
| Tagesgericht | – o prato do dia |
| Teller | – o prato |
| Tisch | – a mesa |

Die folgende Zusammenstellung ermöglicht das Lesen der Speisekarten in Restaurants, ohne langes Suchen im Wörterbuch. Die Auswahl wurde aus den Speisekarten der empfohlenen Hotels und Restaurants zusammengestellt. Regionale Spezialitäten sind mit dem Namen der Region/Stadt gekennzeichnet. *Bom apetite!*

## Arten der Zubereitung

| | |
|---|---|
| assado | – gebraten |
| à Braga | – nach Bragaer Art |
| à moda da casa | – nach Art des Hauses |
| à moda do Minho | – nach Art des Minho |
| à moda | – nach Art der Region |
| transmontana | Trás-os-Montes |
| à moleira | – nach Müllerinnen Art |
| bem passado | – durchgebraten |
| caseiro | – hausgemacht |
| costeleta de | – Kotelett |
| cozido | – gekocht |
| estufado | – geschmort |
| filetes de | – Filet oder Stücke, Streifen |
| frito | – in Fett ausgebacken |
| fumado | – geräuchert |
| grelhado | – gegrillt |
| mal passado | – nicht durchgebraten |
| médio | – medium, halb durchgebraten |

| | |
|---|---|
| na brasa | – vom Holzkohlengrill |
| na púcara | – in der Tonform |
| no espeto | – am Spieß |
| no forno | – im Ofen |
| no prato | – auf dem Teller serviert |
| panado | – paniert |

## Beilagen

| | |
|---|---|
| com alface | – mit grünem Salat |
| com arroz | – mit Reis |
| com arroz de | |
| cenoura | – mit Möhrenreis |
| com batata assada | – mit gebratenen Kartoffeln |
| com batata frita | – mit frittierten Kartoffeln |
| com feijão | – mit Bohnen |
| com guarnição | – mit Garnierung |
| com molho verde | – mit grüner Soße |
| com pepino | – mit Gurke |
| com salada | – mit Salat, normalerweise grüner Salat mit Zwiebeln |
| com salada mista | – mit gemischtem Salat |
| com salada de | |
| tomate | – mit Tomatensalat |

## Legumes  – Gemüse

| | |
|---|---|
| abóbora | – Kürbis |
| agriões | – Feldsalat, Kresse |
| alcachofras | – Artischocken |
| alface | – grüner Salat |
| alho | – Knoblauch |
| beringelas | – Aubergine |
| cebolas | – Zwiebeln |
| cenouras | – Möhren |
| cogumelos | – Pilze |
| couve | – Kohl |
| couve-flor | – Blumenkohl |
| ervilhas | – Erbsen |
| espargo | – Spargel |
| espinafre | – Spinat |
| favas | – Saubohnen |
| feijão | – Bohnen |
| lentilhas | – Linsen |
| nabos | – Rüben |
| pepino | – Gurke |
| pimentos | – Paprika |
| rabanetes | – Radieschen |
| salsa | – Petersilie |
| tomate | – Tomate |

## Entradas  – Vorspeisen

| | |
|---|---|
| caldo verde | – Grüne Suppe (traditionelle Kohlsuppe) |
| canja de galinha | – Hühnersuppe |
| chouriço na | |
| aguardente | – Würstchen in Schnaps |
| cogumelos com ... | – Pilze mit ... |
| creme de camarão | – Krabbencreme |
| gaspacho | – kalte, scharf gewürzte Gemüsesuppe (Südportugal) |
| melão com presunto | – Melone mit Schinken |
| omeleta de presunto | – Schinkenomelett |
| paté de aves | – Geflügelpastete |

| | |
|---|---|
| petiscos | – Kleinigkeiten (zum Essen) |
| queijo de ovelha | – Schafskäse |
| salpicão | – Bauernwurst (sehr fett) |
| sopa alentejana | – Suppe mit Brot, Knoblauch und einem Setzei |
| sopa da panela com borrêgo e galinha | – Suppe mit Lamm und Huhn |
| sopa de hortaliça | – Gemüsesuppe |
| sopa de legumes | – Gemüsesuppe |
| sopa de peixe | – Fischsuppe |
| tremoços | – eingelegte Lupinenkerne, die auch von Straßenverkäufern angeboten werden |

**Massas** – **Teigwaren**

| | |
|---|---|
| aletria | – Fadennudeln |
| esparguete | – Spaghetti |
| macarão | – Makkaroni |
| massa | – Nudeln |

**Carne, aves e caça** – **Fleisch, Wild u. Geflügel**

| | |
|---|---|
| almôndegas | – Bällchen aus Kalbs- und Schweinefleisch |
| anho | – Lamm |
| arroz acafrão | – Reis mit Hühnerfleisch und Fisch |
| bife | – Steak |
| bolo de carne | – mit Gemüse und Fleisch gefüllter Hefebrotteig |
| borrêgo | – jähriges Lamm |
| cabidela | – Geflügelklein |
| cabrito | – Zicklein |
| capão | – Kapaun |
| carneiro | – Hammel |
| chanfana | – Hammel- oder Ziegengulasch (Coimbra) |
| chouriço | – mit Paprika und Knoblauch gewürzte Wurst |
| churrasco | – Spießbraten |
| codorniz | – Wachtel |
| coelho | – Kaninchen |
| cozido à portuguesa | – Gemüseeintopf mit verschiedenen Fleischsorten und Würsten (Nationalgericht) |
| dobrada à portuguesa | – Kutteln mit weißen Bohnen und Speck (Lissabon) |
| entrecosto | – Rumpsteak |
| escalope | – Schnitzel |
| febras | – mageres Schweinefleisch |
| feijão guisado | – Bohnen mit Speck geschmort und Tomatensoße |
| fiambre | – gekochter Schinken |
| fígado | – Leber |
| frango | – Hähnchen |
| galinha | – Huhn |
| iscas de fígado | – gebratene Leber |
| javali | – Wildschwein |
| leitão | – Spanferkel |
| língua | – Zunge |
| linguiças | – geräucherte Zungenwürstchen (Porto) |
| lombinhos | – kleine Filetstücke |

| | |
|---|---|
| lombo | – Filet |
| mãozinha de vitela | – Kalbsfuß |
| miúdos de vinho e alho | – in Wein und mit Knoblauch geschmortes Fleisch |
| morcela | – würzige Schweineblutwurst |
| nacos de porco | – Schweinefleischstücke |
| novilha | – Färse |
| pato | – Ente |
| perdiz | – Rebhuhn |
| perna | – Keule, Bein |
| peru | – Truthahn |
| porco | – Schwein |
| porco à alentejana | – Schweinefleisch mit Muscheln (Alentejo, Évora) |
| presunto | – geräucherter Schinken |
| rins | – Nieren |
| rissóis | – Fleischtaschen (auch mit Krabben) |
| rojões | – geschmorte Schweinefleischstücke mit Beilagen. Ein sehr verbreitetes Gericht, das in jeder Region verschieden angerichtet wird. |
| salsichas | – Bockwürstchen |
| tornedó | – Tournedos |
| toucinho | – Speck |
| tripas | – Kutteln |
| tripas aos molhos | – Kutteln in der Art gefüllter Rouladen (Vila Real) |
| tripas à moda do Porto | – Kutteln mit weißen Bohnen (Porto) |
| vaca | – Rind |
| vitela | – Kalb |

**Peixe** – **Fisch**

| | |
|---|---|
| atum | – Thunfisch |
| bacalhau | – Stockfisch |
| badejo | – Dorsch |
| cabeça de pescada | – Schellfischkopf |
| cachuchos | – Brassen |
| caldeirada de peixe | – Fischsuppe |
| carapaus | – Stichlinge |
| carpa | – Karpfen |
| cavala | – Makrele |
| cherne | – Silberbarsch |
| chocos | – Körper des Tintenfisches ohne Arme |
| corvinha | – Rabenfisch |
| eiroz | – Meeraal |
| enguias | – Aal |
| espadarte | – Schwertfisch |
| faneca | – Trüsche (Seefisch) |
| garoupa | – Barsch |
| goraz | – Barsch |
| lampreia | – Neunaugen |

| | |
|---|---|
| *lampreia à moda de Minho* | – Neunaugen mit Zwiebeln in Rotwein und im eigenen Saft gedünstet (Nordportugal) |
| *linguado* | – Seezunge |
| *lulas* | – Tintenfisch |
| *lulas com tinta* | – Tintenfisch mit Tinte |
| *pastéis de bacalhau* | – frittierte Bällchen aus Stockfisch und Kartoffelbrei, auch kalt zu essen (Nationalgericht) |
| *peixe-espada* | – Schwertfisch |
| *peixe-golo* | – Knurrhahn |
| *pescada* | – Schellfisch |
| *pescadinha* | – kleine Schellfische |
| *polvo* | – Krake |
| *pregado* | – Nadelfisch |
| *raia* | – Rochen |
| *robalo* | – Seebarsch |
| *rodovalho* | – Steinbutt |
| *salmão* | – Lachs |
| *salmonete* | – Meerbarbe |
| *sarda* | – Makrele |
| *sardinha* | – Sardine |
| *sargo* | – Rotauge, Plötze |
| *sável* | – Alse oder Maifisch |
| *tamboril* | – Seebrasse |
| *truta* | – Forelle |

| | |
|---|---|
| **Mariscos** | **– Meeresfrüchte** |
| *açorda de mariscos* | – Brotsuppe mit Meeresfrüchten (Alentejo) |
| *amêijoas* | – Herzmuscheln |
| *arroz de marisco* | – Reis mit Meeresfrüchten |
| *burrié* | – kleine Schalentiere |
| *camarões* | – Krabben |
| *carabineiros* | – Garnelen |
| *caranguejos* | – Krebse |
| *conchas de camarão* | – Krabben in Béchamelsoße |
| *gambas* | – große Krabben |
| *lagosta* | – Languste |
| *lagostins* | – kleine Langusten |
| *lavagante* | – Hummer |
| *mexilhões* | – Pfahlmuscheln |
| *omelete de camarão* | – Omelett mit Krabben |
| *ostras* | – Austern |
| *perceba* | – Schalentier |
| *perceves* | – Seefisse |
| *santola* | – Spinnenkrebs |
| *sapateira* | – Taschenkrebs |

| | |
|---|---|
| **Sobremesas/Doces** | **– Nachspeisen** |
| *Frutas* | – Obst |
| *alperces* | – Aprikosen |
| *ameixas* | – Pflaumen |
| *amendoins* | – Erdnüsse |
| *amêndoas* | – Mandeln |
| *ananás* | – Ananas |
| *arroz doce* | – süßer Reis |
| *avelãs* | – Haselnüsse |
| *bananas* | – Bananen |
| *bolo* | – Kuchen |
| *bolo de ovos e amêndoa* | – Marzipankuchen (Algarve) |
| *bolo rei* | – Mandelkuchen mit Rosinen, Orangeat, Zitronat (wird traditionell am Dreikönigstag gegessen) |
| *cabreiro* | – salziger Ziegenkäse |
| *doces de ovos* | – süße Eierspeise |
| *dôces regionais* | – Süßspeise der Region |
| *fatia húngara* | – ungarische Schnitte |
| *figos* | – Feigen |
| *framboesas* | – Himbeeren |
| *frutas da época* | – Früchte der Saison |
| *gelado* | – Eis |
| *laranja* | – Orange |
| *leite creme* | – Milchcreme |
| *limão* | – Zitrone |
| *maçã* | – Apfel |
| *maçã assada* | – Bratapfel |
| *melão* | – Melone |
| *molotov* | – Eischaumpudding |
| *morangos* | – Erdbeeren |
| *mousse* | – Creme, weicher Pudding |
| *mousse de chocolate* | – Schokoladencreme |
| *noz* | – Walnuss |
| *pastel* | – Pastete, Törtchen |
| *pasteis de Belém* | – kleine Kuchen (Belém/Lissabon) |
| *pêra* | – Birne |
| *pêssego* | – Pfirsich |
| *pudim* | – Pudding, oft mit Früchten |
| *pudim de pão* | – Brotpudding |
| *pudim flan* | – Pudding mit Karamellsoße |
| *queijadas de Sintra* | – kleine Kuchen mit Quark (Sintra) |
| *rabanas* | – eine Art »Armer Ritter« |
| *salada de frutas* | – Obstsalat |
| *sonhos* | – »Träume«, heißer Kuchen mit Früchten in Sirup |
| *tarte de ...* | – Torte mit … |
| *toranja* | – Grapefruit |
| *torta de Viana* | – gerollter Kuchen mit einer Füllung aus süßer Eigelbcreme |
| *toucinho de céu* | – Gebäck, wörtlich »Himmelsspeck« (Vila Real) |
| *travesseiros* | – Gebäck, wörtlich »Kopfkissen« |
| *uvas* | – Weintrauben |

| | |
|---|---|
| **Queijo** | **– Käse** |
| *queijinhos* | – kleine Weißkäse (Tomar) |
| *queijo da ilha* | – pikanter Hartkäse von den Azoren |
| *queijo da Serra* | – Gebirgskäse (Schaf) |
| *rabaçal* | – Ziegenkäse (Mittelportugal) |
| *tábua de queijo* | – Käseplatte |

## Sonstiges

| | |
|---|---|
| azeite | – Olivenöl |
| azeitona | – Olive |
| broa (de milho) | – Maisbrot |
| manteiga | – Butter |
| mostarda | – Senf |
| ovos molos | – süße Eigelbcreme (Aveiro) |
| pão | – Brot |
| pimenta | – Pfeffer |
| sal | – Salz |
| vinagre | – Essig |

## Bebidas – Getränke

| | |
|---|---|
| água mineral | – Mineralwasser |
| ... com gás | ... mit Kohlensäure |
| ... sem gás | ... ohne Kohlensäure |
| laranjada | – Orangenlimonade |
| limonada | – Zitronenlimonade |
| sumo de limão | – Zitronensaft |
| bica | – Lissabonner Bezeichnung für café (Espresso) |
| café | – Espresso, mit viel Zucker getrunken |
| café do avô | – Kaffee mit Brandy oder Amaretto |
| café duplo | – doppelter Kaffee |
| cerveja | – Bier |
| chá | – Tee |
| chocolate quente | – heiße Schokolade |
| galão | – Milchkaffee im Glas serviert |
| garoto | – Tasse Milchkaffee |
| leite | – Milch |
| meia de leite | – normale Tasse Milchkaffee |
| moscatel | – Muskateller-Wein |
| vinho branco | – Weißwein |
| vinho da casa | – Wein des Hauses |
| vinho da Madeira | – Madeira-Wein |
| vinho do Porto | – Portwein |
| vinho maduro | – ausgereifter Wein, im Gegensatz zum vinho verde |
| vinho tinto | – Rotwein |
| vinho verde | – »grüner« Wein (jung, alkoholarm), weiß und rot |
| aguardente | – Branntwein |
| bagaceira | – Tresterschnaps |
| bagaço | – Tresterschnaps |
| licor de amêndoa | – Mandellikör |
| medronho | – »Aufgesetzter« aus den Früchten des Erdbeerbaumes |

**Saúde!** – **Prost!**

## Einige nützliche Sätze

### Im Kaffee/Restaurant

*Um galão, se faz favor. E o que tem de doces?* – Einen Milchkaffee, bitte. Und was haben sie an Kuchen?
*Um pastel de nata, se faz favor.* – Eine *pastel de nata* (kleiner, runder Kuchen), bitte.
*Um café e uma água, se faz favor.* – Einen Kaffee und ein Wasser, bitte.

*Eu vou comer um arroz de marisco.* – Ich werde Reis mit Meeresfrüchten essen.
*Eu vou comer um bacalhau dourado. E como entrada, uma sopa de legumes.* – Ich werde Stockfisch essen. Und als Vorspeise eine Gemüsesuppe.
*Um gelado, se faz favor. Baunilha e morango.* – Ein Eis bitte, Vanille und Erdbeer.

### Am Schalter

*Um bilhete para Braga, ida e volta, se faz favor.* – Eine Fahrkarte nach Braga, hin und zurück, bitte.
*Quando parte o comboio?* – Wann fährt der Zug ab?
*Um bilhete para a tourada, se faz favor.* – Eine Eintrittskarte für den Stierkampf, bitte.

### Im Hotel

*Ainda tem quartos livres?* – Haben Sie noch freie Zimmer?
*Queria um quarto para duas noites.* – Ich möchte ein Zimmer für zwei Nächte.
*Queria um quarto individual. Quanto custa?* – Ich möchte ein Einzelzimmer. Wie viel kostet es?

### Im Büro des Turismo

*Queria um mapa de Aveiro.* – Ich möchte einen Stadtplan von Aveiro.
*Onde fica a catedral de Aveiro? E a Igreja de São Gonçalo?* – Wo liegt die Kathedrale von Aveiro? Und wo die Kirche São Gonçalo?
*Tem um programa de espectaculos deste mês?* – Haben Sie einen Veranstaltungskalender für diesen Monat?

### Im Geschäft

*Gosto desta T-Shirt. Posso provar? Uso número 38.* – Mir gefällt dieses T-Shirt. Kann ich es anprobieren? Ich habe Größe 38.
*Fica bem. Quanto custa?* – Es passt. Was kostet es?
*Posso pagar com cartão de crédito?* – Kann ich mit Kreditkarte bezahlen?

### Nach dem Weg fragen

*Desculpe, pode dizer-me como se vai à Vila Real, se faz favor?* – Können Sie mir bitte sagen, wie ich nach Vila Real komme?

### Bei der Weinprobe

*Queriamos fazer uma prova de vinhos.* – Wir möchten gerne eine Weinprobe machen.
*Levo doze garrafas de vinho tinto e duas de vinho branco.* – Ich nehme zwölf Flaschen Rotwein und zwei Flaschen Weißwein.

### Auf der Post/Bank

*Quanto paga uma carta para a Alemanha?* – Wie viel kostet ein Brief nach Deutschland?
*... para a Austría?*

… nach Österreich?
*… para a Suíça?*
… in die Schweiz?
*Queria dez selos e um cartão credifone. De 50 unidades.* – Ich möchte zehn Briefmarken und eine Telefonkarte zu 50 Einheiten.

### Auf dem Markt

*Queria fruta: um quilo de bananas, três laranjas e um melão.* – Ich möchte Obst: ein Kilo Bananen, drei Orangen und eine Melone.
*E legumes tambêm: um meio quilo de tomates, trezentas gramas de cenouras e uma alface.* – Und auch Gemüse: ein halbes Kilo Tomaten, 300 Gramm Mohrrüben und einen Kopfsalat.

### Zu guter Letzt

*Desculpe, mas eu não compreendo. Eu não falo português.* – Entschuldigung, aber ich verstehe nicht. Ich spreche kein Portugiesisch.
*Muito obrigado e adeus.* – Vielen Dank und auf Wiedersehen.

## Strom

Mit der Elektrizität wird es kaum Schwierigkeiten geben. Die Steckdosen entsprechen mitteleuropäischem Standard. Das Elektrizitätsnetz hat 220 Volt Wechselstrom.

## Trinkgeld

In Hotels und Restaurants ist das Trinkgeld in der Rechnung enthalten. Einem zusätzlichen Obulus steht man jedoch nicht ablehnend gegenüber. Taxifahrer dagegen sind oft auf das Trinkgeld angewiesen, sie erwarten 10–15 % des Fahrpreises.

Bei allen Dienstleistungen, z. B. bei Fremden-, Museumsführern, Parkwächtern oder Friseuren, ist ein Trinkgeld üblich. Grundsätzlich sollte man sich bei der Bemessung ein wenig zurückhalten. Die Devise lautet: Weniger ist mehr! Zum einen erkennen die Empfänger, dass der Geber auch mit seinem Geld rechnen muss, zum anderen werden keine hohen Erwartungshaltungen erzeugt. Man will ja wieder kommen.

## Unterkunft

Neben den Hotels mit komplettem Angebot an Mahlzeiten findet man **Albergarias**, **Estalagems** und **Residencials**, in denen meist nur Frühstück gereicht wird. In der Zimmerqualität besteht kein Unterschied. Es gibt sehr noble Estalagems und Albergarias. Daneben betreibt der Staat an ausgesuchten schönen Plätzen oder in besonderen Gebäuden wie Burgen, Palästen und Herrenhäusern **Pousadas** (Informationen im Internet unter: www.pousadas.pt).

**Hotels** sollte man in der Regel im Voraus buchen. Preisgünstiger bucht man über Reiseveranstalter, Turismo-Büros oder über das Internet wie z.B. www.hrs.de oder www.expedia.de. Das geht auch noch am Vortag. Direktbuchungen in den Hotels sind in der Regel oft erheblich teuerer.

Außerdem gibt es noch **private Unterkünfte**. Sie bieten zwischen zwei und acht Zimmer an und sind in der Regel preislich günstiger als gleichwertige Hotels. Sie sind durch blaue Hinweisschilder an der Straße ausgewiesen, außerdem staatlich überwacht und in drei Kategorien eingeteilt:

– **Turismo de Habitação (TH):** Angeboten werden Herrenhäuser, palastähnliche Häuser oder Wohnsitze von architektonisch anerkanntem Wert, mit angemessenen Räumlichkeiten und schöner Innenausstattung.

– **Turismo Rural (TR):** Die rustikalen Häuser, die den charakteristischen Stil ihrer ländlichen Umgebung aufweisen, befinden sich v.a. in kleinen Ortschaften oder nicht weit davon entfernt.

– **Agroturismo (AT):** Diese Häuser oder ihre Nebengebäude gehören zu landwirtschaftlichen Anwesen. Sie bieten ihren Gästen die Möglichkeit zur Teilnahme an ländlichen Arbeiten.

Etwa 200 **Campingplätze** *(Parque de Campismo)* stehen in Portugal zur Verfügung, die meisten an der Küste. Wildes Zelten ist im ganzen Land verboten.

Ein Campingführer *(roteiro campista)* mit deutschen Zeichenerklärungen erscheint jedes Jahr. Er ist erhältlich über die heimischen Campingclubs oder vor Ort auf dem Campingplatz.

Für die **Hochsaison Juli/August** sollten Sie die Zimmer im Voraus reservieren. Dies gilt insbesondere auch während der örtlichen Festtage in den einzelnen Städten (vgl. Serviceinformationen).

## Zeitzone

In Portugal hinkt die Zeit eine Stunde hinter Mittel- und Südeuropa her, d. h. es gilt die Greenwich-Mean-Time wie in England. Jeweils gleichzeitig mit den anderen europäischen Ländern wird auf die Sommerzeit umgestellt.

## Zoll

Es gelten die Zollbestimmungen der EU. Waren für den persönlichen Gebrauch sind zollfrei. ✦

ALMANCIL

# Torre de Belem

Shopping —
Av. Lusiada
- Columbo shopping center
Rue de São Pedro ⌂

Rua de Prata ⌂
Se Catedral ✝

Miradouro Senta Luzia ∞
Praça dos Restayradores
Miradouro de São Pedro
de Alcantara ∞
Igreja São Roque ✝
capela São João Bapista✝

Elevador Santa Justa
→ Largo do carmo ∞
Estacao de Russio

Die **fetten** Hervorhebungen verweisen auf ausführliche Erwähnungen, *kursiv* gesetzte Begriffe und Seitenzahlen beziehen sich auf den Service von A–Z.